后浪出版公司

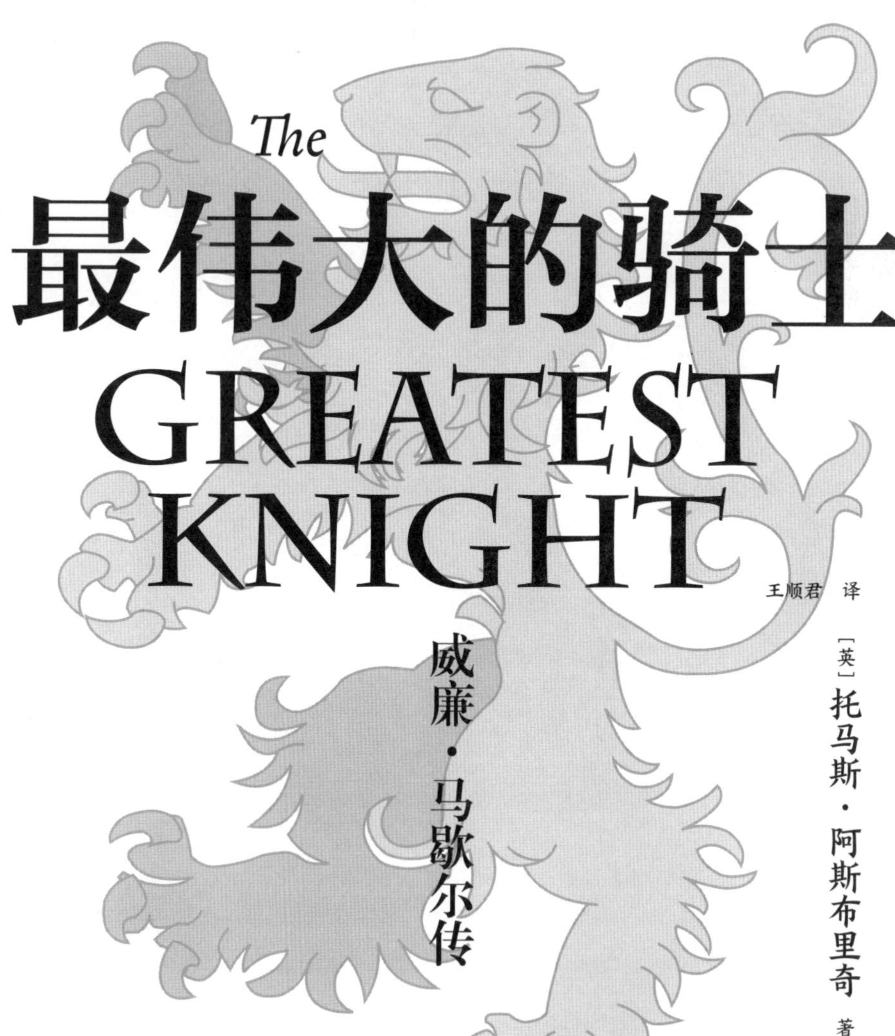

The Greatest Knight 最伟大的骑士

威廉·马歇尔传

[英]托马斯·阿斯布里奇 著

王顺君 译

民主与建设出版社
·北京·

目　录

中世纪英格兰

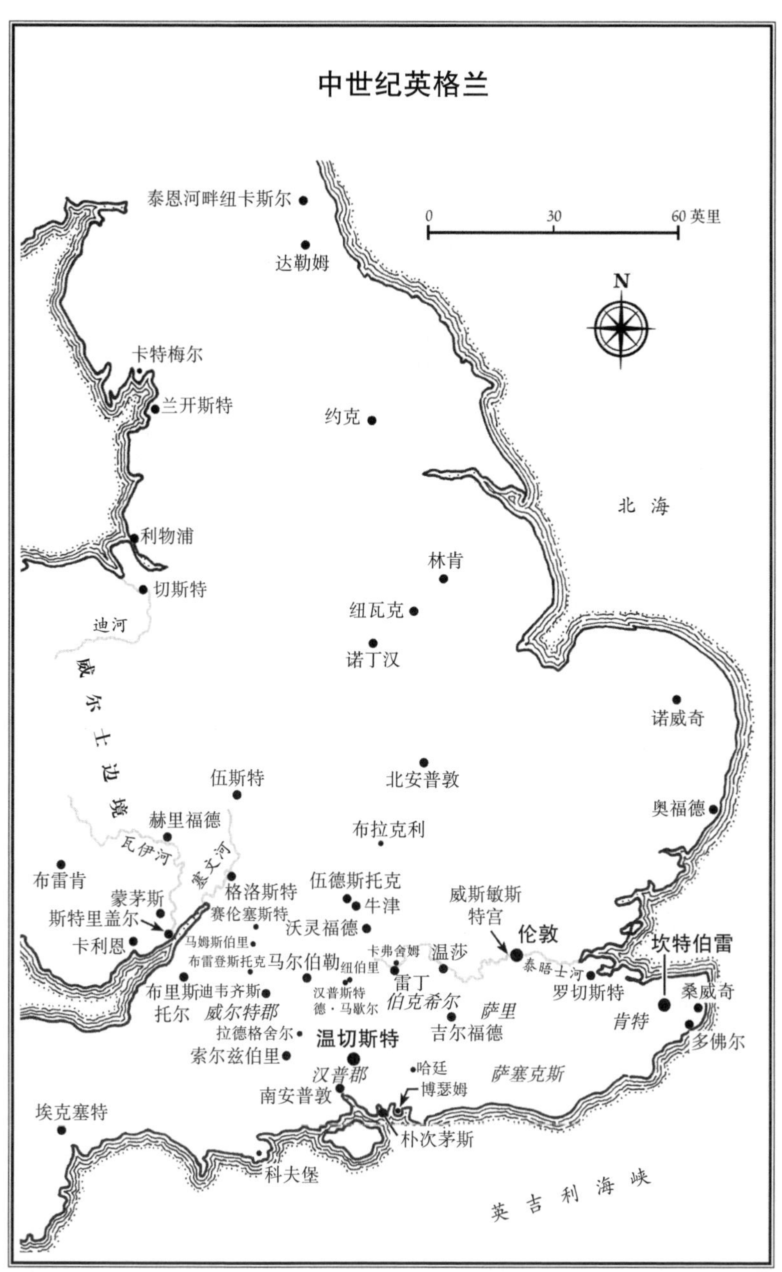

0
30
60 英里
N
泰恩河畔纽卡斯尔
达勒姆
卡特梅尔
兰开斯特
约克
北海
利物浦
林肯
切斯特
纽瓦克
迪河
诺丁汉
威尔士边境
诺威奇
伍斯特
北安普敦
奥福德
赫里福德
布拉克利
瓦伊河
塞文河
布雷肯
格洛斯特
伍德斯托克
蒙茅斯
牛津
威斯敏斯特宫
斯特里盖尔
赛伦塞斯特
沃灵福德
伦敦
坎特伯雷
卡利恩
马姆斯伯里
卡弗舍姆
温莎
布雷登斯托克
马尔伯勒
纽伯里
泰晤士河
罗切斯特
布里斯迪韦齐斯
雷丁
桑威奇
汉普斯特德·马歇尔
托尔
威尔特郡
伯克希尔
萨里
肯特
拉德格舍尔
温切斯特
吉尔福德
多佛尔
索尔兹伯里
哈廷
汉普郡
萨塞克斯
南安普敦
博瑟姆
埃克塞特
朴次茅斯
科夫堡
英吉利海峡

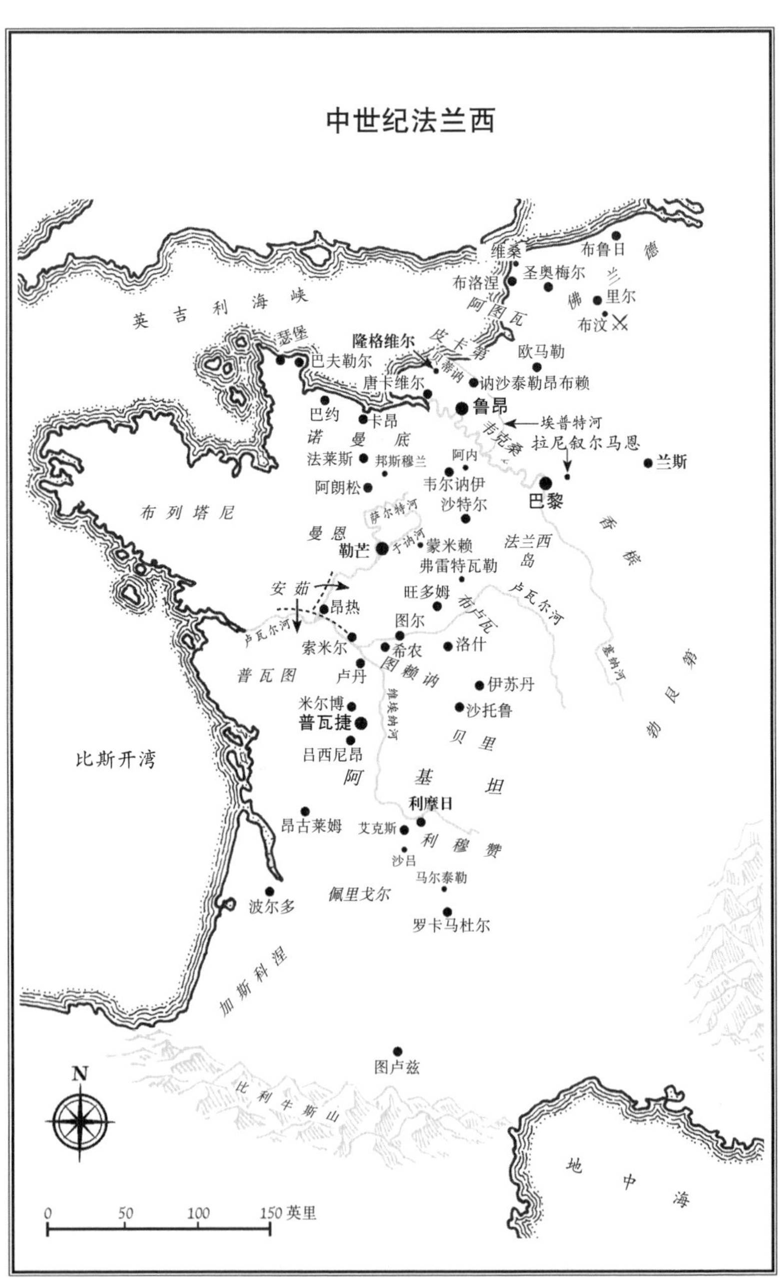
中世纪法兰西
英吉利海峡
维桑
布鲁日
德
兰
佛
圣奥梅尔
布洛涅
阿图瓦
里尔
布汶
瑟堡
巴夫勒尔
隆格维尔
皮卡第
欧马勒
唐卡维尔
纳沙泰勒昂布赖
鲁昂
巴约
卡昂
埃普特河
诺曼底
韦克桑
拉尼叙尔马恩
法莱斯
邦斯穆兰
阿内
兰斯
阿朗松
韦尔讷伊
巴黎
布列塔尼
萨尔特河
沙特尔
香槟
曼恩
勒芒
于讷河
蒙米赖
法兰西岛
弗雷特瓦勒
安茹
旺多姆
卢瓦尔河
昂热
布卢瓦
图尔
卢瓦尔河
索米尔
希农
洛什
塞纳河
普瓦图
卢丹
图赖讷
伊苏丹
勃艮第
米尔博
沙托鲁
维埃纳河
普瓦捷
贝里
吕西尼昂
比斯开湾
阿基坦
利摩日
昂古莱姆
艾克斯
利穆赞
沙吕
马尔泰勒
波尔多
佩里戈尔
罗卡马杜尔
加斯科涅
图卢兹
比利牛斯山
N
地中海
0
50
100
150 英里

上诺曼底及其边界地区
佛 兰 德
英 吉 利 海 峡
迪耶普
布雷勒河
蓬 蒂 厄
阿尔克
苏克维尔
贝蒂讷
隆格维尔
欧马勒
讷沙泰勒
昂布赖
泰兰河畔米伊
唐卡维尔
鲁昂
普雷欧
吉尔奈
塞纳河
勒普雷
诺曼人占领的
韦克桑地区
勒沃德勒伊
吉索尔
埃普特河
法军占领
韦克桑地区
利雪
埃夫勒
芒特
厄尔河畔帕西
布雷瓦勒
塞纳河
伊夫里
阿让唐
韦尔讷伊
厄尔河
阿朗松
布卢瓦
曼 恩
N
海拔超过656英尺的地区
0
30
60英里

前　言

1861 年 2 月 6 日，星期三，一位名叫保罗·梅耶尔（Paul Meyer）的年轻法国学者走进苏富比拍卖行，当时苏富比拍卖行位于伦敦惠灵顿大街 13 号，就在考文特花园后面。下午 1 点，苏富比将举办一场非常重要的拍卖会，其官方目录宣布将拍卖“一些最有价值和最重要的早期手稿，主要是用羊皮纸制作的”。这些手稿大多来自萨维尔珍稀中世纪文献收藏，它们是在伊丽莎白一世统治期间被收集起来的，两个多世纪以来没有公开展出过。梅耶尔是一位专注的中世纪学者，在英国参加了这次拍卖，他那天看到的东西改变了他的职业生涯：经过此后 40 年的潜心研究，追寻一段失落的历史，他的发现将重塑我们对中世纪世界的理解。

一个辉煌的未来在等待着保罗·梅耶尔。随着时间的推移，他将作为一名学者和档案保管员获得国际声誉，成为早期法国手稿及解读晦涩难懂的手写文本的卓越权威。这种相当冷僻的专业知识还使梅耶尔在臭名昭著的 1898 年德雷福斯审判中成了关键证人，他的证词协助洗清了被告受到的从事间谍活动的指控。[①] 但在 1861 年初，他只是一名 21 岁的学者，就读于享有盛誉的巴黎文献学院，并仍在撰写他那题目听上去有些枯燥无味的论文：

① 梅耶尔发誓，详细描述法国军事机密的文件不可能是被告阿尔弗雷德·德雷福斯写的。

《蛮族统治时代（5至9世纪）法国境内语言研究》。[1]

梅耶尔被帝国图书馆（即将更名为法国“国家图书馆”）的工作人员派往伦敦，代表他们在苏富比拍卖会上竞拍，并希望拍下3部著名的中世纪法国文学作品。不幸的是，图书馆只为他提供了微薄的竞拍资金，和那些肯定会蜂拥到萨维尔收藏拍卖会上的富有的私人收藏家和专业的档案保管员竞争。尽管如此，梅耶尔还是决定好好享受这个难得的机会，一大早就赶到了苏富比，以便有时间在展厅里徘徊浏览。

对一个具有他这样的背景和学术训练的人来说，这无异于进了藏宝阁。在接下来的两个小时里，他彻底搜寻了每一张桌子，并为每一件展示的手稿都做了笔记。它们许多都是著名文本的复制品，有些装饰华丽、装帧精美、色彩艳丽。但是吸引他眼球的是一份既不熟悉，第一眼看上去也不是特别引人注目的手稿。这份不起眼的展品被列为第51号拍品，用破旧的深棕色皮革（可追溯到16世纪）装订，在尺寸上类似于一本今天的精装书：其内页长9.5英寸，宽6.75英寸。苏富比的拍卖目录简单地将其描述为“有关英国事务的诺曼法语编年史（诗体）”，13世纪时“由一名盎格鲁－诺曼语书记员”写在羊皮纸上；目录还颇有助益地引用了文本中耐人寻味但意义并不明确的最后4行诗：

Ci fini del conte lestoire	伯爵的故事到此结束
Et dex en perdurable gloire	望上帝准许他的灵魂
Vont que la sue ame seit mise	在永恒的荣耀中安息
Et entre ses Angeles assise. Amen.	与他的众天使为伴。阿门。

梅耶尔小心翼翼地打开了正面封皮，没有找到明显的识别记号，没有标题或对主题的指示。他眼前的文本部分没有采用奢华的装饰，但是依然比较雅致；文字极小，是用黑色墨水书写的，分为两列，全本共127页，大写字母是蓝色和红色的，每个都装饰着华丽的旋涡状抽象设计图案。第一页有一些被水浸坏的痕迹，但是文字依然清晰可辨，于是他阅读了作品开头的一些段落，并对他的初步发现做了一个快速的总结："是一部编年史的原件，内容似乎记录了亨利一世的侄子斯蒂芬在位期间英格兰爆发的冲突。"

梅耶尔开始怀疑这份手稿至少在250年间没有人动过或打开过。他后来将会写到这本书"强烈地激起了我的好奇心"，但这在很大程度上是因为他不知道这本书可能是哪本书。在他的研究范围中，他从来没有遇到任何提到过这种类型的中世纪法语诗歌的记载。他的兴趣被激发了。当天晚些时候，当他在拍卖会上落座并关注第51号拍品的拍卖情况时，很明显它也吸引了别人的注意。大英博物馆出价200英镑，接着档案学家弗雷德里克·马登（Frederic Madden）爵士提价到250英镑，但是他们和著名的古本及古玩收藏家托马斯·菲利普斯（Thomas Phillips）爵士相比都是小巫见大巫：这位自称藏书狂的人因为敢在收藏品上出大价钱而闻名。菲利普斯出了380英镑的"天价"（按照梅耶尔的计算大约相当于9500法郎），于是，第51号拍品成了那天他拍得的35件萨维尔藏品中的一件。

拍卖结束后，神秘的"有关英国事务的诺曼法语编年史"被买主打包带走。梅耶尔直到20年后才再次见到它，并意识到在1861年的这个星期三，自己曾短暂接触到了"一部非常重要的作品”——一部不知名的传记唯一留存下来的抄本，详细描述了一位杰出的中世纪骑士的生活。这位骑士一路高升，为英格兰国王服务，成为狮心王理查和阿基坦的埃莉诺的挚友，辅助协商了《大宪章》的条款，并在70岁时保卫英格兰，挡住了法国的入侵。这位传奇的勇士就是威廉·马歇尔，而梅耶尔不知道的是，他的遗体就安葬在伦敦圣殿教堂，距离苏富比拍卖行不到1英里。

接下来的数年中，保罗·梅耶尔的事业蒸蒸日上，但他越来越被他在1861年曾经看到的耐人寻味的“诺曼法语编年史”所吸引。伦敦拍卖会的2年后，他正式加入巴黎国家图书馆的手稿部门，并被派往英国的伦敦、牛津、剑桥、格拉斯哥及爱丁堡的大型图书馆，爬梳寻找有关中世纪法国文化及历史的手稿。他开始发表作品，赢得了博学和一丝不苟的学术声誉，当时正值欧洲各地的档案保管员和学者继续推动知识的前沿、绘制中世纪的进程。然而，在这段时间里，梅耶尔无法忘记第51号拍品。

起初，梅耶尔对这部古籍的探寻相当随意，他相信在法国、英国和德国已经存档的手稿清单中，一定会提到这部“有关英国事务的诺曼法语编年史”。梅耶尔在参观的每一个正式的机构中，通过数千个条目开始了缓慢的搜索。但是，经过多年越来越艰苦的研究，他仍然没有发现任何与这部难以捉摸的诗体文本相似的作品。更让人沮丧的是，第51号拍品似乎已经消失在了菲利普斯的藏品中。托马斯爵士非凡的个人图书馆收藏了大约6万份手稿，是他几十年来获得的，并存放在他位于伍斯特郡的中山（Middle Hill）庄园中。自1837年起，他开始缓慢而细致地给这些收藏品编目——为每一份文本分配一个唯一的编号——然后通过一家小型的私人印刷厂，自豪地出版规模不断扩大的藏品目录。这些清单的副本很少流通，但梅耶尔还是找到了；可是他在其中还是没找到任何有关那份晦涩的手稿的信息，尽管所有其他拍得的萨维尔藏品都被提到了。

问题似乎部分在于菲利普斯于 1863 年决定将他的整个图书馆搬到切尔滕纳姆（Cheltenham）的一栋大别墅中，这项工程耗时两年才完成。此时菲利普斯也快到生命的尽头了，脾气日渐暴躁，而且下定决心不让任何人靠近自己的珍贵藏书。托马斯爵士于 1872 年去世，享年 79 岁，情况几乎没有什么改变。菲利普斯的几个继承人争夺他的收藏和财产，当梅耶尔写信与他们联系，礼貌地询问一份失踪的文本时，他没有得到任何答复。这部“诺曼法语编年史”似乎已经消失了。

尽管如此，梅耶尔没有放弃。此时他已近 40 岁，是一位杰出的学者，自己主编了一份备受推崇的学术期刊《罗曼尼亚》（*Romania*），不久后他就被任命为巴黎文献学院院长。最终，菲利普斯家族在 1880 年秋允许梅耶尔进入切尔滕纳姆的藏品室。在多次访问后，梅耶尔将搜寻范围缩小到 5000 部作品，并开始亲自翻阅检查每一册。终于，1881 年，他找到了这本被放错地方的书——腓力斯给他编号为“25155”卷，但它从来没有被适当地编目，也没有人读过。20 年后，这部“诺曼法语编年史”终于再次出现在梅耶尔眼前。快速浏览后，梅耶尔确信这是一部其他任何地方都未曾记载的独特的作品，但其内容被证明是更重要的，甚至远超他的想象。

梅耶尔可能是 600 年来第一个阅读此手稿的人，但现在他能够完全阅读这 19215 行押韵的中世纪法语诗句。很明显，这既不是一部编年史，也不是一篇虚构的文学作品。他在 1861 年匆忙写下的最初的笔记几乎都没有触及内容的表面，因为此书记录的事情远远超过 12 世纪中叶斯蒂芬国王统治时期的“混乱”。事实上，这本书非常详细地记录了一个名叫 Guillaume le Maréchal（威廉·马歇尔）的人的一生的故事。梅耶尔知道数十份描述著名国王、王后和圣人的人生的经过精心研究的文献，但这是第一部有关一位中世纪骑士的传记，它最初是在 13 世纪 20 年代中期撰写的。

梅耶尔开始狂热地投入工作，沉浸在手稿的研究中。他现在给手稿命名为《威廉·马歇尔传》，并开始寻找有关马歇尔的其他资料。他显然不是普通的骑士，间或出现在其他同时代的编年史和文献中，被认定为是一个重要的王室臣仆，后来又被加封为斯特里盖尔及彭布罗克伯爵。在人生接近尾声时，马歇尔曾担任英国的摄政，并重新发布了《大宪章》。在中世纪历史的年鉴中，他非常有名，但是其形象非常模糊。梅耶尔发现的这部著作忽然间让这个被遗忘已久的人物变得有血有肉起来。它追溯了马歇尔不太显赫的出身，经过盛大的比武大会和战争的残酷现实，再到欧洲奢华的王室宫廷；它跟随着马歇尔横跨中世纪世界——从他在英格兰的出生地到比利牛斯山山麓和遥远的圣地——它记录了马歇尔逐步成为举足轻重的人物并奠定了马歇尔家族的基础的过程。

寻找第 51 号拍品“诺曼法语编年史”的漫长艰辛历程是值得的——梅耶尔取得了关键的突破，挖掘出了一份对中世纪的文化和历史具有启示意义的文本。不到一年，他就发表了一篇文章，描述了他搜寻手稿的过程以及他的初步研究成果。然后，他又耗时 20 年的时间制作了三卷本《威廉·马歇尔传》的完整印刷版，在 1891 年至 1901 年间以《斯特里盖尔及彭布罗克伯爵威廉·马歇尔传》（*L'Histoire de Guillaume le Maréchal, comte de Striguil et de Pembroke*）为名出版。[2]

正是经保罗·梅耶尔鉴定的《威廉·马歇尔传》手稿（现在安置于纽约摩根图书馆的地下室里）让这位举世无双的骑士的生活得以重建。利用它保存的证据以及其他一系列同时代资料，威廉·马歇尔的非凡人生的细节可以被拼凑起来。然而，尽管《威廉·马歇尔传》提供了所有这些洞见，我们还是必须以谨慎和批判性的目光来阅读。这部传记是在马歇尔去世后不久由其一位家族成员委托撰写的，作者是一位在英格兰工作的说法语的书记员约翰。1226 年之后不久此书便写完了，现存的版本是这个原始文本的副本，是在接下来的 25 年中制作的。①

这位传记作者声称，书中的记载有一些是他的个人经历，并使用了许多其他的文献和记录，但他在很大程度上依赖那些认识威廉·马歇尔的人——他的亲戚及信赖的随从——的口头证词。作为马歇尔近 40 年的朋友和支持者，骑士厄尔利的约翰（John of Earley）是特别重要的信息来源。厄尔利不仅能够回忆起那些自己亲眼所见的场景，还复述了许多马歇尔自己喜欢讲述的大胆冒险经历。[3]

《威廉·马歇尔传》是对威廉·马歇尔取得的惊人成就的颂扬。因此，它的记述有毫不羞耻的偏颇之处，把主人公描述为完美的骑士。在书中，威廉几乎成了神话中亚瑟王的骑士兰斯洛特——他是马歇尔那个时代的通俗文学最重要的主人公之一——的活化身。《威廉·马歇尔传》中的许多主张都可以得到其他史料

① 《威廉·马歇尔传》似乎至少还制作了其他 4 份副本，但是它们连同原本一起在后来的几个世纪中消失了。

的证实，但是有时这位传记作者漏掉了与马歇尔的飞黄腾达相关的令人不适的细节，比如后者曾经参与反抗国王的叛乱，并且与臭名昭著的英国君主约翰有所往来。在某些方面，《威廉·马歇尔传》固有的偏颇之处可能是有用的，因为它们让我们得以窥见当时人们的情感。传记作者给他的主角注入了值得称赞的品质，显然希望读者对马歇尔的品格留下深刻的印象。在这些品质中，比如英勇、武艺高强、忠诚和荣誉感，可能正是我们期望在一个理想化的中世纪战士身上找到的，而其他一些，比如狡诈、表里不一和贪婪的实利主义，则并非如此。

本书是威廉·马歇尔的新传：这个没有继承土地的次子成了或许是中世纪最有名的骑士，被誉为无与伦比的勇士和骑士精神的典范，他作为贵族和政治家获得了无上的权力和地位，最终统治了英格兰。在研究他的生涯时，本书参考了保罗·梅耶尔、西德尼·佩因特（Sidney Painter）及大卫·克劳奇（David Crouch）等受人尊敬的学者的作品。[4] 但是，本书是将马歇尔的一生置于一个更广泛的背景下的第一次尝试。

威廉的故事令人惊讶，它为我们打开了一扇通往中世纪骑士世界的无与伦比的窗口，让我们可以亲眼见证位于中世纪历史核心的近乎神话的战士阶层的出现。本书追溯了这一精英军事队伍的发展，从他们的训练和仪式到骑士的武器、盔甲和作战方式的演变。它还揭示了中世纪战争和政治的残酷现实与浪漫化的亚瑟王神话之间的碰撞如何催生了骑士精神和彬彬有礼的概念；威廉·马歇尔后来成了这些准则的缩影和定义。

在马歇尔辅佐 5 位国王的过程中，本书还跟随着他经历了一个军事对抗和文化变革的动荡时代，也正是这个时代改变了英国。

威廉亲眼见证了英国君主强大的安茹“帝国”的兴衰、与法国入侵者进行的艰苦卓绝的斗争首次促进了一种独特的“英国”身份的形成，他还参与了最早的“权利法案”——《大宪章》——的制定，重新确立了国王和他的臣民之间的权力平衡。因此，这位骑士的故事跨越了我们中世纪的过往最重要的一段形成时期。这本书不仅记录了一位非凡的人物，还有骑士理想的创立以及一个国家的诞生。

第一部

童年及青年

骑士长成

I

群狼时代

1152 年，英格兰国王斯蒂芬决定处死一个 5 岁的男孩。这个名叫威廉·马歇尔的男孩没有犯罪，他是为担保他父亲所说的话而作为一名人质扣押在国王手中的，那时这个王国正处于内战时期，不断上演着权力、政治的大博弈，而这个男孩不过是其中的一个棋子。当威廉的父亲毫不迟疑地违背了他对国王的誓言，并且宣称“他不在乎这个孩子，因为他还有锤子、铁砧，能造出甚至更好的货色来”时，斯蒂芬勃然大怒。气头上的国王下令把那个孩子“抓住并送上绞刑架吊死”，年幼的威廉就这样被带去面对自己的命运。[1]

在他漫长的一生中，威廉·马歇尔似乎从未忘记这极具戏剧性的一幕。这或许是他最早的童年记忆。尽管威廉后来功成名就，甚至被称为“世上最伟大的骑士”，但在这一切的开端，这个男孩被自己的父亲抛弃、被自己的国王下令处死。那么，为什么年幼的威廉会被置于如此危险的境地？他又是如何活下来的呢？

“纷争与失序”之地

1147 年左右，威廉·马歇尔出生在英格兰，那是一个动荡的年代。这个王国陷入了一场长达 15 年的毁灭性冲突之中：斯蒂芬国王正在奋力抵抗他的表妹玛蒂尔达皇后夺取政权的企图。双方对王位的申索都非常站得住脚，于是国家分成了两派，逐渐走向无政府状态。一位中世纪的编年史家描述这个时期“充满了纷争［与］失序”，英格兰“饱受战争之苦……这片土地上的法律无人在意”。锦绣山河满目疮痍，已经到了“走一整天的路”却只能看到空无一人的村庄和荒芜的土地的地步。在这片荒凉之中，“可怜的人饿死了”。一个同时代人承认，在这些年里，许多人“公开说基督和他的圣徒们都睡着了”。[2]

然而，尽管这个时代充满了混乱和恐怖，还是有一些人在内战中兴旺发达起来。随着王权的瓦解，地方军阀给许多地区强加了某种表面上的秩序，而这种权力经常被掠夺者和不择手段的人滥用。威廉的父亲约翰·马歇尔就是其中之一，他是一个出身中等阶层的贵族，领地集中在英格兰的西南部。约翰生来不是英国人（或盎格鲁－撒克逊人），而是一个讲法语的诺曼人。早在公元 10 世纪，他的维京祖先们——当时被称为 Northmen（意为“北方来的人”）——在法国北部的一个地区定居，此地后来被称为“诺曼底”（字面意思为“北方来的人的土地”）。他们接受了新家园的一些习俗，甚至取了法兰克人的名字，但他们依然好战、渴望攻占土地。1066 年，诺曼人在他们的首领诺曼底公爵威廉（“征服者”威廉）的带领下，渡过英吉利海峡入侵英格兰，在黑斯廷斯（Hastings）取得令人惊叹的胜利。这一战让短命的盎格鲁－

撒克逊末代国王哈罗德·戈德温森（Harold Godwinson）连同他统治下的贵族精英们横尸沙场。此后，威廉登上了英格兰的王位，同时还控制着诺曼底。一个盎格鲁－诺曼王国建立起来，而威廉·马歇尔就是在这个跨海峡的世界中长大的。

在某些方面，1066 年标志着与过去的重大决裂。“征服者”威廉创立了一个全新而长久的王朝，英格兰的“本土”居民忽然间发现自己成了外国侵略者的臣民。国王威廉一世将海峡以北的土地分给了约 150 名诺曼军阀和官员；他们一起用暴力平定了王国，还建造了一个由壮观的城堡组成的庞大网络，以确保他们握有权威。约翰·马歇尔的父亲吉尔伯特·吉法德（Gilbert Giffard，字面意思是“面颊鼓起的吉尔伯特”）也是这些早期诺曼定居者中的一员，他们是在第一波征服期间或之后来到英格兰的。1086 年，威廉一世对土地所有权进行《末日审判书》大调查时，吉尔伯特的领土在威尔特郡西部。他还担任了王室大元帅（royal master-mashal）一职，这是一个古老的军事职位，传统上负责照顾看护国王的马匹，随着时间的推移，该职位发展成为一个行政职位，主要负责宫廷的日常运转。

若是考虑到当时的历史背景，诺曼人的到来并非像乍看上去那样令人反感。在更晚的时代，不列颠将被视为一个不可征服的岛国：威廉·莎士比亚所谓的不可侵犯的“统于一尊的岛屿”（Sceptre’d isle），是“大自然建造的堡垒，[对抗] 战争的魔掌”。但是在中世纪早期，英格兰似乎不幸地易受侵略。1066 年以前的多个世纪中，盎格鲁－撒克逊人（他们自己是早期凯尔特人和罗马入侵者的接替者）不停地面对一波波维京人的入侵和殖民，英格兰北部的大片土地都落入了北欧人的手中。11 世纪早期，在丹麦的克努特（Cnut of Denmark）的统治下，英格兰最终进入维京人直接统治的时期，盎格鲁－撒克逊人仅仅短暂恢复了王权，“征服者”威廉就到来了。因此，“英国人”的文化、种族和语言身份认同远非是统一的；认为诺曼人摧毁了一个自由自在的纯种盎格鲁－撒克逊社会的看法几乎没有现实根据。

诺曼人对英格兰的殖民是非常成功的。“征服者”和他的追随者得到的是一片富饶的土地，以其自然资源闻名，开采时机也成熟了。11 世纪末时，尽管超过三分之一的不列颠群岛仍然密布着森林，但英格兰有超过 700 万英亩的耕地，主要由大约 250 万的农村人口照料。在一段时间的气候变化中，平均气温上升了约 1 摄氏度，农业产量因此有所增加（英格兰中部甚至可以种植葡萄了）。至少对统治精英而言，这是个富足的时代。在 1087 年威廉国王去世后，他的两个儿子威廉·鲁夫斯（1087—1100 年在位）及亨利一世（1100—1135 年在位）相继继位，因此表面上的政治连续性也得到了实现。[3]

正是在亨利一世统治时期，约翰·马歇尔开始了他的职业生涯，逐渐积累了地位、土地和财富。到 1130 年时，约翰 20 多岁了，继承了大元帅的职位，为了得到这项特权，他要向国王支付 40 银马克——鉴于那个时候年收入 15 马克左右便可以让一个贵族过上相当舒适的生活，这是一笔相当大的费用。这个职位本身并没有多大权力，却使约翰成为国王的家户中最重要的官员之一。他手下有 4 名副元帅、1 队王室传令官、王室帐篷管理专员，甚至还包括王室壁炉主管。更重要的是，约翰有一定的机会接触国王及其主要贵族，这使他能够讨好上层并获得赏赐。他在王室宫殿和温切斯特的城堡附近有不少房屋，在英格兰西南部还有些零星分布的土地；但是他最珍贵的家族地产是今日我们所谓的汉普斯特德·马歇尔（Hamstead Marshall），位于肯尼特河谷的一片翠绿地带，接近伯克郡和威尔特郡的交界。就在这个时期，约翰和未成年的威尔特郡女继承人阿德丽娜（Adelina）有了一段体面的婚姻，他们育有二子：吉尔伯特及沃尔特。到此为止，他的成就并不显著，前进的步伐走走停停。但约翰·马歇尔的时代即将来临，因为王国的和平已经开始动摇了。

堕入混乱

1120 年 11 月 25 日的夜晚，英格兰王位继承人 17 岁的威廉·阿德林（William Ætheling）举办了一场喧闹的酒会。一群年轻、富有的贵族和他一起登上了一艘漂亮的新船——白船，停泊在诺曼底巴夫勒尔港里。这些醉酒狂欢者里的著名人物有威廉的异母同胞理查及佩尔什的玛蒂尔达（Matilda of Perche）女伯爵，还有他的表兄布卢瓦的斯蒂芬（数十年后下令处死威廉·马歇尔的那个人）。酒过三巡，就连船夫和桨手都参与进来，船上醉醺醺的人们欢声笑语，年轻人们绽放着青春活力。当一群神职人员来到这里给船洒圣水赐福时，船上的人对他们轻蔑地大吼大叫、嘲笑戏谑，把他们赶走了。同一天的早些时候，威廉的父亲英格兰国王亨利一世从巴夫勒尔启航，打算横渡英吉利海峡。白船上这时出现了喧闹的呼声，要求进行一场比赛。想必这样一艘光滑的小船肯定能超过国王，更早抵达英格兰海岸？在众人匆忙准备正要出发之际，一些人似乎觉得这是个愚蠢的主意而下了船，其中就有布卢瓦的斯蒂芬，表面上的理由是自己深受腹泻折磨。这个时代伟大的编年史家马姆斯伯里的威廉（William of Malmesbury）描绘了这艘挤满人的白船如何“驶离海岸，尽管天色已黑”，并形容“她比射出去的箭还要轻快，滑过深海波光粼粼的水面”。

仅仅数分钟后，一场大灾难袭来。喝得醉醺醺的舵手一时疏忽，没有找对驶出天然港口的航线，王子的白船以极快的速度撞上了退潮时露出来的一块凸起的岩石上。右舷的两块木板撞碎了，白船开始进水。在随后到来的混乱中，威廉·阿德林被塞进一艘划艇，准备驶向岸边脱险；但是他听到了玛蒂尔达绝望的哀号，这促使他掉头返回，尝试救援。但在靠近正在沉没的白船时，威廉的小艇很快被水中的求救者爬满并倾覆。年轻的王子和他的朋友们全部淹死，正如马姆斯伯里的威廉所说的，“葬身深海”。

后来有人说，白船的船长托马斯·菲茨斯蒂芬（Thomas FitzStephen）起初设法游离了沉船。但是当他发现他的王室乘客已经丧命时，他也自裁淹死在了冰冷的海水中。只有两个人在这场灾难最初的恐怖中幸存了下来，他们抓着白船的桅杆爬到了桁端：一位是一个小贵族，埃姆子爵的儿子若弗鲁瓦，另一位是一个来自鲁昂的屠夫，名叫贝罗尔德（Berold）。当他们下面的那片惊慌失措的尖叫声最终平息下来时，两个人都挣扎着紧紧抓住救命木杆。数个小时过去。晴朗的夜晚严寒袭人，最终若弗鲁瓦松手沉入水中，被大海吞没。贝罗尔德穿着一件平民的羊皮袄，坚持到了天亮，被渔夫救了回来，成了唯一能讲述这场灾难的幸存者。

马姆斯伯里的威廉将得出如下结论：“没有一艘船曾给英国带来如此多的苦难；世界历史中不曾有第二艘船如此臭名昭著。”[4]

这一充满恐惧的声明来自痛苦的亲身经历，因为这位编年史家在随后的数十年中目睹了亨利一世稳定统治的结束、英国陷入了混乱。马姆斯伯里的威廉认为，所有这一切都可以追溯到威廉·阿德林那突然且不合时宜的死亡。白船沉没事件之所以后果惨痛，是因为亨利一世唯一合法的男性继承人就此殒命。国王本来在生育后代上不存在问题，他是 20 多个孩子的父亲，而且以性欲旺盛著称，以至于一个同时代的人称他“抵不住女性的诱惑”。[5] 尽管有两个孩子在白船事件中丧生，许多国王的非婚生子嗣却飞黄腾达，其中最主要的是他最年长的私生子罗贝尔，他被赐予格洛斯特伯爵爵位。

但是罗贝尔继承英格兰王位的可能性并不大。私生子身份并不总是继承王位和获取权力道路上的障碍。亨利一世自身的父亲“征服者”威廉就是一个私生子，但依然成为诺曼底公爵，并于 1066 年成了英格兰的受膏君主。然而，近几十年来，不断改革的教会试图收紧对婚姻的限制，证明合法继承人身份成了头等大事。亨利一世与苏格兰的伊迪丝（Edith of Scotland，她的血统可以追溯到威塞克斯王朝的盎格鲁 - 撒克逊国王）的结合只生下一个男孩威廉及一个女孩玛蒂尔达，而国王把他实现王位和平继承的宏伟梦想倾注在了前者身上。年轻的威廉有了古老的盎格鲁 - 撒克逊头衔“阿德林”（意为“高贵者”），以表明他的王室血统及指定继承人的地位。他将成为最终统一了诺曼底和盎格鲁 - 撒克逊英格兰的血统的国王。

然而这些计划随着白船沉没、威廉溺亡而彻底失效。尽管如此，当 67 岁的亨利一世于 1135 年 12 月 1 日与世长辞后，英格兰并不必然会卷入内战的旋涡。尽管乍看上去如此，但英格兰过往的王位继承并不是清晰、不受质疑的，而且也没有长子继承王位的固定传统。英格兰近来的国王实际上是靠武力和快速行动登上王位的，而不是无懈可击的继承权。亨利一世自己也是从哥哥“短袜”罗贝尔（Robert Curthose）手中偷走了英格兰和诺曼底，然后立即将哥哥囚禁了起来，后者最好的 30 年就是在监狱中度过的。实际上，直到 13 世纪初，英格兰王位才由长子继承，而且即便如此，这一过程依然令人担忧且变数极大。威廉·阿德林若是继承了王位，本来应该能打破这一模式，而由他的死引发的一系列事件就有可能会停止。真正的问题是，1135 年后，两位主要的王位申索者都没有足够的力量或王国的持续支持，以确保对英格兰实行长久的统治。

王位申索者

其中一位候选人是亨利一世唯一健在的合法子女，性格强硬且野心勃勃的女儿玛蒂尔达。[6] 白船事件后，国王最终转向了她，在 1127 年宣布玛蒂尔达为他的继承人，1131 年再次确认，并迫使他的主要贵族们发誓承认她的权利。但在中世纪世界中，权力和军事力量是密不可分的。这是个武士为王的时代，君主被期待着亲自领导和指挥军队，因此，单单是玛蒂尔达的性别这个简单的事实就是一个重大的障碍，尽管并不是无法克服的。在许多盎格鲁－诺曼贵族看来，她还是个外人。她在年轻时就嫁给了神圣罗马帝国皇帝亨利五世，在皇室宫廷里长大，说着流利的德语，学习另一个国度的礼仪和习俗。尽管这次婚姻给玛蒂尔达带来了“皇后”的头衔，但是并没有使她产下子嗣。

玛蒂尔达的第二任丈夫是风流时尚的安茹伯爵“美男子”若

弗鲁瓦（Geoffrey ‘le Bel’），这段婚姻是严格意义上的政治结合，尽管这对夫妇在相对较短的时间内生下了 3 个儿子，但许多人并不看好他们的结合。安茹是诺曼底的长期敌手，安茹人向来被视为野蛮狡诈之辈，病态地热爱盲目的暴力和贪婪的掠夺。因此，玛蒂尔达在 1135 年需要竭力强调她对英格兰的申索权也就不足为奇了。她仍是一个陌生的皇后，受到性别的阻碍，又和一个安茹人有牵连，人们怀疑后者极有可能试图将王位据为己有。玛蒂尔达的父亲去世的时机也对她极为不利，因为那时她怀着第三个孩子，刚刚 8 周左右。

皇后玛蒂尔达的申索受到了一位基本不知名的候选人——布卢瓦的斯蒂芬——的排挤。和表妹玛蒂尔达一样，斯蒂芬是“征服者”威廉的孙辈，但他的血统来自女性一脉。他的母亲是令人生畏的布卢瓦的阿德拉（Adela of Blois），“征服者”的女儿、亨利一世的妹妹；她是一位罕见的出色女性，真正能在男人的世界中行使权力。她的丈夫随着十字军东征死在了圣地，在那之后，阿德拉想方设法为自己幸存的儿子们寻找出路。1113 年，较小的儿子斯蒂芬被送到舅舅亨利一世的宫廷，他在那里被授予莫尔坦伯国（在诺曼底西南部）及英格兰的额外土地。在接下来的几年中，斯蒂芬飞黄腾达，积累了支持和影响力，不断获封新的领地。当斯蒂芬在 1120 年侥幸逃过白船之劫时，他已经是盎格鲁－诺曼贵族中的主要成员。在亨利一世的主持下，斯蒂芬与布洛涅伯国（位于法国东北部，当时是英格兰最有价值的贸易伙伴之一）富有的女继承人喜结连理，斯蒂芬的地位进一步提高了。尽管如此，似乎没有人能料到他在 1135 年会对王位提出严肃的申索。毕竟，斯蒂芬曾是 1127 年第一批宣誓维护他的表妹玛蒂尔达皇后的权利的贵族之一。

当12月1日亨利一世去世的时候，曾经的承诺被抛诸脑后。斯蒂芬效仿刚过世的舅舅，决心为自己夺取王位。他闪电般地立即从布洛涅渡过海峡抵达伦敦，获得了英格兰这座商业之都的支持，很可能是以商业特权交换的。接着他又火速赶到温切斯特，这里是古老的英格兰王权所在地，他的弟弟布卢瓦的亨利（Henry of Blois）于1129年成了那里的主教。在弟弟的默许下，斯蒂芬得以控制了王室金库，之后还说服了英格兰教会首领坎特伯雷大主教于12月22日为他主持加冕涂油礼。1136年伊始，有关这次突然夺权的流言传遍了英格兰和诺曼底。对许多人而言，斯蒂芬的地位一定看起来是不可置疑的。在同时代人的眼中，他已经不再是一个平凡的人，而是通过神圣仪式变成了上帝在人间选中的代言人。或许有人会质疑斯蒂芬登上王位的途径，然而一旦他经历了由教会正式主持的加冕典礼，他就毫无疑问地是英格兰的合法国王了。玛蒂尔达皇后看起来回天无望了。甚至连她的主要支持者、同父异母弟弟格洛斯特伯爵罗贝尔（亨利一世的私生子），也被迫勉强承认斯蒂芬是新国王。[7]

起初，约翰·马歇尔也毫无保留地支持斯蒂芬；到1138年时，这种忠诚的表现为约翰赢得了一个重要的职务：马尔伯勒城堡的堡主。该城堡是英格兰西南部战略地位最为重要的据点之一，控制着伦敦和布里斯托尔之间的东西主干道，而且还管辖着威尔特郡北部开阔、起伏的丘陵地带。堡主一职不是永久的赠予或礼物，它只是授权约翰看管这座王室城堡而已。尽管如此，这一职位使他成为该地区的重要人物之一，并很快就拥有了更多的机会。

斯蒂芬国王的统治

这位最终将会决定威廉·马歇尔的生死的国王，就这样自1135年开始掌权。如果斯蒂芬有更为强悍的性格，这位新国王最初所展现出来的力量很可能会保持下去。他的祖先们——从亨利一世到“征服者”威廉——都是靠强力而不是不能让与的权利夺取并保有权力的。诚然，斯蒂芬确实有着雄心壮志和行动力，而且在战场上也将证明是称职的，但在其他方面他缺乏必要的素质，这一点很快就变得明显起来了。12世纪末的廷臣兼评论者沃尔特·马普（Walter Map）在回顾过往时曾形容斯蒂芬“在战场上功夫了得，但是其他方面简直是个傻瓜”，并补充说，他“有作恶的倾向”，而对马姆斯伯里的威廉来说，“他是一个行动派，但行事鲁莽”。事实是，成功的中世纪国王在对待他们的臣民时要在一定程度的无情和权宜的慷慨之间把握好平衡——这两点斯蒂芬都做不到。[8]

斯蒂芬的魄力在1136年夏受到了真正的考验，当时英格兰西南部爆发了一场小规模叛乱。斯蒂芬迅速采取行动遏制叛乱，对藏匿在埃克塞特城堡中的不满分子发起了严密围攻。3个月后，抵抗失败，叛军只好投降。所有人都认为这些反叛者将面临严酷的惩罚，从没收土地和监禁到致残甚至处死。在类似的情况下，国王亨利一世绝对会毫不留情。同时代人称亨利一世为“不忠之徒的死敌”，对于对手和敌人，亨利乐于使用可怕的刑罚，比如剜眼及阉割；尽管如此，这种令人厌恶的手段使他被尊称为“正义之狮”。

斯蒂芬国王对这等无情的暴行缺乏兴趣。按照格洛斯特的罗贝尔的建议——他肯定知道自己在鼓励斯蒂芬削弱国王的权威——国王在埃克塞特展现出了惊人的宽容：所有叛乱者都被允许带着财产毫发无损地自由离开。大多数人认为这是软弱的表现，从那以后，人们严重质疑斯蒂芬的能力，因为很明显，人们可以在不担心受到全面报复的情况下对这位国王发起挑战。一位编年史家指出，斯蒂芬很快获得了令人烦恼的名声："一个不会施行法律的全部惩罚的温和的人。"[9] 1138 年夏，格洛斯特的罗贝尔感到有足够的信心自己发起叛乱，公开声称支持自己同父异母的姐姐玛蒂尔达皇后的事业。

当斯蒂芬对权力的控制动摇时，玛蒂尔达皇后变得大胆起来。她在 1135 年时对王位提出申索，遭到所有人的嘲笑，此时她再度提出；1139 年她渡过英吉利海峡，和格洛斯特伯爵一起在布里斯托尔建立了一个军事基地。从现在开始，王国大致沿着中线分裂，支持国王一方的中心地带在东南部，玛蒂尔达和罗贝尔伯爵则控制了西南部。

内 战

接下来的 14 年中，整个王国被一场棘手的自相残杀的破坏性冲突所蹂躏，双方都证明没有能力取得全面胜利。斯蒂芬紧握不放他作为英格兰受膏君主的地位，但他在统治期间的软弱和天生的无能已经暴露出来。与此同时，尽管玛蒂尔达的血统表明她在法律上有权统治，但她的性别和婚姻仍然是个问题，而她的傲慢和专横似乎使她在英格兰疏远了很多人，这进一步破坏了她的前途。斯蒂芬和玛蒂尔达之间错综复杂的斗争的特点是，双方的命运都几度大起大落，其间夹杂着不屈不挠和愚蠢行为。这也为像具有约翰·马歇尔这般性格、气质和野心的人提供了多方面的机会。当冲突爆发时，他位于利用冲突的理想位置，他在英格兰西南部的领地夹在两个阵营中间，经常利用一方反抗另一方。

《威廉·马歇尔传》对这一时期做了较为详细的描述，但其叙述有时含混不清，总是偏向约翰·马歇尔。他被描绘为一个“彬彬有礼、睿智和值得尊敬的人”，而且是“一个勇敢、值得信赖的骑士”；这正是其他勇士可能乐于追随的那种慷慨而令人钦佩的人物，尽管“他不是伯爵也不是贵族，没有巨额财富”。事实上，约翰的忠诚可能相当可疑，特别是在内战的早期阶段，但是《威廉·马歇尔传》的作者却坚持认为，从一开始，“这位值得尊敬的马歇尔就完全把他的命运托付给了合法的继承人”玛蒂尔达。

有时，传记把约翰的重要性夸大到了令人捧腹的地步。根据作者的说法，内战期间，“斯蒂芬国王吃了败仗”，主要是因为约翰选择支持玛蒂尔达皇后，而且，约翰“在天下既定之前……为她参加过无数的大小战役……经历了许多考验和磨难”。[10] 事实上，在整个斗争的宏伟规划中，马歇尔家族仍然相对无足轻重，不过这样的夸大表述到底是来自威廉·马歇尔本人的个人回忆，还是他的传记作者有意给威廉的祖上贴金，我们已经不可能弄清楚了。

《威廉·马歇尔传》中记载了一个表现约翰的英勇的具有戏剧性的故事，无疑带有一种老掉牙的家族传说的味道，把一系列的事实和虚构编织在了一起。这一幕是在 1141 年的一场重大危机的背景下发生的。在这一年里的短暂数月中，玛蒂尔达的派系似乎马上就要取得胜利：在林肯郊外的一次小规模战斗中，斯蒂芬被俘。国王屈辱地被带到了布里斯托尔，并被戴上镣铐。然而，到了9月，局面发生了天翻地覆的变化。玛蒂尔达和格洛斯特的罗贝尔围攻温切斯特，希望巩固他们的优势，结果被一支效忠斯蒂芬的援军击溃。在随后向西慌乱撤退途中，为了能让玛蒂尔达顺利逃脱，格洛斯特伯爵在泰斯特河上的斯托克布里奇（Stockbridge）渡口断后，结果被俘。双方最终达成了一项协议，用罗贝尔换取斯蒂芬国王的自由。不足为奇的是，整个事件笼罩着一股强烈的双方互相猜疑和指责的气氛，因此必须都提供人质，包括他们各自的儿子，以确保交易条款得到遵守。

在《威廉·马歇尔传》中记载的1141年玛蒂尔达从温切斯特落荒而逃的惊险故事中，约翰·马歇尔作为中心主角出现了，而格洛斯特的罗贝尔被抹掉了。因此，约翰被描述为皇后唯一可信任的谋士，他建议立即撤退。正是约翰告诉玛蒂尔达不要像“女士那样”侧身骑马以致减缓撤退速度；据说，他坚持让她“分开［她的］双腿”，像男人一样骑马（带有一丝隐晦的猥亵意味）。而且，在这段记载中，是约翰，而不是罗贝尔伯爵，为掩护她撤退打了最后一场英勇的战斗，不过作战地点为惠韦尔（Wherwell）的一个渡口，在斯托克布里奇以北5英里。

不过，从这里开始，故事朝向更为可信的方向发展，在一定程度上得到了其他同时代证据的佐证。看起来，1141年，约翰·马歇尔确实代表玛蒂尔达的军队在惠韦尔的修道院附近战斗，当无法挡住敌军后，他躲进了修道院的教堂里。斯蒂芬国王的支持者们迅速放火烧教堂，随着烈焰蔓延，炽热的高温熔化了教堂的铅顶。根据《威廉·马歇尔传》的记载，燃烧的金属“落在马歇尔的脸上，造成了可怕的后果”，烧焦了他的皮肉，并让他失去了一只眼睛。约翰最终跌跌撞撞地走出了浓烟滚滚的废墟，尽管身受重伤，还是设法走到了安全的地方。[11]

约翰·马歇尔的性格

接下来的数年中，战斗仍在断断续续地继续，但毫无结果，双方都未能取得明显的进展。但约翰·马歇尔在这场动乱中发达起来。就连《威廉·马歇尔传》也偶尔暗示了约翰在内战中有较不光彩的行为。在对破晓时分向温切斯特附近的一支轻甲敌军发动伏击的描述中，他的施暴能力一目了然。传记作者自豪地宣称："没有一只追捕猎物的狮子像那群全副武装的士兵追赶手无寸铁的敌人那么［迅捷］"，并补充说，"许多人被杀死并砍掉手脚，许多人脑浆四溅，还有许多人的内脏［流在了］地上"。严酷的现实是，在英国历史上这段混乱的时期里，弱肉强食司空见惯。这是一个群狼的时代，凶猛、专横和狡诈的军阀发达兴旺。尽管《威廉·马歇尔传》的作者可能不愿意承认这一点，但是约翰在所有这些方面可谓出类拔萃。

其他真正经历过内战的编年史家更为清晰地展现了马歇尔的性格。在最负面的记述中，约翰被描写为"地狱的族裔和所有邪恶的根源，［他］不断用混乱困扰王国"；他建造了数座"设计精妙"的城堡，但随后利用它们对当地百姓实施残暴统治，从教会手中勒索钱财和地产。[12] 在其他记述中，约翰只是在一场混乱得令人绝望的游戏中的一个粗野、贪婪的玩家。这一点在内战初期发生的一件很有说服力的事件中表现得最为明显，而《威廉·马歇尔传》完全忽略了这件事。[13]

1140 年的初春，给冲突双方当雇佣兵的佛兰德人罗贝尔·菲茨休伯特（Robert FitzHubert）决定给自己夺取一块土地。菲茨休伯特声名狼藉，一位同时代编年史家形容他是“一个极其残忍的人，在邪恶和犯罪方面无与伦比”。有传言说他喜欢把俘虏扒光并给他们身上涂蜂蜜，然后让他们受虫子叮咬的折磨。还有人听到他吹嘘说，有一次在佛兰德，他曾兴高采烈地看着 80 名僧侣被困在一座燃烧着的教堂里活活烧死。

3 月 26 日夜间，菲茨休伯特领导了一场对威尔特郡迪韦齐斯坚固的王室城堡的偷袭，他用临时梯子登上了城墙，希望在被人发现之前占领这座堡垒。中世纪时，这类夜袭是非常危险的事情，因为在接近一片漆黑的地方协调这样的进攻几乎是不可能的。进攻部队被发现、隔离，然后被屠杀的概率很高。不过菲茨休伯特这一次成功了。守卫被绕开了，当时“睡得正酣”的其他大部分守军很快就被击败。至少从理论上讲，到目前为止，菲茨休伯特一直在为格洛斯特伯爵服务，但现在他立即宣布他打算把迪韦齐斯据为己有——这个雇佣兵计划把自己变成威尔特郡的军阀。

然而，罗贝尔·菲茨休伯特随后犯了个错，他联系了约翰·马歇尔。后者在马尔伯勒的据点就在东北方 14 英里处，其间有开阔而诡异的景观，那里散布着古墓和石圈，是一处被遗忘的新石器时代的遗迹。菲茨休伯特向自己的新邻居提议举行一次谈判，尽管他此举的真实意图只有天知道。或许他希望提议缔结某种形式的同盟，或许他想用暴力威胁恐吓约翰，让后者臣服。会谈甚至有可能是一个诡计，仅仅是为了让菲茨休伯特和他的手下能够进入马尔伯勒城堡，然后从毫无戒心的马歇尔手中抢走堡垒。无论菲茨休伯特心里到底打了何种如意算盘，他显然严重误判了约翰的性格。

约翰欣然同意举行一次会议，欢迎雇佣兵和他的一部分手下进入马尔伯勒城堡。就在进入城堡的那一刻，他们落入了陷阱。随着大门砰的一声关上，来访者被层层包围并解除了武装，成了阶下囚。在智取菲茨休伯特后，约翰把他“扔进了狭小的地牢，让他忍受饥饿和折磨”。马歇尔似乎想利用他的新囚犯作为筹码以某种方式将迪韦齐斯城堡据为己有。这位狡诈的雇佣兵首先被移交给格洛斯特伯爵，以换取500马克的报酬，随后被拖到迪韦齐斯，在城堡驻军面前绕城示众。约翰一方威胁他城内的手下若不投降就将他处死。遭到坚决拒绝后，菲茨休伯特被吊了起来，然后按照马姆斯伯里的威廉的说法“像个普通罪犯一样被绞死”。在这位编年史家看来，对这样一个“该受天谴的恶棍”来说，这是一个公正的结局，而约翰·马歇尔则被认为是一个“极为阴险狡猾之徒”。[14]

马歇尔家族与索尔兹伯里家族联合

正是通过这样的阴谋诡计，约翰在整个内战期间都在谋取利益。事实上，在这场旷日持久的斗争中，他既不是大英雄，也不是大反派，而只是一个野心勃勃的小贵族：精明、偶尔不择手段，且决意利用乱世攫取社会地位。马歇尔的阴谋也不是所有都能成功。12世纪40年代中期，约翰与威尔特郡最有权势的家族之一——索尔兹伯里领主——发生了冲突。此时这个家族的族长是索尔兹伯里伯爵帕特里克，他统治着这个地区的一个主要设防城镇（现在被称为老塞勒姆）；在“混乱”的世道中，他也改变着效忠对象。

英格兰西南部这两个军阀之间的争斗的起因，似乎是约翰试图向东拓展自己的势力范围，在拉德格舍尔建一座小城堡，此举侵犯了索尔兹伯里家族的利益。双方最终成为仇敌，伴随着无数次的劫掠和血腥冲突，马歇尔发现自己遇到了真正的对手。整个事件的细节无疑是模糊的，似乎约翰最终被迫让步，对帕特里克伯爵表示臣服。无论如何，这一插曲确实产生了一个具体而且相当重要的结果——约翰同意通过联姻与索尔兹伯里家族结为同盟。

约翰已经娶阿德丽娜为妻，不过这个问题很快就解决了。12世纪时，西方教会变得越来越吹毛求疵，试图对婚姻做出严格规范。为了避免乱伦的结合，同一个家族六代之内的成员被正式禁止婚配。在现实中，鉴于欧洲贵族间复杂的联姻和血缘关系网，这一禁令在很大程度上无法实行。对很多人而言，找一位非亲属的配偶几乎不可能。但这同时意味着，在必要的情况下，通过仔细寻找亲属关系，可以以近亲结婚为理由废除婚约。这一招似乎被约翰用来宣布他与阿德丽娜的婚姻无效（阿德丽娜很快嫁给了牛津郡的一位小贵族）。与此同时，约翰迎娶了帕特里克伯爵的姐姐西比尔（Sybil）。这桩婚事成为两家和解的有效手段。双方结束了敌对关系，约翰的社会地位得到大幅提升，而且不久后约翰便连续生了几个新的继承人。西比尔总共给约翰生了7个孩子，4男3女。这些孩子中的老二是个男孩，大约出生于1147年。他被取名为威廉。[15]

童年早期的经历

我们对威廉·马歇尔的童年的了解，唯一能确定的就是他活了下来这个简单的事实。这在12世纪中叶绝非易事。据估计，这一时期出生的孩子，至少有三分之一活不到1岁，可能还有多达三分之一的孩子活不到青春期。大多数的孩子似乎因为生病而夭折，而营养不良、较差的生活和医疗条件更削弱了孩子们抵抗疾病的能力。当然，作为贵族之子，威廉的生活状况要比大多数人要好，然而由于他出生的那个时代充满冲突，这样的优越条件至少在一定程度上被抵消了。

中世纪的父母非常清楚他们的孩子可能无法长大成人。他们对孩子必定有一种死亡就在身边或必死无疑的感受，和现代世界许多地方的父母所经历的情况完全不同。出于这个原因，过去流行的说法是，中世纪的父母不可能和自己的孩子之间建立密切的联系。出于感情上自我保护的基本需要，父母只得和孩子们保持疏远的关系，甚至可能经常忽视他们。乍看上去，这一结论似乎能够得到保存下来的中世纪验尸官记录以及所谓的“圣迹故事”集——民间流传的神圣干预的故事，这些故事通常和基督教圣徒有关，这个时期出现了成千上万的此类故事——的印证。在这些材料中，经常出现涉及儿童意外亡故或者受伤的故事，例如儿童落入井中、淹死在河里或者被马匹踩伤，表明他们没有被悉心照顾和监管。除此之外，还有一些令人困惑的奇怪的医疗手段，基本上和蓄意虐待差别不大。比如 11 世纪著名的教会法学者沃尔姆斯的布尔夏德（Burchard of Worms）曾经指责一些父母为了“治愈”发烧的儿童而把他们放在屋顶上暴晒，或者是放在炉子里烤——这无异于蓄意杀婴。那么，我们是否应该得出这样的结论：在威廉·马歇尔的时代，鲜有父母爱护自己的孩子；那么威廉在年幼时也可能会遭到漠视？

事实上，现存的史料的性质决定了我们永远无法完全重建那个时代的人们的感情世界，家庭中所经历的爱与悲痛之深度及内涵仍然无法确定。然而，最近的研究表明，900 年前的父母和今天的父母一样珍爱自己的后代。毕竟，从自我选择的证据推断出一般性的结论实在非常危险：比如验尸官的报告，那必然反映的是人生尤为凄惨的一面，而那些圣迹故事则必定令人震惊、富有戏剧性。如果查阅更多的资料，就会发现许多父母因自己的孩子生病而感到恐惧和痛苦，在孩子去世时则悲痛欲绝。这种情感或许可以在一位扯掉自己的头发并捶胸顿足的母亲，或者一位因为悲痛而动弹不得的父亲身上表达出来。事实上，自 12 世纪开始，教会就试图建议父母不必为逝去的孩子“过度”哀悼，理由是这意味着对上帝的意志抱有怀疑——这种做法必定表明很多人有这样的情感。[16]

尽管如此，这个时代的父母对婴儿及儿童的依恋形式与我们自己时代的似乎有微妙但显著的不同。一系列的证据表明，如果一个独生子女或唯一存活的孩子亡故，这个时代的父母会感到更深刻也更强烈的悲痛。这似乎是因为后代受到了高度重视，至少在一定程度上是因为他们是潜在继承人、能够延续血脉。因此，最后一位继承人亡故——尤其是男性继承人——是一件极其令人悲痛的事。

沙托鲁领主

这种情感可以在 12 世纪博学的威尔士的杰拉尔德讲述的一个惊人的故事中找到有力的表达。杰拉尔德是一位著名的教士，是 12 世纪、13 世纪初的作家；他对从历史到地理再到自然世界的一切都很着迷。杰拉尔德的故事围绕着沙托鲁城堡展开；这座城堡位于贝里地区（法国中部）这个非法之徒横行的地方，以后这座城堡还将与威廉·马歇尔产生密切的联系。威尔士的杰拉尔德记载了这样一则故事：残酷的堡主俘虏了自己的一个敌人，为了保证对方不再构成威胁，这个可怜的家伙被刺瞎双眼，并且被阉割。这是残酷的刑罚，但在这个残暴的时代并非不为人知；这种做法剥夺了一个人的生殖能力，扼杀了让他生下一个能复仇的继承人的全部希望。被阉割后，他在这座城堡里被囚禁多年，但他有在城堡里闲逛的自由，尽管他只能跌跌撞撞摸索着行走。随着岁月推移，他“牢记了城堡中所有的通道，甚至包括通向守卫塔楼梯的台阶的数目”；也正是在这些被周围的人遗忘和忽视的漫长日子里，他的心里滋长了冷酷的仇恨。

这种愤怒最终爆发了，当机会出现时，这个备受摧残的人突然采取了骇人的行动。他抓住了沙托鲁城堡堡主唯一的儿子和继承人，拖着他“上了一座守卫塔的最顶端”，把身后所有的门都锁住；他“站在高处，威胁要把孩子扔下去”。“每个人都在痛苦地尖叫”，城堡里一片混乱。杰拉尔德写道：

> 男孩的父亲奔跑着赶到现场，没有人比他更焦急。他提出了他能想到的每一个提议，试图使他的儿子获得释放。［但是］这个囚犯要求堡主切下自己的睾丸，否则他绝不放人；［尽管］堡主不断地恳求，但一切都是徒劳。

面对这个可怕的绝境，沙托鲁堡主最终决定佯装同意，示意一个旁观的手下“猛击［他的］下体，制造他阉了自己的假象”，同时“在场的所有人为这一幕发出呻吟”。不过这个瞎眼的阉人没那么容易上当。他大声问堡主：“你哪里最痛？”当堡主“错误地回答是他的下身”时，盲人向前走了几步，准备把孩子推下去。堡主又命人打了自己一下，囚犯再次问他哪里最疼，他回答说“心里最痛”，囚犯还是不相信。此时，这个废人已经把人质拖到了“护墙的边缘”。最终，堡主意识到自己不能再犹豫了：

> 第三次，为了救他的儿子，父亲真的割下了自己的睾丸。他大声说最疼的是自己的牙齿。“这次我相信你了，”盲人说道，“我知道我在说什么。现在我已经为我所受的冤屈报了仇，至少部分如此……你再也不会生下另外的儿子了，而你也将不会从这个儿子身上获得快乐了。”

说完，盲人“从城垛上带着男孩跳了下去”，两人全都丧命，尸体也都因为这可怕的一跳而摔碎了。威尔士的杰拉尔德在这个恐怖故事的结尾写道，沙托鲁堡主在两人殒命之处建了一座修道院，“为了让自己儿子的灵魂安息”；据说这座修道院留存至今。[17]

这个故事在很大程度上可能是虚构的。其细节没有在任何另外的历史文献中找到；此外，用杰拉尔德的话说，它的风格呼应了在圣迹故事中流行的风格。差别在于，这里的结局不是神圣的拯救，而是死亡和绝望。尽管如此，杰拉尔德期望这种推动情节的激烈、互相施予的暴力，以及父亲对自己儿子的爱这一核心戏剧要素，能让12世纪的读者感到真实。这个故事旨在让人觉得可信。因此，有时有人认为这个故事展现了中世纪时爱孩子的父母愿意为他们的孩子牺牲什么，尽管它的情节令人毛骨悚然。然而，关键的是，这种看法需要得到修正。杰拉尔德讲的这个故事是建立在父子继承（只有男性才有继承权）和赋予唯一幸存继承人巨大的价值的基础上的。这位父亲焦急、愿意受苦，以及最终的悲痛之深是可以理解的，主要是因为这个男孩“是他唯一的儿子”，无法替代。这个男孩的死去意味着一条血脉从此终结。作为次子，威廉·马歇尔很快意识到，他可能没有那么珍贵。

纽伯里之围

因为出身贵族且家境富裕，威廉的幼年很有可能过得非常舒适。这段时期他可能是在汉普斯特德·马歇尔的家宅中长大，此地到这个时候已经扩大到至少包括一座城寨式——有一个周围环绕着一条壕沟的高耸的土丘，还有一个通常用一道木栅栏围起来的庭院——的土木结构的城堡。威廉似乎对自己的父亲比较生疏，但他与自己的母亲索尔兹伯里的西比尔有着远为深厚的感情。这种情况在贵族和王室家庭中并不多见，因为他们经常使用奶妈，这些女人在孩子的成长过程中扮演重要角色是很常见的。威廉的同时代人、未来的英格兰国王狮心王理查就非常喜爱自己的乳母霍迪尔娜（Hodierna）。后来他赐给她土地作为礼物，而威尔特郡的一个小村子也以她的名字命名为诺伊尔·霍迪尔娜（Knoyle Hodierne）。威廉很可能有机会玩一些我们今天仍然熟悉的那种简单的儿童游戏。比如威尔士的杰拉尔德回忆说，自己小时候在威尔士西南部的彭布罗克郡的沙滩上愉快地玩耍；他的兄弟们在那里一起堆沙滩城堡，而他自己则用沙子堆教堂，似乎那时他便知道自己未来将会成为教士。那时的孩子们也可以玩一些粗陋的玩具，这些玩具通常被按性别划分，比如男孩子玩骑士玩具，女孩子则喜欢娃娃屋。

然而，在 1152 年，内战的最后一波冲击粗暴地打破了 5 岁左右的威廉的童年。由于斯蒂芬和玛蒂尔达之间的僵局不能单靠武力打破，这场激烈的冲突在 12 世纪 40 年代末已经缓和下来。此时的斯蒂芬已经 50 多岁，仍是国王，但他的地位被欧洲大陆上发生的事件进一步削弱了。在那里，玛蒂尔达皇后的丈夫安茹的若弗鲁瓦利用英格兰的内乱入侵了诺曼底。到 1145 年时，他已经攻占了斯蒂芬在诺曼底的所有领地，并且在法国国王的纵容下宣布自己成为诺曼底公爵。尽管若弗鲁瓦没有直接穿越英吉利海峡对英国进行军事干预，但他对诺曼底的占领还是给斯蒂芬的王朝野心造成了致命伤害。

几乎所有国王剩下的支持者都在诺曼底和英格兰拥有土地，他们完全清楚，坚定地支持斯蒂芬一系可能会使他们失去宝贵的大陆地产。内战双方必须达成某种妥协。而最有可能的选择是玛蒂尔达和若弗鲁瓦的长子亨利。这位红头发、脾气暴躁的年轻人通过玛蒂尔达的血统拥有对英格兰王位较强的继承权，能够以皇后一直不可能做到的方式作为一名男性战士 - 国王进行统治。亨利已经造访英格兰 3 次，当安茹的若弗鲁瓦把自己的诺曼底公爵爵位传给他时（可能是在 1150 年 1 月），他的前途几乎是板上钉钉的。剩下要做的就是把斯蒂芬逼到绝境，要么强迫他和解，要么直接夺取王位。

正是在内战最后这些各自施展手段的年月中，约翰·马歇尔越了界，与实力日渐衰落的斯蒂芬发生了直接冲突。野心勃勃的约翰决意扩大自己的领地和势力范围，他建立了一座新的防御工事。约翰的目标似乎是对一个重要的十字路口——位于一条从伦敦到西部的路与贯穿牛津和温切斯特的南北通道的交叉处——

实施一定程度的控制。关于这座新据点的准确位置，史学界存在很大争议。按照《威廉·马歇尔传》的记载，它应该位于纽伯里（那时还是一个小城镇）附近，但是考古学家在此地没有找到任何考古遗迹；可能这座城堡位于约翰领地汉普斯特德·马歇尔东侧不到 1 英里处，今日那里依然能够看到一个很大的城堡丘陵，在一个天然斜坡的顶部。[18]

斯蒂芬国王决心夺回他最后的权力，决定惩罚约翰的僭越之举。1152 年他亲率一支大军围攻马歇尔在纽伯里的新要塞。约翰此时恰巧不在，由马歇尔家族的侍卫长负责看护这座只有少量供给的要塞。斯蒂芬猛烈迅速进攻，他承诺重赏率先攻破城防的将士。但是，在守军“扔下石板、削尖的木桩和巨木”后，正在爬过“壕沟和堤坝”前进的敌军的第一轮猛攻失败了，随后战斗暂时中止。[19]

要塞被围的消息传到了约翰·马歇尔的耳朵里，他做出了一个经过深思熟虑的决定。通过信使，约翰与斯蒂芬国王建立了联系并请求短暂休战，很可能他以承诺自己会立即投降作为条件。鉴于约翰的名声，他知道单凭自己的话是不足以达成协议的。因此，就像斯蒂芬国王和格洛斯特的罗贝尔在 1142 年所做的那样，约翰交出了自己的一个儿子作为人质——保障好品行的担保人。他没有选择索尔兹伯里的西比尔所生的和他同名的长子来履行这一职责，而是选择了他的次子（这时也是约翰最年幼的儿子）威廉。约翰按时把自己的儿子送到了国王军营中，斯蒂芬撤退了一段距离，这样约翰就可以和他的侍卫长商谈并组织城堡的投降事宜。当然，国王被欺骗了。

险些丧命的威廉

约翰一进入纽伯里城堡，便开始匆忙地重新准备防御措施，安排“英勇的骑士、士兵和弓箭手”这些“不愿投降”的人守城。正如《威廉·马歇尔传》中所承认的，约翰“没有一刻考虑过和平献城”，这自然“让自己的儿子陷入险境，因为国王［很快］意识到自己被骗了”。《威廉·马歇尔传》的作者设法以异常机敏狡猾的方式记述了这段插曲，他详细地描述了事件，却从未公开劝诫约翰·马歇尔或斯蒂芬国王。当指责不可避免时，主要针对的是国王身边的那些所谓的阴险懦弱的谋士——他们被作者称为“骗子”——他们现在“站出来［并］建议国王吊死这个孩子”。他们因提出这一建议而被谴责为“邪恶且卑鄙的人”，但值得注意的是，在描述接下来的事时，作者毫不避讳地说：“这个消息传到了［约翰］那里，但他说他不在乎这个孩子，因为他还有锤子、铁砧，能造出甚至更好的货色来。”在受到冒犯与欺骗之下，愤怒的斯蒂芬下令把这个小男孩“抓起来，吊死在绞刑架上”。[20]

就这样，威廉在5岁时就与死亡面对面了。约翰明显冷酷地漠视自己儿子的性命，这似乎是令人愤慨的，即使在12世纪，也会引起一定程度的震惊。在西欧，用子女做外交上的人质是司空见惯的事，但为了赢得军事上的优势而牺牲自己的孩子并不常见。约翰的不诚实已是路人皆知，所以斯蒂芬国王接受小威廉为他父亲的诚意做担保这一事实表明，提供这样一个人质被认为是忠诚的绝对保证。威廉不是头生子，或许不是最珍贵的后代，但是他仍然是约翰的血亲。没有人能预料到他的父亲竟如此冷酷无情地将他抛弃。

当然，约翰·马歇尔有可能是拿威廉的生命冒了一次有备之险。自从1136年在埃克塞特发生的事件之后，斯蒂芬一直被认为是一位仁慈的君主。一次又一次，他未能无情地下定决心采取行动。或许约翰认为他年迈的国王绝对不会冷血地杀死一个男孩。若果真如此，这真是一把可怕的赌博。中世纪时的围城战残酷而艰苦；在这种战斗中，一切都取决于士气。在这个时代，双方军队经常犯下暴行，以恐吓对手或者迫使对方投降。守城一方可能会把俘获的攻城者受到摧残的尸体悬挂在城墙上，或者将尸体肢解，把四肢和头颅抛回敌军阵地。攻城一方经常威胁要在守军面前绞死或屠杀囚犯，就像罗贝尔·菲茨休伯特在迪韦齐斯的下场所证明的，这种威胁常常真的被付诸实践。在这种背景下考虑1152年发生的这次人质事件，尽管约翰·马歇尔或许希望，甚至觉得自己的儿子能活下来，但很明显，其结果无论如何都是未知数。实质上，约翰早已下定决心，认为保住纽伯里城堡要比保住小威廉的性命更重要。

在接下来的几天里，威廉·马歇尔似乎不止一次受到生命威胁，而是三次。在最初被威胁吊死后，他又被带到了抛石机前，要被抛进城堡，“以便在［守城者的］心中制造恐怖”；最后一次，他们准备在向城墙发起正面攻击时把他当成人盾，他在那里会“被碾成肉酱”。据说威廉的母亲索尔兹伯里的西比尔在此期间“遭受着如此巨大的痛苦”并万分焦虑，因为她相信自己的小儿子一定会经历这番“残酷的折磨”。但从始至终，纽伯里守军一直坚决拒绝投降。那么这个男孩是怎么活下来的?

这个问题的唯一答案是由《威廉·马歇尔传》提供的，这部传记是唯一记载了这些事件的史料。传记的作者显然是根据一贯的做法，记录了威廉亲口讲述的对发生在纽伯里的事件的回忆。

根据这份记录，威廉天然淳朴的童真一次又一次地让国王下不了手：在被带上绞刑架时，他向守卫要长矛玩；他开心地跳入了抛石机的投石索，以为那是孩子玩的秋千。斯蒂芬被这个男孩迷住了，下令取消处决，据说他还宣称，“谁要是让他受苦死去，肯定有着铁石心肠”。

后来，随着攻城的继续，据说威廉和国王甚至在营帐里一起玩了一场“骑士”游戏，把花茎当宝剑互相比划。尽管没有受到伤害，威廉还是在国王手中做了好几个月的人质，甚至有可能超过一年。最终，纽伯里被国王的军队攻占，而约翰·马歇尔逃脱了，斯蒂芬率军开往东北方，去围攻主要对手控制的沃灵福德城堡。从这时开始，为结束内战举行的谈判开始认真进行；1153 年 11 月 6 日，双方最终在温切斯特达成协议：斯蒂芬依然担任国王，但是他的继承者将是玛蒂尔达皇后的儿子——诺曼底公爵亨利。直到和平协议达成之后，威廉·马歇尔才得以回到家人身边。《威廉·马歇尔传》写道，“威廉回到了父亲身边”，并补充说“他的母亲见到他非常高兴”，但没有提到约翰·马歇尔的反应，这一点意味深长。[21]

幼年经历对威廉产生的影响

尽管父子的情感明显疏离，约翰·马歇尔似乎在威廉的记忆中挥之不去。作为父亲，他或许不是那么亲密——只是短暂地出现在威廉的幼年中，即使那时也并不亲近——但不可忽视的是，约翰依然在威廉的人生中留下了烙印。他的形象——作为头发花白、饱经风霜的内战老兵，他的面庞因烧伤而毁容，瞎了一只眼睛——融入《威廉·马歇尔传》的字里行间，而这部著作往往依赖威廉自己的回忆。

在以后的人生中，威廉似乎一直钦佩他父亲的许多所谓的品质，把他描绘成一个令人敬畏的战士和王室的忠诚仆人，但他也是一个精明而野心勃勃的军阀，深受追随者的爱戴。威廉对约翰在内战期间的政治阴谋，或者他如何无情对待罗贝尔·菲茨休伯特这样的对手有多少了解，已经无从考证。至少从表面上看，威廉似乎原谅了父亲在纽伯里被围困期间做出的冷血决定。作为一个成年人，威廉显然非常喜爱自己被俘并在年幼时与死神擦肩而过的经历，享受自己作为一个男孩被父亲抛弃这个自嘲的故事，其中充满了有关狡诈和荣誉的富有教育意义的教训。这个故事几乎成了奠定威廉·马歇尔传奇的基础——在他漫长的一生中，马歇尔将达到令人难以想象的高度，但是他一直提醒周围的人，自己还是一个孩子时差点儿就被一位国王处决了。

我们无法知道，作为人质并面临死亡威胁的实际经历——或许更重要的是，他随后对这些事件的反思——是否会在他的心里留下任何持久的痕迹。或许，重复讲述这个故事本身就是某种形式的防御机制或应对手段，但威廉也可能同样将父亲的行为以及他自己遭遇的窘境视为中世纪战争的自然后果。不过，值得注意的是，在以后的人生中，威廉从未将自己的亲属或手下的骑士和随从置于这种被遗弃的危险之中。

2

骑士之道

威廉·马歇尔获释后的最初几年是在相对和平的环境中度过的，因为英格兰终于从极具破坏性的内战中走了出来。双方在温切斯特达成的休战协议得到了遵守，在一段短暂的时期内，斯蒂芬国王在他的领地内重申了某种程度上的王室权威。斯蒂芬快60岁了，照那个时代的标准来说已是一个老人，然而即便如此，他的死亡还是令人出乎意料。1154年10月25日，他病倒了，一个同时代人描述“他的肠胃剧烈疼痛，随后流出一股鲜血来”，当夜斯蒂芬就驾崩了。诺曼底公爵按计划接任，这个21岁的安茹人于1154年12月19日被加冕和涂油，成为英格兰国王亨利二世。

亨利拥有无限的精力和野心，他将成为中世纪英格兰最伟大的君主之一，并且将成为威廉·马歇尔生活中的中心人物。据说，亨利是个中等个子的男人，留着一头短短的红发（常年闪闪发亮），一双蓝灰色的眸子目光锐利，“在他心情平和时如鸽子的眼睛”，但在“他暴怒时像火焰一样”喷射。[1]这位年轻人创立了一个新的王室血脉——安茹王朝——其王国之宏伟与威严将使他的盎格鲁－诺曼前任们黯然失色。[①] 这个安茹人统治的世界，被一些人比作从苏格兰延伸到比利牛斯山的新帝国，将成为威廉非凡生涯的舞台。

关于威廉余下的童年岁月，人们几乎一无所知。在叙述完纽伯里围城战激烈的戏剧性冲突后，《威廉・马歇尔传》跳过了12世纪50年代剩余的时间。但年轻的马歇尔一定是和他的家人回到了英格兰西南部。到了1160年，威廉就长成了他将要成为的那个人。他的传记作者后来宣称，“没过多久，[他就长成]一个高大的男孩”（不过，鉴于12世纪的男性的平均身高估约5英尺7英寸，他应该不太可能超过6英尺），并补充说，“他是如此玉树临风，身体仿佛是雕刻家用凿子凿出来的一般，他的四肢非常漂亮”，还说威廉的“手足秀美”，有一头棕发，肌肤黝黑，甚至“裆部伟岸……同辈中人无人能及”。不过这里的意思几乎可以肯定是指他的髋骨非常宽，可以在马鞍上坐得很稳。简而言之，这里的马歇尔很容易被错认成一位高贵的古罗马皇帝。似乎意识到了这些浮夸的细节描写可能会受到质疑，于是，《威廉・马歇尔传》的作者加了一句：“我之所以可以告诉你们这些，是因为我见过[威廉的样貌]，而且我记得很牢”，尽管事实上他见到的马歇尔已经是个耄耋老人了。[2]

不管他的外貌和体格如何，都不能指望年轻的威廉会拥有一个充满声望、荣耀和财富的传奇般的未来。作为一位低阶的盎格鲁－诺曼贵族的次子，他可能希望过上相对舒适的日子（按照当时的标

① 亨利的父亲若弗鲁瓦有“金雀花”（Plantagenet）的绰号，可能是因为他习惯在头盔里放一丛带枝叶的金雀花（planta genista）。然而，他之后的王室家族并不认为自己是“金雀花王朝”，直到17世纪，这个词才被广泛用于这个家族。

准），并一生碌碌无为。威廉在其家族内部等级很低，这一点在一份 1158 年起草的法律文件上表现得无比清楚。这份说明文件详细描述了马歇尔一家在萨默塞特的土地的出售情况，他和他的母亲、两个同父异母的兄长，还有他的大哥约翰都写在上面。威廉的名字被列在了这串名字的最后，并且根据协议，他的兄长得到了一定的收益——一匹马或一些钱币——但他什么也没得到。作为和索尔兹伯里的西比尔联姻的头生子，约翰将有望继承他父亲的土地和王室大元帅一职（尽管到了这时，大元帅仅仅只是一个荣誉头衔，宫廷中的实际工作是由一位领取薪俸的管理员完成的）。[3]

有一点在当时并不寻常，那就是马歇尔从他的家族中得到了“马歇尔”（Marshal）这个称谓，尽管正式的头衔将由他的哥哥持有几十年。“马歇尔”似乎作为一个姓氏的雏形得到使用——这在当时是罕见的，那时大多数人以出生地、驻跸地或者爵位来标识个人身份；还有表明和双亲关系的（例如亨利二世实际上自称亨利·菲茨皇后，意为“皇后之子”）；或者是显著的生理特征（因此，胖得出了名的法兰西国王路易六世被世人称为“胖子”路易）。

对于威廉的前途，比他的名字更重要的是他的教育。一些 12 世纪的人们认为，个人命运和未来在一出生的时候就注定了，没有改变的可能了。例如，著名的圣女宾根的希尔德嘉德断言，一个在满月后第 20 天怀上的男孩注定会成为强盗和杀人犯。但大多数人越来越重视学习、培训和学徒生活的重要性。在这一时期，有一种做法变得司空见惯：贵族出身的男孩经常被故意从自己舒适的家中带走，送到一位远亲的家中居住——这种做法类似于把孩子送到一所遥远的寄宿学校，使他们变得更加坚强。国王亨利二世还是个男孩的时候被带到布里斯托尔，由自己母亲的同父异母弟弟、格洛斯特伯爵罗贝尔监护了两年。当时男孩们被送走时的年龄正常是 8 岁左右，而马歇尔是在 12 岁或 13 岁的时候才被做出这种安排。这种延迟的部分原因可能是他的父亲约翰·马歇尔的财富减少了。内战的结束削弱了约翰为自己谋利的机会，而且他在新国王亨利二世那里没有得到长久的宠爱。约翰保住了大元帅的头衔，但他在英格兰西南部的权势基石——马尔伯勒城堡——的监护权在 1158 年被收回并转予他人了。[4]

最终，在 1160 年左右，约翰为他的儿子在诺曼底的著名贵族唐卡维尔的威廉那里找到了去处，尽管可能是西比尔这边的关系起了作用，因为唐卡维尔的领主是她的亲戚。于是，步入青少年时期的威廉·马歇尔坐船前往法兰西北部，用《威廉·马歇尔传》中的话说，去“赢得荣誉”。在他离开的那天，威廉一家聚在一起向他告别（尽管他的父亲像往常一样缺席）。在这一路上，没有精心安排的大群随行人员照顾他，威廉仅带了孤零零的一个仆人。根据他的传记作者的说法，在这场离别中，威廉的“母亲痛哭了一场”，他的兄弟也流下了眼泪。[5] 这段将他从出生和童年时期熟悉的世界带往远方的旅程一定令他感到不安——在中世纪欧洲高度本地化的社会里，许多人一生没有离开家旅行超过一天的路程。现在，威廉的未来就在南方 150 英里以外的诺曼底了，想要到达那里，他还必须渡过英吉利海峡。

在“骑士之父”身边

威廉·马歇尔生活在伟大的盎格鲁－诺曼王朝和安茹王朝的

统治下，在这个时期，英格兰国王和他们的主要臣民在海峡两岸都有领地。出于日常生活的必要，他们经常要在英格兰和欧洲大陆之间旅行。在未来的岁月中，威廉将在海峡中航行几十次。然而，那时这段旅程仍然是一件危险、充满不测的事情，常常需要航行超过 70 英里的开阔水域（例如朴次茅斯和巴夫勒尔之间），这与海峡最窄处，即多佛尔和维桑（在今日加来附近）等中世纪法国港口间所需穿越的区区 21 英里相去甚远。中世纪船只和航帆的设计相对简陋，这意味着水手们会发现自己常常任由天气摆布，因此他们祈求平静的海面和有利的风向。沉船事故令人震惊地常见——事实上，据估计，在 12 世纪中叶，死于溺水的廷臣比为争夺王位而死的还多——所以很少有人在这段旅程中不带一丝恐惧。马歇尔的第一次航行平安无事，不过他不会总是如此幸运。

威廉就这样抵达了诺曼底：这块土地远离家乡，但也是他祖先的土地。[6] 尽管在英格兰长大，但从文化、身份认同和忠诚的角度来看，他几乎不可能认为自己是英格兰人。就出身而言，马歇尔是一个诺曼人。理所当然地，他的母语应该是中世纪法国北部的一种诺曼方言，不过他在英格兰西南部的生活可能会给他的口音留下印记。①

从现在开始，他余生的大部分时间将在诺曼底度过，他对这个地区有了很深的感情，尤其熟悉塞纳河北部和东部这片区域（即上诺曼底）。这片开阔的土地地势起伏，和威尔特郡没什么

---

① 一些在英格兰西部长大的盎格鲁－诺曼和安茹的贵族们似乎会有一种明显的口音，并因此在精英主义的安茹宫廷中受到嘲弄。12 世纪后期流传着一则讽刺故事，说马尔伯勒有一眼被诅咒的泉水，只要“喝了之后就会说糟糕的法语”，也就是所谓的“马尔伯勒法语”。

不同。

就在那里，马歇尔见到了宏伟的诺曼底城堡唐卡维尔，它坐落在塞纳河河口北岸的岩石峭壁上。在今日此地是一个废弃的庞大法国城堡的遗址，它破败的主体历经了多个世纪的许多不同建造阶段，但在马歇尔到达的时候，它是一个坚固的石砌城堡。它的主人，唐卡维尔的威廉，是一个相当有身份和声望的人，被一位同时代的人描述为“一个拥有高贵血统的人，在战争技艺上举世无双，力量超群，让人嫉妒得要死”。[7] 他在公国还有两个据点，并因世袭权利担任诺曼底的财政总管一职。

威廉·马歇尔在加入这里时带着一个特殊的目的。作为次子，威廉或许本可以走一条和斯蒂芬国王的弟弟布卢瓦的亨利一样的道路，成为教会的神职人员。但年轻的威廉面前的道路将他的人生引上了一个不同的方向。他在 13 岁左右抵达唐卡维尔来学习武艺：学习有关战争的事务，通过成为一名骑士，跻身欧洲新兴的军事精英行列。

中世纪骑士制度的发展

在我们有关中世纪的流行观念中，骑士居于中心地位。一位身穿华丽盔甲的高贵武士跨坐在坐骑上去拯救身陷险境的少女，这个标志性形象属于经典的有关中世纪的陈词滥调。那么，很容易想象，骑士是这个遥远的时代的一个恒定不变的基本特征，而生活在 1000 年前的西欧的每个人，都确切地知道何为骑士，并且深知他们应该如何行事。

骑士在塑造这段历史的过程中确实起到了至关重要的作用，他们的一些做法和信念符合现代的期望，尽管不是全部。但是，骑士制度的概念是在 11 世纪下半叶才刚刚出现的，在威廉·马歇尔到达唐卡维尔并逐渐长大成人时，它仍处于萌芽阶段。而威廉所生活的时代正是骑士制度的理念、仪式和习俗融合在一起的时期。事实上，作为欧洲最伟大的骑士之一，他自己声名卓著的一生帮助塑造了这个武士阶层。[8]

就其最基本的形式而言，一位中世纪骑士就是一个骑着马的战士。人类骑马打仗的历史已有 1000 多年了，但在中世纪早期，马术被视为一种贵族必不可少的消遣——贵族身份的标志。自 9 世纪以来，法兰克统治者查理曼（查理大帝）和他的继任者试图在西方重建罗马帝国，掌权者被期望拥有并骑乘马匹。到了 1000 年左右，骑马士兵的速度和机动性开始在战斗中发挥越来越大的决定性作用，在 11 世纪，一种更具特色的兵种慢慢出现了。

通常，这些骑着马的战士加入军阀、伯爵、公爵，甚至国王的军事随从队伍。起初，大多数人只是为了报酬而来，但随着时间的推移，他们开始希望他们的效劳能得到更大的回报，包括土地。同时代的文献通过使用更特别的称谓来反映第一代“骑士”的出现，尽管用来指称这些武士的术语常常令人沮丧地含糊和前后不一。在拉丁语中，他们被称为 equites（骑士）或者 milites（士兵）；在法语中被称作 chevalier（骑士）；而在德语和盎格鲁－撒克逊语中为 knecht 或 chihtas（仆人），现代英语中的 knight（骑士）一词就是从这里演变而来的。诸如此类不精确的表达表明这个军事阶层尚处于萌芽阶段。在 12 世纪初期，贵族骑士和作为军事精英的骑马武士这两个概念已经完全融合在一起了。诚然，有一种自然而然的假设，即任何男性贵族（神职人员除外）都会作为“骑士”战斗，并由此产生一种新的观念：骑士行为本身能赋予个人某种程度上的贵族地位。尽管如此，贵族出身并不是跻身这个武士阶层的先决条件。

在整个 12 世纪早期，骑士身份的基本标志仍然是实际的东西。这些精英武士很容易通过他们使用的一系列特定武器和装备而被识别出来。每个骑士都有一匹马和一把剑，但大多数骑士也使用长枪、铠甲和盾牌。在威廉·马歇尔抵达诺曼底的时候，骑士这个职业正日益变得专业。他们首先需要花一大笔钱来购买和保养基本装备。战马尤其特别昂贵，最初的花费大约是一个普通骑士年生活费用的 4 到 5 倍。

学会骑马作战以及熟练使用武器需要花费数百甚至数千个小时进行练习，并不是所有人都有这么多的时间。不足为奇的是，骑士身份变成了少数特权阶级人物的专属。要成为骑士，一个人必须生来就富有，否则就得寻找一个慷慨资助的恩主。总的说来，威廉·马歇尔属于第二类。他来到诺曼底不仅是为了接受教育和培训，也是为了得到一位愿意为他的学习提供资金的富有贵族的资助。对他来说幸运的是，唐卡维尔的领主以其军事扈从的规模和素质闻名，他被同时代的人称为“骑士之父”，他欢迎威廉加入这一行列。

到了 12 世纪中叶，西方社会对骑士身份的仪式和义务有了更清晰的意识。当威廉踏入唐卡维尔城堡时，两个基本概念可能已经在他的脑海中占据了最重要的位置。这些概念的性质和充分的意义不易解释，因为用来表示它们的两个中世纪法语术语——mesnie 和 preudhomme——在现代英语中没有精确的译法。但是在威廉十几岁的时候，这些观念一直在他的脑海中占据着首要位置。

所谓的家臣骑士（mesnie）就是那些聚集在一位领主身边的骑士扈从——他们是一个组织严密的武士团体，是精锐的部队和值得信赖的贴身侍卫。在很多情况下，贵族的家臣骑士作为坚定的支持者和有价值的谋士，仿佛成了贵族的大家庭中的一员。这种亲如一家的关系从 mesnie 一词中传达了出来，因为该词来自拉丁语中的 mansio（家户），并可与另一个拉丁词语 familia（军事家户）混用。至关重要的是，家臣骑士的概念对双方都规定了一定程度的义务。骑士们为他们的主人服务，在战场上厮杀表现忠心，而作为回报，贵族则被期望为他的武士们提供庇护、保护他们的地位、促进他们的事业发展。在实际生活中，这不仅意味着要支付骑士们的生活花销，提供保养他们的装备、武器和马匹的费用，还可能涉及土地和头衔的奖励，甚至给他们安排一门好亲事。这种互惠互利的关系也扩展到地位方面。一个骑士的地位会因加入一位强大贵族的家臣骑士团体或成为一个王室成员家户的一员而自然而然地提高。但是在 12 世纪，越来越多的人更看重军事随从的公开展示，他们被视为权力的标志。在威廉的时代，家臣骑士的数量是很重要的，大贵族争相攀比，身边常常伴随十几个甚至几百个骑士。

威廉对他父亲的家臣骑士有着强烈的记忆，《威廉 · 马歇尔传》回忆说，约翰 · 马歇尔“被众多值得尊敬的男人围绕着”，并指出他的这些家臣骑士“由他付钱”，但补充说他们所有人“都穿着他提供的服装”，并且他们坐骑的“马蹄铁、马掌钉和马衣，［全都］由他付钱”。于是，《威廉 · 马歇尔传》的结论是，“［约翰］负担得起”，即使他不是一位强大的贵族，因为他深知慷慨的价值，因此“知道如何吸引和留住英勇的骑士们”。[9] 家臣骑士的概念将在威廉·马歇尔的一生中起到关键性作用，他先作为扈从提供服务，然后又组建了自己的扈从队伍。

他的骑士观念，以及他所处的社会对骑士的看法还深受preudhomme——理想的武士，字面意思为“最好的一类人”——的典范的影响。到了12世纪中叶，人们越来越多地期望受人尊敬的骑士要展示“正确的东西”，以符合不断演变的行为准则。一位令人钦佩和受人尊敬的武士——一个preudhomme——善于战斗，并且要勇敢、忠诚、聪明，可以提出好建议，但必要的时候，作战时也要精明，甚至狡猾。他的对立面是那些口出毒言的骗子，后者曾在1152年建议斯蒂芬国王处决小威廉，他们的忠诚和判断力都令人怀疑。威廉来到唐卡维尔希望能成为一个preudhomme。事实上，他的人生在很多方面起到了定义这种典范的作用。

骑士制度的历史——真相和想象

威廉·马歇尔对骑士应该是什么样子以及可能会做什么的理解，同样受到了近期的真实历史和一种想象中的不真实的历史过往（由神话和模糊的事实编织而成）的影响。在一个世纪以前，他的那些诺曼祖先骑士们只不过是雇佣兵，他们用自己的军事技能为“征服者”威廉这种领主提供服务，以积聚财富和土地。然而，在11世纪时，这些全副武装、四处流动的骑马武士给整个西欧带来的暴力和混乱越来越引起罗马（或拉丁）教会的注意。结果，教皇开始考虑如何让骑士的生活和基督教信仰联系起来。

威廉生活在一个人们几乎普遍信奉基督教的中世纪世界，日常生活的许多方面都受到宗教教义的影响。拉丁教会告诉人们，每个人的灵魂都会在死亡时受到审判，要么因为信守基督徒的纯洁而获得升入天堂的喜悦作为嘉奖，或者由于罪孽而被判有罪，在地狱中遭受永恒的折磨。在马歇尔出生的这个时期，越轨行为危及灵魂的观念对社会产生了非常大的影响。骑士们特别容易焦虑，因为他们的职业迫使他们战斗和杀戮，但他们意识到了这种暴力在教会眼中是天然的罪孽。拉丁教皇和神职人员们做了一些尝试来控制和调节武士阶层的行为，但起初只取得了有限的成功。

然而，在 1095 年，教皇乌尔班二世突然有了一个强有力的想法：他发出了一种新形式的圣战的战斗号召，在这场战斗中，基督教骑士们将他们的攻击性瞄向拉丁欧洲的疆界之外，为从伊斯兰教徒手中收复圣城耶路撒冷而战。当乌尔班宣布，参加此次远征将使参与者获得精神上的救赎并有助于洗涤灵魂的罪孽时，他的话语引起了热烈的反响。成千上万的武士们参加第一次十字军东征前往圣地，他们中的很多人——例如诺曼底公爵罗贝尔——来自盎格鲁－诺曼世界。在经历多年的战斗后，出乎所有人的意料，这些十字军战士在 1099 年取得了近乎奇迹的胜利。[10]

十字军运动的出现对骑士制度产生了强大的影响，这种影响在 12 世纪 60 年代仍然存在。在整个 12 世纪，人们强烈期盼战士们参加一次十字军东征，回应他们的祖先的“光荣”成就，不仅成为 milites（士兵），而且是 militia Christi（基督的士兵）。随着时间的推移，威廉自己也会感觉到这一“更高的事业”的召唤。但这些圣战也促使许多人质疑基督教骑士回到西方后应该如何生活和行事，这促使行为准则逐渐发生了演变。在第一次十字军东征后，随着基督教骑士团的涌现，一种骑士不应该仅仅满足于自己是骑马的雇佣兵的感觉越来越强烈了。像圣殿骑士团这样的运动融合了骑士和修道团体的理想，主动嘲讽现有的欧洲骑士阶层的典范，并自称“新骑士阶层”。事实证明，他们受到欢迎，吸引了成千上万的新兵参军，并在欧洲各地贵族中掀起了一股慈善捐赠的浪潮。事实上，威廉的父亲约翰·马歇尔在1157年把自己位于威尔特郡罗克利的一座庄园赠送给了圣殿骑士团。[11]

因此，威廉·马歇尔抵达诺曼底时，对骑士阶层过去取得的成就有一定的认识，对这一精英阶层现在可能达到的提升了的标准也有一些认识。然而，混杂着神话和现实的故事和文献肯定对他的思想产生了强大的影响。他是在贵族文化中长大的，这种文化通过武功歌（chansons de geste）纪念战士们的伟大功绩。这些用于公开表演的中世纪法语诗歌围绕真实的历史事件和人物编织了有关勇敢和神奇武功的故事。例如，广受欢迎的《安条克之歌》（*Chanson d'Antioche*）是对第一次十字军东征中的安条克围城战的虚构记述，在故事中，最伟大的骑士们一剑将穆斯林敌人的身体劈成两半。而这个时代最著名的歌曲《罗兰之歌》取材于更遥远的过往——8世纪时的加洛林王朝，它纪念的是查理大帝手下的指挥官罗兰，他在征服伊比利亚的摩尔人的失败尝试中英勇阵亡了。[12]

威廉也经历了西欧第一次对亚瑟王和他的骑士们的故事产生持久迷恋的时期。亚瑟王的中世纪传奇是由一名凯尔特－诺曼出身的修士蒙茅斯的杰弗里在12世纪30年代编写出来的。他的《不列颠诸王史》（*History of the Kings of Britain*）将微弱的事实痕迹与对过往的一种幻想、浪漫化的想象混合起来，将亚瑟描写为一个对抗查理大帝的传说中的英雄，把第一批不列颠人的血统追溯到特洛伊，而且还纳入了据说是梅林做出的预言。12世纪后半叶学识渊博的历史学家们，例如纽堡的威廉，嘲讽杰弗里的作品是

“可笑的一堆虚构”，其中充满“荒诞不经和可耻的谎言”，但这丝毫不能阻止该书成为中世纪的畅销书。它的拉丁文版很快就被改编、扩充和翻译成许多方言（最著名的是魏斯［Wace］的《布鲁特传奇》［*Roman de Brut*］），对亚瑟王世界的痴迷像野火一样在王室和贵族圈子中蔓延。① 马歇尔那一代的骑士们无疑受到了这些神话－历史故事的影响：狮心王理查在第三次十字军东征时携带的一把剑就被他命名为“王者之剑”（但他很快就在缺钱时把它卖了），而 1191 年人们在格拉斯顿伯里“发现”了据说是亚瑟和桂妮薇儿的坟墓，这件事受到了极大的重视。[13]

成为一名骑士

威廉·马歇尔在 1160 年左右抵达唐卡维尔，此时他是一个即将开始接受教育的年轻人。对于他在诺曼底度过的六七年受训时光，他的传记作者仅提供了最基本的细节，可能是由于马歇尔对这段久远的过去仅存模糊的记忆所致。他似乎把自己描绘成一个相当懒散的少年，主要的乐趣就是吃和睡。《威廉·马歇尔传》提到，“他上床那么早，却睡得很晚，人们对此感到非常遗憾”，并补充说，威廉在唐卡维尔“山吃海喝”。他甚至还获得了“贪吃汉”（gasteviande）的绰号，从中丝毫看不出他未来会成为英雄；尽管唐卡维尔的领主预言马歇尔未来会“点燃整个世界”，但这看

① 梅林的预言也被给予了非凡的可信度，根据这些神秘声明预言未来事件变得流行起来，有些人把它们当作几乎类似于圣经的东西。根据迪斯的拉尔夫的说法，威廉·马歇尔的父亲约翰因这一潮流受挫。约翰据说根据“伪先知”做了一个公开预测，说亨利二世在 1158 年启程前往欧洲大陆后再也不会回来了。当国王在 1163 年 1 月适时回到英国时，约翰失去了王室的宠爱。

起来像是传记作者试图美化一个原本平淡无奇的形象。[14]

尽管如此，正是在他职业生涯的这一形成阶段，威廉第一次开发出了许多将使他在后来的日子中与众不同的技能——这些能力使他得以一步步晋升为一名杰出的战士——因此，我们可能可以放心地认为，他并非把所有的时间都花在了吃饭或睡觉上；虽然他从未受教育的男孩转变为成年骑士的确切细节可能已丢失，但人们还是有可能重建他的经历的轮廓。①

贵族的生活

威廉在诺曼底接受的教育不只专注于艰苦的军事训练，而是包括一系列更广泛的技能。就像这个时代所有贵族出身的男孩，威廉必须学会适应贵族社会，学会盎格鲁－诺曼军事文化的直率礼仪，同时努力把握其习俗的细微差别。任何贵族社群的中心，包括唐卡维尔城堡的，都是一座大厅。一个贵族的家户每日在那里聚集共进一餐，由领主出资提供，以彰显他的恩惠与慷慨。这些集会可能是拥挤吵闹的，甚至混乱不堪，男男女女都挤在一个烟雾弥漫的房间内，那里还有动物（在大厅里，狗、猛禽，甚至马可能会受到欢迎，但猪和猫不许入内）。在这样的场景中，年轻的马歇尔受到了一些优待，因为他的传记作者写道，威廉“分享了摆在他主人面前的上等佳肴”——这代表他坐在上座。

12 世纪末，贝克尔斯的丹尼尔撰写了一本关于礼仪的非凡论著，名叫《文明人之书》（*Book of the Civilised Man*），书中反映

---

① 见习骑士可能被视为“扈从”的概念还没有正式形成，所以尽管在这一时期有时会使用“扈从”一词，但扈从与仆人往往无法区分，而且并不是所有这样的人后来都成了完全成熟的骑士。

了人们期望贵族在一座中世纪大厅中应如何行事。这本书建议，在这种公共场合中，要遵守一定的礼仪。贵族被警告不要梳头、清理指甲、挠痒或者在马裤里抓虱子。一般来说，不能随意脱鞋和小便，当然，如果你是这大厅的领主，就可以。

共同进餐的过程有特别的礼节。在叉子得到广泛使用前的200年左右，餐刀是主要的餐具。食物被“混在一起”端到餐桌上共享，然后每个人从这些盘子中取出食物放进自己的“木质餐盘”中，若要表现得有礼貌，这个动作只能用拇指和食指来完成。贝克尔斯在著作中建议，贵族们在进餐时要坐直，不要把手肘放在桌子上，还要面向比他们更尊贵的人。嘴里塞满食物时不要说话，也不要剔牙、挖鼻，一个有教养的就餐者在想吐口水时应该转身离开餐桌，需要打嗝就盯着天花板看。

作为贵族的一员，威廉能比同时代的许多人享用更丰盛、更多样的饮食，尽管其主要的食物仍是粗面包、鸡蛋、奶酪和豌豆、豆子之类的普通蔬菜。饮用啤酒是理所当然的，因为发酵过程杀死了细菌（因此比喝水更安全），在更富裕的圈子里，葡萄酒同样也很受欢迎。像拥有唐卡维尔领主这样的地位的贵族可以负担得起定期在他的大厅里供应肉类，如羊肉、猪肉、鸡肉和牛肉，还有鱼，尽管这些食物的鲜味往往被中世纪厨师喜欢的浓郁的调味酱汁盖过。这些酱汁使用鼠尾草、大蒜、芥末和芫荽等香料，还可能用到异国香料，例如胡椒、肉豆蔻和藏红花。

除了在大厅中的经历，青少年时期的威廉很可能接触到了贵族的时尚。鉴于中世纪社会的闭塞，服装和发型的变化相对较慢，但时尚款式仍然变来变去。贵族男士的主要服装是用丝绸或者羊毛制作的长筒袜、通常带有可拆卸袖子的衬衫，外面常常穿一件束腰短衣，出门时再穿一件有不同变化的带斗篷外套（有时有内衬）。当时流行的时尚涵盖了从袖子的松紧和色调到斗篷的长度、鞋子的贴脚程度——曾有一度，最时尚的鞋子非常挤脚，几乎无法穿上。和历史上任何时期的权贵一样，12 世纪的欧洲贵族将服饰视为身份的标志，喜欢用稀有染料染色的昂贵面料。但在马歇尔的一生中，领主个人及其家庭在公共场合穿着配色独特的服饰变得越来越流行，不久它们就被贵族的家臣骑士采用，成为一种制服——集体身份的鲜明象征。

发型则是中世纪世界的地位和身份的另一个有力标识。几个世纪前，法兰克墨洛温王朝的国王们因一头长发而受到人们的尊敬，修士们则剃发（将头顶的一部分头发剃掉），表示献身于宗教生活。当“征服者”威廉在 1066 年入侵英格兰时，诺曼人流行的时尚是剃掉后脑勺上的一大块头发——这种独特的风格在巴约挂毯中非常明显——但在一代人后，又流行起了中分头，尽量露出前额。到了 12 世纪 60 年代，新的安茹王室引领了潮流，据说亨利二世偏爱干净利落的发型。威廉的盎格鲁 - 诺曼和安茹的大多数同侪都是把脸刮得干干净净的，尽管有些人可能还留着小胡子。许多人认为，无须的面孔是一个法兰克（或者法国）男人的身份标志。关于十字军东征的大量故事告诉我们，有些穆斯林剃掉胡子以伪装成法兰克人，而邋遢的十字军战士在长期围城时由于很久没刮胡子，以至于被误认为留大胡子的突厥人而遭到意外杀害。[15]

威廉·马歇尔接受的教育

在得到举止和着装方面的指导外，和威廉地位相仿的男孩们还经常被传授一系列的贵族技能和爱好。他们大多数学会了阅读，甚至可能会写字，在蜡版上反复练习。拉丁语知识受到重视，因为这是法律、政府和教会使用的语言，他们受到了这方面的培养。亨利二世那个著名的儿子狮心王理查就掌握了非常熟练的拉丁语，甚至可以用这种语言开那些拉丁语不太流利的神职人员的玩笑。在这点上威廉·马歇尔有点不寻常，因为他从未获得适当的拉丁语知识，尽管他可能已经达到了非常基本的识字水平。

贵族还必须熟练地掌握游泳、跳舞和歌咏，许多人把很多时间都花在了那时候的一种靠技巧取胜的游戏上：一种包含赌博行为的简化版本的国际象棋游戏。在所有中世纪贵族的爱好中，或许最具象征意义的是狩猎。这是社会地位的终极象征之一，因为某些类型的猎物或猎场是留给贵族或王室的。这项运动也被认为为战争提供了宝贵的训练，因为它磨炼了战斗技巧，包括骑马和射箭。大多数狩猎活动都是骑马进行的，狩猎者放出猎狗、猎鹰和猎隼，以鹿、野猪或狼为狩猎目标。

威廉·马歇尔在他这一生中遇到的很多国王都痴迷狩猎。亨利二世被他的一位廷臣形容为“一位猎犬和猎隼的行家里手，极其酷爱这项没用的运动［指狩猎］”，尽管有传言说，他如此频繁地从事这项剧烈活动只是因为害怕自己发福。[16] 当然，打猎并非是没有危险的活动。1100 年，亨利一世的兄长威廉·鲁夫斯在英格兰南部的新森林狩猎时“意外”身亡，据说他被一支流矢射中（亨利也参与了此次狩猎，并在 3 天后夺取了王位，这使一些人质疑这是否是弑君）。

马歇尔对跳舞、音乐，甚至狩猎仅表现出了有限的兴趣。他最钟爱的是武艺，在唐卡维尔度过的 6 年中，他把大部分时间都花在日复一日艰苦的军事训练上，这让他的身心都强壮起来，获得了一位职业的中世纪武士所必须具备的力量和耐力。正如一位威廉的同时代人所解释的，一个男人必须学会如何应对残酷的战斗。只有一个人在“被拳打脚踢”、看到“他的血液流淌”、“被他的敌人的拳头打碎牙齿”后还能继续战斗，这个人才能“自信地投入战斗”。[17] 然而，就其本身而言，单纯依靠韧性是不够的。要跻身欧洲骑士精英的行列，威廉还必须掌握 3 项相互关联的基本技能：军事马术、近身搏斗和穿戴中世纪铠甲作战的能力。

中世纪的马匹、武器和铠甲

在 12 世纪，成功的骑士极其善于骑马。这些中世纪战士大多对马有一种天然的亲和力——他们的日常生活充满了马和马厩里的声音与刺鼻的气味，他们醒着的时候大多数时间都是在马鞍上度过的。马是骑士地位的主要标志，也是战斗中的亲密伙伴、骑士信任的动物，甚至被托付以骑士的生命。不足为奇的是，深受主人喜爱的坐骑被宠爱，被珍视，有时候甚至还有自己的名字。

像威廉·马歇尔这样的人深知不是所有的马生来都一样平等。骑士们通常应该拥有 3 种不同类型的马匹，每种都是为了特定的用途而培育和训练的。不同种类马匹之间的价格和用途有天壤之别。对于一般的骑乘和旅游，威廉会骑乘轻型马（palfrey），粗壮敦实的驮运马（sumpter）则被用来背负行李、武器和铠甲。而威廉最珍贵的坐骑是他打仗时骑乘的战马（destrier）。它们的价格从 40 英镑到 100 英镑不等，有时甚至更高。按照 12 世纪 60 年代的价格计算，威廉用 1 匹战马的均价可以购买 40 匹轻型马、200 匹驮运马、500 头公牛，或者是数量惊人的 4500 只羊。[18]

大多数 12 世纪的战马的高度在 15 掌和 16 掌之间（即 5 英尺

和 5 英尺 4 英寸之间），培育它们不是为了追求直线速度，而是快腿敏捷、力量、耐力和军事素质的平衡。战马的最佳品种被认为是阿拉伯马，常常通过西班牙和意大利进口，此类坐骑得到了精心的饲养和调理。通过这样的训练，可以指望最好的战马对骑士的每一个指令都有反应，骑士甚至可以不使用缰绳（因为在战斗中双手要持盾牌和剑）骑乘。最重要的是，它们也习惯于杀声震天和充满暴力恐怖的中世纪战场。尽管该世纪末马铠得到了使用，但此时它还尚未普及，但战马可能会披上饰以一个骑士家户选择的颜色的布罩或披肩。

到威廉・马歇尔 20 岁的时候，他必定已经在马鞍上花费了成千上万个小时。当然，他在马术上达到了极高的水平，他日后的职业生涯可以证明他能够灵活地控制和操纵他的坐骑，远胜他的许多对手。无论是在比武场还是在真实的战场上，威廉的命运大部分都是建立在这种马术专长的基础上的。但是，威廉也必须学会如何在马背上战斗，掌握各类武器。

所有武器中最重要的是剑——它是骑士阶层最具有代表性的武器。它在骑士册封仪式上扮演中心角色，而且无论是携带宝剑，还是在使用宝剑的过程中展示技巧的能力，都与这个精英武士阶层密切相关。在威廉生活的时代，典型的是单手剑，双刃剑身约 34 英寸长，剑尾有圆头，总重约 2.5 磅。剑可以为了像 12 世纪末和 13 世纪的十字军东征这样的大战役进行大规模生产，但最好的剑是冶金和锻造工艺的杰作：由钢与铁精确混合而成，达到力量和灵活性的完美融合，锋利的刀刃可能只需一划就能切下没有盔甲保护的四肢，拿在手中具有完美的平衡感。

现存最早的一本欧洲剑术学习手册可以追溯到 14 世纪初，所以我们已经不可能确切地知道威廉是如何使用这种武器训练和战斗的了，但可以肯定的是，他既磨炼了马上舞剑的能力，也提升了徒步用剑的技巧。这必定需要他从十几岁起就每天重复练习剑击——以便增强力量和获得肌肉记忆——和规律的拳击，以增进身体协调性和敏捷性。当他成为一名骑士时，马歇尔是一位相当出色的剑客，但就《威廉·马歇尔传》的记载而言，他主要的天赋不是掌握浮夸的技巧，而是拥有粗壮的身体，这使他能够发出毁灭性打击。按照他的传记作者的说法，挥剑的威廉“像铁匠打铁一样”。[19]

威廉可能还接受过其他一些广受12世纪的骑士们欢迎的实战武器的训练，包括匕首、战斧、钉头锤和战锤，但他把大部分时间花在了练习使用长枪上。从结构上看，这是一种相当简陋的武器——通常只是一根10—12英尺长的削制圆木棒，常见的是白蜡木的——但是在马背上使用它是一件极其困难的事。在冲锋时，长枪会被夹在手臂下，并需要极为高超的技巧把枪头准确指向目标。长枪经常在使用一两次后就折断了，但成功的一击能给对手造成致命打击。在他的职业生涯中，威廉将亲眼见证这种武器的致命潜力，他也会被要求手执长枪冲向那个时代最伟大的战士之一狮心王理查。

此外，马歇尔还得学习穿戴着12世纪时骑士使用的各种独特铠甲骑马和战斗。在12世纪60年代，大多数武士穿着用大约3万个紧密堆积、相互锁紧的铁环制成的锁子甲。它们通常重达35磅，覆盖上半身和手臂，一直垂到膝盖处，但正面和背面的下围都是裙状，这样可以方便骑在马上。威廉会在锁子甲之下穿上软垫上衣（aketon），这对于吸收钝击伤害是至关重要的，他可能会穿戴锁甲护腿（chausses）。带有锁甲手套（或厚手套）的有袖锁子甲也变得流行起来。随着马歇尔年龄的增长、军事技术的进步，到13世纪初，合身的金属板甲开始被穿在锁子甲外，但还要再过200年全身板甲才会成为常态（即“身穿闪亮铠甲的骑士”的经典形象）。

在战斗中，威廉的头部被3层甲胄保护着：第一层是填充棉絮的甲帽，第二层是锁子甲的兜帽（这可能是锁子甲的一个组成部分，也可能是一个单独的贴头帽），往往包括一块可以拉起来并绑在适当的位置以遮盖面部的锁子甲（护面具），以及一个铁盔。在唐卡维尔时，马歇尔可能还戴着到12世纪中叶仍很流行的基本款圆锥形头盔，上面正中有一片鼻梁护片。但随着时间的推移，它们让位给了更大、封闭性更好的圆筒式的大头盔——顶部平坦，带有整块面甲和有孔的面罩——它提供了更高的防御水平，但限制了视野，并且长时间穿戴会让人感觉极其不舒服。威廉最后一件防御装备是一面弯曲的三角形木盾，通常用硬化的皮革或金属板加以强化。盾牌可以用一条皮带悬挂在颈部或肩膀上，以解放双手和保护背部。

穿戴着这套令人眼花缭乱的装备——从头顶到脚趾包裹着锁子甲，佩带着盾牌、头盔、长剑和长枪——行军打仗不是一件简单的事情。大多数12世纪和13世纪初期的铠甲的重量分布在全身各处，所以马歇尔不会完全无法行动。他可以行走，可以在没有帮助的情况下翻身上马，被撞倒后无疑能够重新站起来；但要适应所有这些装备的负荷和感觉，需要多年的训练和身体素质的提高。威廉已获得了必要的力量和耐力，但就像这一时期的所有骑士一样，他只有在必要的时候才会全副武装，平时则身着轻便得多的服饰出行。

虽然锁子甲、头盔和盾牌可能是沉重的负担，但它们使威廉和他的同侪几乎无懈可击。大多数刀剑和箭头不能刺穿这一层层的防护，尽管面部和眼睛可能遭受致命打击，而骨折更为常见（尤其在受到长枪的致命攻击下）。只有弩箭具有刺穿锁子甲及其下方的填充物直抵肌肉的穿透力。这有助于解释为什么教皇从 1139 年开始试图禁止对基督徒使用弩弓。但是，在大多数情况下，骑士在战争中相对不易受伤，对于这个战士阶层中全副武装的人来说，在战斗中死亡是相对罕见的，甚至是令人震惊的事件。

骑士册封仪式

1166 年，威廉·马歇尔 20 岁左右，他的训练和学徒生涯结束了。现在是他受封骑士的时候了。到了 12 世纪中叶，这个仪式变得越来越正式和复杂——至少对那些上层贵族来说是这样的——而且它的惯例已经充满了象征和意义。在威廉的时代，公开见证的仪式是中世纪社会结构的重要组成部分，其效力被毫无保留地接受。人们相信灵魂可能可以通过弥撒或告解而得到净化，国王或皇帝能通过加冕而被创造出来；同样，骑士“授剑”仪式被认为能让一个年轻人转变为一个不同种类的战士。中世纪的大多数仪式都有信仰和神圣的维度，因此需要教会的参与。但是，尽管中世纪的神职人员不断试图通过为宝剑降福之类的方式介入骑士册封的过程，但是他们的实际作用仍然不够明确。至少到目前为止，骑士是由其他骑士创造出来或授予的。

那些最富有的贵族和王室成员的骑士册封仪式可能会极其盛大、壮观和炫目。据说，国王亨利二世的父亲若弗鲁瓦·金雀花在 1128 年就有这样一个经过精心设计的奢华仪式。15 岁时，他和一小群同龄人一起“在王室的庆典活动中”被册封为骑士。庆典是在诺曼底的首府鲁昂举行的，这是若弗鲁瓦和国王亨利一世的女儿玛蒂尔达结婚前的准备活动的一部分。在指定的日子里，若弗鲁瓦首先开始“肃穆的沐浴”，使身体和精神受到净化。然后，他穿上最华丽的服饰，“一件干净的亚麻衬衫”上披着“金色和红色交织的礼仪用长袍”，接下来若弗鲁瓦穿上一件“用牡蛎和骨螺的血染成紫色的长袍”，脚蹬一双奢华的丝绸鞋，上面绣着“幼狮”的图案。与他志同道合者也“身穿亚麻衬衫和紫袍”。这些年轻人穿着华丽的衣服，现在“从一个密室走进公众的视野”。一群敬畏的观众看着若弗鲁瓦收下一匹雄俊的西班牙马，“据说它奔跑时比很多鸟飞得都快”，还有作为礼物的武器和盔甲，其中包括一把来自王室金库的“由韦兰大师锻铸”的宝剑。[20] 仪式之后是持续 7 天的宴会、庆祝活动和军事竞赛。

当然，绝大多数骑士册封仪式都没有这般奢侈和光鲜亮丽，尽管许多确实遵循了这种集体参与的模式，而且大多数都有公众观看。给新骑士赠送一件（或多件）礼物是很常见的，但这通常仅限于一件新斗篷——一件似乎表明地位有所提高的衣服。在 12 世纪的仪式中几乎普遍存在的核心要素是“授剑”（dubbing），这个词来自法语中的 adouber 一词，字面意思就是给某人配备一件武器，大多数情况下是在某人的身上挂上长剑。对于威廉这样的人，似乎会收到两件东西：骑士腰带和剑，这意味着他们已经转变为骑士了。“授剑”之后可能会有最后一个动作——collée（拍打）——一种仪式性的打击，从轻轻拍击一下肩膀，几乎是文雅的轻拍，到有力拍打头部，不一而足。这种做法的起源和意义尚不清楚，有一种理论认为这种击打是为了提醒骑士勿忘自己的职责，还有一种说法认为它象征着骑士受到的不予报复的最后一击。一个世纪之后，collée 通常是用剑背拍击肩膀，这是人们印象中经典的授剑的画面，如今在现代的想象中不可磨灭，并且至今英国君主在册封爵士时还是这么做。

马歇尔自己的骑士晋升礼似乎有些粗糙简陋。在相当于一次战场委任中，在诺曼底东北部的讷沙泰勒举行的一场简单典礼上，威廉由自己的恩主唐卡维尔领主“授剑而成为一名骑士”。财政总管送给威廉一件精美的斗篷，并“为他系上他的宝剑，他将要多次挥击这把剑”。通过这个简短、朴素的仪式，马歇尔便加入了欧洲军事精英的行列。似乎是当时发生的事件直接导致他既快速又突然地被册封为骑士。因为 1166 年诺曼底受到了威胁，战争即将来临。因此，唐卡维尔的威廉让他年轻的学徒武装起来，准备尝尝真正的战斗的滋味。[21]

“重击和漂亮的功绩”

1166 年，诺曼底公国和它的东部近邻佛兰德伯国、蓬蒂厄伯国和布洛涅伯国爆发了激烈的边界冲突。这场冲突的确切背景是有争议的，但它使上诺曼底陷入了战争。唐卡维尔领主带领马歇尔和自己的其他部队向东行进 55 英里到达讷沙泰勒昂布赖，在那里和包括诺曼底治安官在内的许多其他贵族会合。这可能是威廉第一次来到这个边境地区，但在他的职业生涯中，他将会在这个地区参加无数次的战役。位于贝蒂讷河畔的讷沙泰勒要塞被一个小镇包围，距离公国在布雷勒河的主要边界大约 15 英里。最初的意图似乎是在那里集结一支战队，然后集体前进以对抗入侵。结果，敌人突袭了诺曼底领地，几乎让唐卡维尔领主和他的盟友们措手不及，当他们的阵地即将遭到直接攻击的消息传来时，他们仍然驻扎在讷沙泰勒。

头脑冷静的财政总管平静地将他的部下——据说包括威廉·马歇尔在内有28位骑士——集合起来，并在小镇郊外的一座桥附近拦截了敌人。马歇尔为即将到来的战斗热血沸腾，当唐卡维尔的随从们骑马穿过街道时，他试图挤到前线。财政总管并不赞同，斥责威廉的轻举妄动，据说他高喊“退后……让这些骑士过去”。据《威廉·马歇尔传》记载，马歇尔“退后了几步，垂头丧气且羞愧万分，面露阴郁之色，因为他认为自己确实是一名骑士”，尽管如此，他很快便又开始慢慢向前走。

当一群敌军骑士出现在前方，沿着一条两旁排列着房屋和农庄的街道前进时，军阶的问题就被搁置一旁了。两军立即冲锋，随着“他们彼此以巨力相搏”，疯狂的混战开始了。绝大多数的中世纪战争就像一个大旋涡——很少井然有序——一群骑着马的骑士互相厮杀，每个人都试图给出重击。在第一次交锋的冲击中，“长枪折断碎裂，盾牌被击穿击碎”，结果，“他们用来打击对方的只有”他们的长枪或长剑的“残余部分”。战斗的声音震耳欲聋，“战场上的击打造成的喧嚣”冲击着感官，噪声响到让“你都听不到上帝的雷声”。正如威廉的传记作者所说，随着真正的战斗开始，“那些在家里做出的无聊的威胁和自吹自擂”在此刻都被遗忘了。[22]

马歇尔那天证明了他的勇气。他没有因为第一轮攻击而陷入歇斯底里的恐慌，也没有因恐惧而瘫痪。相反，在“折断了他的长枪”后，据说他拔出剑“直冲入他面前的一大群人中”。不足为奇的是，《威廉·马歇尔传》的作者利用这一次军事邂逅来突出他的主人公的武功，因此威廉被夸张地描写为“在人群中杀出一条血路来”并“发出令人非常害怕的暴力打击”。当尘埃落定时，战斗双方的每一个人都认为他已经证明了他自己是在场的最好的战士。作者坦然地把马歇尔描绘为“英勇的骑士”，但其实这是后者未来的形象，而不是现在的威廉——刚刚 20 岁，未经战斗的考验，第一次品尝战争的滋味。即便如此，我们从中还是可以大致了解讷沙泰勒一战的状况。

在这场时间较长的小规模冲突的大部分时间里，诺曼人的运气起起落落，敌人在 4 次不同的情况下被打退，但是他们又重新集合了起来或得到了增援。威廉一度脱离了唐卡维尔骑士的主力部队，他在诺曼军队撤退时骑马进入了一座路边农舍的小围场。几秒钟过去了，然而似乎没人注意到这位孤零零的骑士已经脱离了他的战友。在这个危险的时刻，威廉本来很容易被俘。结果，他抓起一根被人扔掉的长枪，冲回了街上，将一个毫无防备的敌人击落马下，并声嘶力竭地吼道：“唐卡维尔！唐卡维尔！”诺曼人再次横扫前方以回应这战斗口号，而混战还在继续。马歇尔从中认识到了侧翼突袭的价值。

后来，在战斗接近尾声的时候，他想重施故伎，但这次却带来了灾难性的后果。威廉冲回了同一个围场，却发现里面挤满了 13 个佛兰德步兵。在正常情况下这不足为惧。尽管对方人多势众，将马歇尔包围了起来，他还是全身铠甲地骑在他的战马上。但事情很快就变糟了。一个手持一根长长的钩杆（通常情况下是用来从屋顶上拨下燃烧的茅草的）的胆大的佛兰德士兵开始试图将威廉从马鞍上扯下来。铁钩钩住了威廉的肩膀，他竭尽全力稳在坐骑上，策马匆匆逃走。突然移动致使钩子撕裂了威廉的锁子甲的一块，在下面留下了深深的伤口，但他设法挣脱了。直到他沿街撤退时，他才发现坐骑已经严重受伤。随着鲜血涌出战马的伤口，“它不可避免会死亡”。不久之后，佛兰德、蓬蒂厄和布洛涅的军队撤退了，诺曼人控制了讷沙泰勒。威廉在他的第一场战斗中幸存下来，但是损失了他那匹价值不菲的战马。

那天晚上，唐卡维尔领主为庆祝诺曼人的胜利举行了一场盛大的晚宴。宴会花销不菲，甚至其他扈从队伍中的骑士也受到欢迎。餐桌上摆满了食物，镇上的居民为了表示对他们的得救的感激，送来了“名贵的葡萄酒和上好的水果”。在这个喧闹的欢乐之夜，威廉学到了一个重要的教训——一个他将终生留意的教训。虽然此时他依旧为自己的战马之死而难过，但他仍为自己在战场上的表现而自豪。人们在大厅中谈笑风生，骑士们互相讲着“重击和漂亮的功绩”的故事，而威廉似乎因为他的功绩大受赞扬。但随后一位骑士突然向他喊道：“马歇尔，出于友情，送我一件礼物吧；［给我］一副马挽具，要不就给我一个旧的马颈圈。”威廉没有意识到对方是在向他开玩笑，天真地回答说他从来没拥有过这种东西。“你说什么？”那位骑士说道，“这样微不足道的东西你都拒绝我。”之后，他向众人讲述他的见闻，说威廉在那天的战场上是众多战士中最勇敢的，怎么可能没有战利品可以送人呢？听了这话，众人皆大笑。[23]他们明白取得战功固然很好，但是在现实世界中取得成功的骑士也必须获得更多实际的、经济上的利益。威廉在讷沙泰勒战斗时表现出了一定的技巧和勇气，但他没得到任何战利品，也没有抓到以后可以换取赎金的有价值的俘虏。他所有的努力换取的回报，不过是破损的铠甲和一匹死马。

威廉的危机

这场诺曼底边境上的危机很快就过去了，不久，法国北部恢复了相对和平的状态。财政总管把他的家户骑士们都带回了唐卡维尔。但由于没有任何迫在眉睫的军事行动的迹象，他似乎做出了缩小家臣骑士规模的决定。令威廉·马歇尔感到惊骇的是，他如今发觉自己已经失宠了。造成裂痕的原因至今仍不清楚；《威廉·马歇尔传》回避了这件事，只是提到财政总管“对［威廉］不友好，而后者相当羞愧”，但很有可能的情况是，作为经验有限的初级骑士，他仅仅被认为是多余的。实际上，他没有被赶出唐卡维尔，因为他的家庭和财政总管的关系让这种鲁莽的举动显得不合情理，但他曾在城堡中享受的资助和庇护被收回了。最关键的是，唐卡维尔的财政总管拒绝为他提供一匹新的战马。他是一个职业战士，却没有他这个行当最基本的工具。

这是威廉成年后经历的第一场危机。他或许是一位出身高贵的骑士，但他仍然一文不名，正如他的传记作者所说：“贫穷给许多贵族带来了耻辱，并且毁掉了他们。”威廉只有一匹小巧的轻型马可以骑乘，只有一个仆人愿意跟随着他。他本可以考虑返回英格兰，但此时他的两个同父异母的兄长都已经去世，而他的父亲约翰·马歇尔也在1165年去世了。结果，威廉的哥哥约翰继承了马歇尔家族剩余的土地和父亲的官职。威廉或许可以乞求在家户中获得一个永久的职位，但这意味着他的余生将肯定生活在哥哥的阴影中，等候着约翰的恩典和恩赐。这可不是威廉想要的人生。

相反，他选择走自己的路。他把自己在骑士册封仪式上收到的那件珍贵的斗篷以相当微不足道的22安茹先令（相当于5先令半）的价格卖掉，用这笔钱，威廉买了一匹马做驮兽。马歇尔收起骄傲，把自己的武器和铠甲绑在新坐骑上，准备去找出路了。[24]

第二部

成 年

为人效劳的骑士

3

一个骑士的生活

1166年，威廉·马歇尔是一个拼命找工作的职业战士、新晋骑士。他在讷沙泰勒的第一场战斗经历让他产生了战斗的欲望，但也让他失去了自己的战马。由于失去了唐卡维尔领主的青睐，威廉的眼前是贫穷和籍籍无名的晦暗未来。马歇尔不是唯一一位发觉自己正处于这种困境——既缺钱又没人花钱雇佣——中的12世纪的骑士。在这个时代，骑士作为一个独特的阶级出现，号召、吸引了成千上万的年轻贵族和有抱负的、向上爬的人加入它的行列。显而易见而且越来越紧迫的问题是，这些战士到底应该做什么呢？他们如何才能为自己的军事技能和社会野心找到出路呢？

在尚武的文化中，像威廉这样的骑士自然渴望能有磨炼和展示自己的高超武艺的机会。他们并不想花费多年的时间接受训练却一无所得。对于经济奖励和安全的更基本的、实际的要求也必须得到解决。许多骑士能在贵族家户中找到长期的职位或成为家臣骑士，但是除非欧洲战火纷飞，对这种能参加实战的战士的需求总是有限的。1166年，法国北部趋于和平，结果表明任何战斗的停歇都会使骑士阶层的成员过剩。在这种情况下，领主们积极寻找理由，通过边界争端或劫掠把他们珍贵的战士投入战场，这些掠夺成性的“自由”（freelance）骑士成群地在这片土地上四处游荡，结果做出一连串违法行为，制造无数的纷争。①

为了应对这一困境，骑士比武应运而生，中世纪的武士在这种有组织的比赛中可以在受控的条件下战斗，赢得声誉和经济回报。第一次小规模比赛出现在 11 世纪，在 1100 年之后，赛事规模变得更大，举办得更频繁，尤其是在法国东北部，在佛兰德、埃诺和皮卡第等地区。这片土地坐落在幅员辽阔的神圣罗马帝国和法兰西这个小王国（以巴黎为中心）之间，在 11 世纪时尤其不受控制：敌对的军阀在这里发生了毁灭性的、凶残的争斗。到了 12 世纪 60 年代中期马歇尔被册封为骑士的时候，整个西欧都在举行骑士比武，包括安茹王国的部分地区。这项比赛攫住了贵族和骑士阶级的想象力，在当时掀起了热潮。[1]

讷沙泰勒之战后，在勒芒北部将举行一场骑士比武的消息传遍了诺曼底。《威廉·马歇尔传》宣称，“只要够资格，任何寻求出名的人都会参加骑士比武”。不足为奇的是，威廉被这个能证明他所掌握的技能的机会所吸引，但战马的问题依旧没有解决。唐卡维尔的领主宣布他打算带领一支由 40 名骑士组成的队伍参加这次活动，虽然马歇尔得到允许跟随他们，但据说他对自己不得不仅仅骑着一匹轻型马参战的前景感到“沮丧”。最后，就在比赛前夕，财政总管心软了，也许是因为他无法忍受看着自己的表亲骑着一匹低贱的马前去战斗而让自己蒙羞。

威廉得到了一匹战马，却是无奈之选。该坐骑看起来像那么

① 现代词汇“自由职业者”（freelance）实际上源自著名小说家沃尔特·司各特在他 1820 年出版的小说《艾凡赫》中使用的短语 Free Lances。它被用来描述独立的中世纪武士或者雇佣兵，他们的长枪实际上可被出租。

一回事，“强壮、漂亮、身材匀称”，但绝大多数唐卡维尔家户中的人都认为它不可骑乘，因为这匹马“性情极其狂野，无法被驯服”。[2] 威廉尽了最大的努力解下了辔头，好让它变得更平静，但他必定对即将来临的第二天怀着一定程度的恐惧。

即使在情况最好的时候，参加骑士比武也是一场赌博。成功会为威廉带来一定的荣誉和一些急需的经济收益，但风险也是很大的。失败只会让他更为贫困——众所周知，一些骑士及其家人被多次比赛失利所积累的债务毁掉了，而且威廉还可能会受伤，甚至更糟。虽然战斗是在“受控”的环境下进行的，但没有迹象表明参加比武的骑士使用的是特定的钝化武器。他们不得不依赖武艺和铠甲来保护自己。在这样的情况下，受伤和骨折司空见惯，甚至也有可能死亡，尤其是在被击落下马并被别人的坐骑从身上踏过时。有记录表明，在一个特别糟糕的年份，曾有 15 名骑士在德意志参加比赛时死去。心中谨记着这些风险和危险，威廉把自己的未来握在手中，开始了他的第一场骑马比武。

骑马比武

将对中世纪世界的现代幻想强加于 12 世纪的骑马比武之上是很有诱惑力的。想象一下，威廉在一场井然有序、近乎优雅的马上长枪比武（joust）中与对手对决，一群高贵的少女一看到马歇尔的勇猛善战就激动起来。但这样的比赛属于一个不同的时代，还要再等一个多世纪。在威廉的时代，骑士骑马比武是一幅完全不同的景象：没错，有一些隆重的仪式，现场色彩斑斓，但喧闹混乱，相当于由跨越大片领土的各个骑士团队举行的大规模作战演习。“骑马比武”（tournament）一词源自法语的 torner（旋转），让人想起一群骑士骑马打转的场面，尽管同时代人也称其为“娱乐”，或者直接用一个简单的拉丁文词语 ludus（游戏）指代。

骑马比武是中世纪中期的骑士文化和生活方式的一个重要特征。国王们往往对这项活动满腹狐疑——允许强大的领主与几百名武士聚集在一起，看起来像邀请他们发起暴动，甚至是公开的叛乱。对教会而言，它们既危险又奢侈浪费，前者尽其所能地想要扑灭它们。一系列的教皇声明将这些“可憎的狂欢和表演”视为骄傲与虚荣的源泉，宣布其非法，并警告说，任何在这样的战斗中死去的人都不能以基督徒的葬礼下葬。到了 13 世纪，神职人员喜欢表示，骑马比武中被杀的骑士要么作为受折磨的幽灵返回人间，要么被罚穿着燃烧的盔甲永远在地狱里忍受煎熬。但是骑士们和他们的领主对此充耳不闻。在法兰西、德意志、低地国家和伊比利亚北部，他们还是参与并赞助骑马比武。

这种军事竞赛的风尚在威廉成年的时候流行起来。在他的世界里，它们是最接近一项职业运动的活动，只是赌注更高，并且明确强调这项“游戏”是对真正的中世纪战争的训练，而随着时间的推移，它们将成为马歇尔职业生涯的一个基本特征。他参加的第一场骑马比武是在圣雅姆（Sainte Jamme）和瓦朗讷（Valennes）之间举行的，这在当时是非常典型的。比赛不是在封闭的竞技场而是在一个 30 英里宽的开阔地带举行的，参赛的有数百名来自安茹王国的骑士，还有苏格兰国王威廉率领的“众多同伴”以及受人尊敬的武士瓦洛涅的腓力（Philip of Valognes），《威廉·马歇尔传》的作者形容他是“最英俊的骑士”。[3]

中世纪骑马比武的机制

与很多骑士文化和习俗一样，骑马比武的实践机制——它的仪式、规则和章程——是在威廉·马歇尔生活的时期出现的。除了大斋节到复活节期间，这项运动在一年中的大部分时间里都能举行，有时频率高达每两周一次。按照惯例，即将举行的骑马比武会提前发出通知，以便参与者有时间做准备和旅行，但很快就出现了一份知名赛事的既定时间表——相当于骑马比武的巡回赛。法国北部的赛事通常在两个指定地点——如圣雅姆和瓦朗讷——之间举行，位于两块既定领地之间的腹地，且远离巴黎和鲁昂这样的大城市。大多数骑马比武像两个阵营之间的一场作战演习，像英格兰人、诺曼底人、安茹人和普瓦图人组成一队，而来自佛兰德、勃艮第、布卢瓦和香槟这样的地区的“法兰西人”组成另一队，通常这些“队伍”至少会提前一天到达指定地点聚集。

数百位骑士，有时候甚至上千位骑士和他们的仆人从一场比赛前往下一场比赛，他们全都要吃要住，这一简单的事实在当地导致严重的混乱。《威廉·马歇尔传》的作者描述了一场数年后在香槟地区举办的骑马比武吸引了如此之多的来自四面八方的参赛者，“以至于整个地区都被他们占据”。在主要比武场所还建有繁荣的大型集市，军械师、蹄铁匠、工匠、商人和艺人都在此经营。随着时间的推移，这些赛事具有了许多和现代音乐节一样的标志——聚集起来的人群和满街的帐篷、壮观的景象和炫耀的展示，甚至还有社会名流的概念。[4]

大多数骑马比武是在一天之内进行的，但一些预赛可能会在主要赛事之前的最后一个晚上进行：一对剑士之间的训练赛，或者是一对一的马上长枪比武——骑士试图使用一根长枪把对手击落马下。这通常是像威廉这样的缺乏经验的战士获得初次体验的机会，尽管他在圣雅姆没有参加这样的活动，可能当时他正在忙于驯服那匹难驾驭的战马。这也给了骑士们一个可以观察自己的对手的水平的机会，尽管不择手段（或精明）的老手有时会观看这些打斗以找出实力较弱、水平较差的猎物，第二天就可以将之抓获。对许多人而言，比赛前夕是一个社交时刻，较富有的领主和骑士通常寄宿，而非住在帐篷里。显要人物通常彼此探望，分享一些故事和小道传闻，增进友谊，重建联盟。

比武当天以一系列最终的准备工作开始：骑士费力地穿戴上锁子甲，包括贴头帽和锁甲护腿，这通常是在一名扈从的帮助下完成的；对盾牌系带和马具进行微调，最后再检查一下长枪、剑，可能还有钉头锤之类的武器，调试一下头盔是否合适，虽然这件笨重的护具直到战斗开始前才会戴上。在这些喧嚣的活动中，大多数骑士还会享用一顿早餐——一部 13 世纪早期的骑士文学作品提醒比武参与者不要因为兴奋过头而忘记吃饭。1200 年之后，战士们也普遍以宗教仪式、祈祷和做弥撒开始这一天——所有这些步骤都是为了在最糟糕的情况发生时为灵魂做好准备，尽管 13 世纪的著名德意志骑士乌尔里希·冯·利希滕施泰因（Ulrich von Liechtenstein）承认，他祈祷能有好运，这比什么都强。

上午 10 点左右，众多骑士扈从开始集结在两大对抗阵营其中一方的“比武场”中。它们是临时栅栏或围栏围起来的场地，供团队聚集，这次可能位于圣雅姆的东南方。威廉的传记作者描述了“大家以紧密有序的队形骑马前进”加入诺曼底和英格兰阵营时的肃静氛围。现在不是开玩笑、胡说八道和挑衅的时候。视觉展示对骑马比武极为重要。对威廉及其同侪来说，让别人看到他们拥有最精良华丽的武器和铠甲很重要；事实上，《威廉·马歇尔传》指出，唐卡维尔的骑士们半夜都在擦拭他们的锁子甲。

骑马比武的场地也被绚丽夺目的色彩所淹没。两队人马似乎靠各自队伍中间高举的巨大旗帜来区分，旗帜上有独特的配色方案、图案和设计。诺曼底－英格兰一队的旗帜上是红色背景下的两头金色狮子。两支集结起来的队伍中较小的组成部分，比如唐卡维尔，也在自己的能够说明身份的旗帜下战斗。到了1166年，骑士们习惯于在盾牌或罩在铠甲上的布外套上饰以这些颜色和设计图案。当时唐卡维尔的配色图案——因此也就是威廉现在装饰着的图案——似乎是带红色边框的白色块。

旗帜和生动图案的使用起源于实际的军事需要。这些醒目的视觉标记使战士们能够在疯狂混乱的中世纪战争中迅速为自己导航：定位并跟随自己的领主和其他骑士同伴；同样重要的是识别对手和敌人。威廉很快就发现，无论是在骑马比武的场地上还是真实的战场上，能在群斗中赢得巨大优势的，不是罗马军团那种严密有序的队伍，而是更松散但仍然具有凝聚力的一群战士，他们一起移动，互相保护。在12世纪，这种协同合作需要准确无误的视觉线索。这似乎就是纹章学的概念在12世纪末到13世纪初的演变过程。当然，到威廉漫长的一生结束时，欧洲各地的贵族越来越多地期望采用特定的识别性颜色和图案设计。很快，这些数不清的纹章令人混乱，导致有人受雇去记住它们，然后在一场骑马比武开始前穿过比武场，叫出每支队伍的名字来，这些人就是最早的纹章官（herald）。

声音也有作用。中世纪的指挥官常常使用鼓、号角和军号来发出听觉信号，目的是在一定程度上控制他们的部队，同时也能振奋军心。在接下来的几十年里，骑马比武的预备阶段可能会伴有激动人心的音乐，鼓舞骑士们准备迎接战斗，尽管在圣雅姆的这场比赛中似乎没有演奏音乐。然而，威廉和他的伙伴们已经在使用特殊的战斗口号来集合、互相指引。在讷沙泰勒一役中，马歇尔大喊“唐卡维尔”来振奋其骑士同伴，这可能就是他的随行人员这次使用的口号。绝大多数战争口号都非常简单，只提到一个地名、国王或圣徒的名字，尽管有时候也有稍微复杂的形式，例如诺曼底人的传统集合口号为“主与我们同在！”（Dex aïe），而来自巴黎附近的城镇沙蒂永的骑士则高喊：“动手吧，沙蒂永。”（Alom lour Châtillon）[5]

当威廉·马歇尔和所有其他骑士在圣雅姆城外的比武场上集合后，比武双方就骑马出发准备当天的主要活动——大规模对阵。对阵的骑士通常在一片开阔的场地上面对面站好位置，往往是长长的一排。骑士们纷纷戴上头盔，人群中一片寂静。然后，在一声喊叫或者号角声中，冲锋开始了。当双方以令大地颤抖的力量冲撞在一起时，这幅充满眼花缭乱的颜色和震耳欲聋的声音的景象达到了高潮，战斗就此开始了。此刻是这一天最危险的时刻，威廉多年来了解到，惊慌失措、失去对马匹的控制并跌倒在这群来回奔跑的骑士中间，就会面临死亡，他自己就见过很多这样的灾难。夺取胜利，甚至只是活下来，都需要坚强的意志、强壮的身体和精湛的马术。

在大多数骑马比武中，在战斗的第一阶段过后，混战会在乡间的数英里地段上分解为规模更小的对抗。在这作战演习的延伸阶段，一小群战士可能会试图利用对自己有利的地貌进行伏击，甚至试图藏匿起来。整个赛事可能需要几个小时，有时会持续到黄昏。与每个参与者一样，威廉的目的就是混合使用军事技能、蛮力和狡诈的手段来捕获对手，同时避免自己被人活捉、保护自己的领主。整个比武的关键动力是获胜会带来回报，不仅能得到名声和荣誉，还有物质上的收获，因为被俘获的骑士通常会支付赎金——通常是现金——来重获自由，他们还可能会放弃他们的马匹、武器和盔甲。鉴于这是威廉第一次参加比武，他在圣雅姆的表现非常出色，抓住了“两个非常有价值的俘虏”：一个是一位不知道姓名的骑士，他用手中长枪的残部将其击倒在地；另一个就是当日的大奖，瓦洛涅的腓力，在大混战刚开始的时候，威廉敏捷地骑到他面前并一把抓住对方坐骑的辔头。这干净利落的手法——类似于抢夺方向盘——极其难以完成，却让威廉有效控制了对手的马，使他能“把［腓力］拖离赛场”。腓力动弹不得，他屈服了，答应支付赎金。

这场骑马比武改变了威廉的命运，让他自此衣食无忧。“直到那一天”，《威廉·马歇尔传》写道，“马歇尔一直是个穷人，没有财产也没有马匹”，然而他带着 4 匹战马，还有役马、轻型马、驮运马和马具离开了。在圣雅姆比武之后，唐卡维尔家户对他的态度发生了变化。他积累的丰厚所得给人们留下了深刻印象，“他们对他大为尊敬，极有礼貌，与往昔颇为不同”。正如威廉的传记作者坦率地承认的，物质资产象征着地位，他们认为马歇尔是个有钱人了。《威廉·马歇尔传》直言不讳地指出：“你就是你所拥有的东西，仅此而已。”[6]

骑马比武对整个西欧骑士阶级的形成和界定起到了至关重要的作用，并将成为威廉·马歇尔自己职业生涯的一个重要特征。作为全面的作战演习，而非礼仪式的个人之间的战斗，这些赛事为战争提供了宝贵，甚至是必要的训练。正如一位同时代的编年史家在赞美骑马比武时所指出的："战斗的科学，如果没有事先练习，在必要的时候是不可能会的。"[7]威廉在圣雅姆的成功表明，骑马比武也提供了晋升的真正机会。但是，除了这些实际的问题，它还有更深层次的观念性的意义。骑马比武给了中世纪的骑士和他们的领主们一个完美的机会来展示他们的品质：通过武艺来展示他们的能力，通过尊重游戏规则来证明一个人的荣誉，通过组织赛事或武装自己的随行人员来展示慷慨，或者是在一大群装备精良的扈从中被人看到（在队伍的前面被看到则更好）来确认地位。在 12 世纪后期，骑马比武大会就是你展示自己是典型的最优秀的人（preudhomme）的地方。

所有这一切都提高了视觉展示的重要性。骑马比武是需要观众的赛事；如果想获得知名度，英勇的行为和壮举就必须得到见证。整件事不只是出于一丝浅薄的自恋和自负，而是和强调战斗本身一样强调让别人看到自己做了正确的事情，如果不是更为强调后一点的话。在现代人眼中，这一切可能看起来相当令人反感，而一些同时代的人也同样对此不以为然。一位著名的 13 世纪初的教士和布道者维特里的雅克谴责骑马比武是骄傲和虚荣等致命罪孽的孳生地。尽管如此，在《威廉 · 马歇尔传》一书中，对场面和展示的强烈强调似乎完全是无意识的。对威廉这样的人而言，对观众的需求是骑士生活的一个简单事实。

即便如此，12 世纪的骑马比武并不是真正为了观众观赏而设计的。有一些观众确实参与了赛事，但人数相对较少，而且距离甚远，只能在战场的边缘观看，偶尔被安置在简陋的看台上。只有在马歇尔职业生涯后期的一次比赛中，《威廉 · 马歇尔传》提到了一群贵族出身的女士莅临观赏。因此，对威廉而言，骑马比武不是在狂热的人群面前进行的盛大角斗，也不是中世纪末期为了娱乐观众在封闭场地里举办的马上长枪比武。出于简单、实际的原因，早期的骑马比武几乎无法给旁观者带来什么刺激。预备阶段和第一次大冲锋当然值得一看，但在那之后，一旦混战散开，战斗就转移到了开阔的地形上去，无法跟随观看。在马歇尔的时代，关键的观众并不是站在战斗之外观看，而是亲身参与了战斗。所有这些令人眼花缭乱的技巧、勇武大胆和炫耀性的盛大场面的关键见证者是其他在场的骑士。正是这些同袍见证了一个战士的价值，验证了他的成就，并传播了他的名声。

骑士精神的理想

《威廉·马歇尔传》对圣雅姆骑马比武的描述，包含了一个额外的、看似次要的观察。在这个微小、不经意的细节描写中，我们瞥见了中世纪骑马比武的约束机制，并交替出现了一扇窗口，诱人地通往威廉·马歇尔的思想世界的精神和道德图景。《威廉·马歇尔传》记载，在威廉抓起瓦洛涅的腓力的马辔头并把他从赛场上拖走后，"腓力马上向马歇尔许诺"，要威廉相信他，"放他走"。[8] 腓力承诺当日结束清点战果时他会奉上赎金，单单他的话就被认为已经足够了。双方都有一个根深蒂固的认识，那就是他们必须遵守这个游戏的规则；根据社会和文化习俗，不守信会被认为是很可耻的。违反承诺不仅将会给个人带来耻辱，令他丧失地位，对于他的随从和亲属也是如此。

在威廉生活的时代，理解并且遵循这些习俗的骑士（chevalier）们遵循着"骑士精神"（chavalerie）的原则。从字面意思上讲，他们深知骑士该如何行事。这些规矩可能会被某些人扭曲甚至操弄，以谋求私利，但若被他人公然看到违反规矩，将会招致丑闻和耻辱。11 世纪以来，骑士们应该遵守更高的行为准则的观念逐渐渗透了整个西方社会。从基督教神学和十字军东征与军事修会的出现，到西欧对骑士的神话 – 历史不断加深的迷恋，一系列相互关联的力量刺激、影响了骑士精神的萌芽。但正是在骑马比武的赛场上，这样的规矩变得越发鲜明突出，从 12 世纪中叶开始，这些作战演习既是骑士理想的催化剂，又是其熔炉。就在这个时期，流行的骑士小说的作者们开始创作像兰斯洛特这样的亚瑟王故事中的英雄参与骑马比武的故事，这绝非偶然。[9]

对威廉和他的同时代人而言，骑士精神是一套相当松散的习俗和人们的期望——一种集体情感，主要与规范骑士之间的行为以及确定领主和骑士对彼此应负的义务相关。到此时为止，“具有骑士精神的”骑士对更广泛的社会责任几乎没有兴趣；他们肯定不是认为人人平等的正义拥护者或穷人的保护者。这些规则需要再过几十年才能得到更明确的定义和界定，而几乎在两个世纪后，骑士精神的传统才在 14 世纪著名骑士夏尼的若弗鲁瓦（Geoffrey of Charny）所著的《骑士精神之书》（*Le livre de chevalerie*）这类著作中得到提炼和规范。[10] 到了那时，愚蠢的战士们可能会采取异常愚蠢的方式来追求这些被拔高的骑士精神理想。例如，在 14 世纪 30 年代，一群英国骑士戴着眼罩与法国人作战，那是因为他们曾向宫廷里的女士们发誓，在取得胜利前他们是不会睁开一只眼睛的。结果可想而知，受到这样的妨碍，这些人大多都被杀死了。

威廉·马歇尔的职业生涯

第二年，甚至在更长的时间里，威廉似乎都在跟着骑马比武巡回赛四处旅行，行事越来越接近一个自由人，尽管他的穿戴还是唐卡维尔的配色。他的运气时好时坏，在勒芒西南部的圣布里斯（St Brice）和布埃尔（Bouère）之间举行的一场赛事上，马歇尔被5名骑士袭击，他们都想用重击令他屈服。“他们非常粗暴地对待他”，根据《马歇尔传》的记载，“用力把他的头盔从后向前扭”，尽管威廉最终设法摆脱，但他当时反戴着头盔，这意味着他什么也看不见，而且几乎要窒息了。事实证明，这顶破旧的头盔很难从头上取下来，以至于马歇尔严重割伤了一根手指才把它扯下来，气喘吁吁。在后来的一场骑马比武中，他又被一位佛兰德骑士瓦兰库尔的马修（Matthew of Wallincourt）俘虏，不得不交出自己的一匹战马。威廉支付了赎金，但是他试图说服马修释放他的战马，以示宽宏大量——理由似乎是他还只是个年轻的、缺乏经验的骑士——但马修断然拒绝了。威廉过了几十年还记得这种轻蔑。虽然有这些挫折，但总的来说威廉似乎已经发迹了。他的传记作者写道：在这段时间里，“他过上了很好的生活，许多人嫉妒他”，并补充说，他的名声已经传遍了整个法国。[11]

现代的历史学家通常认为12世纪60年代中后期是威廉持久痴迷于骑马比武的开端。最近有人认为，到1170年，威廉已经是“他那个时代最有成就和最投入的骑马比武冠军”了。[12]事实上，证据表明，到了此时，马歇尔参加骑马比武实际上更多的是间歇性的。有关这个事实最明显的迹象是，在近8年里，他首次在1167年底或者1168年初返回了英格兰。威廉不再是想让哥哥约翰垂青的身无分文的乞丐。相反，他作为一个有一定声望和独立谋生手段的人回到了家。但这么做令他远离了骑马比武巡回赛，因为国王亨利二世禁止在英格兰举办这些骑士比赛，因为它们对王国的和平造成了太大的破坏。马歇尔希望能在职业生涯中迈出下一步——获得真正的战争经验。他很快就吃了苦头，因为战争并不总是符合骑马比武所尊奉的骑士礼仪的。

骑士保护人

在顺风的吹拂下，威廉毫不费力地渡过了英吉利海峡，然后就直接骑马前往英格兰西南部。根据《威廉·马歇尔传》的记载，他回到英格兰是因为“这里是他的出生地，而且他希望见到他值得尊敬的亲人”。[13] 但是没有证据表明威廉此时尽力前去探望他尚在人世的直系亲属，他似乎也没有去悼念已故的父亲，后者现在葬在威尔特郡的布雷登斯托克修道院（Bradenstoke Priory）。① 马歇尔考虑的是一种不同的家庭会面，与情感几乎没有关系，而是出于远为务实的寻求庇护的考虑。他直奔索尔兹伯里，去找他势力强大的舅舅帕特里克伯爵，后者在内战后兴旺发达，在新君手下步步高升，现在麾下有 50 至 60 名骑士。

威廉在 1166 年时曾短暂地是一个无主的贫穷战士，这种苦涩生活的滋味在他身上留下了印记。他可不愿再过这样的生活了。声名鹊起的他可以在诺曼底和英格兰任何一个军事家户中获得一个职位，但只有通过亲密的家庭纽带才能确保得到一份更长久的差事。帕特里克伯爵不像马歇尔的哥哥约翰那样，他不是马歇尔

① 马歇尔的母亲索尔兹伯里的西比尔此时似乎已经去世了，尽管《威廉·马歇尔传》中没有记载她的死亡。

的兄弟或潜在竞争对手。帕特里克是一位著名贵族，拥有光明的前程，他可以充当马歇尔的导师，影响并推进后者的事业。当帕特里克适时为威廉提供一个索尔兹伯里的家臣骑士的职位时，这相当于给了他一个大有可为的未来。不久之后，马歇尔向舅舅求职的明智得到了充分的证明。1168 年初，帕特里克伯爵被亨利二世召到法国西南部，陪伴国王本人作战。威廉在小时候做人质时已经接触过一位君主——斯蒂芬国王。现在，他要进入新的安茹王朝的中心了。

安茹王朝

在 1154 年加冕后的头 10 年中，亨利二世证明自己是一个精明、充满活力和雄心勃勃的统治者。随着亨利和他那些勤勉的官员重建了法律、司法和行政体系，英格兰的王室权威迅速得以重建。对铸币的控制得到了重申，而对王权的坚决实施和严格的征税很快重新让王室金库变得充盈。令人印象深刻的是，所有这一切都是在保住诺曼底和安茹的同时实现的，并将安茹王室的影响力扩大到法国西北角的布列塔尼。在这段时间里，亨利能依靠他的母亲玛蒂尔达皇后稳健的政策，后者在鲁昂附近过着半隐退的日子，直到 1167 年 9 月去世。但是，亨利的权力、国土面积和统治的过程也是由他与另一个杰出的女性的婚姻决定的，她就是阿基坦的埃莉诺。[14]

用一位同时代人的话来说，埃莉诺是“一个无与伦比的女人”——意志坚强、头脑敏锐、受到对生活的渴望的驱使。令人沮丧的是，没有一位编年史家描绘过她的外貌，尽管许多人详细描述了她的丈夫亨利。她生来是强大的阿基坦公国的女继承人，这个公国的领土横跨法国西部和西南部，并统治着普瓦捷和波尔多这些城市。埃莉诺丰富多彩的人生经历在她邂逅亨利之前很久就开始了。1137 年，在她 15 岁左右时，她就嫁给了法兰西国王、卡佩王朝的首领路易七世。这似乎是一次有利的结合，让以巴黎为中心的小法兰西王国和阿基坦的土地统一起来，但埃莉诺似乎从她不吸引人的丈夫那里感受不到温暖——她后来把他比作僧侣，因为他性欲冷淡。

12 世纪 40 年代末，埃莉诺和路易前往圣地，参加了灾难性的第二次十字军东征。但是在叙利亚，王后被指控与她的叔叔安条克公国的统治者普瓦捷的雷蒙有不伦之恋。埃莉诺厚着脸皮毫不在意，但这段丑闻却传遍了欧洲。然而，最严重的问题是，国王的婚姻没能确保卡佩家族的延续；国王夫妇生了两个健康的女儿，却没有男性继承人。最后，两人的婚姻在 1152 年以血缘太近为由而被取消，这似乎是经过双方同意的。仅仅 8 周后，埃莉诺嫁给了比她小 12 岁的更有活力的安茹和诺曼底的亨利，这让路易非常惊恐，因为亨利是卡佩家族的头号对手。当两年后亨利成为英格兰国王之时，一个庞大的安茹王国诞生了，土地北达苏格兰边界，南抵比利牛斯山山脚。

亨利和埃莉诺婚后的 15 年硕果累累，生下了很多继承人。他们的第一个孩子威廉只有 3 岁就去世了，但随后又有 7 个孩子出生，都活到了成年。成为安茹王朝首选男性继承人的男孩诞生于 1155 年 2 月 28 日，被命名为亨利；之后又有 3 个儿子（理查、若弗鲁瓦和约翰）和 3 个女儿（玛蒂尔达、埃莉诺和乔安娜）出生。国王亨利二世很高兴。有了这些子嗣，他可以建立一个持久的王朝，并通过联姻建立外交联盟的网络，维护安茹王朝的利益。

统治这样庞大而多元的帝国面临着许多挑战，其中最主要的是来自卡佩家族持久而愤恨的敌意，最近亨利和埃莉诺的婚姻激起了这股敌意。国王路易七世出身于一个历史悠久的王室，但在领土、财富和军事力量上，他继承了一个相对弱小的王国。几个世纪前，在加洛林王朝的统治下，法兰西曾经是一个统一的王国，但它在很久以前就分裂成许多公国和伯国。法国君主只保留了一小块领土，被称为法兰西岛（Ile-de-France），以巴黎市为中心。虽然国王是周边各地名义上的领主，但事实上，他的权力被那些所谓的封臣削弱了。[15]

所有这一切中最令卡佩王室烦恼的是新崛起的诺曼底公爵。诺曼底公国的领土和法兰西岛的西陲接壤。这些好斗的诺曼底人构成了长期的威胁，尤其是因为他们声称对一系列具有战略意义的边境要塞拥有权利。这些要塞距离巴黎仅有 40 英里，在一块名叫韦克桑的地区。在过去的一个世纪里，由于诺曼底公爵把英格兰王国纳入了自己的土地，然后在安茹王朝的统治下，安茹、曼恩地区，以及最近的阿基坦公国都被收入囊中，双方之间持久的敌意进一步加深了。到了 12 世纪 60 年代，安茹家族无疑是法国的主导力量。但是路易国王有恢复法国君主荣耀的野心，亨利二世也非常清楚他的敌手会不断地发起挑战，削弱安茹家族的势力。这两大王朝日益恶化的敌意将在未来几十年中发酵。随着这场对抗的加剧，它将塑造英国和法国的历史。而威廉·马歇尔有朝一日会发现自己战斗在这场大战的最前线。

作为幅员辽阔的安茹王国的主宰，亨利二世必须克服巨大的地理障碍。他试图统治一个从一端到另一端绵延近 1000 英里的庞大“帝国”，而不依赖我们在现代世界中视为理所当然的基础建

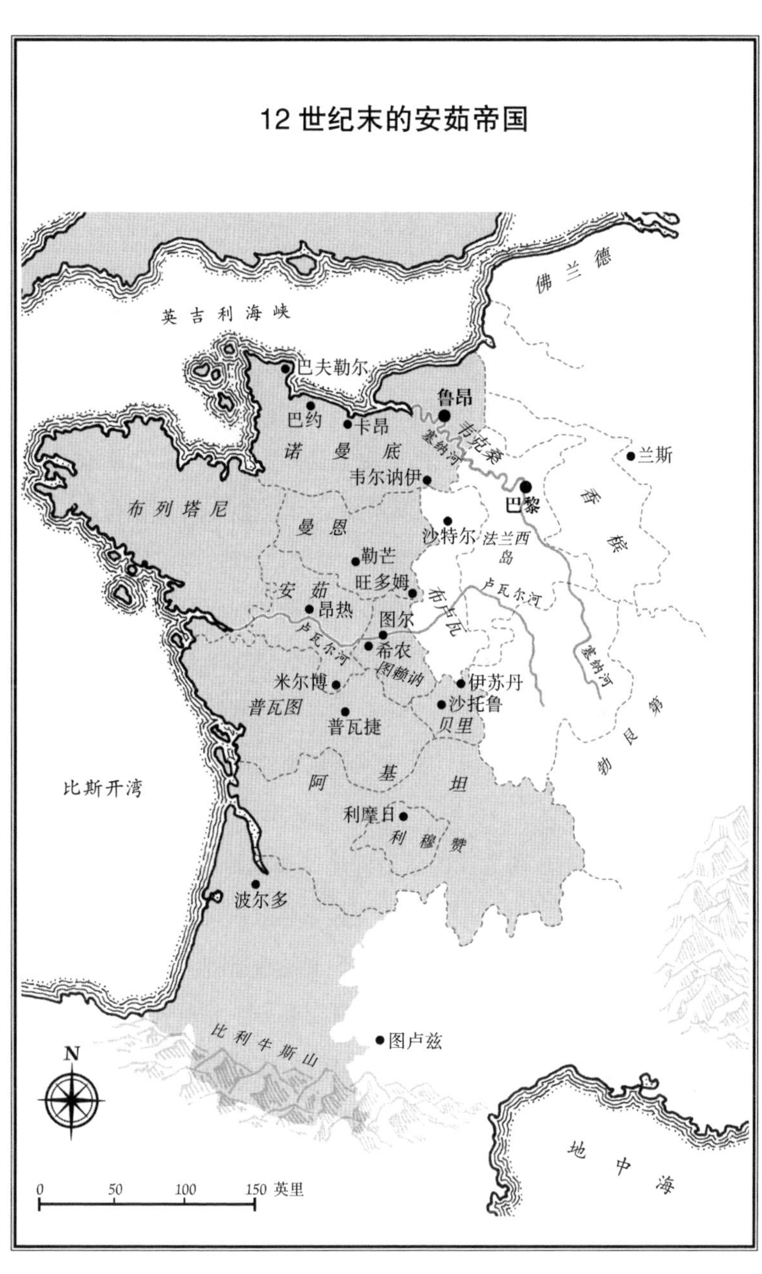
12 世纪末的安茹帝国
英吉利海峡
佛兰德
巴夫勒尔
鲁昂
巴约
卡昂
诺 曼 底
韦克桑
塞纳河
兰斯
韦尔讷伊
巴黎
香 槟
布列塔尼
曼 恩
沙特尔
法兰西岛
勒芒
旺多姆
安 茹
布卢瓦
卢瓦尔河
昂热
图尔
卢瓦尔河
希农
图赖讷
塞纳河
米尔博
伊苏丹
沙托鲁
普瓦图
普瓦捷
贝里
勃艮第
比斯开湾
阿 基 坦
利摩日
利穆赞
波尔多
比利牛斯山
图卢兹
N
地 中 海
0
50
100
150 英里

设——实现快速运输和即时通信的系统。亨利的解决办法是几乎不间断的移动，从一块领地跑到另一块领地，他很快就因看似无穷无尽的精力而闻名。对同时代人而言，亨利是一个“除了吃饭和骑马”从来不坐下的人，相当于一辆“拖拽着身后一切的人形战车”。他让他的巡回宫廷以永不停歇的节奏行进，一天要走别人4天才走得完的路，这让一位编年史家得出一个结论：“他必定是飞了起来，而非骑马或乘船旅行。”[16]

亨利二世统治的第一阶段是非常成功的。在12世纪60年代末，他只有在两个挥之不去的问题上受到了威胁。国王疏远了之前的密友和首席大臣托马斯·贝克特，后者在1162年被任命为坎特伯雷大主教，即英格兰的主教长。亨利一开始期望他的老朋友托马斯能成为一位忠诚可靠的盟友，但托马斯似乎是受到晋升的激励，成了教会反对掠夺成性的国王的坚定支持者。在和亨利发生了一次激烈的争吵后，托马斯于1164年流亡法国，在那里他得到了法王路易七世的支持。尽管教廷试图让双方和解，但争端却仍未得到解决。[17]

另一个需要亨利关注的紧迫问题是难以控制的阿基坦公国。国王在1167年花了部分时间重申安茹家族对该地区的统治，但在1168年初，一场新叛乱的消息就传到了他耳边。国王决心彻底驯服法国这块有价值的地区，制定了向南发动新战役的计划。埃莉诺王后也将加入远征，而索尔兹伯里的帕特里克则是亨利的主要副手。伯爵率领他的军事随从适时渡过了英吉利海峡，而他新任命的家臣骑士、他的外甥威廉·马歇尔就在他的身侧。

在阿基坦的荒野中

参加阿基坦远征让威廉·马歇尔远离家乡。到目前为止，他一直生活在英格兰南部和诺曼底。12 世纪时，这两个地区在语言、文化和景观方面都非常相似。阿基坦是一个不同的世界。在它的南部，那里的人甚至说另一种语言——不是威廉从小到大说的法语（或奥伊语），而是奥克语。阿基坦公国领地庞大，面积是诺曼底和安茹的总和，是法国最富裕的地区之一：这是一片肥沃的土地，盛产金灿灿的谷物和优质葡萄酒。

它的人民珍视文化和艺术，孕育了新式的音乐、诗歌和歌谣。埃莉诺王后的祖父威廉九世公爵就是最早一批的游吟诗人或宫廷歌手，而当地的领主被同时誉为战士和作曲家的情况并不罕见。这是一个充满了神话般的骑士精神的世界，据说旧时的加洛林英雄们是从这里向西班牙穆斯林发起圣战的。当地教会声称还保存着罗兰的遗体，以及他用来召唤援助以对抗摩尔人的号角，而在亨利国王最喜爱的圣祠之一——建在悬崖顶端的罗卡马杜尔（Rocamadour）教堂——中，展示着罗兰的传奇宝剑：迪朗达尔。

阿基坦公国的首府普瓦捷是威廉·马歇尔见过的最令人震撼的城市。它坐落在一片高原之上，主宰着四野，是一座坚固的石墙宫殿的所在地，这座宫殿是由埃莉诺王后的祖父下令建造的，并拥有两座著名的教堂。一座是献给 4 世纪的普瓦捷主教圣依拉略（St Hilary）的，他曾与阿基坦公爵有密切的交往。另一座是大圣母院，它是 11 世纪末的建筑杰作，装饰着一些法国最好的罗马式雕塑。但亨利和埃莉诺不满足于这些建筑财富，决定在这里留下自己的印记，他们在 1162 年委托建造了一座敬献给圣彼得的全新的大教堂。这座宏伟的建筑现在已经开始兴建，因此城市较低的斜坡处是一个建筑工地，这项工程将持续几十年的时间。

在这座防守严密的大都市中，安茹仍然拥有很大的权威，但威廉后来发现，阿基坦人骄傲、极其独立、好争吵；他们几乎不习惯向任何人屈膝，当然也不愿意在亨利这种外来的北方佬面前低头。普瓦捷的周边地区普瓦图、昂古莱姆、利穆赞均是无法无天之地，当地桀骜不驯的军阀希望施行他们自己的意志，许多人都已修建了小型的城堡来统治这片荒野之地。普瓦图的吕西尼昂家族（Lusignans of Poitou）就是一个很好的例子。这是一个小贵族家庭，拥有一小块祖先传下来的土地，以位于普瓦捷西南 15 英里处的一座坚固城堡为中心。他们算不上南部最伟大的贵族家族之一，但该家族的新首领若弗鲁瓦却渴望出人头地。他是一个可怕的战士，在他身边还有一个同样野心勃勃、贪得无厌的弟弟：居伊。在 1168 年初，他们开始掠夺普瓦捷周边的地区，以“残暴的方式”骑马穿过王室领地，边走边掠夺。[18]

这正是亨利二世不愿容忍的那种混乱。当他在帕特里克伯爵的军事家户的伴随下抵达后，国王像重锤一样落在吕西尼昂人的身上。威廉·马歇尔现在在中世纪战争的残酷现实中学到了经验教训，这不是开放场地上的骑士比武，相反，亨利的目标是对普瓦捷叛乱分子造成最大的伤害，用压倒性的武力和残酷的战术摧毁他们的资源，从而削弱他们的军事能力。

这类军事行动的主要形式是骑行劫掠（chevauchée），即破坏性的骑马突袭：成群的骑士骑马对敌方的领土实行残暴的突袭，通过焚烧庄稼和夷平聚居点来蹂躏乡野。这些“焦土”政策的受害者主要是当地佃户、农民和城镇居民，他们正是现在威廉和他的骑士同伴们穿越普瓦图“摧毁［吕西尼昂的］城镇和乡村”的受害者。这很残暴无情，但大多数 12 世纪的贵族在战争期间似乎对社会“下层阶级”所遭受的苦难漠不关心。马歇尔对第一次参与这种公开突袭的感受没有被记录下来，《威廉·马歇尔传》跳过了阿基坦的冲突，对此保持沉默，其细节仅在同时代的一份诺曼底人的简短记述中被提到。

尽管这种类型的战争在现代人看来可能是野蛮的，但 12 世纪欧洲绝大多数的军事行动都使用了骑行劫掠。像亨利二世和帕特里克伯爵这样的资深指挥官知道，这是令敌人屈服的最快和最安全的方式。正如《威廉·马歇尔传》后来所观察的那样：“当穷人不能再从他们的田里收获庄稼，那么他们就不再能支付地租，这样他们的主人也会变贫穷。”1168 年，他们这么做果然奏效了。不到一个月，吕西尼昂的“叛乱”就被镇压了。若弗鲁瓦和居伊屈服了，他们的城堡投降了，而普瓦图在表面上恢复了秩序。[19] 但亨利也认识到，这种严厉的惩罚性举措并非长久之计，于是他求助于自己的妻子。埃莉诺于 1167 年生下了第八个孩子约翰，并准备在王国的治理中发挥更积极的作用。埃莉诺作为阿基坦本地人，亨利希望她或许能使该地区的臣民更忠诚、顺服。于是，她被安置在普瓦捷，帕特里克伯爵成为她的副手，而国王则向北进发，去与法国的路易举行和平会议。

路上的背叛

1168 年 4 月初，当王后穿过普瓦图森林掩映的山峦时，威廉·马歇尔和其他索尔兹伯里的帕特里克的随从一起护卫着阿基坦的埃莉诺的王室队伍。她此行的目的不明，但在那个春日里，队伍似乎丝毫也不感到担心。帕特里克和他的手下都没有穿铠甲，只有一小队骑士在场。很有可能，埃莉诺一直在巡视最近被镇压的吕西尼昂的土地，现在正在返回普瓦捷。

在没有任何预兆的情况下，这支小队似乎就从后面遭到了由若弗鲁瓦和居伊两兄弟率领的一大批全副武装的吕西尼昂战士的突袭。《威廉·马歇尔传》将其描绘为精心策划的“伏击”，尽管他的描述的某些方面可以在其他同时代编年史中得到证实，但这次突如其来的冲突的起因仍不清楚，并将在后来引发激烈争论。或许是被亨利最近的军事打击激怒了，吕西尼昂家族可能希望抓住一些有价值的人质，然后获得一笔赎金并在未来的谈判中获得筹码。他们设想也许可以俘虏埃莉诺王后本人。

帕特里克伯爵立刻意识到自己的部队人数严重不足，并立即“将女王护送至城堡”——可能就在普瓦捷。帕特里克、威廉·马歇尔和剩余的索尔兹伯里的家臣骑士现在必须守住道路，这样埃莉诺才能到达安全地带。片刻之间，一场残酷的小规模冲突爆发了，帕特里克依旧没有穿戴盔甲，骑在他的轻型马上，大声命令把他的战马牵来，并“狂怒地冲进”吕西尼昂的军队之中。在初次激烈战斗的混乱中，伯爵似乎和自己的大多数骑士分开了，因为很多索尔兹伯里的战士们都在后退，包括威廉，他们试图匆忙穿上铠甲。尽管如此，帕特里克似乎在第一波战斗中毫发无损，当他的战马被牵来后，他跳下来准备骑上他的战马重新加入战斗。当灾难袭来时，他正扶着马鞍翻身上马，后背朝向了敌人。一个吕西尼昂骑士向他冲来，用长枪刺穿了伯爵的身体，由于没有穿铠甲，枪尖直接穿过了他的身躯。《威廉·马歇尔传》以惊恐的语调描述了“奸诈的刺客”如何以可怕的一击让帕特里克“当场死亡”。

当双方明白了刚才所发生的事情的严重性后，世界必定停止了片刻。索尔兹伯里伯爵之死不太可能是吕西尼昂人计划的一部分。像帕特里克这样的人实在是太有价值了，不能以如此轻率的方式杀死，而且，不管怎样，每个人都知道适当穿戴盔甲的骑士几乎不会受到严重的伤害。若弗鲁瓦和居伊在第一时刻可能已经明白这样的行为会带来严重的后果——无疑他们后来会辩解称这是个可怕的事故，而不是蓄意谋杀。

但对剩下的索尔兹伯里的骑士们——威廉·马歇尔就在他们中间——而言，事情就是它看起来的样子。一波令人眩晕的愤懑席卷了他们。根据《威廉·马歇尔传》的记载，威廉“几乎悲痛欲绝”，绝望地认为“他没有及时赶到杀死［帕特里克］的人身边”以阻止他的攻击。此时马歇尔正在穿戴一件锁子甲，但他“等不及全副武装”，而是被一股近乎疯狂的愤怒所控制，冲进了激烈的混战之中，“一心想要用暴力复仇”。威廉先是用长枪冲杀，在他胯下的战马被杀死之后，他用手中的剑劈砍敌人和他们的坐骑。他的传记作家将他比作一头“饥饿的狮子”，正在撕裂他的猎物。但对方人数实在是太多了，随着其他索尔兹伯里部队的人员被打得撤退或屈服，威廉仍然进行着最后的反抗，他背靠着一片树篱，像“一头野猪在一群狼面前”，孤注一掷地试图用剑阻挡住一群敌人。仅仅在一个吕西尼昂骑士绕到后面发起进攻——用长枪穿过树篱，“刺穿了［威廉的］大腿，枪尖从另一边露出”——后，他才被击倒。

当马歇尔最终倒下时，吕西尼昂的军队小心翼翼地围上前去将他俘虏了。长枪被从他的大腿上拔出来，“一旦它被拔掉，血就从伤口流到他的锁甲护腿和马裤上”，“他身下的地面上……满是鲜血”。[20] 当疼痛从伤口袭来时，威廉必定认清了可怕的现状。在安茹王国这个遥远而陌生的角落里，他失去了一切；他的领主舅舅的尸体就躺在几码远外的地方。他认识到恩主死后自己的未来将一片灰暗，这只能进一步加深该损失引发的极度痛苦。他对安全和成功的所有希望都化为泡影了。马歇尔现在大体上是一个籍籍无名的受了重伤的骑士，是一帮铤而走险的普瓦捷匪徒——这些人肯定会猜到他们现在会被贴上“罪犯”的标签——的俘虏。当吕西尼昂人准备逃跑时，他们对威廉的伤口没有做任何处理。相反，他满身是血的身体被粗暴地绑在一头驴子上，并被带到阿基坦的荒野之中。

4

将要成为国王的人

威廉·马歇尔很幸运，在与吕西尼昂人的相遇以及随后漫长而痛苦的几个月的囚禁中活了下来。即使以当时的标准而言，很多时候他都受到了粗暴的对待。他跨坐在驴上，被逃亡中的俘获他的人带着前行。“宽阔无边”的普瓦图茂密森林中的路途似乎无穷无尽，没有人医治他腿上的重伤。《威廉·马歇尔传》描述没有一个吕西尼昂人“有闲心管他，他们在林地上颠簸前行时仿佛充满了恐惧”，因为那里“没有一处对他们来说是安全的”。[1]作为被通缉的逃犯，他们最关心的是躲避安茹人的报复，所以他们一直在转移，从来不会在一个地方停留超过一个晚上。威廉作为他们的俘虏没什么价值——没人期望有人为他支付赎金，这样一个地位不高的骑士作为讨价还价的筹码作用有限。他们也不会那么残暴地冷血屠杀他，但几乎不会费力去救他的性命。

因此，在帕特里克伯爵死后的头几天，威廉不得不为活下去而战。起初，他把自己的衣服撕成一条一条的做成临时绷带，希望能够止血。后来他乞求吕西尼昂人给他一块麻布，并“用它擦拭并堵住他的伤口”。但这些敷料很快就“被从他身体中涌出的鲜血完全浸透了”。马歇尔不得不尽可能地把它们洗干净，然后重新使用。威廉没有因失血或感染而倒下，这显然证明威廉的身体复原能力极佳。若干年后，这段绝望的日子变成了痛苦和无尽的不适交织在一起的模糊回忆，但马歇尔的记忆被两件值得注意的事打断了。

第一件事颇有一种添枝加叶的骑士故事的气息，尽管它可能是真事。根据《威廉·马歇尔传》的记载，吕西尼昂人的一位盟友为他们提供了夜晚栖身之所，而这座房子“品德高尚、心地善良的女主人”显然觉得威廉很可怜：“她从房间里取出一条面包，用手指把里面掏空，然后填满面包屑……和细麻布绷带。”这件赠礼被偷偷给了马歇尔后，他能更好地包扎伤口，病情也慢慢好转了。第二件事是有趣而滑稽的，但或许能反映出威廉个性中极为争强好胜的一面。几个星期后，威廉几乎“治愈了给他带来巨大痛苦的伤口”。他似乎已经与俘虏他的人更加熟悉了，并且被允许在营地里自由地走动。在某个夜晚，一些吕西尼昂的战士正在守夜，玩一种名叫 la pere geteient 的简单游戏——每个人都要尽可能远地扔一块重石头。威廉情不自禁地请求加入游戏，尽管据称他竭尽全力赢了比赛，但也导致他的伤口“再次裂开”，这让他极度痛苦，他的康复时间也推迟了。

对威廉而言，整个这段时期是一场阴郁的噩梦，充满不确定，他越来越怀疑自己已经被他的安茹领主遗忘并抛弃了，心情因此变得阴暗。但突然之间，马歇尔的命运出人意料地迎来了转机。有消息传来说埃莉诺王后愿意为他支付赎金，让他获得自由。人们至今不知道王后为什么做出了这个突然的决定，也许威廉在阿基坦战役的第一阶段引起了埃莉诺的注意，或者她听说了他在遭受路边伏击时的英雄事迹。无论出于什么原因，威廉现在被带到她的麾下，更好的是，等他痊愈之后，他成了王后自己的一名军事随从。这是一个巨大的转变，这个被遗弃的俘虏成了世界上最杰出的女士之一的骑士了。威廉很快穿上了精美的衣服，有了新装备，还获得了马和钱。正如马歇尔的传记作者所说的，他几乎不敢相信自己的运气，觉得此刻“掉进了金窟”。[2]

为幼王效劳

我们对威廉·马歇尔接下来两年的生活几乎一无所知。《威廉·马歇尔传》指出，“他在许多地方往来穿梭”，追求“名声和财富”，但有一点仍然非常清楚，即他仍是埃莉诺的家户的一员。也许威廉在此期间确实参加了骑马比武，但很有可能他留在了阿基坦，以协助将安茹的权威强加于该地区。① 到威廉获释的时候，帕特里克伯爵的尸体已经以隆重的仪式下葬于普瓦捷的圣依拉略大教堂内，但他没有消除对吕西尼昂人的愤恨。阿基坦的战斗一直持续到1169年夏，但普瓦图和周边地区最终被征服，尽管若弗鲁瓦和居伊这对吕西尼昂兄弟仍然逍遥法外。

有一件事是确定的：到1170年，作为一位勇敢而技术娴熟的骑士，马歇尔已经巩固了他在埃莉诺王后那里的名誉，而且他被认为是她的随从中值得信赖的一员。他很可能也已经引起了她的丈夫国王亨利二世的注意。威廉现在得到了安茹王室的青睐。在短短4年的时间里，他已经从被唐卡维尔的家户抛弃的身无分文

① 根据廷臣沃尔特·马普的说法，马歇尔的前恩主唐卡维尔的威廉在索尔兹伯里的帕特里克死后被任命为埃莉诺在阿基坦的军事指挥官。但如果此事属实，《威廉·马歇尔传》没有记载这个细节就显得很奇怪。

的骑士，成长为一位为欧洲最强大的王朝服务的受人尊敬的战士。

当威廉在 1179 年夏天陪同阿基坦的埃莉诺返回英格兰时，他的地位的迅速攀升就全面显现了出来。王后前往伦敦是为了参加其子亨利于 6 月 14 日在威斯敏斯特大教堂举行的加冕典礼——这是一桩将影响安茹王朝的历史、改变威廉·马歇尔自己的职业生涯的事件。亨利二世决心避免外祖父亨利一世国王死后王位继承人不确定的情况，以及斯蒂芬国王统治期间爆发的惨烈内战。新的安茹王朝的继承方案必须是明确而无可争辩的，国王还在世的与他同名的长子正处于这些方案的核心。1170 年时小亨利年仅 15 岁，却身材高大、极为英俊。同时代人称赞他肩膀宽阔、脖子细长优雅、肌肤苍白而长有雀斑，有一双吸引人的蓝色眼眸和金红色的头发。仿佛一位来自古代世界的伟大神话英雄在人间复活，他拥有帕里斯的美貌、赫克托尔的勇敢、阿喀琉斯的无敌武功——至少，这是一位亨利二世爱奉承的廷臣所赞成的看法。[3]

幼王亨利

这位英俊潇洒的王子成了威廉·马歇尔一生中的核心人物之一，在接下来的 10 多年里，二人几乎形影不离。亨利从小就被培养成为掌权者。起初，他的父亲亨利二世满足于在和法国卡佩王朝展开的激烈竞争中更多地把他当成棋子。为了确保在 1160 年和国王路易七世缔结有利的停战协议，保证安茹家族在诺曼底韦克桑地区有争议的领土上的权利，亨利国王让他当时只有 5 岁的儿子和路易的女儿玛格丽特（路易与其第二任妻子卡斯蒂利亚的康斯坦萨所生）结婚。玛格丽特甚至比亨利还小——最多只有 2 岁，比婴儿大不了多少。婚礼直接违反了教会法，是一桩丑闻，后来有人开玩笑说，不仅玛格丽特还躺在婴儿床上，而且两个小孩在仪式上都哭了起来。

尽管如此，随着时间流逝，亨利二世开始优先考虑儿子的教育，让他在托马斯·贝克特的家户中接受一段时间的训练，并开始让他参与治理活动。1164 年 1 月，小亨利（当时 8 岁）在克拉伦登参加了一场权贵和神职人员的盛大集会。会议确认了一份列出了“王室的习俗和特权”的文件（后来被称为《克拉伦登宪章》），并小心地记录了这项有争议的立法是在“亨利大人和他的父亲国王大人在场的情况下”起草的。到了这个时候，亨利二世已经开始考虑让他的长子在自己还活着的时候加冕并涂油，这样男孩作为继承人的地位就不会有争议了。事实上，财务记录显示，王室于 1162 年花钱准备了一个特别的小王冠和一套王室礼服。不过，在托马斯·贝克特与亨利国王疏远后，由于加冕仪式长期以来一直被认为是坎特伯雷大主教的特权，所以该计划不得不被搁置。

1169 年 1 月，亨利二世和国王路易七世在勒芒以东的蒙米赖举行了一次盛大的和平会谈，他对安茹帝国的宏伟规划在会上得到了最清晰的表述。在一份内容广泛的条约中，亨利国王明确规定，他的长子将接替他成为英格兰国王、诺曼底公爵和安茹伯爵。亨利二世的其他两个儿子也得到了封地：老二理查将继承其母埃莉诺的家乡阿基坦公国，而若弗鲁瓦则继承布列塔尼公国。作为对路易确认这些安排的回报，安茹国王让治下的法国大陆上的领土继续向路易效忠，而且亨利同意了另一桩和卡佩家族的联姻：年轻的理查将和路易的另一个女儿艾丽丝订婚。

在蒙米赖会谈后，安茹家族的事务似乎一切都井井有条，尽管仍然留有一些问题。亨利最小的儿子约翰当时只有两岁，没有被分到任何土地，所以他得到了“无地”的绰号。亨利继承人之间的权力平衡也不明了。即使如此，国王似乎表现出了值得称道的谨慎和远见。到了这个阶段，他也开始为女儿们安排婚姻，以缔结有价值的政治联盟。1168 年，玛蒂尔达嫁给了神圣罗马帝国皇帝的表弟萨克森公爵“狮子”亨利——尽管此时她才 12 岁，而对方已经年近四旬。他还计划实现让小埃莉诺与伊比里亚半岛的国王卡斯蒂利亚的阿方索八世订婚。

通过这一切，亨利二世成为安茹王朝的总设计师，他不断要着花招、施展阴谋诡计，以推进他强大的安茹王国当前的利益和未来的稳定。王室规划的顶峰是小亨利在 1170 年夏天的加冕典礼。如果说国王对这种明确的预先指定行为是否明智怀有任何挥之不去的怀疑，当王室舰队在英吉利海峡遭遇猛烈的 3 月的风暴，他与死亡擦肩而过后，这些怀疑被搁在了一旁。有 400 名廷臣在这场海难中被淹死，其中包括国王的私人医生博蒙特的拉尔夫（Ralph of Beaumont）。典礼安排在 6 月中旬举行，所以埃莉诺王后在威廉・马歇尔和她的其他随从的陪伴下来到了北方。亨利二世说服约克大主教罗歇主持仪式，这就绕开了托马斯・贝克特缺席和被流放的问题。因为知道这种有违传统的做法会招致教皇的谴责，国王下令将英格兰沿岸的港口关闭，预先阻止任何来自罗马的反对声传入国内。

6 月 14 日，在自己的父母以及王国内最重要的贵族的面前，小亨利在威斯敏斯特教堂内加冕涂油，成为英格兰国王。威廉・马歇尔可能作为埃莉诺的家臣之一列席了加冕典礼。他的传记后来回顾了当天的“华丽而盛大的场面”。唯一一位缺席的重要人物是亨利年轻的妻子——法兰西的玛格丽特，她一直都在诺曼底。一些同时代的人认为她的缺席是偶然因素造成的——可能是不利的风向所导致的，也可能是关闭港口而造成的意外。更有可能的是，这是深思熟虑后的举动，旨在为未来施展政治手腕留出空间，或许婚约甚至也有可能最终会被取消。国王路易七世显然就是如此认为的，因为据说他在听说典礼是在他的女儿没有出席的情况下举行的之后感到非常愤怒。[4]

一位新的英格兰君主宣布诞生：幼王亨利；他注定要成为亨利三世。预先加冕的做法在欧洲其他地方很常见，在卡佩王朝中也是惯常的做法。它确立了继承人不可剥夺的继承权。但在英格兰，自 9 世纪以来这是第一次使用，而且它也不是没有问题的。现在有两个涂油的安茹君主；这两个人被一种神圣的基督教仪式所改变，因此担任着相同的职务。在 1170 年 6 月，所有人都很清楚，十几岁的幼王是等待继位的副手——副王，但不能指望这种情况会无限期地延续下去。

现在，亨利二世已经准备好让他的儿子起作用了。老王（同时代的人开始如此称呼他，尽管此时他还不到 40 岁）将返回法国，期待与托马斯·贝克特和解，他希望小亨利在他不在时掌握权力。一个特殊的王室印模专为新君主而做。这是中世纪世界中最重要的治理工具之一——一个精心雕刻的模具，旨在在王室文件的火漆封印上留下一个表明验证的独特印记。大多数英国王室印章有两面（因此需要两部分的模具），通常正面是君主坐像，反面是骑马像，由此唤起国王和战士身份共存的理想形象。小亨利的印章只有一面，而且不寻常的是，他的画像手中没有剑——君主权威的关键标志之一。亨利二世也许给他的儿子留下一个属于自己的印模，但它通过图像确认了幼王受限制的从属地位。

国王亨利二世也精心为他的儿子挑选值得信任的辅臣。那些负责监督幼王治理英格兰的人都是安茹政权的重臣。例如圣约翰的威廉（William of St John）、贡德维勒的于格（Hugh of Gundeville）、拉努尔夫·菲茨斯蒂芬（Ranulf FitzStephen）。但亨利二世还额外任命了一位。威廉·马歇尔被选为幼王的武术教练（tutor-in-arms），并成为新君主的家臣骑士中的重要一员。这是一个重要的机会，与加入亨利二世本人的随从不同，而是使他向权力中心又迈进了一步。现在，威廉·马歇尔在英格兰下一任国王的身边效劳了，这位光辉闪耀的年轻王室成员被《威廉·马歇尔传》形容为“世上最好的王子，无论在异教还是基督教世界中”。[5]

威廉大约23岁，他的新主人兼学生——幼王——比他小8岁。两人的年龄差距不是很大，但亨利尚在青春期，而马歇尔已经是一名经验丰富的战士了。他曾目睹战斗和死亡，参加过大型骑马比武，并赢得了一定程度的声誉。因此，他被认为是辅导小亨利的合适人选——他可以成为后者的良师益友。

谁给了马歇尔这显著的荣誉？从《威廉·马歇尔传》中保留的证据来看，这个决定似乎是亨利二世做出的。传记作者记录道：“国王让［威廉］与儿子做伴”，并补充说，亨利二世“还许诺给马歇尔很多好处，以换取他对”幼王的“悉心教导”。《威廉·马歇尔传》甚至指出，威廉此时有风度地决定不在效劳内容上讨价还价。然而，传记也清楚地表明，马歇尔是陪同王后来到伦敦的，我们必须怀疑她有可能参与了此事。历史学家长期以来一直认为埃莉诺已经把关注重心移到阿基坦和次子理查的身上，但这个观点受到后见之明的强烈影响。1170年的时候，王后有充分的理由与她的长子——安茹王国中心地带的指定继承人——保持密切关系，并对其产生潜在的影响。任命她的家臣骑士威廉·马歇尔为年轻国王的武术教练，正好提供了这样的一种联系。只有时间才能告诉我们马歇尔真正向谁效忠。[6]

在6月底之前，亨利二世就把小亨利和威廉·马歇尔留在英格兰，自己穿过海峡来到诺曼底。夏天的时候，国王与托马斯·贝克特见了面，至少按照官方的说法，二人激烈的争吵终于平息，尽管表面的平静下仍是暗流涌动。安茹王国似乎终于实现了和平。然后，大约在8月10日，老王因持续发烧而病倒，在诺曼底西南部的栋夫龙（Domfront）附近卧床不起。也许是多年来不间断的旅行和管理他广阔王国的压力终于压倒了他，虽然他的家户肯定任命了一名新医生，但亨利现在可能还是思念他已故的前私人医生博蒙特的拉尔夫的服务。几周过去了，国王的病情恶化了，他似乎向圣母玛利亚发出了衷心的吁求，希望他的病能被奇迹般地治愈。看来他对安茹王朝的王位继承做出的细心安排还不算太早。由于担心死亡降临，老王详细指示了自己的葬礼的细节，还起草了遗嘱，确认了《蒙米赖条约》以及小亨利继承英格兰、诺曼底、安茹和曼恩的权利。国王身患重病的消息传过了英吉利海峡，随后在9月传出了亨利二世去世的谣言。整个安茹世界屏住了呼吸。似乎一位年轻的新国王即将掌权，而威廉·马歇尔将伴其左右。

不安分的继承人

那年秋天，幼王亨利非常接近于掌握权力。整个9月中旬，他都在伦敦焦急地等待着消息，他身边的威廉·马歇尔这样的骑士随从和神职人员肯定都在悄悄地为他的登基做准备——为亨利三世真正开始统治的那一刻做准备。但最后老王康复的消息传来了，危险和机遇并存的时刻过去了。鉴于小亨利只有 15 岁而且统治经验非常有限，所以他听闻这个消息后可能首先感到的是一丝解脱。毕竟，幼王前面还有一个漫长而光明的未来，他的那一天总会到来。

尽管亨利二世最终在这场疾病中幸存下来，但这段经历显然让他感到震惊。由于对活下去感到绝望，国王立即出发，踏上前往 300 英里外位于阿基坦的罗卡马杜尔的圣母玛利亚的圣祠的朝圣之旅。这个偏远的朝圣地藏有一个著名的黑圣母（Black Madonna）像，人们认为它是一个特别重要的崇拜圣徒的焦点。此地据说还是玛利亚的家仆阿马托尔（Amator）的埋葬地（根据传说，他从巴勒斯坦来到法国，在悬崖边的洞穴里隐居度日）。尽管处于康复状态，老王还是踏上了漫长而艰辛的前去敬拜圣母、表达令其康复的感激之情的旅程，沿途还施舍了穷人。也许他甚至遵循了当地的习俗，跪着爬上了直达悬崖顶上的神龛的陡峭台阶。完成了他的敬拜后，亨利又投入到了国家事务之中。[7]

接下来的几年里，小亨利以王位继承人和副王的身份继续活在父亲的阴影下。历史学家传统上对 1170 年夏天后的小亨利的职业生涯给出了一个难堪的评价。他通常被描绘成一个英俊但是没有责任心的纨绔子弟，还是一个奢侈的花花公子，一旦错过了独立统治的机会，就在威廉·马歇尔的引导下沉迷于放荡不羁的骑士生活之中。尽管早在 1973 年就出版了，但刘易斯·沃伦（Lewis Warren）教授关于亨利二世的重要传记仍然产生着影响，而沃伦在这部作品中对幼王的评价是彻头彻尾的咒骂。亨利被斥为“肤浅、虚荣、粗心、脑袋空空、无能、轻率和不负责任的”，有一长串的缺点。这个评估结果几乎留在了学术认知的各个层面以及大众想象之中（如果幼王还被人们记起的话），结果，小亨利直到今天仍然是一个被误解和经常被忽视的人物。他是英格兰被遗忘的国王。[8]

但是，对亨利生平以及他与威廉·马歇尔的关系所做的更深入、更公正的研究表明，人们所接受的观点过于简单化，有时甚至是错误的，而且被后见之明深深影响了。事实上，最佳的同时代证据表明，幼王是安茹王朝政治的能干的参与者，在整个该时期，他似乎与威廉·马歇尔有密切的合作。首先，在 12 世纪 70 年代初，亨利在老王不在的情况下统治英格兰，帮助他的父亲在两年的严重危机中稳定了王国。

1170 年秋，亨利二世从重病中恢复过来，他也许会认为最糟糕的时期已经过去了，但更大的危机很快就降临了。那年年底，长期流亡的坎特伯雷大主教托马斯·贝克特回到了英格兰。几周后，4 位参加老王的诺曼底圣诞宫廷庆典的骑士无意中听到他们的君主愤怒地谴责贝克特多年来一直不顺从，并误将这些愤怒的话当作直接动手的信号，于是，他们渡过英吉利海峡并向坎特伯雷进发。也许他们的初衷是要逮捕大主教，但是一旦他们将贝克特逼到大教堂的祭坛边，彼此就说了些不友善的话。由于这些勃然大怒的骑士已经抽出长剑，他们便开始向手无寸铁的教长砍去，托马斯死于乱剑之下，他的脑浆溅在了地板上。

这桩骇人的谋杀丑闻在整个欧洲都引起了愤慨，是亨利二世统治时期的决定性时刻。不出所料，罗马教会对其一位主要教长被杀一事做了严厉谴责。国际间出现了敬拜托马斯大主教的狂热，这更加引人注目。托马斯在活着的时候是一个有争议的人物，但在死后他被尊为虔诚的殉道者。关于他在坎特伯雷的安息之地发生了奇迹的报告很快便大量出现，到 1173 年初，他被正式封为圣徒。依靠向罗马教廷道歉并故意置身事外——亨利二世出发前去征服爱尔兰了，同时下令关闭全国港口，这样绝罚的消息就传不进来了——老王度过了这场危机。到了 1172 年，事态已经在一定程度上恢复了平静，同年 5 月，亨利在诺曼底接受了教廷特使的正式判决，并且做了公开的忏悔。

所有这一切都意味着到 1172 年夏天为止，亨利二世都没有返回英格兰，在这段漫长的时间里，幼王替他统治，没有遭遇明显的困难。有一些证据表明，他已经在努力量入为出，因为他自己没有独立的财产或收入。《威廉・马歇尔传》回顾说，这些年里，在威廉教授亨利武艺时，幼王“花钱大手大脚”，但它说这只是符合人们对“一位国王和国王的一个儿子”的期望。1171 年底，小亨利穿过诺曼底，在巴约附近首次举办了自己的圣诞宫廷庆典。一个同时代人指出，幼王“渴望举办一个辉煌热闹的节日庆典”——这是他展示人们期望任何骑士领主所应有的慷慨的机会，更不用说一位加冕的君王了。“大群的人”都参加了这个盛大的聚会；当圣约翰的威廉开玩笑说，只有名叫威廉的人才可以在他身旁就餐时，竟有 110 人还留在厅堂之中，想必马歇尔也在其中。[9]

在法王路易七世的坚持下，小亨利在 1172 年 8 月举行了第二次加冕典礼，这一次他与年轻的妻子法兰西的玛格丽特共同出席，由鲁昂大主教罗特鲁（Rotrou of Rouen）主持此次在温切斯特大教堂举行的庄严仪式。尽管两人已结婚 10 多年，但亨利可能只是从这时起才真正开始和他的妻子共同生活。小亨利的国王身份已被宣告了两次，但他仍然没有自己的土地，而且，随着老王的健康和政治地位的恢复，亨利在不久的将来继承王国的希望微乎其微。他的王室头衔和实际地位之间的脱节开始令他感到恼火。

这个时期的小亨利经常被描绘成一个相当任性的人物，一个不耐烦、不愿意等待接班的叛逆少年。但这忽视了亨利在接近18岁成年后不得不承受的不断上升的财政和社会压力。他现在有了自己的妻子和王后要供养，而且尽管玛格丽特得到了宝贵的土地和巨额现金做嫁妆，但是这些仍被老王掌控着，亨利得不到一分一毫。即使同时代通常偏爱亨利二世的人都承认，幼王“沮丧地认为他的父亲不想给他分配任何他可以和他的王后一起居住的领地”。小亨利也不得不想到他的家臣骑士们——他们自然期望他们的忠诚效劳能得到回报。[10]

在1170年第一次加冕后，亨利在他身边聚集了一群意气相投的家臣。从这一时期起，5位骑士构成了幼王的家臣骑士的核心——3位来自诺曼底，他们是伊克博夫的亚当（Adam of Yquebeuf）、杰拉德·塔尔博特（Gerard Talbot）和罗贝尔·特雷斯戈兹（Robert Tresgoz）；两位来自英格兰，一位叫西蒙·马什（Simon Marsh），另一位就是威廉·马歇尔。按照当时的文化规范，一个处于亨利这种地位的人应该为这些支持者提供保护、晋升机会，并让他们最终获得土地；任何未能或无法做到这一点的人都被视为丢脸的、无能的。这一时期的骑士，包括马歇尔在内，经常向他们的领主讨要好处，从财产到与富有的女继承人结婚，不一而足。这些都是在社会上向上爬的过程中可被接受的。但是现在幼王没有什么东西可以给予他的骑士。

总而言之，从《威廉·马歇尔传》中能隐隐看出这些压力，但其他同时代的资料表明，1172 年底，一些小亨利的家臣鼓动他采取行动。一位编年史家指出，“有些人开始私下”向亨利进言，说他应该“和父亲共同统治”，甚至“单独统治，因为在他被加冕后，他父亲的统治实际上已经结束了”。我们不可能知道威廉·马歇尔是否参与了这些“私下”的行为，但有消息称，亨利二世肯定知道幼王的一些家臣骑士正在煽动谋反，因为大约在这个时候，他进行了干预，把圣伊莱尔的阿斯库夫（Hasculf of St Hilaire）和“其他年轻的骑士”从他儿子的“谋士团和家户”中赶了出去。[11]

老王无意和儿子分享实权。就父亲而言，小亨利只是一个名义上的国王，一个可以展示，必要时可以加以操控的傀儡。虽然他每年慷慨地给予儿子几千英镑的津贴（尽管不是取之不尽的），但没有给予实际、独立的权力。他希望小伙子乖乖地在一旁无限期地等待。这种处理与统治相关的事务的方法是老王所实行的统治的标志。

亨利二世是一个技艺高超的君主和政治家，但是他强迫性地固守每一点权力，不允许一丁点儿从手中溜走。这也许是出于纯粹的贪婪，或许亨利只是认为，无法想象有另一个人可以承担管理帝国的艰巨任务。无疑，在他统治生涯的绝大部分时间里，他就像一个端坐在巨大棋盘之前的棋手，决心亲手移动每一个棋子。当他迫不得已时，老王可能会求助于一个“可信赖的”下级：小亨利在 1170 年危机后替他统治英格兰；在 1170 年后的 10 年中，随着时间推移，他更小的儿子理查和若弗鲁瓦将被期望能够统治阿基坦和布列塔尼。但亨利二世仍然固执地不愿放弃自己在英格兰或诺曼底、安茹这种安茹帝国的中心地带的权力。在 1150 年亨利二世只有 16 岁时，他的父亲若弗鲁瓦・金雀花认为授予他诺曼底公国的全部权利是合适的。现在，20 年过去了，老王却无法让自己对长子做同样的事情。

亨利二世的一位廷臣沃尔特・马普后来认为，老王那令人敬畏的母亲玛蒂尔达皇后曾教导他如何通过严厉地拒绝施惠来培育忠诚。据说她曾经告诉他，"一只难驯的鹰"只有让其挨饿才能被驯服。她认为，秘诀就是不断地把肉放在鹰的面前但总在最后一秒钟把奖励拿走。通过这种方式，这只猛禽就会变得"更敏锐、更驯服、更专注"。当然，正如马普非常清楚的那样，危险在于饥饿难忍的鹰可能会啄它的主人。[12]

反叛之路

1172 年底，即将来临的政治风暴的最初迹象出现了。11 月，小亨利和玛格丽特王后前往巴黎和她的父亲法兰西国王路易七世会面，传闻法王将二人都当作自己的孩子对待。随后，幼王和威廉・马歇尔以及他的剩余家户人员，与其妻在诺曼底北部的博纳维勒（Bonneville）举办他们自己的圣诞宫廷庆典。与此同时，亨利二世和阿基坦的埃莉诺在南方 200 多英里外的安茹家族的希农城堡中相会。小亨利很有可能已经准备挑战父亲的权威，或许甚至密谋和他的卡佩家族的岳父联手。老王一定已经觉察到儿子日益加重的不满，但是他没有预料到这次爆发将撕裂安茹王国。

亨利二世召集他的妻子和 4 个儿子于 1173 年 2 月 25 日在阿基坦中部利穆赞地区的首府利摩日召开会议。法国南部和伊比利亚的领导人物，包括图卢兹伯爵和阿拉贡国王，也聚集在了一起。老王打算将这次盛大的安茹家族的聚会当作彰显其王朝优越性和地区统治权力的机会。相反，它引发了他统治时期最大的叛乱。问题始于亨利二世在集会上得意地宣布他已经为那时年仅 5 岁的小儿子约翰安排了有利的婚姻联盟。这个男孩将和法国权贵莫里耶讷伯爵安贝尔（Humbert, count of Maurienne）之女订婚，亨利二世还把安茹地区最重要的 3 座城堡——希农、劳登和米尔博都赠送给了他。这是一个狡猾的伎俩。约翰显然没有亲自管理这些城堡的能力，它们将从名义上的“安茹伯爵”小亨利的控制下分离出来，在未来几年重新回到老王的手中。他的长子必然会不高兴，但老王思量着后者在这样的公开场合将被迫忍气吞声，这次他错了。

小亨利显然出离愤怒，坚称该计划侵犯了他作为安茹伯爵的权利，他永远不会接受。此外，他要求他的父亲现在把安茹、诺曼底或英格兰本身的全部所有权都交出来。老王的虚张声势已被戳破，父子之间严重的裂痕也完全暴露在所有人面前。两人都怒气冲冲，无法“以和平的方式”互相交谈。然而，那天晚上，亨利二世还发现一场更大的博弈正在进行中。在一次私人会见中，图卢兹伯爵告诉亨利，有传言说，后者的两个儿子理查和若弗鲁瓦，以及不可思议地还有他的妻子埃莉诺王后一起在密谋推翻他的统治。一个阴谋显然已经酝酿了数周甚至好几个月，目的是要瓦解老王所深爱的安茹帝国。[13]

亨利二世立即采取行动。他似乎不重视埃莉诺参与阴谋的说法，因为他把理查和若弗鲁瓦都交给她看管——毕竟，正如编年史家后来将会证明的，历史记录上从来没有一位王后会以这样奸诈的方式背叛自己的丈夫。但小亨利是另一回事。他在前一年的 11 月与法王路易七世的会晤现在呈现出了不同的面貌。老王带着小亨利和玛格丽特匆忙向北进发，小心翼翼地命令他的城堡做好战争准备。此时幼王的身边肯定有家臣骑士陪伴着，其中就有威廉·马歇尔，但是无法确定小亨利是否是被迫陪同他的父亲。根据一位当地的编年史家的记录，亨利二世假装要开始一次狩猎旅行，但鉴于他们随后旅行了近 150 英里，这个借口恐怕很快便掩饰不住了。很可能，幼王只是简单地被告知要护送国王，因为到目前为止没有发生决定性的冲突。

小亨利最终在希农城堡采取了行动，他在深夜从城堡偷偷逃走，只有他的“心腹”（privata familia，最亲密的家臣骑士）陪伴着他，其中就有威廉·马歇尔。在这场突如其来的逃亡的匆忙混乱中，玛格丽特被抛在了后面。在混乱中，甚至连幼王最信任的一些仆人一开始也没有意识到发生了什么，尽管人们可能会认为，一些如马歇尔这样的主要骑士知道逃跑一事。一旦离开希农并彻夜奔驰，小亨利显然打算公开反抗他的父亲，他的每个追随者都要做出选择，到底是忠于他们的主公幼王，还是他的父亲、伟大的安茹君主亨利二世？对随从而言，错误的决定可能意味着职业生涯甚至生命的终结。小亨利的掌玺官理查·巴尔（Richard Barre）带着王室印章转身返回了希农。相当丢脸的是，小亨利的行李保管员（还负责他的服装）也一样返回了希农，但他们回到老王跟前后，老王把他们送回了自己的儿子那里，还带着“银杯、骏马和精美的布匹”做礼物。小亨利现在可能是一个对手，但他依旧是一个尊严需要得到维护的安茹王室成员。不用说，他的印章没有被归还。

在有了这些背弃行为后，幼王要求剩下的追随者正式宣誓效忠。由于对即将到来的事情有一些预感，他决定自己身边只留下那些被证明是忠诚的人。有些人，比如他的管家威廉·布伦德（William Blund）拒绝发誓，他们被允许安然无恙地回到希农。大多数人都愿意留下，其中就有威廉·马歇尔。他们现在陪同小亨利出发，前往 180 英里外的巴黎郊区与法兰西的路易会晤。就幼王而言，这些人都表现出了坚定的忠诚，而在亨利二世的眼中，他们现在犯下了最令人发指的背叛王室的罪行。这些“邪恶的”叛徒的正式名单后来被制定了出来，小亨利的五大家臣骑士均名列其中，这份被不光彩地点名的名单一直保存至今——被 12 世纪伟大的历史学家豪登的罗杰（Roger of Howden）抄进了他撰写的亨利二世统治时期的记述中。就这样，伟大的威廉·马歇尔第一次出现在一部同时代的编年史中，这位有朝一日将成为英国无与伦比的骑士的人被称为国家的敌人。[14]

“无爱之战”

国王亨利二世可能甚至在利摩日聚会之前就已经意识到，他和长子之间的某种形式的对抗几乎是不可避免的。但他不可能猜到，小亨利的反叛将会引发一场大规模的叛乱，这将使他的权威在安茹帝国的几乎每一个省份都受到挑战。在幼王从希农逃跑后，他的两个弟弟理查和若弗鲁瓦紧随其后跑到法兰西岛加入了他的阵营，而埃莉诺在整个事件中的同谋身份也被揭露出来。王后似乎经过深思熟虑后做出决定，打算挑战她丈夫的权威，但她的动机仍然不是很确定。有人认为她之所以采取行动，是因为亨利二世的不忠——尤其是他与英格兰美女“美人”罗莎蒙德·克利福德（Rosamund Clifford）之间的情事，后来的传说甚至暗示埃莉诺在1176年暗杀了罗莎蒙德，但这种解释可能更多地来自骑士小说而非事实——令她产生了狂热的嫉妒。王后现在已经年过五十，可能担心受到冷落，但不是在亨利的卧室内。和她的丈夫一样，埃莉诺是政治动物，似乎决心不让自己随着衰老而受到排挤。她在1173年主要关注的可能是如何巩固自己在阿基坦的地位，并且帮助儿子们促进他们的事业，尤其是小亨利和理查的。

1173年春，“谋反者”在由法王路易七世于巴黎组织的一次大集会上齐聚。幼王被宣布成为英格兰的合法统治者亨利三世，并使用法国君主提供的一枚新的王室印章，他着手使一些强大的盟友加入他的事业。他起草了向盟友承诺丰厚的土地和金钱回报的文件。盟友中有小亨利的表兄佛兰德伯爵阿尔萨斯的腓力（Philip of Alsace），他是法国北部最有势力的权贵之一，年方31岁，迅速为自己赢得了可怕的战士和精明的政治操盘手的名声。腓力的兄长布洛涅伯爵马修（Count Matthew of Boulogne）也同样卷入了此次冲突，布卢瓦伯爵和苏格兰国王威廉也是如此。幼王正在建立一个强大的联盟，他意欲何为呢？又是在谁的要求下建立的呢？

大多数历史学家认为，要么是埃莉诺王后，要么是路易七世精心策划了整个事件，轻描淡写地排除了小亨利这个“不负责任的”花花公子可能主动掌握自己命运的可能性，尽管此时他已经18岁了。当然，没错，亨利于1172年11月对巴黎的访问，以及他通过玛格丽特与路易建立的联系，全都表明卡佩家族国王是一个活跃的盟友。路易至少是反叛的共谋者，但这并不意味着他就是叛乱的煽动者。王后对此施加的影响或许更加令人感兴趣，因为她可能在幼王的随从中安插了自己的人——这个人不是别人，正是她的前家臣骑士威廉·马歇尔。但令人沮丧的是，马歇尔在这些事件中的确切作用至今不明。作为小亨利家臣骑士中的主要人物，马歇尔肯定具有很大的影响力，也许鼓励了这个大胆的行动。总的来说，小亨利似乎在制定和随后执行反抗父亲的计划中发挥了重要作用。他肯定不太可能仅仅是一个被别人操纵的木偶。[15]

小亨利挑战自己的父亲，其目的不是得到土地，也不是想多要点钱，而是要直接推翻老王的统治，并夺取安茹王国的中心地带，而这次政变尝试也得到了非常广泛的支持。幼王和他的盟友们在整个王国内煽起了叛乱——如此，亨利二世很快就会面临苏格兰边境上的侵袭、英格兰的内部动荡和阿基坦的叛乱——他们同时还集中资源入侵诺曼底。到 1173 年夏天，整个王国陷入了一场破坏性的内战，似乎斯蒂芬国王统治时期的黑暗日子即将重现。

同时代人将这场痛苦的、两败俱伤的斗争描述为“无爱之战”。但一些目击者也意识到了这场战争的根本原因，并同情小亨利的困境。此时居住在英格兰南部的神职人员方托斯姆的若尔丹（Jordan of Fantosme）敏锐地指出：“一位没有领地的国王无事可做，高贵而优雅的幼王就是无事可做的。”尽管若尔丹在他撰写的编年史中大体上支持亨利二世，但他实际上将冲突的大部分责任归在老王身上。在描述完小亨利的加冕典礼后，他直接谴责亨利二世道：“在这次加冕和权力转交之后，您剥夺了他的一些权力，挫败了他的愿望，使他无法行使权力，在这里埋下了残酷战争的种子。”[16]

除了仍然忠于幼王这一事实，我们对威廉·马歇尔在这场冲突中的作为所知甚少。《威廉·马歇尔传》的作者似乎决心不偏不倚——同时也非常模糊——地描述这场叛乱，但也许这反映了马歇尔自己在回顾这场叛乱时的含糊其词。传记里对“许多贵族死去了”的事实表示哀悼，称这片土地“被战争蹂躏”，“双方都有过分的行为”。“许多城堡和城镇”在“野蛮的”战火中遭到破坏，“被夷为平地”，战争的创伤在几十年后依旧是很明显的，因为《威廉·马歇尔传》指出：“许多地方还留有这场战争的痕迹。”

在《威廉·马歇尔传》中，无论是幼王还是亨利二世都没有因为战争而受到明确的指责，后者甚至被描绘为“非常睿智而典雅”的。这就和对幼年威廉于1152年在斯蒂芬国王身边做人质的描述一样，机敏地回避了做出批评。正如传记作者在那里所做的那样，他将责任归咎于那些给父子双方提供恶谋的骗子。传记表明，幼王的核心圈子里有不同的意见，一些人建议小亨利“背叛他的父亲，用武力削弱后者”，另一些人则警告“此举大谬”。马歇尔本人的想法从来没有得到明确的表述。或许这表示威廉在这一时期是理性的一派，主张和解，或者很可能这只是他选择回忆的经过净化的故事版本。在战争过程中，马歇尔当然会被要求在前线作战，并提供军事建议，但是他在军事的某些特定方面——最著名的是围城技艺——并不在行，这就使其他具有更丰富的指挥经验的人，比如佛兰德的腓力和路易七世变得更为重要。

《威廉·马歇尔传》只详细描述了叛乱期间的一个重大事迹——在冲突最激烈的时候，据说马歇尔将幼王晋升为骑士。在此之前，传记没提过小亨利没有获得骑士地位，它的说法是值得怀疑的。对于一位年轻的王室成员而言，在加冕之前还没有举行过授剑仪式是非常不寻常的。一位有地位的同时代人记录道，小亨利实际上已于1170年6月被他的父亲亲手册封为骑士了。传记中记录的1173年“受封骑士”似乎既是为了夸大马歇尔的名声，也是为了巧妙地以威廉册封幼王为骑士一事掩饰这场不光彩的冲突而虚构的。据说，小亨利的随从鼓励他被授剑，因为他没有骑士身份一事“不是每个人都喜欢的”，并补充说：“如果你佩上宝剑，我们就会是一股更有效的力量。”威廉的传记作者不遗余力地鼓吹他的主人公的地位和声望。尽管有高阶层的“伯爵和贵族”在场，小亨利据说还是选择了马歇尔来举行这个仪式，因为后者“过去是，将来也会是最好的骑士”，这是对马歇尔在这个阶段的声望和成就的严重夸大。结果，威廉“欣喜地为他佩上了剑并亲吻了他，于是他成为一位骑士”。在威廉的传记作者看来，马歇尔刚刚改变了幼王的地位，尽管他本人“没有一片属于他的土地或其他任何东西，只有他的骑士精神”。[17]

大叛乱

幼王和他的盟友在 1173 年 6 月采取了他们的第一次行动，对诺曼底发动了协同入侵。为了通过钳形攻势夺取公国首府鲁昂，法王路易七世从南方进攻边境要塞韦尔讷伊，而小亨利率领一支庞大的联军从东北方推进，其中包括他的弟弟理查和若弗鲁瓦，以及佛兰德伯爵和布洛涅伯爵。威廉·马歇尔的前恩主唐卡维尔的领主、诺曼底的财政总管这次也站在幼王这边，带来了 100 名骑士。

小亨利首战告捷，几乎是立即攻占了诺曼底东部的欧马勒城堡，这可能是由于其指挥官转变了阵营，然后进军围困讷沙泰勒昂布赖。这对威廉·马歇尔而言是一个奇怪的逆转。7 年前，为了保卫诺曼底免受入侵，他与唐卡维尔领主并肩作战，在这个城镇打了人生第一场仗。现在，威廉和自己的旧日主人以及幼王一起回来，他成了入侵者。

马歇尔至今肯定至少见过一次围城战，1152 年斯蒂芬国王试图夺取纽伯里城堡时他作为人质在场。围困讷沙泰勒可能是他首次直接体验这种军事交战形式。和骑行劫掠一样，围城战是中世纪战争的一个基本特征。在威廉的世界里，城堡几乎无处不在。统治精英们利用要塞来维持对领土的战略、经济和行政上的控制，几乎每座城镇都在某种程度上得到了城墙或者城堡的防卫。有争议的地区，例如诺曼底的边境，建有密集的堡垒防护网，它们在 12 世纪中叶大多数是用石头建造的。因此，绝大多数领土战争都是围绕着争夺城堡控制权进行的激烈竞争。在漫长的职业生涯中，威廉·马歇尔会参加无数次的围城战（有时是入侵者，有时是保卫者）。

1173 年夏天，当威廉和小亨利与他们的联军抵达讷沙泰勒时，他们可以选择两种战略。马歇尔的亲身经历让他非常清楚该城有一座被郊区包围的坚固石头堡垒，难以攻破。可以对讷沙泰勒实行围攻：以严密的警戒线包围并切断其补给，由此它的守军最终会因为饥馑或受到威胁而屈服。这是一种非常有效的战术——尽管它常常归结到一场冷酷，有时甚至野蛮的对意志的考验——但对一支攻城部队来说这可能是耗时且危险的，他们很容易被孤立，或者要迎战前来救援的军队。

由于需要快速向鲁昂推进，幼王的军队在讷沙泰勒采取了一种攻击为主的战略。面对城堡强大的防御能力，联军布置了一些攻城器械（可能是相当简陋的抛石机，能够发射 10 至 20 磅的石弹），并发动了猛烈的空中轰炸。这些攻击可能会对墙体造成一些破坏，有可能打开一个缺口，而且它们还能提供宝贵的掩护，在这种掩护下，可以使用攻城槌和云梯发起直接攻击。但参与这两种进攻都相当危险——守军会使用从倾泻箭雨到倾倒沸腾的沥青和燃烧的沙子等一切可用手段来阻止进攻。威廉和小亨利在第一次猛攻中全身而退，但布洛涅伯爵马修就没有那么幸运了，他在正面强攻时膝盖上中了一箭，当伤口感染后，他生命垂危。

当地面上的战斗仍在继续时，地面下也进行着一场次要的战斗。联军派出坑道兵去破坏讷沙泰勒的城垛，这些攻城专家在城墙下持续挖掘隧道，在他们前进时，小心翼翼地用木支架支撑他们挖出的通道。一旦挖掘完毕，这些地道将被填充树枝和可燃物，然后点燃使其坍塌，这样上面的城墙也会倒塌，尽管这一次似乎没有地道被真正点燃。面对挖掘坑道和正面攻击的联合猛攻，讷沙泰勒的守军认为抵抗已经无用，便适时投降了。然而，布洛涅的马修伤重身亡，使这场重大的胜利有所减色。他的死令佛兰德部队震惊，他的兄长佛兰德的腓力悲痛欲绝，无法继续战斗。当他撤走后，小亨利的前进步伐步履蹒跚。这一挫折因法王路易在南方未能获得胜利而雪上加霜，法王的军队被从韦尔讷伊赶走，被迫耻辱地逃跑。叛乱的第一阶段已经以失败告终。

在整个战争中，国王亨利二世证明自己是一个精明干练的指挥官。面对汹涌澎湃的动乱浪潮以及多面受敌，他依旧保持着冷静和谨慎，相信那些仍然忠于王室的贵族和堡主能够守住各地区，坚决拒绝轻举妄动。像任何一位中世纪的军事领袖一样，亨利对会战格外警惕，因为这种公开对抗的结局极为不可预测。大多数12世纪的将领都会避免此类全面冲突，除非他们有绝对压倒性的人数优势。结果，大规模会战在这个时代是非常罕见的。事实上，在马歇尔南征北战的漫长一生中，只有一场战斗能被恰当地归为大规模会战，甚至那也是在围城战的背景下进行的。

在 1173 年，只有在受到极大的威胁时，国王亨利二世才会投入自己的军队，而且尽可能地远离前线。相反，他用充盈的国库中的大量金钱雇用了 2 万名冷酷无情的布拉班特（在佛兰德地区）雇佣军以他的名义作战。亨利意识到，他如果被俘后果将是灾难性的。他怕的不是被处死——这种冷血的弑君行为几乎是不可想象的，而是通过强制“退休”而被剥夺权力。大约 70 年前，亨利二世的外伯祖“短袜”罗贝尔就有过这样的遭遇，然后在监狱里度过了他的余生。老王可不想步他的后尘。

在入侵诺曼底失败后，双方陷入僵局，那年夏天和解的尝试都失败了。大概在此时，埃莉诺王后试图离开阿基坦加入儿子们的阵营。有谣言说她伪装成一个男人以躲避抓捕，但她还是被抓了起来，受到监禁。由于玛格丽特王后也受到严密看守，亨利二世现在有了两个有价值的人质。之后战事稍歇，事实上，双方甚至可能宣布在圣诞节和复活节之间停战，但如果是这样的话，幼王似乎打破了局势，在仲冬时尝试对诺曼底南部发起了一场大胆但最终徒劳无功的攻势。直到 1174 年春天，双方才真正开始再启战端。

小亨利的叛乱举步维艰，而他的岳父法王路易已被证明是个没用的盟友。与此同时，亨利二世和王室的支持者在安茹、曼恩和阿基坦取得了重大进展。幼王需要施展有力的一击，但他和佛兰德伯爵腓力共同制定的计划有相当大的风险。小亨利试图对英格兰本身发动全面入侵；这几乎是在重复 1066 年之举，但这一次的登陆地点是东盎格利亚（East Anglia）。北部支持王室的堡垒正受到苏格兰国王威廉的进攻，英格兰本土还有其他人支持小亨利的事业。一支舰队在佛兰德海岸准备完毕，第一批船在 5 月中旬启航。这支只有 300 多人的先头部队成功地建立了一个滩头阵地，之后夺取了诺威奇的控制权。现在幼王准备出击了，他需要有利的风向。小亨利在佛兰德海岸等待了数周，在这段焦急等待的日子里，威廉·马歇尔必定陪伴在他的身边。但在整个 6 月和 7 月初，风向却顽固地拒绝改变。

老王这时回到了诺曼底，英格兰的紧急战报已经传到他的手中。亨利二世现在别无选择，只能尝试立即出航而不管天气如何。1174 年 7 月 7 日，他带着埃莉诺和玛格丽特从巴夫勒尔出发。据一位与他关系密切的同时代人说，海面变得起伏不定，而风“直接吹向他们”；可以理解的是，船员们感到紧张，怀疑是否能够穿越海峡。据说亨利“在众人面前”站在甲板上，“抬眼望天”，向上帝祈祷他能“安全登陆”。难道他的一生像 1120 年的威廉·阿德林一样，就要在海难中结束吗?

有一些记载说，直到第二天黎明船员才发现海岸。这艘王室船只已被吹离航线，但还是找到了前往南安普敦的路，让亨利安然无恙地上岸了。他从那里迅速赶往坎特伯雷以及已殉道的托马斯·贝克特的新圣祠。亨利在那年 7 月突然去朝圣的动机很难弄清。部分原因似乎是他由衷地希望感谢他能安全上岸，或许还有可能是对贝克特被谋杀一事真的感到悔恨。但老王也做出了一个深思熟虑的决定，以一种公开的极端赎罪行为来昭示他已经回到英格兰——该行为可能会让他的臣民们毫不怀疑他们真正的、虔诚的、敬畏上帝的君主已经回来了。因此，7 月 12 日，国王亨利二世赤足走向坎特伯雷大教堂，“双目垂泪，呻吟并哭泣”着乞求赦免。亨利脱去上衣，在安静的人群面前被一群教长用棍子打了

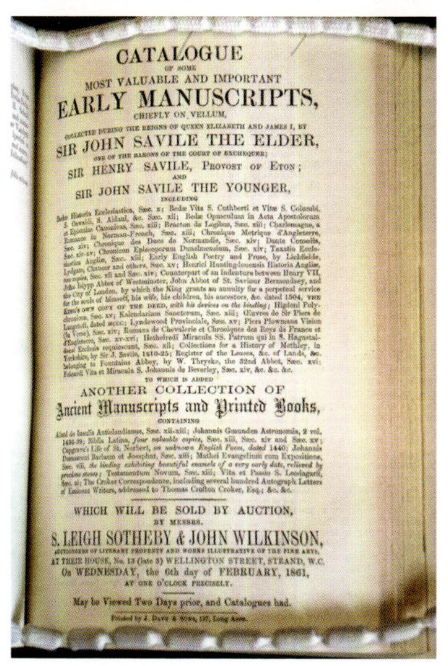

CATALOGUE

OF SOME

MOST VALUABLE AND IMPORTANT

EARLY MANUSCRIPTS,

CHIEFLY ON VELLUM,

COLLECTED DURING THE REIGNS OF QUEEN ELIZABETH AND JAMES I, BY

SIR JOHN SAVILE THE ELDER,

ONE OF THE BARONS OF THE COURT OF EXCHEQUER;

SIR HENRY SAVILE, PROVOST OF ETON;

AND

SIR JOHN SAVILE THE YOUNGER,

INCLUDING

Bedæ Historia Ecclesiastica, Sæc. x; Bedæ Vita S. Cuthberti et Vitæ S. Columbi, S. Oswaldi, S. Aidani, &c. Sæc. xii; Bedæ Opusculum in Acta Apostolorum et Epistolas Canonicas, Sæc. xiii; Bracton de Legibus, Sæc. xiii; Charlemagne, a Romance in Norman-French, Sæc. xiii; Chronique Metrique d'Angleterre, Sæc. xiv; Chronique des Ducs de Normandie, Sæc. xiv; Dante Comedia, Sæc. xiv-xv; Chronicon Episcoporum Dunelmensium, Sæc. xiv; Taxatio Ecclesiastica Angliæ, Sæc. xiii; Early English Poetry and Prose, by Lichfielde, Lydgate, Chaucer and others, Sæc. xv; Henrici Huntingdonensis Historia Angliæ, two copies, Sæc. xii and Sæc. xiv; Counterpart of an Indenture between Henry VII, John Islypp Abbot of Westminster, John Abbot of St. Saviour Bermondsey, and the City of London, by which the King grants an annuity for a perpetual service for the souls of himself, his wife, his children, his ancestors, &c. dated 1504, THE KING'S OWN COPY OF THE DEED, *with his devices on the binding*; Higdeni Polychronicon, Sæc. xv; Kalendarium Sanctorum, Sæc. xiii; Œuvres de Sir Piers de Langtoft, dated MCCC; Lyndewood Provinciale, Sæc. xv; Piers Plowmans Vision (in Verse), Sæc. xiv; Romans de Chevalerie et Chroniques des Roys de France et d'Engleterre, Sæc. xv-xvi; Heihelredi Miracula SS. Patrum qui in S. Hagustaldensi Ecclesia requiescunt, Sæc. xii; Collections for a History of Methley, in Yorkshire, by Sir J. Savile, 1610-25; Register of the Leases, &c. of Lands, &c. belonging to Fountains Abbey, by W. Thryske, the 32nd Abbot, Sæc. xvi; Folcardi Vita et Miracula S. Johannis de Beverley, Sæc. xiv, &c. &c. &c.

TO WHICH IS ADDED

ANOTHER COLLECTION OF

Ancient Manuscripts and Printed Books,

CONTAINING

Alani de Insulis Anticlaudianus, Sæc. xii-xiii; Johannis Gmunden Astronomia, 2 vol. 1436-39; Biblia Latina, *four valuable copies*, Sæc. xiii, Sæc. xiv and Sæc. xv; Capgrave's Life of St. Norbert, *an unknown English Poem, dated* 1440; Johannis Damasceni Barlaam et Josaphat, Sæc. xiii; Mathei Evangelium cum Expositione, Sæc. viii, *the binding exhibiting beautiful enamels of a very early date, relieved by precious stones*; Testamentum Novum, Sæc. xiii; Vita et Passio S. Leodagarii, Sæc. xi; The Croker Correspondence, including several hundred Autograph Letters of Eminent Writers, addressed to Thomas Crofton Croker, Esq.; &c. &c.

WHICH WILL BE SOLD BY AUCTION,

BY MESSRS.

S. LEIGH SOTHEBY & JOHN WILKINSON,

AUCTIONEERS OF LITERARY PROPERTY AND WORKS ILLUSTRATIVE OF THE FINE ARTS,

AT THEIR HOUSE, No. 13 (late 3) WELLINGTON STREET, STRAND, W.C.

On WEDNESDAY, the 6th day of FEBRUARY, 1861,

AT ONE O'CLOCK PRECISELY.

May be Viewed Two Days prior, and Catalogues had.

Printed by J. Davy & Sons, 137, Long Acre.

1861 年 2 月 6 日，星期三，一位名叫保罗・梅耶尔（右下图为他的晚年形象）的年轻法国学者参加了一场在伦敦举办的苏富比中世纪珍稀手稿拍卖会（原始拍卖目录的封面如左下图所示）。就在这对未来意义重大的一天，梅耶尔偶然发现了一部不为人知的 13 世纪手稿，后来他将其称为《威廉・马歇尔传》（上图），尽管直到 20 年后他才再次见到这份手稿。

威廉·马歇尔于1147年左右出生在英格兰南部，他在其家族的汉普斯特德·马歇尔庄园度过一段童年时期，此地如今还存留着一些城寨式城堡的遗址（左图是1152年的纽伯里围城战可能的发生地点之一，当时小威廉的生命受到了斯蒂芬国王的威胁）。

威廉通过其母和强大的索尔兹伯里家族有了亲戚关系，索尔兹伯里家族在威尔特郡有一座坚固的设防城镇（老塞勒姆，左图）。1160年左右，威廉被送往诺曼底的唐卡维尔去接受骑士训练（下图为塞纳河畔的城堡遗迹，左侧远方可见中世纪的塔楼）。

12 世纪中叶的骑士的装备和 1066 年黑斯廷斯战役中武士们的装备没什么太大的不同（上图所示，巴约挂毯的细节图）。3 种必要的装备是一匹战马、一把单手双刃剑（例如右图所示的一把可能能追溯到 13 世纪的剑）和一件由金属圈环环相扣组成的锁子甲（下图）。

在成为一位完全成熟的骑士之后，威廉在比武场上得到了很多战斗经验，之后他成为他的舅舅索尔兹伯里伯爵帕特里克的军事随从，并前往法国南部的阿基坦。在那里他必定见过这件罗曼式雕像的杰作——普瓦捷大圣母院的西墙面。

1168 年，威廉·马歇尔开始为中世纪欧洲最强大的王朝——由英格兰国王亨利二世领导的安茹王朝——效劳。起初，威廉是亨利二世之妻阿基坦的埃莉诺的骑士随从。这是和王后有关的一些手稿画像中的一幅（左图）。到了 1170 年，威廉被指派为亨利和埃莉诺的长子兼继承人小亨利（下图是他在 1170 年的加冕，据说在之后的宴会上他的父亲亲自伺候他）的武术教练。

13世纪中叶的《摩根圣经》(上图)力图描绘混乱残酷的战争场面，但实际上，在威廉·马歇尔生活的时代，骑士间的战斗远非如这幅画所表现的如此血腥和致命，因为他们通常得到了铠甲的很好的保护。

在这一时期，盔甲、盾牌和头盔的式样都很精致。在这位跪着的骑士(右图)身上，注意手臂、双手和腿部都用锁子甲覆盖着，还有贴头帽以及绑着的护面具。这个人的外衣和旗帜上都有十字架符号，在十字军出发之前跪着祈祷，这提醒我们骑士要服务于教会，并遵守其行为准则。

到了 12 世纪下半叶，骑士精神和礼节日益盛行，同时一种名叫“罗曼司”的描写贵族骑士生活的新文学体裁也流行起来，很多是以半神话半历史的亚瑟王故事为背景。此类理念和故事也在艺术中有所表现，可见于这里的两个罗曼司题材的匣子，它们是以象牙和骨头雕刻而成，很可能是用来盛装贵妇的珠宝的。制作于 12 世纪末的这件作品（上图）描绘了特里斯坦（一位理想化的骑士）和他的情人伊索尔德的故事，另一件雕刻得更精致复杂的 14 世纪的匣子（下图）描绘的是“围攻爱之城堡”，有骑士举行马上长枪比武和用花朵打仗的场景。

12 世纪下半叶，重要贵族和骑士在参加骑马比武时，越来越习惯于展示装饰在旗帜和衣服上的独特的颜色图案和设计，这些纹章越来越受欢迎，导致纹章学概念的出现。12 世纪 70 年代末，威廉·马歇尔有了自己的纹章——一半绿色一半金色背景上有一头红色立狮，这份 13 世纪中叶的纹章书上也画有他的纹章（第三行右二）。

一顿。一旦他的罪孽得到惩罚，国王承诺每年捐赠40英镑，这样“殉道者坟墓周围的灯火［就会］永远燃烧”，以表达对圣徒托马斯的崇敬。[18]

就在这次朝圣之后，王室军队在北方边境获取惊人胜利的消息立即传来；苏格兰国王威廉在阿尼克（Alnwick）附近被俘虏了，他的叛乱被粉碎了。对许多人来说，这似乎是神圣的天意。随着现在天平向对他有利的一方倾斜，亨利二世迅速平息了英格兰剩余的抵抗力量，确保了王国的安全。在欧洲大陆这一边，幼王意识到自己已失去了机会，入侵被取消了。当他的父亲仍然专注于英格兰的战事时，小亨利和威廉·马歇尔加入了腓力伯爵和路易国王的队伍，准备于7月下旬第二次入侵诺曼底。如果他们能够夺取鲁昂，那么仍有可能从这次叛乱中挽回一些东西。他们集结了所有的兵力，用一支“庞大而可怕的”军队围住了这座伟大的公国首府，并且开始组装攻城器械。但鲁昂被严加防守，有坚固的防御工事，而且位于塞纳河之滨，不能被完全包围。事实证明，联军无法收紧包围，而此时亨利二世以神速于8月11日再次渡过英吉利海峡，来解鲁昂之围了。幼王被打败了。在烧毁攻城器械和营帐后，叛军沮丧地撤退了。战争结束。

最终，小亨利无法战胜父亲冷静的决心和看似取之不竭的资源。正如老王的一位支持者沾沾自喜地宣称，叛乱分子已经知道“从赫拉克勒斯手中夺取棍棒绝非易事”。如果小亨利能更幸运一些，或者法兰西的路易是个更有活力的盟友，那么还是很有可能获得胜利的。结果，幼王只能被迫按照父亲的条件讲和。1174年9月30日，在图尔附近的一次集会上，小亨利签署了一份实现和解的正式条约，马歇尔也在场。亨利二世在胜利中表现得宽宏大量：他的长子每年将得到 1.5 万安茹镑的津贴，以及两座诺曼底城堡的权利（当他的父亲觉得时机合适时会给他）。理查和若弗鲁瓦也被承诺给予收入和土地。大部分小亨利的支持者被允许保留了他们的领主身份——尽管未经批准而修建的城堡在全国境内被拆除了——大多数战俘也都被释放了。老王令他的叛逆儿子们就范，几乎没有人会怀疑他现在会用一种更加警惕和警觉的目光来监视他们。只有埃莉诺王后没有得到宽恕，亨利也许认为她是这个叛乱阴谋的中心人物，或仅仅是为她自愿地背叛自己而感到震惊。她被软禁起来，在未来的十几年内她都将被囚禁在英格兰。[19]

关在笼子里的幼王

幼王亨利没有像这样被囚禁起来，但尽管如此，他在接下来一年半的时间内相当于被迫活在一个敞开的笼子里了，几乎时时刻刻都在他父亲的密切注视下活动。在一系列公开集会中，幼王被要求重新表示自己的忠诚，在鲁昂大主教罗特鲁的见证下，他在巴约附近重新发誓自己和自己的部下效忠父亲。1175 年 5 月 8 日，父子穿过海峡回到英格兰，并在那一年余下的时间里留在王国内。

威廉·马歇尔在有关这段时期的回忆中显然是闲适无为的，因为《威廉·马歇尔传》指出，幼王和他的骑士们现在居住在一个“宜人美好的地方”，并投身于狩猎和鹰猎这样的娱乐活动中。威廉的传记作者认为，直到这样无所事事几个月后，亨利和他的家臣骑士才开始变得不安。幼王认为“长时间的休憩对年轻人来说是一种耻辱”，据说他想离开他的父亲“到海峡对岸参加比赛”——也就是说，开始参加在英国仍被禁止的骑士骑马比武。

历史学家们普遍接受了这一说法，因此得出结论，在叛乱失败之后，小亨利和威廉·马歇尔都脱离了高级政治和军事冲突。到了 1176 年初，二人据说都投身于对骑马比武的荣耀的执着追求之中，对现实世界不太关心。事实上，这充其量只是故事的一面。

一系列详细的证据使我们能够追踪幼王及其家臣骑士在英格兰的活动，事实证明，在 1175 年间，小亨利和他的骑士远非过起了田园生活，而是通常在老王身边，远行了数百英里，曲折地穿越了整个王国。小亨利出现在了伦敦、牛津、坎特伯雷、伍德斯托克、约克、温莎和温切斯特，经常列席有苏格兰人、爱尔兰人和教皇特使参与的大型集会。亨利二世可能是故意让他的儿子巡游英格兰，仅仅是为了宣示自己至高无上的地位，并炫耀不听话的继承人新近的顺服。但或许他也在试探着儿子的忠诚度，想知道幼王在政治和军事上能否恢复实力。无疑，亨利二世并不愿意仅仅放任自己的儿子参加骑马比武，即使是在 1176 年。[20]

最终，幼王在这种严密的监视下变得焦躁不安。1176 年初，他建议自己和玛格丽特或许可以踏上漫长的朝圣之旅，前往位于伊比利亚半岛西北部的圣地亚哥－德孔波斯特拉（Santiago de Compostela）。但亨利二世认为这是“邪恶的追随者”为小亨利换取一定程度的自由而出的诡计，并否决了这次旅行。然而，复活节之后，老王的态度有些松动。他的继承人将被允许前往南方，但这只是因为小亨利或许能够协助弟弟理查——现在是颇有地位的普瓦图伯爵和阿基坦公爵——平息另一场地区性的叛乱。因此，1176 年夏，威廉·马歇尔陪同幼王来到了普瓦捷，回到了见证索尔兹伯里的帕特里克被“谋杀”和他自己被绝望地俘虏之地战斗。1176 年大部分军事行动的焦点是镇压普瓦图南部的昂古莱姆，但正是在普瓦捷，小亨利对他父亲的敌意又一次浮出水面。

一旦离开了英格兰，摆脱了亨利二世持续的监督，幼王开始扩展自己的家户。随着时间的推移，他吸引了不少有经验的神职人员和行政人员为他服务，包括索尔兹伯里和马歇尔家族的一位亲戚蒂尔伯里的杰维斯（Gervase of Tilbury，担任他的私人专职神父），还有神学家拉尔夫·尼日尔（Ralph Niger）。然而，一开始，他主要想招募骑士。他的家臣骑士的核心成员，例如威廉·马歇尔和罗贝尔·特雷斯戈兹，一如既往地伴随在他身边。但亨利寻求新的战士，做出了挑衅的举动，欢迎被认为是老王的“敌人”的法国和诺曼底的骑士——大概是那些在叛乱期间被称为叛徒的人。也许亨利只是想重申自己的独立，但他的父亲将此举解释为故意的不顺从。[21]

幼王必定以为他在普瓦捷是安全的，远离了亨利二世的监视，但他错了。8月，一桩丑事被发现。小亨利的一名家臣、他的首席大臣亚当在试图把他主人的可疑行为详细地传报给在英格兰的老王时被抓住了。在中世纪家臣们必须保持忠诚的背景下，这是一次严重的背叛行为；这使间谍亚当和他的主人亨利二世都犯了罪。幼王召集了一个简易法庭——威廉·马歇尔可能就位列其中——来审判他的首席大臣，亚当被判死刑。只有普瓦捷主教为亚当求情，把他从绞刑架上解救了下来。出于怜悯，亨利下令把这个叛徒剥得精光，在普瓦捷的街道上鞭打他，然后把他送回了诺曼底。

大概就是从这一刻开始，在1176年夏末，小亨利开始越来越远离安茹王朝的权力斗争，对父亲的干涉感到厌恶。差不多要到3年后，他才重新踏上英格兰的土地。那年12月，他和玛格丽特王后在诺曼底举办了他自己的圣诞宫廷庆典，此时她已怀上了他们的第一个孩子，也许这激发了新的计划和野心，但后来它们都消散了，因为这个在 1177 年夏天诞生的男婴生下来就死了。同年，幼王不情愿地遵从亨利二世的命令，两次率军出征普瓦捷以东的贝里地区。但他的心思在别处。和威廉·马歇尔一起，他们开始参加骑马比武。至少就目前而言，两人都想在骑士世界中留下自己的印记。

5

比武冠军

威廉·马歇尔从1176年底开始进入骑马比武的世界，在接下来的3年中，他和幼王亨利都越来越痴迷于这些骑士竞赛。由于政治野心受挫，骑马比武为亨利提供了一个新的舞台，他可以在其中赢得同侪的尊重，获得一定的名声，甚至声名远播，这也许能以某种方式抵消令这位没有王国的国王感到痛苦的不满足感。与此同时，对威廉和其他家臣骑士而言，这些骑士比赛提供了一个弥补过去5年——他们在这些年中为一位受人爱戴和尊敬的主人和国王尽忠职守，但最终无法推进他们自己的事业——中受到的一些挫折的机会。在这些比赛中获胜，不仅可以在叛乱失败之后肯定他们的武艺，还能给他们带来丰厚的物质回报。难怪亨利和他的骑士们很快陷入比武，不能自拔。

这段频繁参加巡回比武的时期对威廉·马歇尔的职业生涯有着巨大的影响。到目前为止，他在一系列的军事家户中任职并引起了安茹王朝的注意，已经证明了自己是一个称职的骑士和忠诚的家臣。尽管《威廉·马歇尔传》已经准备好将他的名字和荣誉联系在一起了，但实际上威廉在特定的社会圈子（如幼王的随从）外的知名度相对较低。马歇尔在骑马比武中取得的成功带来了戏剧性的改变，给他带来了国际声誉和可观的财富，并巩固了他和小亨利的密切关系。威廉成为幼王的家臣骑士中的杰出人物，并第一次真正开始在大得多的整个西欧的骑士群体中脱颖而出。现在他 30 岁左右，是一个身体状况处于巅峰的久经沙场的战士，他证明了自己可以在这些骑士竞赛中获得成功，而其他人只能胜负参半，或者在最糟糕的情况下面临财务破产、遭受伤害，甚至死亡。

这不仅仅是靠运气，尽管其中肯定有好运的因素，因为在 5 年多的时间里，威廉赢了不计其数的比武。他显然是将参加骑马比武变成了一项艺术，几乎是一门产业。事实上，年迈的威廉会声称他在骑马比武的生涯中俘虏过至少 500 名骑士。那么，是什么让他成了赢家？他在这种激烈的竞争环境中取得的成就又揭示了他怎样的品质和天性呢？答案就在《威廉·马歇尔传》之中，但和以往一样，阅读相关文字时必须小心谨慎。

传记作者花费了大量笔墨描写威廉的这段人生历程，用了 2300 多行描述他在骑马比武中取得的功绩，而描写威廉在唐卡维尔的 6 年训练生涯才写了 36 行。这可能反映了威廉本人对他作为一名比武冠军这段辉煌岁月的热爱。这段时期似乎已被铭刻在他的记忆之中，因为这是他人生中最快乐的阶段之一：一段责任很少、取得了许多胜利的时光，成了无数激动人心的故事的来源。不用说，《威廉·马歇尔传》常把威廉描绘成在这些比赛中战无不胜的英雄，但我们从中也能重建马歇尔的比赛历程的细致画面。它呈现了一位精通武艺和骑术的骑士，但他也极其贪婪、狡诈、傲慢，甚至自命不凡。

学会取胜

在骑马比武巡回赛中取得的胜利来得并不早，也不容易。历史学家普遍认为，幼王在 12 世纪 70 年代突然在马歇尔的陪伴下出现在比武场上，并且立即取得了广泛的成功。但这种印象主要来自马歇尔已经掌控了这些比赛，并且仍是一名受人尊敬的冠军的想法。事实上，威廉早期的比武生涯可能相当短暂（或许在 9 年前的 1167 年就已经结束了），他的成绩很不错，但不一定是令人惊叹的。马歇尔可能比亨利的其他家臣骑士更了解这种游戏及其规则。但他不是比武场上的超级巨星，至少现在还不是。

幼王的随从们一开始远非引起一时轰动，而更多的是闹笑话。事实上，《威廉·马歇尔传》承认，在 18 个月的时间里，亨利的骑士们“没有一场比武不被羞辱和虐待”，他的战士经常被“俘虏和凌辱”。法国骑士显然已经习惯于猛揍幼王的队伍，以至于他们开始在每次比武前就商量好了如何分配赎金和战利品。亨利的部下使用激动人心的传统诺曼底口号“主与我们同在”，他们的马匹、武器和铠甲都足以令人印象深刻，而且，鉴于他可以使用老王的资金，队伍包含了“精选战斗人员”，都拥有“可观的成绩”。真正的问题是纪律，而且在一开始，威廉·马歇尔似乎是罪魁祸首。他的传记作者承认，在早期的一次活动中，“马歇尔离开了国王，策马冲进了另一支队伍”，之后愉快地“投身到了战斗中”。就展示个人能力而言，这一切都很好——那天威廉给了很多敌人“重重一击”——但他也放弃了自己的主人亨利，待他回来，幼王正当地斥责了他。[1]

随着时间的推移，队伍不断进步。马歇尔学会了抑制自己任性的热情，而且《威廉·马歇尔传》随后不断提到他总是“紧挨着国王”，用“极其有力又危险的”重击保护后者。亨利的骑士们逐渐磨炼自己的技巧，在有了更多的经验后，他们开始紧密协作——正如《威廉·马歇尔传》中直截了当地所说的，他们认识到“过早冲出队伍的人是傻瓜”。幼王及其家臣骑士也受到了小亨利的老盟友佛兰德的腓力的指导，他现在已经是著名的巡回比武的赞助人，而且还是备受赞誉的参与者。腓力在某种程度上是个无赖：冷酷无情、毫无原则、充满不可动摇的野心。当他看到优势时，就加入幼王的队伍，但他不是一个可靠的盟友。《威廉·马歇尔传》尽其所能地给他增添英雄色彩，说他是一个“高尚的人，在智慧上冠绝”同时代人，但引人注目的是，它也相当坦率地谈到了他在比武中的狡诈之举。

腓力伯爵在比武中使用的战术反映了他对现实生活的态度。他歪曲规则，使用狡猾甚至阴险的手段，专注地追求胜利和财富。他在骑士比赛中最常用的手段是带着自己的随从抵达比武场（或者集合点），但是公开宣布自己的意图仅仅是观看而不是参加比赛。只有在大规模冲锋和第一阶段的混战令他的对手“疲惫不堪、混乱无序”之后，腓力才会激励他的战士采取行动，最终突然加入比赛。使用这种把戏，伯爵的随从能把战场夷为平地，使数十位骑士“被击倒在地……受伤，[最终]被俘”。这种诡计与在实战中使用后备队——将一部分兵力从战斗中撤回，直到战斗达到高潮再适时部署，以发起决定性的打击，这是一种高效的战术——类似。在一场骑马比武中，这种伎俩在今天看来可能是明目张胆的欺骗，但是腓力的同侪似乎接受了他的策略，认为这是对规则的精明操弄。《威廉·马歇尔传》称赞他“聪明勇敢”，更重要的是，它进一步揭示了威廉・马歇尔本人接受了这种策略。

作为小亨利比武团队的队长和战略制定人，马歇尔建议他们模仿佛兰德的腓力的方法。在下一场比武中，他们到达的时候，“没有任何迹象表明［他们］今天将要参加比赛或拿着武器加入战斗”，然后在“对方无法自卫”时突然发起了一次猛烈的攻击。事实证明它取得了压倒性的胜利。泥泞的场地上留下了对手的旗帜，这一次，“国王的部下收获丰厚”。威廉的传记作者兴高采烈地宣称：“之后国王再也没有在一场［比武］中不使诈的。”尽管《威廉・马歇尔传》可能会责骂那些现实世界中令人憎恶的骗子，在这里，似乎有一点不诚实倒是再正常不过的事。[2]

光荣的日子

到 1177 年底，幼王的随从们——以威廉・马歇尔为核心——在巡回赛中取得了前所未有的成功。胜利越来越多，赎金和战利品如潮水般涌入家户的金库。现在，亨利、马歇尔和所有的随从们都被另眼相看。他们不再是赛场上被随意殴打的弱队，而是已赢得了成就卓著、目光坚毅的参赛者的声誉，并迅速成为法国北部最令人敬畏和最受尊重的比武团队之一。

威廉和亨利已经相识 7 年了，少年国王已经成长为一个高大、极其英俊的 23 岁青年。两人一起战斗过，输掉了一场战争，他们在 1170 年间建立了更为紧密的纽带。他们并不（而且不能）平等，因为亨利拥有高贵的王室血统，但他们是忠实的朋友；这些年来，在比武场上并肩战斗似乎是他们分享的最快乐的事情。当然，《威廉・马歇尔传》肯定会强调马歇尔在小亨利的家臣骑士中享有特别受人爱戴的地位，所以我们不禁会问它所说的“国王非常喜爱［马歇尔］，胜过他在任何地方认识的任何其他骑士”是否是真实的。但其他的资料也证实了马歇尔具有超群的地位——尤为重要的是，在来自这个军事家户的直接证据、小亨利现存的已发布的文件（acta）上，马歇尔一直出现在最重要的位置上。[3]

《威廉·马歇尔传》生动地描绘了威廉和幼王在他们勇敢的英雄事迹中分享的喜悦之情，从中能够明确无误地看到无拘无束的大胆行为和同志情谊。在一场诺曼－法兰西边境上的阿内和索雷尔（Sorel）之间举办的“盛大又精彩”的比武大会上，这一点展露无遗。亨利的随从们在比赛的开始阶段表现得非常优异，他们的冲锋时机安排得非常完美，所以他们“直接穿过”了法国人的队伍，由于他们的对手逃跑了，幼王的大多数家臣骑士都骑马追赶，但马歇尔依旧陪伴在他的主人身旁。他们一起“骑马下坡，来到阿内主干道的正中央”。镇上似乎空无一人，直到他们转过一个街角，突然看到了法国骑士诺夫勒的西蒙（Simon of Neauphle）带领一队全副武装的步兵挡住了前面的道路。《威廉·马歇尔传》写道：“国王说：‘我们过不去了，但可以回去。’马歇尔答道：‘主啊，帮帮我吧，我们唯有冲过去。’”

于是，他们猛地往前冲，步兵在他们面前四散逃开，全都拼命想要避免被践踏。一条通行的路敞开了，但威廉并不满足于仅仅逃脱。他径直骑向诺夫勒的西蒙，灵巧地一把抓住了马的缰绳，用尽全力把他的对手拖在身后，小亨利也跟着。这是马歇尔最喜欢使用的技巧之一——在12世纪60年代，他以此赢得了大量的俘虏。他现在拖着西蒙向比武场走去，一心想要宣布这位法国骑士已是他的俘虏。但西蒙心生一计。当他们穿过镇子时，威廉“没注意身后发生的事”，法国骑士从马鞍上一跃，抓住一条悬垂的排水槽，因此被从坐骑上拉了下来。马歇尔仍然没有注意到，但幼王目睹了这项壮举，却没有吱声。

当他们到达比武场时，马歇尔命令他的随从“把这位骑士羁押起来”。亨利忍俊不禁地问道：“什么骑士？”然后他说出了西蒙的“绝妙把戏”。《威廉·马歇尔传》将此描述为一个滑稽的时刻：当二人品味着这个笑话时，马歇尔“突然大笑”，这个故事在未来几周内还被一再重述。这段插曲是一则令人喜爱的逸闻，或许有些添油加醋，但其中的要点——威廉与小亨利有亲密的友谊——似乎是真实的。[4]

一位“英雄”的崛起

《威廉·马歇尔传》记录了许多威廉在逐渐称雄骑马比武巡回赛时同样有趣的他的个人英雄事迹。到12世纪70年代末，马歇尔开始自己参加这项运动，以获取经验、声望和奖励。马歇尔首次以“自由身份”亮相似乎是在巴黎以东香槟地区的普勒尔（Pleurs）举办的一次骑马比武上。传记作者声称，因为举办地点对幼王而言太远了，他无法带着一串“沉重的行李”前往那里，所以亨利允许“他亲密的朋友”威廉只和他队伍中的另一位骑士前去参赛。事实上，马歇尔很可能不得不缠着他的主人准许他离开，而且他似乎没有在这场比赛中穿戴亨利的配色图案，因为他的传记作者写道，比赛开始时，“许多人盯着他看［但］不知他是何人”。

普勒尔举办的骑马比武吸引了一些当时法国最杰出的贵族和骑士：佛兰德的腓力、勃艮第公爵于格（Duke Hugh of Burgundy）

和布卢瓦伯爵特奥巴尔德（Theobald of Blois）都参加了。两位欧洲最优秀的战士——阿韦讷的雅克（James of Avesnes）和威廉·德·巴雷斯（William des Barres）——也参加了。这两人是马歇尔在12世纪70年代的骑士同行，他们以军事技能获得了广泛的声誉。威廉陶醉在那天的赛事中，“像狮子在牛群中”战斗，而且根据《威廉·马歇尔传》的说法，当他在对手中间杀出一条路来时，“他像伐木工人在橡树上敲打一样攻击他们”。事实上，尽管马歇尔显然很享受这场打斗而且不仅仅处于守势，但是由于他缺少训练有素的扈从保护，使他暴露成为攻击目标，他受到了剑和钉头锤的一阵猛击，他的头盔凹了下去“贴到他的头皮”。总而言之，马歇尔似乎认为这是辉煌的一天，他在众多的骑士面前展现了非凡的能力。威廉给同侪们留下了深刻的印象，用他的传记作者的话来说就是开始“建立了他自己的声誉”，但他实际上获得的资金可能相当有限。

到了下午3点左右，普勒尔的战斗逐渐结束了，但是主战场上仍然保持着一种混乱的游乐场气氛，骑士和他们的管家四处闲逛、互相讲故事、确认赎金和搜寻遗失的装备。随之而来的是一场漫长、充满骑士风度的辩论：谁应该接受给这一天的最佳骑士准备的仪式奖品？为了显示优雅的谦逊，很多骑士都推辞了，其中包括佛兰德的腓力，最终大家决定威廉·马歇尔应被授予此奖。唯一的问题是现在根本找不到他。两位骑士和一位扈从最终在当地的一家铁匠铺子里找到了他。在那里，他们发现马歇尔跪在地上，头靠在铁砧上，一位铁匠手忙脚乱地用各种“锤子、扳手和钳子”撬开他“被砸坏的”头盔。这真是个可笑的场景，而它明显是威廉在记忆中珍爱的一幕。他接过他的奖品，尽管他也谦逊地表示自己不配获得此奖品，但他还是接受了。[5]

在接下来的几个月中，威廉的比武事业蓬勃发展。在诺曼底东部和皮卡第交界的厄镇（Eu）举办的一次比赛上，一天之内他就俘虏了10位骑士和12匹马。《威廉·马歇尔传》报道称："他越战越勇、声望日隆，提升到了很高的地位。"马歇尔的命运一定程度上取决于围绕着他的幼王的家臣骑士——由威廉亲手挑选和招募，用小亨利的津贴支付薪饷——中的战士的素质。但马歇尔也拥有使他出类拔萃的自身素质和习得的武艺。他强壮的体格使他能挺过那些会击倒其他人的重击，而他的膂力为他用长枪或剑发出的攻击提供了惊人的力量。很少有人具有他那迅捷的马术和精明、狡猾的战略意识，这使他能够智胜对手。

随着威廉取得一连串胜利，他很快就被尊为冠军——在巡回赛封闭的温室环境中受到尊重——获得了显要人物的追捧。《威廉·马歇尔传》记述了在布卢瓦的埃佩尔农（Épernon）举办的一场大赛前夕，马歇尔是如何被当地的权贵特奥巴尔德伯爵当作客人欢迎的。当时的风俗是"出身高贵的男人"在晚上彼此拜访，分享趣闻轶事并啜饮葡萄酒。到了这个时候，马歇尔的地位令法国最有权势的人也乐于被看到与他做伴。然而，在这个特殊的夜晚，事情差点儿出了岔子。

威廉骑着"一匹高大的千金宝马"来到了埃佩尔农，然后他把马留给当地的一个年轻小伙照看。但是，正当威廉陶醉在特奥巴尔德伯爵的客人们盯视他的目光里时，外面的大街上传来了一阵猛烈的骚动。马歇尔立即跳了起来，"没有告辞"就向外面冲去，见到一个贼正骑着他的名贵骏马跑了。这个坏蛋一定认为自己在夜幕的掩护下骑着马很容易就能逃走，但他没料到威廉铁了心要追上他。威廉跟着马蹄声沿街道奔跑。这贼冲进一条小巷，并躲在一辆装满树枝的手推车后，威廉却听出了马跺脚的微弱声响。接近后，他从车里抓起一块木头猛击盗贼，打得他的一只眼睛都掉了出来。骏马失而复得，虽然布卢瓦伯爵要把偷马贼绞死，但据说威廉表现出了仁慈，认为盗贼的头一半被打得凹陷下去，这个可怜虫已经“吃尽了苦头”。[6]

产业规模的胜利

虽然威廉的传记作者一直强调他的正直行为和他在骑士比赛中所积累的荣誉，但毫无疑问，对马歇尔这样的战士来说，骑马比武的魅力并不仅仅是与骑士精神这样的抽象概念有关。诚然，声望非常重要，但对马歇尔和他的同侪们而言，比武的美妙之处在于它让骑士们赢得名声的同时也能积累战利品、赎金和财富。《威廉·马歇尔传》的作者对物质利益这个问题的态度非常有趣。一方面，他坚持认为他的主人公没有考虑过财富，他说：“[威廉]从来没有想过要获得什么，[而且]他是如此专注于高尚的功绩，以至于根本不关心赚钱。”但与此同时，他无法完全隐瞒马歇尔现在已极其富有，因为这些物质资产是威廉飞黄腾达的重要组成部分。

这位传记作者可能在这个问题上苦苦挣扎，但马歇尔本人显然并不觉得骑士精神和实利主义是不相容的，在他的世界中，这两者密不可分。中世纪骑马比武的比赛机制意味着俘虏对手并掠夺财物既是对实力的明显肯定，也是实际收益的来源。事实上，随着威廉赢得越来越多的胜利，他开始将参加巡回赛当作一门生意。在 12 世纪 70 年代，他和被招募进幼王家户的一位名叫茹伊的罗歇（Roger of Jouy）的佛兰德骑士达成了一项协议。

威廉的传记作者并不真的欣赏罗歇，将他描绘成“一个勇敢彪悍的男人，以武艺高强闻名，敢于冒险又很聪明，但有贪婪的倾向”，而马歇尔似乎更感兴趣的是罗歇众所周知的赢得大量战利品的能力。两人达成了正式协议，在比赛中并肩作战，以取得“更大的收益”，然后平分他们的奖金。他们甚至雇用了幼王的一位家户仆佣——他的厨房簿记员维冈（Wigain）——观战并记录他们的胜利。几年后，威廉的传记作者看到了这样一份大斋节和圣神降临周（这可能相当于至多2个月的巡回比赛）之间的记录，他似乎既震惊又印象深刻地发现，在那段时间内，马歇尔和罗歇俘虏了103名骑士。这对“搭档”合作了两年，肯定赚了一大笔钱。[①] [7]

即使有如此大量的财产进账，威廉也一丝不苟地勤奋管理着他的资产，甚至可以说得上是吝啬的。在第二次于阿内和索雷尔之间举行的比武上，当他在地上被抓住因而不能进行防御时，两匹马被从他身边抢走了。这是趁机牵走的，但算不上不道德的。那天晚上，马歇尔坚持不懈地讨价还价了几个小时，以确保马匹

① 尽管《威廉·马歇尔传》似乎对这种牟取暴利的行为感到些许困扰，但在比赛之外，马歇尔的传记作者对物质利益的态度往往更积极。也许这方面最引人注目的例子发生在12世纪80年代初，当时威廉正在法国北部旅行，他在路上发现一对形迹可疑的男女并进行了干预，以确保这名年轻女子不是被迫出行。后来发现，这是一对私奔的恋人——一位出身高贵的少女和一个出逃的修士——希望到离家很远的地方一起开始新的生活。当修士说漏嘴表示自己的钱包里有48英镑（这对恋人未来的生活费）时，马歇尔立即没收了现金，使他们陷入贫困。这位传记作者显然希望他的中世纪读者为此举喝彩，而把这对恋人视为违法乱纪的社会弃儿，应马上受到判决。事实上，他甚至表扬马歇尔非常慷慨，没有把他们的衣物和马匹统统抢走。

被释放，事后他得意扬扬地说，他只花了 7 英镑就买回了其中一匹坐骑，而它实际上价值 40 英镑。在这段插曲中，威廉还精心利用自己的声望威逼那些“懦弱的”骑士中的一员，莱斯尚的彼得（Peter of Leschans），强迫后者在自己的叔叔——杰出的骑士威廉·德·巴雷斯——面前承认自己是所谓的偷马贼。马歇尔的地位让他说的话不容置疑，即使是德·巴雷斯也不行（德·巴雷斯尽了最大的努力来平息这件令人尴尬的事情）。在传记作者看来，威廉只不过在提醒这个自命不凡的年轻人注意自己的地位，但很难避免让人得出这样的结论：马歇尔实际上是在以一种相当肆无忌惮的方式利用自己的身份地位。[8]

通过这一在比武场上的职业生涯蓬勃发展的关键阶段，威廉的性格略微清晰了起来。他给人的印象是一个有着罕见的体能和坚韧不拔的人；一个理解并认真遵守他那个时代盛行的骑士荣誉准则的人。他的一些行为——从在战场上使诈到傲慢的自抬身价和对物质利益的不断追求——可能会与现代人对“骑士精神”的想法格格不入，但毫无疑问，马歇尔的同时代人都赞扬他是骑士精神的楷模。他的所作所为和成就显然体现了“骑士”应有的行为。

骑士精神之父

幼王亨利也在 12 世纪 70 年代末成为骑马比武届的大明星。但是，和他的朋友兼仆从威廉·马歇尔不同，亨利的名声主要不是来自他自己的武艺，也不是通过赢得大量赎金和战利品而赢得的。幼王在战斗时当然位于随从们的中心——尽管人们自然而然地认为他的家臣骑士应该保护他远离战斗——而他的战士们在比武场上取得的荣耀间接提高了他的声誉。但除此之外，亨利还以他的慷慨和仗义疏财而受到欢迎。

同时代的人把小亨利与古代的伟大英雄亚历山大大帝和亚瑟王相提并论，并称赞他为“骑士精神之父”。他们之所以这么说，是因为亨利在 1177 年后组建了全欧洲最令人印象深刻的军事家户之一，里面净是来自整个安茹王国和其他地方的战士。亨利的赫赫威名具体体现在他的家臣骑士的数量和质量上。《威廉・马歇尔传》的作者称赞幼王决心一直让“知名的骑士为他效劳”，因为他看似毫无节制的慷慨疏财在欧洲北部树立了新的标准。像佛兰德的腓力之所以会效仿亨利的榜样，是因为“他们很清楚，国王和伯爵只有通过在他们身边的知名人士才能提升自己的地位”。

这对当时的优秀骑士来说是好事。《威廉・马歇尔传》中所反映的是他们，或者更具体地说是马歇尔对骑马比武巡回赛的看法。这些战士从幼王的慷慨大方中得到了他们想要的一切。他给了他们所有想要的“骏马、武器和金钱”，而且更好的是，“他没有讨价还价”——作为回报，他们非常崇敬他。但在其他地方，骑士市场价格的大幅提升产生了后果。佛兰德的腓力和勃艮第的于格这样的人一定在内心里对幼王无度的慷慨苦不堪言，因为这意味着他们以及其他竞争对手必须付出高昂的代价才能招募到最好的战士。最终，巨额的支出也使亨利自己的财务承受了压力。他的随从在法国北部往来穿行时，给军械工、铁匠和旅店老板留下了比以往任何时候都多的一串债务。到 1178 年，幼王危险地沉溺于巡回赛的壮观场面。根据《威廉・马歇尔传》的记载，“由于他对冒险和慷慨施与永远不会感到满足”，并且“无法拒绝任何人的请求”，他“在很多地方旅行以赢得名声和荣誉”。[9]

尽管如此，对慷慨、荣誉和地位的盛大展示发挥了神奇的作用。随着 12 世纪 70 年代接近尾声，幼王登上了骑马比武赛事的顶峰。对日益痴迷于骑士精神理想的法国北部骑士和贵族而言，亨利几乎变成了一个崇拜的偶像。他是每场比武和比赛的话题，是令人惊叹的谣言和狂热的流言蜚语的焦点——他是那个时代的顶级名流。用《威廉·马歇尔传》中的话说，“每个人都想像他一样”。英格兰国内也感受到了他的这种偶像地位，一位编年史家认为亨利鼓舞了他的阶级和他这一代人，把他唤作“所有骑士的荣耀”和“青春与慷慨的花与镜”。

幼王对骑士精神和骑马比武的世界的狂热投入可能看起来是一个放纵的花花公子的轻浮举动。然而这并不是全部。比武仅仅是勇敢者的游戏，但是参与者都是西方最有权势的男人——受骑士文化驱动的权贵，他们对此越来越执着，到 12 世纪 70 年代末，军事力量的展示和骑士圈子中的显赫地位所产生的影响明显超出了比武场的范围。这给小亨利的明星地位带来了优势，因为作为著名的“骑士精神之父”，他不可避免地在现实世界中享有一定的影响力。在十几岁时，他曾通过反叛寻求权力，而现在他已经在不同的舞台上扬名立万，并确认了自己的王室地位。

亨利的父亲老王不可能忽视这些成就。历史学家经常认为，亨利二世把儿子奢侈的比武生涯视为“浪费和微不足道的”。但到了 1179 年，他的态度无疑更为积极了。这被伦敦圣保罗大教堂人脉广泛的教长迪斯的拉尔夫（Ralph of Diss）看在眼里，他对幼王的活动做了全面评估：

> ［亨利］参加了 3 年的比武，花了很多钱。当他在法国各

> 地奔波时，他抛去了王室的威严，从国王变成了一个骑士，在许多比赛中取得了胜利。他名闻遐迩；老王为此更加喜悦并钦佩他的胜利，[后来恢复了]幼王被夺走的财产。[10]

亨利二世可能不能容忍在英格兰举办骑马比武，但他很难忽略这项比赛在欧洲其他地区近乎狂热的受欢迎程度。老王的卡佩家族对手，年迈的法国国王路易七世很少或根本没有努力使自己表现为骑士制度的保护人。这就给幼王留下了可经营的余地，他运用影响力打造了一个关系网，以推进安茹的利益。很可能这在早期阶段就已经非常明显了，而幼王和佛兰德的腓力（他以前的盟友）等人的关系可能从一开始就有潜在的政治因素。当“出身高贵的男人”在比赛前夕互访时，谈话的话题并不只是与运动和武艺有关。无疑，最迟到了 1179 年，亨利二世打算利用他的长子的名声。当年大斋节中期，幼王自 1176 年以来第一次回到英格兰，后来参加了父亲在温切斯特举办的复活节宫廷庆典。幼王回来了。

最盛大的比武

到 1179 年夏天，幼王的政治生涯似乎重新焕发了活力：他的叛乱带来的失败和沮丧已经成为过去，受到父亲的遏制和操控的令人生厌的感觉在很大程度上已经消除了。幼王参加比武大赛很可能是由父亲慷慨资助的，但他在比武圈子中取得的成绩是他自己的。如今幼王 24 岁了，他是欧洲骑士阶层中的翘楚。而他的朋友、主要家臣骑士威廉·马歇尔则在他的身边一起成为冉冉升起的明星。在为安茹王朝服务的10年中，马歇尔青云直上，达到了新的层次。凭借名声和财富，威廉已经开始吸引他人做自己的随从了，并成了“方旗骑士”（knight banneret）——为一位领主效劳的骑士，但被允许拥有自己的旗帜。现在他30岁出头，很自豪地有了自己的旗帜和纹章：在一半绿色一半金色的背景上的一只红色跃立狮子。这个纹章和诺曼底旗帜上的狮子相呼应，将在威廉余下的职业生涯中一直陪伴着他。[11] 他和幼王都正值人生的黄金阶段，而在1179年底举办的赛事给了他们展示才能的绝佳机会。

法国国王路易七世此时大约59岁，他对卡佩王国的掌控正在动摇。他的第三次婚姻终于为他带来了一个期盼已久的他的王朝所需的男性继承人，到了1179年，为这个名叫腓力的14岁男孩加冕的计划马上就要着手实施。但在那个夏天，这位年轻的法国王子经历了一些磨难。在沙特尔附近的野生森林狩猎野猪时，腓力与同伴分开了，很快就绝望地迷路了。到天黑时分，他仍在漫无目的地徘徊，孤身一人且害怕，并且暴露在恶劣的自然环境中。幸运的是，腓力发现了一个伐木人的营火发出的微弱光芒，这个农民友好地将他带到了安全的地方。但是，王子事后病得很重，能否活下去很快成了问题。

由于担心卡佩王室血脉的未来，路易七世做出了非同寻常的决定：前往坎特伯雷的托马斯·贝克特圣祠朝圣，希望他对神圣代祷的虔诚乞求能够拯救年轻的腓力的生命。国王现在是一个相当年迈和虚弱的男人。他安排了长途旅行，在8月下旬横渡英吉利海峡，在多佛尔的沙地上受到了亨利二世的亲自欢迎，并在护送下来到坎特伯雷。鉴于二人长期对抗，同时代人对这种前所未有的和平访问感到震惊。3 天后，路易就返回了。安茹国王亨利于 1174 年在公众面前被打了一顿后为圣祠捐献了油灯，现在，卡佩君主向坎特伯雷的修士们承诺每年提供 100 桶优质法国葡萄酒为他们解渴。路易的祷告似乎得到了回应，腓力完全苏醒了，但这次旅行却让国王精疲力竭，他回到巴黎后不久就遭受了严重的中风。由于身体的一侧完全瘫痪，几乎无法说话，卡佩国王被迫退出了公共生活，直到 1180 年 9 月驾崩。[12]

为了确保腓力继位，当务之急是在路易七世还活着的时候让腓力加冕和涂油，因此定于 1179 年 11 月在王室城市兰斯举办一场盛大的庆典。这将是 10 年来最大的集会，全西欧所有主要王室和贵族家族的代表都将出席，最重要的是，届时将举办一场大型的骑马比武，以庆祝腓力的继位。那年秋天，现实政治力量和盛大骑士表演的密切关系展露无遗。随着新的法国国王诞生，政治格局将被重新洗牌，自然地，所有的关键参与者都在谋取影响力和利益。佛兰德伯爵腓力和勃艮第伯爵于格等主要人物都将出席加冕典礼，他们都渴望成为年轻的卡佩君主的首选导师。

就在这个关键的时刻，国王亨利二世让他的长子以安茹家族代表的身份出席。在老王的资助下，小亨利以最壮观豪华的王室排场前往兰斯并参加加冕比武。站在他杰出的冠军威廉·马歇尔的身边，俊美的幼王将以他的骑士风范震惊世人，并希望以此牢牢掌控他的妻弟法兰西的腓力。这不是亨利二世第一次花大钱来创造豪华威严的光环了。21 年前，当老王和托马斯·贝克特彼此信任、关系良好时，他就派遣这位当时的首席大臣前往法国，为小亨利和尚在襁褓之中的法兰西的玛格丽特联姻而协商。作为出身低微的齐普赛街（Cheapside）上的纺织品商人之子，贝克特决心在1158年这趟至关重要的出使巴黎之旅中，让每一个细节都要体现出高贵，所以他要求配备最非同寻常的随行人员队伍。看到路过的队伍，旁观者都兴奋不已，陪同托马斯的是200名骑士、一小支步兵部队、神职人员和管家，还有8辆马车，每辆都由5匹高头大马牵引（其中2辆用木桶满载最优质的啤酒），另有12匹驮马背负着贝克特自己的奢侈财物，每一匹背上还骑着一只小猴子。

幼王在1179年的旅行有着相似的盛大排场，但这不是像一些历史学家所认为的只是奢侈的轻浮，这是有政治目的的骑士风范的展示，是亨利二世所要求的并且由他出资支持。在此时写作的诺曼底编年史家托里尼的罗贝尔（Robert of Torigni）指出，幼王带着大量“金银礼物”并在“一大群骑士随从”的陪伴下前去参加加冕典礼，但他具体说明这是“在父亲的命令下，[亨利]带上这样的随行物品上路了，在一路上和庆祝活动期间，他都没有接受任何人的免费款待”。

《威廉·马歇尔传》进一步提供了有关那年秋天幼王的随行人员的细节。他由精选的80名重要骑士陪伴，其中有包括威廉·马歇尔在内的不少于15名骑士是方旗骑士，因此他们每个人身后还有他们自己的10名家臣骑士。小亨利在整个旅程中为这些额外的骑士每人每天支付20先令。即使不包括所有其他相关费用，支付这支骑士队伍的费用估计每天超过200英镑，而且这支队伍似乎至少维持了将近一个多月的时间。要知道，在这个时候，整个伍斯特郡的王室收入是每年200英镑，很明显，幼王的壮观排场极为破费。正如《威廉·马歇尔传》所哀叹的那样：“人们想知道这样一大笔钱从何而来。”

然而，尽管开销巨大，但幼王华丽的排场使他成为腓力二世加冕典礼上的贵宾。佛兰德伯爵也在场，在年轻的腓力进入兰斯大教堂时，他有幸为其高举仪式用的王室宝剑。但亨利才是最引人注目的。他穿过人群，“向在场的所有贵胄”讲话，声称诺曼底公爵具有所谓的在兰斯大主教威廉（他是腓力二世的叔叔）主持加冕仪式时携持王冠的特权。亨利和法国新君的亲密关系是显而易见的。[13]

在一轮盛宴之后，盛大的庆祝活动转移到了巴黎以东的一大片开阔地带拉尼叙尔马恩举行，颇为不协调的是，此地今日是巴黎的迪士尼乐园的所在地。根据《威廉·马歇尔传》的描述，1179 年 11 月在拉尼举行的骑马比武规模之大“前所未见，后无来者”。参赛的骑士不少于 3000 人——足以发起一场十字军东征了。如此之大的人群让“整个赛场上挤满了［战士］”，“连地面都看不见”。威廉·马歇尔是最著名的参赛者之一，他很可能得到了一份特别的纪念性羊皮纸文件，上面列出了在场的所有主要骑士，因为他的传记作者似乎在写作时使用了这样的一份文件。因此，《威廉·马歇尔传》详细地把一大串来自法兰西、佛兰德、英格兰、诺曼底和安茹的所有参赛骑士的名字都列了出来。

几乎每一位骑士都被起了一个简短的诨号，传记作者将威廉·德·巴雷斯描绘成“睿智而英勇的骑士”，同时指出诺曼底勇士普雷欧的约翰（John of Préaux）“像黄金一样经揍”。事实上，约翰只是普雷欧五兄弟中的一个，似乎曾是幼王的家臣骑士。不足为奇的是，许多小亨利的家臣骑士都得到了特别的提及。和马歇尔一样，佛兰德勇士贝蒂讷的鲍德温（Baldwin of Béthune）也是一名方旗骑士。他最近加入小亨利的随从，并很快成了小亨利最亲密的知己之一。西蒙·马什被称为“勇敢、无畏和不屈不挠的骑士”，杰拉德·塔尔博特是一个“真正适合当国王”的人，罗贝尔·特雷斯戈兹则是“勇敢的骑士和机智的人”，而新来的库隆塞的托马（Thomas of Coulonces）据说是一个特别值得尊敬的人。这些人就是威廉·马歇尔朝夕相处的伙伴——是他的朋友、同胞，有时候也是对手。①

在拉尼举办的骑马比武因其规模和排场而引人注目，但不一定是因为它的竞技活动。事实上，作为一场军事比赛，它甚至可能会有些令人失望。一群骑士挤在赛场上，战斗场面极其混乱。一些坠马的骑士被踩踏并受伤。在激烈的战斗中，幼王被短暂地与他的许多骑士分隔开来，而威廉·马歇尔不得不施以援手，奋力让亨利的马摆脱一群对手。在由此产生的混战中，幼王的头盔被“从他的头上扯了下来”，令他“十分气恼”，但除此之外比赛没有发生什么大事了。比以往任何时候都更重要的是，这场比赛的目的是在一个光辉的家户面前（或在其中）被观看，是成为独特的奇观——天空布满了数百个展开的各色旗帜，四周回响着3000 名冲锋、战斗的骑士造成的雷鸣般的喧嚣——的一部分。[14]

拉尼比武标志着威廉·马歇尔的比武生涯以及幼王对骑士崇拜的投入的巅峰。在这荣耀的几年中，二人都提升到了显赫的位置。随着财富大增，小亨利再次准备好夺取他的王室衣钵，并申索曾被许诺的王国。为此，他求助于他的朋友和忠实的仆人威廉，后者现在已经开始被誉为欧洲最伟大的骑士之一。

① 有一位名叫安塞尔·马歇尔（Ansel the Marshal）的英国骑士也出现在这份长长的名单中。他可能是威廉·马歇尔的弟弟。《威廉·马歇尔传》形容他是“一位高贵、亲切的人，勇敢又忠诚”，但没有提到他的家世谱系。

谋划一场危机

威廉·马歇尔和他的主人兼朋友幼王亨利的比武生涯在12世纪80年代继续蓬勃发展。曾经影响小亨利和父亲之间的关系的敌意和猜疑消解了，二人积极合作，试图加深安茹王朝在卡佩宫廷中的影响力。佛兰德伯爵腓力开始疏远幼王，而去亲近新登基的法兰西国王腓力二世（也就是腓力·奥古斯特）。在统治的最初几年里，腓力国王仍然是一个胆怯、多病的青少年，在忠诚对象上容易动摇。起初，他青睐佛兰德伯爵，他们一起无情地攻击他的母亲法兰西王太后。之后，钟摆向安茹王朝倾斜：卡佩王朝新国王与安茹在诺曼底的韦克桑地区的吉索尔达成了一项和平协议，而小亨利和佛兰德的腓力、勃艮第公爵之间爆发了一场短暂但凶猛的战争。威廉·马歇尔很可能也参加了此役，但没有被记录在《威廉·马歇尔传》中，仅仅在其他的历史资料中有简短的记录。幼王取得了胜利，亨利二世开始表现出越来越尊敬他的长子的迹象。

尽管如此，小亨利的地位问题依旧没有解决，到1182年秋天，他的耐心逐渐耗尽。为了提醒老王他的忠诚开始动摇，他和他的妻子玛格丽特前往巴黎对腓力国王进行了一次正式访问，然后要求拥有诺曼底公国。致使幼王在十几年前发动叛乱的问题现在重新浮出水面。用一位编年史家的话说，亨利寻求“他和他的妻子可能会居住”的领土，但他还补充说，幼王希望拥有土地，这样他就“可以向为他服务的骑士和仆佣付钱”。这表明，尽管在骑马比武中取得了成功，威廉·马歇尔和小亨利的其他家臣骑士很可能一直在向他们的主人施压，要求获得进一步的奖励。老王一如既往地犹豫不决，只是向小亨利许诺一份每日 100 安茹镑的新津贴（再加上给玛格丽特王后的少得可怜的 10 安茹镑），还有额外的 100 名骑士的效劳。[15]

更为令人恼火的是，幼王的弟弟理查和若弗鲁瓦正蒸蒸日上。二人现在都已成年，各自以自己的名义统治着阿基坦和布列塔尼的领土。特别是理查还获得了巨大的声望。未来他将获得诨名“狮心”（Cœur de Lion），并在威廉·马歇尔的人生中扮演了重要的角色。从 1174 年起，理查就摆脱了母亲埃莉诺王后的影响和指导，尽管如此，他仍在南方保持着自己的地位。从外貌来看，他和他的兄长有一些相似之处，尽管亨利更好看些。一位认识理查的编年史家描写他有“高大而优雅的身形”，并补充说，“他的头发介于红色和金色之间，四肢灵活笔直”。但在气质上，理查和幼王大不相同。他更多地继承了其父的反复无常，既有修养又有学问，但更乐于诉诸暴力，甚至随意犯下残酷的暴行，而且他对骑马比武的华丽排场没什么兴趣。这些品质中的一些也许是因为要不断平定阿基坦而形成的，但理查已证明自己能够胜任这项任务。通过精明实际的军事攻势、围城和破坏性的劫掠，他忙于将他桀骜不驯的臣民们打到屈服，并抽出时间将目光投向北边毗邻的安茹，那是幼王亨利拥有的伯国。[16]

随着幼王的弟弟们的声望和地位越来越高，一个显而易见但却令人烦恼的问题越来越受到关注：在亨利二世驾崩之后安茹帝国还会继续存在吗？或者说布列塔尼和阿基坦会不会成为羽翼丰满的独立领土？这个分裂问题只会激起小亨利的焦虑不安。在接近 30 年中，他的父亲一直是王国的最高统治者，是安茹世界的领袖。当小亨利最终继承他的遗产时，他自然也希望享有同样的至高无上的地位，毕竟他是他父亲的长子和首要的继承人——一个涂过油的国王。他当然应该位于他的弟弟们之上，能够要求他们效忠于他并且服从于他。同样自然的是，理查公爵和若弗鲁瓦伯爵对未来有截然不同的看法：任何形式意义上的帝国应随老王一起消亡，让他们以自治领主的身份自由地管理自己的领地——他们曾为保有这些土地而流血流汗。围绕这个棘手问题的争吵以及小亨利对自己的地位问题的重新关注，将把威廉·马歇尔拉回高级政治的舞台。

通向第二次叛乱的道路

在小亨利眼中，老王在帝国继承问题上依然令人沮丧地采取回避态度，和在诺曼底公国的问题上一样模棱两可。亨利二世如今快 50 岁了，已经进入迟暮之年，但丝毫没有表现出想要放松对权力杠杆的把控的迹象。到了 1182 年下半年，幼王已经等得够久了。他想要清楚的答案和明确的行动。我们不清楚他是否征求了马歇尔和罗贝尔·特雷斯戈兹等主要家臣的意见，还是自己亲自制定了一项行动计划，但亨利无疑决心要把他的父亲置于一个无法再逃避或推迟做出选择的境地。首先，小亨利宣布他正在考虑参加十字军前往圣地。十字军东征被视为彰显骑士美德和基督徒虔诚的活动。那些计划加入这样一场运动的人习惯上要有一次仪式化的宣誓，表示他们对上帝正式做出承诺，然后要“领取十字”，即在斗篷或衣服上用布简单地缝制一个十字架，作为表明他们的十字军战士身份和他们的坚定决心的可见符号。在 1182 年秋天，小亨利宣布他打算采取这两个步骤，从而做出正式承诺加入前往东方的十字军。

从某些方面而言，这个决定并不让人意外。那些在黎凡特四面楚歌的拉丁基督教定居者的求助声越来越绝望。小亨利还与圣地的基督教统治者有亲密的家庭联系：他的曾祖父安茹的富尔克于 1131 年成为耶路撒冷国王，他的血脉一直在那里统治，如今耶路撒冷由富尔克病弱的孙子鲍德温统治。国王鲍德温四世是一个悲剧性的人物，从小就感染了麻风病，相比之下，近东的穆斯林却在一位可怕的库尔德军阀萨拉丁的统治下团结了起来。十字军国家因此安危未定。

幼王的十字军冲动也有明确的先例。国王亨利二世自己就曾多次许诺发起一次十字军东征，尽管这些誓言至今仍未兑现。作为竭力统治广阔的安茹王国的国王，亨利不断申明他无法离开欧洲，而是用拨款来帮助支付耶路撒冷的防务费用。佛兰德伯爵腓力倒真的实践了 1175 年所做的参加十字军远征的誓言，1177 年夏天，他率领一支庞大的队伍启程前往黎凡特，并在叙利亚作战。因此，在某种程度上，小亨利宣布自己可能会响应十字军东征的号召是完全说得通的。但他的声明也向老王发出了一个明确的信息。如果他的要求仍然得不到回应、安茹帝国的未来仍然悬而未决的话，那么幼王可能会被迫在圣地寻求截然不同的未来发展——他甚至可能会要求得到耶路撒冷王国。这将使亨利二世处心积虑做出的继承计划化为泡影，并打破精心实现的与法国卡佩王朝的权力平衡。

由于幼王亨利的十字军东征计划仍在讨论中，他找到了一种更直接的给亨利二世施加压力的手段，可以在离家很近的地方实行。由于老王拒绝给他属于他自己的土地或确认他的卓越地位，小亨利可能不得不为自己夺取权力，从而证明他比弟弟们有更高的地位。阿基坦似乎是一个可能的目标。这个幅员辽阔的省份依旧容易发生动乱，而它的很多民众认为理查是一个野蛮的暴君。甚至连英国的编年史家都认为他“用不合理的要求及暴力统治压迫他的臣民”，并承认“阿基坦的大贵族们都憎恨他，因为他非常残忍”。事实上，一位震惊的同时代人说，理查经常“强行夺走他的臣民的妻女或者其他女眷，让她们成为他的情妇”，之后把她们赏赐给他的手下淫乐。[17]

威廉·马歇尔从 1168 年起就对这一地区非常熟悉，而幼王也从亲身经历里了解到阿基坦人对理查的反感有多深。1182 年春夏，理查在昂古莱姆和更南边的佩里戈尔作战。亨利二世前来支援儿子，后来召唤幼王也加入战争。小亨利不得不与威廉·马歇尔和他的其他家臣骑士行军穿过阿基坦，在 7 月 1 日加入佩里戈尔的皮伊圣弗龙（Puy-St-Front）之围。面对这支庞大的安茹军队的合围，当地人不情愿地请求和平。

然而，幼王也利用这次进军和一些当地贵族建立了联系，暗中编织了一个松散的联系网络和联盟，进行试探。很明显，许多阿基坦人急于挣脱理查统治的枷锁，小亨利可以很容易地将自己呈现为能给该省份——特别是在贵族圈子里——带来正义的人。毕竟，他曾是无数场比武中的光辉英雄、一个著名的骑士精神的典范，还是威廉·马歇尔等著名骑士的主人。也许是为了在更多人心中留下庄严尊贵的虔诚形象，亨利前往利摩日——他曾于 1173 年在此第一次与老王公开决裂——去朝觐圣马蒂亚尔（St Martial）修道院。在那里，他受到“修士、神职人员和人民”的热烈欢迎，他接着献上一份特殊的礼物来表示他的虔诚：一件以最上等的材料制作的华美的斗篷，上面绣满了“Rex Henricus”

（意为“亨利国王”）的字样。[18]

尽管输了夏天的战争，但在 1182 年秋天，重新出现了对理查的权威的公开反抗。小亨利感到机会来了。一些阿基坦的贵族已经鼓动他进行干预，将他们从压迫中解放出来。如果他响应他们的号召，他可以辩称他正行着正义之事，并从理查手里夺取公国，让他的父亲别无选择，只能承认他的地位。问题是，幼王是否有胆量对他的弟弟公开发动战争。

但是，就在亨利权衡这些重大抉择的时候——在他最需要他信任的家臣骑士给予坚定支持和慎重指导时——一个可怕的传言传入了幼王的耳朵。他被人戴了绿帽。他的一位骑士和他的妻子玛格丽特王后通奸。最令人震惊的是，被指控犯下这一滔天罪行的人不是别人，正是威廉·马歇尔。

6

忠诚问题

威廉·马歇尔的背叛仍然疑云重重。这件事只在他的传记《威廉·马歇尔传》中有所记载，但鉴于作者决定记录这些事件并设法驳斥指控，似乎可以确定确实出现了严重的裂痕。据《威廉·马歇尔传》所言，小亨利的军事家臣中有一撮人开始嫉妒威廉的居先地位：羡慕他获取的名望和他积累的财富，或许最重要的是，嫉妒他与幼王一直都很亲近。

据说有 5 个共谋者决定设计使马歇尔垮台，炮制出了一个"奸诈的阴谋"来"离间［威廉］和他的主人"。传记作者表示，他只能说出其中两个人的名字。一个是诺曼底骑士伊克博夫的亚当，此人和马歇尔一样，自 12 世纪 70 年代早期起就是幼王家臣骑士中的核心成员，但他没有同样传奇的比武生涯；还有一个是新人库隆塞的托马。两人都曾参加了拉尼的盛大比武。威廉的传记作者拒绝透露剩余 3 名策划者的姓名，因为他们的亲属在《威廉·马歇尔传》于 13 世纪 20 年代撰写之时还活在人世，但他后来还是明确指出了其中一位：幼王的王室总管（管理家户的官员）。12 世纪 70 年代中担任此官职的是彼得·菲茨居伊（Peter FitzGuy），因此第三个人可能就是他。[1]

马歇尔受到的指控有两种。第一种，有人说马歇尔的举止无耻僭越，喜欢抢风头，从而篡夺了幼王的荣誉和声望。马歇尔不仅拥有属于自己的军事家臣，据说他还雇佣一位名叫“北方佬”亨利（Henry ‘li Norreis’）的宣令调度官，在每次比武前都令后者趾高气扬地穿过比武场，并大声宣叫战斗口号“主与马歇尔同在”（‘Dex aïe lei Marschal’），这是对幼王的口号“主与我们同在”无耻而卑劣的模仿。马歇尔的所谓的第二条罪状就更直接了。据说“他与王后通奸”（‘il le fait a la reïne’），或者更确切地说，他一直“与王后有染”。

这 5 个共谋者显然是在决定抹黑马歇尔后小心翼翼行动的。他们认为直接和幼王讲明太冒险了，于是他们开始在家户中慢慢传播谣言，试图含沙射影，而非公开指控。家臣骑士中普雷欧五兄弟之一的普雷欧的彼得在最初听到这些流言后，立即警告威廉“要非常小心”，并敦促他先发制人，“在［幼王］对他恼羞成怒前”找亨利谈谈，但是马歇尔拒绝这样做。最终，亚当、托马和其他阴谋策划者找了一个传话人帮他们干脏活，此人是国王年轻的密友，名叫拉尔夫·法尔奇（Ralph Farci）。拉尔夫受到邀请参加一个小型聚会，趁着天黑酒酣耳热之时，他们把马歇尔罪恶的勾当重述了一遍。流言的种子已经播下，就在当夜，仍然醉醺醺的拉尔夫把流言告诉了亨利。尽管幼王开始时拒绝相信这种卑劣的传闻，但在 5 位同谋者各自站出来说“这件事众所周知，人们纷纷传言，又亲眼看到”时，传言开始让人信服。

小亨利似乎仍然心存怀疑。他既没有盲目地愤怒，也没有激烈的举动，而只是开始冷漠地对待威廉。在王室家户的微妙气氛中，主人在公开场合对家臣表示好感对后者的地位至关重要，这种态度的骤变是相当糟糕的。正如《威廉·马歇尔传》所报道的，“国王非常沮丧，对马歇尔很不友善”，并拒绝与他说话。很快，所有人都明白了，威廉已不再“受到国王珍爱或具有很大的影响力”，而亨利则“无比憎恨他”。[2]

针对马歇尔的案件

威廉·马歇尔真的有可能犯下这些罪行吗？相比之下，对傲慢自大与虚荣表现的指控似乎更有道理，虽然威廉的实际意图可能不是恶意的。马歇尔不是幼王麾下唯一的方旗骑士，但他如今是比武圈的大名人，而且他似乎很享受胜利带来的声誉。他的出身相对卑微，却以惊人的速度飞黄腾达，几乎不可避免的是，对一些人来说，他可能看起来像一个暴发户——仅仅是一个骑士，却试图摆脱幼王的阴影。

威廉生活在一个迷恋骑士文化和骑士理想的贵族社会中。在这个世界里，领主或国王和他的骑士之间天然有一种紧张关系。双方都可能显示出可贵的美德——幼王因其慷慨而受到尊敬，而马歇尔则是因为其武艺。但是哪一种更可贵？如果一位骑士实际上是比其领主更高明的战士，这是否使他更值得赞美？这个问题不仅适用于威廉和小亨利。这是当时即将爆发的社会困境之一，并将在12世纪末期广受欢迎的虚构故事骑士“传奇”（chivalric ‘Romances’）中不断出现并得到探讨。这些关于骑士功业和宫廷阴谋的史诗故事常常以亚瑟王时代为背景，从早期的武功歌演变而来，并从那时开始攫住了欧洲各地贵族宫廷的想象。不足为奇的是，其中虚构的情节和人物反映了观众的现实生活中的关注焦点，而亚瑟王和兰斯洛特的关系之间的核心冲突之一就是国王和其主要骑士谁更杰出的问题。鉴于这种对竞逐名声的痴迷，威廉受到的与他的主人竞争并以不得体的盛大排场表现自己的指控是可以理解的。这种内在的紧张没有在更早的时期造成裂痕，这事实上证明了亨利和马歇尔在整个12世纪70年代的友谊非常深厚。[3]

那马歇尔和王后的不正当情事呢？可以想象威廉可能会做出这样的背叛之举吗？这段风流韵事可能是由欲望或爱情驱使的，玛格丽特也许不可抗拒地被马歇尔出名的武艺所吸引。毕竟，在宫廷文学的世界里，像亚瑟王和兰斯洛特这样的人物之间的紧张关系往往以通奸为高潮——桂妮薇儿选择了伟大的骑士而不是她的过往丈夫，而这个情节在那个时期流传的许多传奇故事中得到了呼应。在这一时期，人们深知性欲具有影响人类行为的力量。中世纪教会试图宣扬禁欲的神圣性，同时警告说非婚性行为是一种致命的罪恶。即使在婚姻中，性交也是受到限制的：只允许以繁衍后代为目的，而不是追求肉体的欢愉，而且在节日和斋戒期间受到严格禁止——这样的日子一年有200多天。

尽管如此，许多生活在12世纪的男男女女对性爱有着令人惊讶的坦率和自然的态度。一些人认为定期做爱对维持身体健康至关重要，而且也鼓励追求性爱的愉悦感，特别是对女性而言，因为当时人们普遍认为，女性只有在性高潮时才能怀孕。低俗下流的娱乐也很受欢迎。就在威廉·马歇尔生活的时代，一种被称为小故事诗的幽默诗歌开始流行起来。它们的内容通常是与性有关的风流韵事和不幸遭遇，使用令人反感的直白语言创作，12世纪80年代曾在法国北部的贵族圈子里风靡一时。

在威廉的世界里，男性发生通奸是司空见惯的事。事实上，大多数贵族出身的男人理所当然地被认为应该有情妇，有些编年史家实际上对有人认为领主会忠于妻子的想法表示惊讶。国王亨利二世有许多著名的情妇，其中包括“美人”罗莎蒙德·克利福德和威尔士贵妇内丝特·布罗艾特（Nest Bloet）。还有传言说，亨利二世把法王腓力二世同父异母的姐姐艾丽丝当作了情妇，尽管她已经与他的儿子理查订婚了。在国王的家户中效劳的贵族不应该去见他们的妻子，而是由宫妓为其解决性需求。

然而，由贵族女性发起的通奸则是另一回事了，是罕见而且可耻的。尽管如此，这并不是没有先例，在第二次十字军东征期间，埃莉诺王后就被指控与叔叔乱伦。从贝克尔斯的丹尼尔于12世纪末撰写的关于宫廷礼仪的一书中，我们可以一窥当时的风俗。贝克尔斯对贵族妇女可能欲壑难填一点儿也不感到惊讶——和许多同时代人一样，他相信女性拥有永不满足的性欲；他还认为，她们会无法抗拒男性特征明显的男人，这是很自然的事。有鉴于此，他热心地向骑士们提供了两条建议，以抵挡女主人的骚扰：第一，假装生病；第二，在任何情况下都不要告诉你的主人。沃尔特·马普曾讲述过一个相当低俗的故事：有一位王后对宫中一位名叫加洛（Galo）的年轻英俊骑士有强烈的欲望，这位骑士的一位朋友试图解决此烦心事，他告诉王后加洛其实是一个阉人，但她立即派了一位她的女官去引诱他，女官严格按照王后的指示“将她的手指放在那话儿上，[并]带话回来告知他是否是个男人”。[4]

显然，贵族家户中是可能会出现通奸之类的淫行的，在这一时期，即便王室出身的已婚女性有非法的婚外情，也不是完全不可想象的。但是没有证据表明威廉·马歇尔和玛格丽特王后彼此熟悉，也没有任何迹象表明他们二人有放浪的名声。许多骑马比武的赛后都必然会举行喧闹的庆祝活动——历史学家大卫·克劳奇将其描述为“赛后”（après-tournoi）娱乐，《威廉·马歇尔传》对此保持了审慎的沉默。事实上，人们对威廉在12世纪七八十年代的性生活几乎一无所知，没有任何迹象表明他有情妇或私生子。玛格丽特也是如此，除了她在1176年怀过小亨利的一个孩子，其他时间都几乎没有这方面的信息。所有这一切使得通奸的指控令人难以信服。

幼王沉默的反应也许更能说明问题。当类似的事发生在他的前盟友佛兰德伯爵腓力身上时，后者报以无情的愤怒。1175年夏，腓力指控一位名叫方丹的瓦尔特（Walter of Fontaines）的骑士与他的妻子韦尔芒杜瓦的伊莎贝尔（Isabel of Vermandois，她同时也是小亨利的表亲）通奸。瓦尔特否认这项指控，并提出要证明自己的清白，但他从来没有得到这样的机会。相反，据说伯爵“怒火中烧”，用棍棒差点打死了瓦尔特。然后他在一条臭气熏天的茅房沟槽上竖起了一个临时绞架。瓦尔特被脱得精光，双脚被捆住并被吊了起来，头悬在粪坑里，直到窒息而死。①

相比之下，幼王亨利在1182年底的反应似乎相当温和。对他最亲密的朋友和知己之一——在过去13年里，他一直在这个人的密切注视下长大——的指控一定让他无比震惊。《威廉·马歇尔传》承认，亨利对“马歇尔的仇恨强烈而痛苦”，结果，“[威廉]从他主人的身边退出，不再接近他”。尽管如此，马歇尔没有被立

① 瓦尔特的草率处决引起了当地人的愤怒，这一丑闻可能与腓力在1175年决定领取十字参加十字军东征有关。然而，通奸的指控也使腓力能够控制伊莎贝尔在韦尔芒杜瓦的家族土地，所以这桩婚外情的整个故事可能是捏造的。

即流放或公开惩戒，这与 1176 年幼王对背叛他的首席大臣亚当的残酷惩罚形成了鲜明对比。同样值得注意的是，小亨利家臣骑士中的成员，无论是以前的还是现在的——包括贝蒂讷的鲍德温这样的人——依旧与威廉保持着密切的关系，尽管这可能是威廉的身份和地位所致。与亨利的反应唯一有关的其他迹象与玛格丽特王后有关，因为她随后离开了小亨利的宫廷，被送到她的弟弟法兰西的腓力所在的巴黎。乍一看，这似乎表明婚姻已出现严重裂痕，但事实上，她直到 1183 年 2 月才被遣送至卡佩王朝的首都，这或许能被轻易地解释为是由当时混乱的政治局势所致。总之，对通奸的整个指控有非常大的可能是捏造的，幼王很可能也是这么认为的，尽管对威廉僭越的指控仍然存在。然而，以现存的证据来看，这些事情的确切真相依然不明。[5]

流　亡

1182 年深秋，威廉和幼王最后一次一起参加了一场骑马比武，这次比武在巴黎以北的古尔奈和雷松（Ressons）之间举行。但两个曾经的密友之间的关系明显已经疏远了，令人痛心。两个人似乎都对他们的争吵被传得沸沸扬扬感到不安，幼王“脸羞得通红，而马歇尔也是如此……充满愤怒和耻辱”。佛兰德的腓力据说曾建议幼王不要“让马歇尔从他的身边走掉”，但亨利拒绝做出任何和解的努力。指控威廉的人已经达成了他们的目的——他已经失宠了。比武一结束，马歇尔就离开了小亨利的家臣骑士，相当于自我流放了。不久之后，幼王前去参观希农附近的西多会的丰特弗罗德修道院——这座大修道院深受安茹家族的喜爱。在那里他颁发了两份特许状，这两份文件都保存至今。其中一份是原件，另一份是中世纪晚期的抄本。这两份文件上都有亨利的主要家臣骑士的名字。威廉·马歇尔的名字——经常在这类名单上排在首位——却没有出现，而且很明显的是，取代他的名字的人不是别人，正是库隆塞的托马。第二个被指明的共谋者伊克博夫的亚当就排在杰拉德·塔尔博特、罗贝尔·特雷斯戈兹和普雷欧的约翰之后。幼王的家臣骑士已经被重新排序了。[6]

12 月，在亨利二世于诺曼底的卡昂举办的安茹家族的集会上，威廉·马歇尔做了最后一次证明自己清白的努力。一年一度的圣诞宫廷庆典有庆祝活动和奢华的盛宴。这些聚会为公众领略王室的显赫和慷慨提供了一个绝佳机会，并为大批贵族提供了一个观看和被观看的机会——他们在惊叹无与伦比的王室排场的同时，也炫耀自己的地位。1182 年集会的排场无与伦比，整个安茹王国领土上的贵族都齐聚一堂，还有从德意志和加斯科涅来的客人。亨利二世的 4 个儿子都来了，还有他的女儿玛蒂尔达及其丈夫萨克森公爵“狮子”亨利，公爵还带来了 1000 名骑士随从。

圣诞宫廷庆典也是贵族们表达不满或要求王室做出公正判决的时机——事实上，就在这次聚会上，马歇尔的前主人唐卡维尔的领主公开向老王抱怨说，他的诺曼底财政总管一职正在被篡夺。此时，威廉·马歇尔涉嫌犯罪一事已经引起了亨利二世的注意，但在宴会期间，威廉直接去找了幼王。马歇尔似乎没有注意到在卡昂集会的表面下涌动的紧张政治局势涡流。那年的宫廷庆典充满了阴谋诡计——这是一场更大的权力游戏——但威廉只关心与小亨利达成某种程度的和解。

马歇尔出人意料地出现在卡昂。《威廉·马歇尔传》指出，他“很受高层人士的欢迎”，尽管他的敌人“非常不高兴”。威廉清楚地感到大家都在盯着他看，因为对他的指控现在已“尽人皆知”。他来到幼王面前，请求有机会通过比武审判来证明自己的清白。威廉提出要一个接一个地和不少于 3 个对手对打，声称如果被打败，他心甘情愿被绞死。他甚至建议那些指控他的人可以从他的右手上切下一根手指，看看他是否会“认输”。但小亨利仍然无动于衷，直接拒绝了这样的审判或考验。于是，马歇尔彻底失宠了。他现在实际上被从幼王的军事家臣中驱逐了出去。由于意识到自己可能会面临逮捕、监禁甚至攻击，马歇尔请求并得到了亨利二世的安全通行证，确保他能安全到达安茹领土的边界。他踏上了流亡之路。[7]

1183 年初，威廉·马歇尔意识到自己 15 年来第一次没有主人或家臣骑士了。现在他 36 岁左右，突然遭受冷落。有关他的丑闻，或至少是“马歇尔和他主人间的冲突”传遍了整个法国北部。但威廉作为一位比武冠军，以出众的武艺闻名，这意味着安茹世界外的其他贵族仍然愿意招募他进入自己的家户。《威廉·马歇尔传》对马歇尔在这段时期的所作所为含糊其词。他的传记作者很高兴地承认，为了获得威廉的服务，爆发了一场出价大战。佛兰德的腓力出价 500 英镑，勃艮第公爵于格也愿意出这个价格，而贝蒂讷的领主愿意出 1000 英镑，甚至还表示愿意把他美丽的女儿嫁给威廉。根据《威廉·马歇尔传》的记载，威廉拒绝了所有这些提议，仍然保持自由身，但这可能是在故意掩饰真相，旨在保持威廉对小亨利忠贞不渝的印象。事实上，威廉可能在短期内为佛兰德伯爵做过扈从，因为有一份特许证表明，马歇尔从腓力那里接受了佛兰德城市圣奥梅尔的四分之一岁入的巨额捐赠，这可能是他加入腓力的比武团队的报酬。

当然，没有迹象表明威廉在1183年初挣扎着维持生计，据说他“在法国过着非常优渥、富裕和奢华的生活”。这并不是回到1166年时可怕的不确定性和他在唐卡维尔家户中受到短暂排斥的那种状态。马歇尔还与巡回赛中的另一位杰出人物——伟大的阿韦讷的雅克——建立了亲密的友谊。在每年一度的大斋节开始，骑士比武暂停之时，两人还一起去德意志的科隆朝圣，那里有一个大金匣，据说里面装着拜访过婴儿耶稣的东方三王的骨骸，在那里受人敬拜。威廉可能于1183年4月中下旬才返回法国。在那之后的某个时候，据说他在旅途中遇到幼王的财政总管拉尔夫·菲茨戈弗雷（Ralph FitzGodfrey）。《威廉·马歇尔传》描述拉尔夫看到马歇尔沿路走近，便飞驰上前迎接他。财政总管已经花了几个星期在法国北部的城镇寻找威廉，而且他带着来自幼王的一则紧急消息。对威廉的指控已被澄清，现在欢迎他回到幼王的家户中来。但拉尔夫敦促他尽快赶去，因为幼王正在阿基坦经历一场血腥的战争。[8]

最后一招

威廉似乎不知道，几乎从他离开卡昂的圣诞宫廷庆典那一刻起，局势就开始不可阻挡地走向这场冲突。亨利二世和他的儿子们在12月底移到了勒芒，老王在紧张和暴躁的氛围中意识到，他最终必须采取一些果断行动，来澄清他的继承人之间的权力平衡。起初，他的裁决有利于小亨利。1183年1月1日，理查和若弗鲁瓦被要求向幼王宣誓效忠，从而确认了他对布列塔尼和阿基坦的最终统治权。若弗鲁瓦欣然同意了父亲的要求，尽管理查有所抱怨，最终也同意了，但前提是小亨利首先保证他对阿基坦永久拥有权利。有了这些来之不易的协议条款，亨利二世一定认为他的长子会因此得到安抚，后者梦寐以求的卓越地位现在得到了确认。

事实上，一切和平的表象都即将在老王的眼前瓦解。在父亲、弟弟和一大群安茹廷臣面前，小亨利把手放在一部福音书的抄本上，“发誓从那日起……他将继续忠于国王亨利［二世］”，但他也承认，“他曾承诺支持阿基坦的贵族反对理查”，这些当地贵族们希望宣布他为新公爵。这是对他的弟弟理查的公开宣战。小亨利鼓起勇气造成对抗，把老王逼到一个角落里，令他选择到底支持哪个儿子。幼王一定希望这一招不仅可以迫使他的父亲确认小亨利对安茹王朝的统治权，而且还能为他带来属于自己的实际领土——要么通过武力在阿基坦赢得，要么通过父亲在诺曼底的让步获取。但是，小亨利正在玩一场危险而不可预测的游戏。[9]

起初，沮丧的亨利二世不顾一切地努力让家人团结在一起，想逼迫争吵不休的儿子们在昂热的另一次集会上接受一份新条约，但这只是装装门面。老王如今处于令人难以置信的恰好平衡的位置上，他应该支持作为骑士精神典范的长子及主要继承人，还是支持在现实世界中运用权力的能力方面拥有良好记录的坚强战士理查？在这一点上，我们所拥有的判断其意图的证据相当模棱两可，甚至是互相矛盾的。同时代人似乎对老王的立场困惑不已，很可能是因为他把接下来的计划藏在了心中的缘故。作为这个时代最老练、最精明的政治家之一，亨利在小心翼翼地行动。根据英国编年史家迪斯的拉尔夫的记载，在理查“怒不可遏”地拒绝任何进一步的和平谈话后，老王确实透露了他暗中支持小亨利。据说亨利二世“大发雷霆”，“威胁要给理查一些颜色看看”——

暗示小亨利“会驯服理查的骄傲”——并敦促若弗鲁瓦“奉他的兄长为主君，忠实地支持兄长”。[10]

事实上，老王可能只是接受了这样一个事实：他的两个儿子将要同室操戈，在某种意义上，争夺阿基坦将是对他们的手腕和野心的一次考验，他计划支持胜利者。至少在公开场合，亨利二世宣布了另一次集会——这次将在普瓦捷北部举行——名义上可能是计划让阿基坦当地的贵族表达他们对理查的不满。但没有一个儿子对进一步的谈判感兴趣。若弗鲁瓦前往利穆赞，据说是为了安排休战，但随即表示支持阿基坦贵族的反抗事业，并站在了当地贵族利摩日子爵艾默里（Aimery of Limoges）的一边。

幼王于 1183 年 2 月紧随而来，就是在这个时候，他的妻子玛格丽特王后被送往巴黎。8 个月前，幼王曾特意造访利摩日，并向著名的圣马蒂亚尔修道院提供赞助。现在这座城市成为他的军队的集结点。今天的利摩日城中几乎没有中世纪利摩日中心的遗迹（只有一些不久前发掘出来的圣马蒂亚尔地窖的遗迹），但是在 1183 年，此地由大修道院和邻近的子爵城堡统治。在理查的命令下，后者大部分于 1181 年被拆除了，所以幼王命人现在开始用木材、泥浆和清理过的砖石迅速重建其外墙。

随着战线的划定，其他本地贵族开始向小亨利提供支持，其中包括吕西尼昂的若弗鲁瓦——此人在 1168 年袭击了索尔兹伯里伯爵帕特里克及其随从。艾默里子爵还从加斯科涅招募了雇佣兵部队。随着幼王策划的冲突加速形成，很难知道他在这个关键时期听取了谁的意见。在失去老友兼臣仆威廉 · 马歇尔之后，他一定是求助于家户中剩下的亲信，也许还求助于幼弟布列塔尼的若弗鲁瓦。如果是这样的话，他就处于误入歧途的严重危险之中。

若弗鲁瓦此时25岁左右，是一个狡猾、诡计多端的马屁精。用一个同时代人的话来说，他“像油一样滑”，“在任何事上都是伪君子”；他的“甜言蜜语和有说服力的口才”使他“拥有能溶解表面上不可溶解的东西的力量”；事实上，他是一个可以“用舌头腐蚀两个王国”的人。这个令人不快的人物在1月1日的勒芒集会上给人留下了顺从的印象，但他肯定是在为自己谋求利益；至少在现在，他认为支持小亨利可能会在未来获利。若弗鲁瓦可以调动布列塔尼的军事力量，他指示布列塔尼的雇佣军越界进入阿基坦并威胁普瓦捷，但他并不值得信任。[11]

同室操戈

到了2月初，理查很清楚地感觉到他的兄弟们即将发动进攻。由于对父亲的无所作为感到愤怒，他离开了普瓦捷，为直接的军事对抗做准备。理查不是一个拿战争当儿戏的人，而是一个残暴、高效和无情的指挥官，已经经过了多年的战争的考验。他在短时间内击败了布列塔尼的雇佣军，处决了所有俘虏，然后在2月10日，他率领部队离开普瓦捷，向东南方急行军。他们在两天两夜的时间内马不停蹄地行进了75英里，到达利摩日以西12英里处的戈尔（Gorre）前哨。在这里，理查迅速击败了为小亨利服务的加斯科涅雇佣军：大多数人被杀，剩余的被俘虏了。在这闪电般的攻击后，理查沿着维埃纳河谷撤退至艾克斯城堡，他下令在此将俘虏们淹死、屠杀或致盲。如果理查的兄弟们愚蠢地坚持侵略，这就是理查发动战争的方式。

2月中旬，国王亨利二世终于来到南方进行干预。他肯定已经开始从安茹和诺曼底各地召集军队了，但到目前为止只得到了一小批骑士的支持。老王抵达利摩日，打算与小亨利谈判，显然他还没有决定要支持谁。但是，当他的队伍来到一座临时城堡前时，城堡里突然射出箭来。一支伤到了一位站在国王身边的骑士，另一支直接射向亨利二世的胸膛。千钧一发之际，他的坐骑暴跳而起，箭矢射中了马的头部。老王幸运地逃过一劫。在随之而来的混乱中，王室骑士们催赶着亨利二世前往安全地带，他便直接来到理查的艾克斯城堡。他已经做出了选择——他现在要支持理查了。[12]

我们没有可能知道这是否是蓄意的企图暗杀，或小亨利是否是同谋。老王的死无疑能为小亨利的继位铺平道路，但这样的直接攻击是非常冒险的。后来给出的借口是守军认为他们受到了攻击，但是由于亨利二世的头顶上飘扬着红色和金色的王室旗帜，很难让人相信会发生这样的错误。当天晚上，幼王来到艾克斯城堡进行谈判，并为这一令人震惊的事件道歉，而对此负责的弓箭手仍然未受惩罚，这让一切于事无补。显然，因为愤怒和怀疑，亨利二世现在偏向理查了。

由于老王和理查公爵要集结他们的军队，在向利摩日发动进攻前有一段两个星期的时间间隔。小亨利突然面临严峻的现实，神经紧张了起来。这场战争很大程度上是他自己制造的，然而现在他意识到，随着父亲的疏远，他很有可能彻底失败。艾默里招募的加斯科涅雇佣军的高昂费用也开始制造麻烦，幼王很快就没钱了。他束手无策。不久，他只得采取可耻的行动，去抢劫圣马蒂亚尔修道院的黄金和白银，以满足自己的开支。在2月的后两周里，亨利和他的父亲之间有一系列混乱的外交交流，有些是面对面的，有些是通过特使进行的。在整个过程中，幼王摇摆不定，他一会儿提出和平的提议，但接着又撤销了，一会儿又重申他要参加十字军前往圣地——而且此时似乎他真的已经领取了十字——但当老王同意资助他的远征时，他又放弃了这个计划。

到 3 月 1 日为止，双方没有达成任何协议，亨利二世和理查的军队已集结到位，开始包围并攻打利摩日城堡。幼王寡不敌众，别无选择，只能严防死守。这次围攻对双方而言都是一件可怕的事。冬末的天气仍然寒冷，暴雨猛烈拍打围困者的帐篷——在痛苦中，老王的一些部队要求在两周后就离开。尽管如此，小亨利依旧前景黯淡。很可能就在 1183 年 3 月，幼王的王室总管——前一年秋天指控威廉·马歇尔的主要人物之一——暴露了自己是一个“叛徒”。在断定小亨利毫无希望之后，他抛弃了他的主人和家臣骑士，跑到老王的阵营那里去了。根据《威廉·马歇尔传》的记载，这种背叛行为使亨利意识到，对马歇尔的指控不过是一个“有害的谎言”。情况或许如其所述，或许整个阴谋真的被揭露和受到怀疑了。但也有可能的是，由于幼王到了山穷水尽的地步，他只是决定将任何存留的怨恨或怀疑搁置一旁了。无论真相如何，亨利现在需要一个像威廉这样有才干的人在队伍中，所以他的财政总管拉尔夫·菲茨戈弗雷受命尽快找到马歇尔。[13]

拉尔夫可能是在小亨利从利摩日逃出来——要么是通过突破亨利二世的包围，要么（更有可能）是趁短暂的谈判休战潜逃——的同时被派遣的。布列塔尼的若弗鲁瓦、艾默里子爵和吕西尼昂的领主都被留在城堡里了，而幼王就穿过整个利穆赞和昂古莱姆，拼命地寻找补给和战利品。他再一次劫掠修道院，劫掠利摩日以北的格朗蒙（Grandmont）地区，还有拉库罗讷（La Couronne）的修道院，但这些战利品有效地支持了他的战争。利摩日的城堡顽强地挺过了整个 4 月，到了 5 月初，老王取消了围攻。在经历了最严峻的情况一段时间后，似乎局势开始有利于小亨利了。尽管洗劫了当地的修道院，小亨利在阿基坦仍受到很大的支持。勃艮第公爵于格和图卢兹伯爵雷蒙等邻近强权也开始支持幼王，他们更期待小亨利的统治，而非众所周知的理查那残暴的政权。

可能就在这个时候，在 5 月的某天，威廉·马歇尔终于回到了小亨利的身边。马歇尔利用在巡回赛上建立的政治人脉，得到了法国国王腓力、兰斯大主教和布卢瓦伯爵的支持和安全通行保证，这样他就可以穿越战区。甚至亨利二世最终也给了威廉与幼王团聚的许可，或许他是希望威廉能引导他任性的儿子走上更温和的道路。事实上，马歇尔抵达利摩日可能鼓励了小亨利发动进攻；到 5 月 23 日，幼王已沿着维埃纳河谷进军，占领了艾克斯地区现在无人驻防的城堡，然后向南进发。在经历了初冬令人沮丧的开场之后，他的前景已发生了变化。虽然幼王依旧欠着他的雇佣兵很多钱，但理查和老王现在处于不利的境地。

但是，5 月 26 日，幼王在利摩日以南约 35 英里的于泽什（Uzerche）发烧病倒了。起初，他还能继续行军，两天后经过了马尔泰勒的小城堡，然后继续前去劫掠位于罗卡马杜尔的老王最心爱的圣祠。然而，到了 6 月初，他回到了马尔泰勒，身体非常虚弱，不得不卧床休息。他的体温仍然很高，但他也“腹泻不止”——我们今日将这种病称为痢疾。就像之前 1170 年的亨利二世还有 1179 年的法兰西的腓力一样，小亨利的性命危在旦夕。

幼王自知无法再战，便派了一位特使去找他的父亲，请求他前来马尔泰勒，这样两人就可以和解了。据说亨利曾考虑出发，但是鉴于2月在利摩日发生的背叛，他的谋士建议国王拒绝前往。国王没有出发，一枚刻有“宽恕与和平”字样的戒指被送到了儿子那里。小亨利的病情一天比一天更糟。虽然他的医生竭尽全力救治他，但他的身体严重脱水，极为痛苦。威廉·马歇尔和其他幼王最亲密的家臣骑士在他身边焦虑地等待。毫无疑问，亨利现在病得很严重，但他只有28岁，还具有年轻人的体力和韧性。

然而，到了6月7日，很明显，亨利不会再康复了，他已进入弥留之际。当天他向卡奥尔（Cahors）主教做了私人告解，并在教长高举的十字架苦像前赤身裸体地跪倒在地板上，宣布放弃夺取阿基坦的企图并愿意接受弥撒仪式。4天后，6月11日，小亨利濒临死亡。在威廉和其他家臣骑士的面前，幼王公开再次做了告解，然后接受了对他的罪的赦免和最后的仪式。

在人生的最后一天，这位原本注定要成为英格兰国王亨利三世的男人口授了最后的遗嘱。他的尸体将与他的祖先、伟大的诺曼底公爵们一同埋葬在鲁昂大教堂内。他衷心恳请他的父亲亨利二世“善待”他的母亲阿基坦的埃莉诺、他的妻子法兰西的玛格丽特和他的骑士们，对于后者，“他已做出了许多他无法兑现的承诺”。亨利转向“他最亲密的朋友”马歇尔，吩咐后者拿起附有他参加十字军领取的十字的斗篷，并请求威廉“把它带到（耶路撒冷的）圣墓，向上帝偿还我的债务”。[①]之后，他的脸变得“蜡黄、苍白和青肿”。幼王的临终时刻成了悔罪的活画面。一件粗毛衬衣被覆盖在他消瘦的身体上，满是皱纹的脖颈上套着一根绳索。他被人用这根绳索从床上拖拽下来，躺在满是灰的地板上，头和脚

① 威廉·马歇尔接到的幼王的临终命令得到了豪登的罗杰和维茹瓦的若弗鲁瓦的证实，后者将威廉描述为幼王的carissimus（他最亲密或最珍视的伙伴）。

下都垫着大石块。小亨利紧紧抓着老王的和平之戒放在胸口，不省人事，不久就死了。[14]

对幼王的崇拜

威廉·马歇尔和聚在马尔泰勒城堡里的人对小亨利的去世感到震惊和怀疑，他们“失去了理智，非常不安”。据说老王在听闻这个噩耗时陷入“最深的悲痛”，他“泪流满面，扑倒在地，深深地哀恸其子”。这位俊美的、一头金发的幼王死得毫无意义、肮脏邋遢。在他死后，阿基坦的抵抗力量很快就瓦解了。威廉·马歇尔一定感受到了很大的痛苦，但他还要被迫面对清偿亨利生前债务这个不合时宜的问题。幼王的一名雇佣军指挥官因可能拿不到报酬而感到愤怒，马歇尔不得不承诺他会还债，尽管国王亨利二世后来解决了欠款问题。[15]

尽管如此，马歇尔和幼王其他忠诚的家臣骑士尽了最大的努力完成已故主人的遗愿。由于夏季天气炎热，亨利的尸体在被移走之前必须做好周密的处理。王室成员死者的内脏常常被分开埋葬，所以幼王的大脑、眼睛和内脏都被取走了，随后被埋在格朗蒙修道院，尽管这是他劫掠过的宗教场所之一。他身体的其余部分填满了盐，并被缝进一张公牛皮中，然后被放置于一具铅棺内。马歇尔和他的骑士同伴现在已准备好开始漫长的送葬，前往马尔泰勒以北 300 多英里的鲁昂。当幼王的棺材“被扛在他同伴们的肩膀上穿过村庄、城堡和城镇时，人们从四面八方跑来观看”。

当丧葬队伍缓慢地穿过阿基坦、安茹和诺曼底的乡间时，人群陷入了极度的悲伤，尤其是普通的城镇居民和农民。小亨利被崇拜为伟大的骑士之花，人们认为他本会是一位公正和仁慈的统治者，许多人为失去他而哀悼。在某种程度上，这种信念的力量，以及现在开始席卷整个安茹王国的纯粹的、意想不到的情感力量，可以用亨利终其一生从未真正拥有或行使过完全的王权这一事实来解释。他能够扮演骑士精神的偶像角色，而不必执行法律或者提税。他的手还没有沾染过统治工作留下的污痕，他成了想象中完美的国王。

即便如此，对幼王的崇拜于 1183 年 6 月开始突然出现，已经超越了单纯的政治崇拜，开始接近于 1170 年托马斯·贝克特被谋杀后引起的强烈的虔诚倾诉。当威廉和他的同志们携亨利的尸体北上时，人们声称已故的亨利成了圣：送葬队伍经过时，麻风病人走上前来触摸棺材，据说被治愈了，还有人说晚上有一道巨大的天光照射在棺材上。当队伍到达勒芒时，人群变得异常激动，以至于主教叫停了葬礼聚会，迅速地将幼王的遗体安葬在当地的大教堂里——此地是幼王的祖父若弗鲁瓦·金雀花的安息之地。这可能是主教不择手段地想把对小亨利的崇拜留在勒芒（毕竟，朝圣人流能带来大量财富）。据说老王被仓促的下葬激怒了，向鲁昂的教长发放了一份特别的王室特许状，以便可以把小亨利的尸体重新挖掘出来。在相当可怕的一幕中，亨利的遗体在 7 月中旬被及时挖了出来并运到鲁昂大教堂，“以应有的荣誉……安葬在主祭坛的北侧”。威廉·马歇尔埋葬了他的第一位国王，但不是他的最后一位。[16]

对幼王的崇拜很快就消失了。由于亨利二世仍然在位，小亨利现在扮演了被击败的叛军首领的角色，鲜有安茹贵族或神职人员愿意冒险重述他的“奇迹”故事。事实上，幼王亨利受到了 12 世纪末大多数编年史家的猛烈抨击。对这些在老王及其继任者统治期间写作的历史学家来说，小亨利很容易被利用——一个任性的国君，英年早逝，没有留下伟大的宫廷历史学家歌颂他。在他们笔下，他只不过是一个叛逆的叛徒。沃尔特·马普据称把亨利视为“亲密的朋友”，却也谴责他“是父亲的假儿子”，“以叛国罪玷污了整个世界”。威尔士的杰拉尔德给出了比较折中的看法，他指责幼王“可怕地忘恩负义”，但他也承认他“受朋友敬重、被敌人恐惧，得到了所有人的爱戴”。

只有少数几个与小亨利最接近的同时代人对他的成就和性格有更直接的印象。著名的游吟诗人博恩的伯特兰（Bertrand of Born）为亨利之死谱写了一首哀歌（planh），赞美他的慷慨、礼貌和骑士精神；称他为“所有宫廷骑士的首脑”和“冠军之皇”。或许最真挚的纪念来自亨利的专职神父蒂尔伯里的杰维斯。他写道，幼王“在世时是对世界的一种安慰”，“当他在青春的光辉中死去时，对全部的骑士精神都是一个打击”。杰维斯总结道，“当亨利离世时天堂是饥饿的，所以全世界都被吞掉了”。[17]

幼王是一个悲剧人物——一个似乎永远和真正的伟大擦肩而过的人，在他的时代来临前倒下了，他的所有诺言都白费了。他是威廉·马歇尔最大的恩主，二人虽曾短暂疏远，但依旧是亲密的朋友。亨利改变了威廉的生涯，让他成了一个人物。马歇尔在余生中会珍视与幼王有关的回忆，但如今他的首要任务就是前往圣地，以完成小亨利的十字军誓言。

圣地之旅

实现小亨利的请求并非易事——需要踏上 2000 多英里长的旅

程，几乎到达已知世界的尽头——但威廉还是承担了这最后的效劳义务。他的朝圣之旅似乎首先是由真挚的宗教虔诚驱动的。随着幼王战败和身亡，沉浸在对他的回忆中并无好处，那年夏天，威廉发觉自己处境不妙，他失去了主人和恩主。如果威廉优先考虑的是确保自己的未来，他会专注于寻找一份军事家臣的新差事，要么在安茹王室中，要么投靠佛兰德伯爵腓力等贵族。这当然是他的大多数同侪——小亨利的家臣骑士们——选择的做法。在接下来的几年内，像贝蒂讷的鲍德温、罗贝尔·特雷斯戈兹和杰拉德·塔尔博特等骑士设法讨好老王。王室接受了他们的效劳，他们开始了缓慢的邀宠和晋升之路。

而马歇尔选择了一条不同的道路。在幼王下葬鲁昂之后，威廉亲自领取了十字军的十字，做出了坚定的前往近东的承诺。从许多方面来说，这是远离为王室效劳和中断职业生涯的一步，阻碍了他的个人晋升。马歇尔如今 30 多岁，正处于人生的关键时刻，面临着重大的抉择。他参与了两次反对亨利二世的失败的叛乱，还在 1182 年底忍受了对他的诽谤指控，前途未卜。但威廉亲眼看着小亨利痛苦地死去，这段经历似乎令他印象深刻。他显然决心要实现亨利的遗愿，带着他的斗篷前往耶路撒冷，后来的事情表明，马歇尔也开始思考他自己的有限生命和信仰。

这并不是说威廉仅仅是一个圣洁的家臣，眼睛只盯着遥远的圣城。他在 1183 年愿意做出一些牺牲，但他也是一个现实主义者。幼王刚下葬，马歇尔就去觐见亨利二世。根据《威廉·马歇尔传》的记载，他去见老王只是想“告辞”，也就是想为他的朝圣得到王室的批准，亨利二世准许了他的请求。但这对马歇尔而言是一个判断他在国王面前的地位并与国王和解的重要机会。亨利显然知道他的长子在临终前曾要求马歇尔承担参加十字军远征的义务，而且似乎很尊重威廉的忠诚，同时也知道他在武艺上的名声。因此，老王承诺在王室的家臣骑士中为马歇尔保留一席之地，这种保证可能是在马歇尔提出的要求下做出的。亨利甚至给了马歇尔 100 安茹镑，“资助他的朝圣之旅”，但他还从威廉那里拿走了“两匹好马”——据说这是为了保证他从东方返回——这两匹骏马加起来似乎值 200 安茹镑。

马歇尔已经为他从黎凡特返回后在西欧的广阔前景奠定了基础，但尽管已有了老王的承诺，威廉也考虑了留在圣地的可能性。1183 年仲夏，他回到英格兰，“向他的朋友、姐妹、直系亲属和其他亲眷辞行”，并拜访了妹妹玛蒂尔达，她嫁给了英格兰南部的一个小地主蓬德拉尔克的罗贝尔（Robert of Pont-de-l’Arche）①。威廉可能还拜访了他的兄长约翰·马歇尔，约翰得到了王室大元帅的世袭头衔，但在亨利二世执政期间几乎没有享受到王室的恩惠。对威廉·马歇尔来说，英格兰之旅无疑是绕了远路，而且看起来就像是一个人在长时间，甚至可能是永久离开之前先把自己的事情安排妥当。[18]

许多像马歇尔一般年纪、背景和地位的骑士都已在黎凡特开创了新的职业生涯。在 12 世纪的大部分时间里，1099 年拉丁基督徒征服耶路撒冷后建立的十字军国家为马歇尔这类出身的人提供了许多机会。通过前来保卫圣地，这些骑士可以做“神的任务”，同时自己可以一展抱负，甚至最终能拥有属于自己的土地。

① 马歇尔的另一个妹妹玛格丽特先是嫁给了索默里的拉尔夫（Ralph of Somery），后来嫁给了冈特的莫里斯（Maurice of Gant）。

勃艮第骑士沙蒂永的雷纳德（Reynald of Châtillon）就是一个很好的例子。他在 25 岁左右时参加了法兰西国王路易七世领导的第二次十字军东征，但留在了东方。尽管相对籍籍无名，但雷纳德于 1153 年和北方十字军国家安条克公国的女继承人康斯坦丝结婚，并以安条克亲王的身份统治了 8 年。后来他被穆斯林俘虏，在被赎回前在阿勒颇坐了 15 年的牢（这段羁押岁月令马歇尔在 1168 年的经历黯然失色）。待他获释时，康斯坦丝已死，安条克也有了新的统治者，但雷纳德很快又缔结了一段有利的联姻，他这次娶了沙漠中的外约旦（在巴勒斯坦东部）的女继承人，得到了卡拉克（Kerak）和蒙特利尔（Montreal）这两座坚不可摧的城堡的控制权，这使他处于和强大的苏丹萨拉丁展开的圣战的前线。

另一位在东方发迹的骑士是吕西尼昂的居伊，他是 1168 年在普瓦图袭击索尔兹伯里伯爵帕特里克和威廉・马歇尔的吕西尼昂两兄弟中的一个。在 12 世纪 70 年代的某个时候，居伊前往巴勒斯坦，也许部分是为了帕特里克的死做补赎。但和雷纳德一样，他在 1180 年通过联姻平步青云，因为他娶了国王鲍德温四世的姐姐——耶路撒冷的西比拉。鉴于麻风国王鲍德温的身体状况极为糟糕，居伊现在想要戴上耶路撒冷的王冠——这真是命运的惊人转变，因为就在 15 年前，他还是一个躲避亨利二世追捕的阿基坦逃犯。有了这样的先例，如果威廉对黎凡特的未来丝毫也没有想法，那将是令人惊讶的。[19]

威廉的耶路撒冷朝圣

威廉的圣地之旅似乎没有他自己的骑士随从陪伴在侧。他在

1179年聚集起来的小队随从似乎在他1182年12月流放期间就解散了，极有可能他现在只有一两个仆人，包括他的扈从——一位名叫厄斯塔斯·伯特里蒙（Eustace Bertrimont）的低阶武士，未来许多年里一直是威廉的家户中的一员。威廉的东行旅程没有留下任何详细的记录，但几乎可以肯定，他是坐船到巴勒斯坦的，因为尽管第一次十字军是从陆路到达近东的，但当时绝大多数朝圣者和十字军战士如今都是坐船前往巴勒斯坦的。威廉可能是从英吉利海峡的港口出发的，或者更有可能是从马赛这样的法国南部的朝圣者交通中心出发的。他的衣服上缝着一个十字，这表明了他的十字军战士的身份，给他提供了一定程度的保护和自由，可以不受阻碍地在基督教的土地上旅行。

考虑到幼王于7月中旬在鲁昂下葬后威廉先去了英格兰，所以他前往黎凡特的最早时间可能是1183年9月，而且很有可能，他在11月初地中海海上航道冬季封航之前出发。从某种意义上说，马歇尔的旅行“不合时令”，或者至少和通行的情况不同。在耶路撒冷被夺回后，成千上万的西欧人抓紧时机拜访了圣地，有些和威廉一样是以十字军战士的身份前往，另一些人则仅仅是朝圣者。通常情况下，这些男男女女会在早春航行到东方，然后在秋季返回。在顺风的情况下，穿越地中海的航程可能只需要短短20天，但4到6周的旅程并不少见。大多数人在巴勒斯坦的繁荣港口阿卡登陆，这是一个繁忙喧嚣的国际性商业贸易中心，它甚至欢迎穆斯林商贾和旅客，尽管圣战还在进行。

威廉的首要任务是完成他的耶路撒冷朝圣之旅，履行他对小亨利的承诺。他进入内陆，穿过犹太丘陵（Judean hills），抵达圣城。耶路撒冷是一座由巨大的城墙守护的大都市，而且它是基督教信仰的中心。马歇尔的最终目的地是圣墓教堂，人们相信它是在耶稣基督死亡和复活之地上建造的。和中世纪所有的基督徒一样，威廉认为这里是尘世中最神圣之地。1099 年 7 月 15 日，第一次十字军屠杀了耶路撒冷城内的穆斯林后来到这里，感谢他们的上帝赐予胜利。就在整整 50 年后，由国王富尔克（亨利二世的祖父）和他有一半亚美尼亚血统的妻子梅丽桑德女王发起的大型重建计划已经完成。这座宏伟的建筑有一个壮观的圆顶圆形大厅，包围着假定的基督的坟墓。马歇尔进入教堂，最终履行了他对幼王的职责。

在他滞留东方期间，威廉与两个著名的军事修会——圣殿骑士团和医院骑士团——的成员建立了友好关系。这种宗教运动结合了骑士和隐修的理念，他们的追随者被认为是终极的神圣战士，组成了耶路撒冷王国军队的精英核心。鉴于马歇尔的背景和他在西欧获得的比武声誉，和这些受人尊敬的骑士团成员发展出友谊也是很自然的事。根据《威廉·马歇尔传》的记载，圣殿骑士和医院骑士都“深深敬爱马歇尔，因为他有许多优秀的品质”，他也一定对他们传奇般的纪律和武艺印象深刻。在耶路撒冷，他可能参观了位于圣殿山上的圣殿骑士团总部（现在是阿克萨清真寺的一部分），在那里他可能还看到了圆顶清真寺被改建为拉丁“主的圣殿”（Templum Domini），顶部竖立着一个巨大的十字架而不是新月标志。威廉还很可能会拜访耶路撒冷的大型医院，那里可以治疗多达 2000 名贫困或患病的基督徒。

马歇尔还可能看到了巴勒斯坦最珍贵的圣髑真十字架——一个金色的苦像十字架，据信其上有一块耶稣被钉死的十字架上的木料。这件圣物在耶路撒冷 1099 年被征服后奇迹般地“被发现”，并被认为是拉丁军事力量的重要图腾，常被王国军队围在中心带上战场。许多人坚信，只要真十字架在他们中间，他们就战无不胜。[20]

骑士在东方

威廉·马歇尔在圣地待了两年，但几乎没有人知道他在这段时期的所作所为。《威廉·马歇尔传》记载，威廉在逗留期间做了“许多英勇的壮举”，功绩“就像他在那里生活了7年”一样，并补充说，这些“善行流传至今”，并被广泛讨论。然而，马歇尔的传记作者随后宣称，他无法描述这些不可思议的功绩，因为“我不在那里，没有亲眼看到，我也找不到任何人可以告诉我一星半点”。这使得他生命中这一阶段的大部分时间都成了令人沮丧的空白。

结果，大多数历史学家都满足于仅仅用几句话将威廉在东方的时光一笔带过，充其量也就是总结说“十字军东征是至高的冒险”和威廉“毫无疑问在抵御令人生畏的萨拉丁的军队方面取得了［伟大的功绩］”。事实上，我们可以推断出更多的内容来。通过使用一系列同时代的其他史料，有可能建构耶路撒冷王国在1183年秋至1186年初这几年间的详细历史记录。这幅画面很有启发性，因为它表明马歇尔来到了一个处于灾难边缘的拉丁王国，所有人都能明显感受到若隐若现的灾难的阴影。更重要的是，而且或许令人惊讶的是，尽管与伊斯兰世界的紧张关系趋于激化，但威廉恰巧在1187年的破坏性冲突来临之前，在相对平静的时期抵达巴勒斯坦。[21]

耶路撒冷王国在1183年四面楚歌。当年6月，萨拉丁终于在叙利亚北部城市阿勒颇击败了穆斯林对手。这让苏丹控制了向南直到大马士革，然后延伸到埃及和伟大的城市开罗的一片弧形领土，实际上包围了耶路撒冷王国。然而，他统一伊斯兰世界的野心勃勃的计划尚未完成，因为他还没有征服伊拉克城市摩苏尔，萨拉丁决心在试图大规模入侵拉丁巴勒斯坦前组建一个伊斯兰力量的大联盟。这意味着，虽然苏丹在 1183 年秋和 1184 年夏确实对基督教领土发动了两次试探性的进攻，但他真正的关注点在其他地方。

当萨拉丁带领军队进入耶路撒冷北部的加利利之后，威廉·马歇尔在 1183 年 9 月有可能经历了拉丁人几乎立即采取的行动。为了应对这次入侵，一支庞大的拉丁军队集结了起来，在阿卡等待返回欧洲的朝圣者甚至都被迫服役。威廉可能在 9 月下半月刚抵达后加入军队，但他能这么快到达黎凡特或许是值得怀疑的。麻风国王鲍德温的病情致使这支军队只能由吕西尼昂的居伊指挥。鉴于这是居伊第一次指挥一支庞大的野战军，他的表现虽然并不引人注目但令人钦佩，耶路撒冷王国的军队以紧密的队形前进，威慑萨拉丁的军队，但坚定地避免卷入仓促的对抗。双方只有一些有限的小规模冲突，没有坚决的会战，面对僵局，萨拉丁撤退了。因此，即使马歇尔真的参与了此战，他也几乎不可能激烈战斗过。

萨拉丁继而在那年秋天率军围困沙蒂永的雷纳德的大型沙漠城堡卡拉克，该城堡位于连接大马士革和阿拉伯半岛与埃及的路线上，苏丹后来于 1184 年夏天第二次围攻该要塞。在这两次围攻中，拉丁军队都前来解围，威廉很可能参与了其中一次远征，或两次都参加了，但两次最终都没有开战，因为基督教军队一接近苏丹就撤兵了。在这个时期，萨拉丁用兵极其小心，在试探他的敌人时建立自己的军队。马歇尔在东方逗留期间，巴勒斯坦就没有其他引人注目的战役了。到 1185 年春季，萨拉丁对攻打遥远的摩苏尔更感兴趣，为了避免两线作战，他和耶路撒冷王国签订了为期 12 个月的停战协议。对新近抵达的十字军战士而言，随之而来的战斗间歇令人沮丧。由于担心引发大规模报复，1186 年初到达的一群欧洲骑士被严格禁止对穆斯林领土发动袭击，他们感到万分懊恼。[22]

这几年中唯一的军事行动是由吕西尼昂的居伊发动的小规模非法袭击，目标是居住在达鲁姆要塞（位于耶路撒冷王国南部与西奈半岛的交界处）定居点附近的贝都因人。这些贝都因人经常为拉丁人提供萨拉丁军事动向的宝贵情报，因此得到了耶路撒冷王室的官方保护，所以居伊未经许可的劫掠活动激怒了国王鲍德温四世。鉴于普瓦图的往事，很容易想象威廉·马歇尔仍然对 1168 年的“凶手”吕西尼昂怀有相当大的敌意。事实上，在《威廉·马歇尔传》有关马歇尔在圣地这段时间的记录中，为数不多的额外细节之一是，他和吕西尼昂的居伊关系很好，因此威廉可能参与了这场不光彩的突袭。[23]

显然，威廉几乎没有机会立下《威廉·马歇尔传》中提到的“许多英勇的壮举”。至少在军事方面，马歇尔可能对他的十字军东征的经历有些失望；他在返回欧洲后可能没什么光荣勇敢的故事可以讲述，这很好地解释了他的传记作者对这些年的粗略处理。

世界末日

尽管没有决定性的军事对抗，但威廉可能毫不怀疑耶路撒冷王国正不可逆转地陷入灾难。虽然麻风国王鲍德温顽强地活着——他 23 岁的身躯饱受残疾和失明的蹂躏——马歇尔可能见证了关于继承权和摄政职位的毁灭性争吵，吕西尼昂的居伊就是其中一方。当鲍德温四世于 1185 年 4 月去世，继承其王位的是他的 7 岁的同名外甥鲍德温五世（西比拉第一次婚姻所生的孩子），危机进一步加深了。王国进一步陷入政治混乱，拉丁人因派系斗争而陷入瘫痪。

在基督徒的不睦日益加深和穆斯林力量不断增强的背景下，圣地向欧洲最后一次绝望地吁请支援。1184 年夏初，一个高级代表团被派往西方，该团由拉丁教会的耶路撒冷宗主教希拉克略（Patriarch Heraclius）、圣殿骑士团与医院骑士团的大团长领导。鉴于威廉·马歇尔和国王亨利二世与骑士团的关系，他可能会在使团准备离开时提供一些意见。宗主教希拉克略一行首先去罗马觐见了教皇，然后在初冬越过阿尔卑斯山，到达巴黎面见法王腓力二世。使团于 1185 年初抵达英格兰，光荣地受到了老王的欢迎。2 月 10 日，希拉克略在伦敦祝圣了一座新的圣殿教堂——它圆形的建筑构造旨在唤起一种与圣墓教堂的圆形大厅在物理上有联系的感觉。随后在 3 月 18 日，亨利二世在克勒肯维尔（Clerkenwell）以北 1 英里处召集了一次整整一周的大会，讨论安茹王室如何应对希拉克略的援助请求。宗主教带来了圣墓教堂和耶路撒冷城堡大卫塔的钥匙，同时还有耶路撒冷王国的王家大纛，打算在仪式中呈交。但最终亨利二世不愿意发起一场新的十字军东征，因为他害怕自己离开后王国将遭受法国卡佩王室的掠夺。

到了这个时候，生活在耶路撒冷王国中的人们清楚地知道一场灾难即将来临。大约在 1185 年去世前不久，大主教提尔的威廉（William of Tyre）写道，现在似乎不可避免的是，基督徒“常常赢得的代表胜利的棕榈叶”将很快被他们的穆斯林敌人夺走，他表达了他对耶路撒冷无法得救的深深恐惧。如果威廉·马歇尔在 1183 年曾考虑在黎凡特展开一段新生活的话，那么他在面对越来越多的即将崩溃的迹象时可能会放弃那些计划了。[24]

然而，尽管马歇尔的东方之行必然充满了挫折感和恐惧，但他的朝圣之旅却对他的心灵产生了持久的影响。现有的有关威廉生平的史料极少反映威廉的内心世界，所以我们很难得知他的信仰有多虔诚。在他生活的时代，几乎整个欧洲的人都信仰基督教。很少有人会停下来思考他们是否相信上帝，因为他的存在被认为是一个毋庸置疑的事实，所有人都通过他对尘世的神圣干预证实了这一点。但这并不是说中世纪欧洲的基督徒是一群无知愚昧之辈，只是对他们大多数人来说，遵守宗教信仰是日常生活的一种自然的，几乎是与生俱来的特征。人们对拉丁基督教信仰的定义或最佳表达方式提出了深切的疑问，而教会——尤其是教皇——的效力由于明显的宗教滥用和实利主义受到了挑战。

许多威廉·马歇尔这样的骑士都怀疑他们的世俗职业天然有罪，因而深受困扰，因为基督教教义谴责大多数形式的流血和暴力。威廉似乎在很大程度上没有这样的疑虑。他似乎从根本上相信，只要他作为一名战士的行为符合骑士精神的广泛准则，他的骑士生涯就不会有损宗教的纯洁性。马歇尔对神学的深层问题几乎没有兴趣，也没有成为圣徒的抱负。相反，他似乎被一种传统的关注所打动，过着他认为体面的基督徒生活，这种生活可能会在他死后为他在天堂赢得一席之地。他来耶路撒冷朝圣是为了履行对幼王亨利的承诺，他刚刚目睹了后者受折磨地死去。不足为奇的是，在离开圣地之前，威廉对自己生命的有限做了一些思考。大多数来到圣城并返回欧洲的朝圣者和十字军战士都会带回一些纪念品——许多第一次十字军战士返回欧洲之时都带着一些棕榈叶以模仿基督。威廉在耶路撒冷购买了两大块珍贵的绸布作为自己的裹尸布。它们被精心包裹并打包，秘密地带回了西方，等到他死时才取出来用。马歇尔在这时还做了有约束力的承诺，结束他在圣殿骑士团的日子，尽管这也是秘密进行的。目前，所有这些都是保密的，甚至对他最亲密的心腹也是如此。这些都是他为自己的审判之日所做的诚挚的私人准备。[25]

在离开了大约两年之后，威廉·马歇尔于 1185 年秋与 1186 年春之间的某个时刻返回了西欧。一年多一点之后，一直产生威胁的灾难终于降临。孩童国王鲍德温五世于 1186 年去世，吕西尼昂的居伊通过与耶路撒冷的西比拉联姻得以继承王位。到了 1187 年，萨拉丁与摩苏尔结成联盟，并准备对巴勒斯坦发动全面进攻。那年夏天，苏丹率领大约 4 万人的军队再次入侵加利利，这一次居伊与他公开交战。7 月 4 日，萨拉丁取得了压倒性的胜利，杀死了成千上万的基督徒，其余都被俘虏。国王居伊被俘，圣髑真十字架也被苏丹的部队夺走。沙蒂永的雷纳德被萨拉丁亲手处决，约 200 名骑士团的骑士也被处死。那年晚些时候，耶路撒冷被伊斯兰军队收复，苏丹下令拆除圆顶清真寺上的巨大的十字架并将其砸碎。当教皇得知这个灾难性的消息时，他立即死于震惊和悲伤。在接下来的几周和几个月内，这个毁灭性的消息传遍了欧洲各地，引发了对所谓的第三次十字军东征的战斗号召，这是安茹人所不能忽视的。[26]

第三部

中 年

领主生涯

7
国王的战士

威廉·马歇尔于1185年底或1186年初从圣地归来，并在诺曼底出现在亨利二世的面前。老王信守承诺，任命威廉为王室成员。在一位没有王国可统治的国王手下效力多年之后，马歇尔现在在快40岁的时候进入了安茹世界的中心。威廉在骑马比武赛场上大放异彩的时日已经结束了。他现在的职责是直接效命于亨利二世，在战场上指挥军队，必要时冲锋陷阵，或提供明智的忠告与坚定的支持。这个拥有极大特权的地位使马歇尔伴随于欧洲最有权势的君王之侧，带来了全新水平的影响力和受国王青睐的机会。[1]

这一任命很快带来了以土地和头衔为形式的奖励，并使威廉能够开始建立忠于自己的随从和骑士的核心圈子。马歇尔的地位也意味着他必须长年出现在王室宫廷里。威廉的前主人幼王亨利过着相当奢侈的生活，但也感受到了债务的恼人负担。老王宫廷的富丽堂皇使他已故儿子的挥霍无度黯然失色。亨利二世威严地生活在数百位阿谀奉承的廷臣之中，每个人都渴望晋升。作为一名经验老到的战士，威廉·马歇尔已经登上了欧洲巡回比武的巅峰。现在的问题是，他是否能适应新的环境，在安茹宫廷的精妙氛围中艰难前进。

安茹王室宫廷

亨利二世的宫廷是一个盛大的巡回马戏团。面对管理横跨英吉利海峡的庞大的安茹帝国的挑战，老王选择不宣布任何一个城市是他的首都。他成了典型的巡回君主，永远在巡视他的领土，在他的“宫廷”中执法维持王室的正义，并在各个省份展现王室的力量。由于没有一个固定的权力中心，在他往返王国各地时，几乎整个政府机构都习惯性地跟随他的脚步。因此，宫廷变得臃肿起来，成了一支由官员、文官、仆人、家臣和贵族们组成的大军，是欧洲同类机构中最大的。当它从英格兰横渡海峡到法国时，这支臃肿的随行队伍可以塞满 50 艘船。一位廷臣将其比喻为“百手巨人”，宣称“过去没有听说过这样的宫廷，将来也不会再为类似的宫廷担忧”。[2]

威廉在跟随幼王时对安茹宫廷已有了一些体验，但如此规模庞大、混乱而拥挤的人群必定令他眼花缭乱。马歇尔还接触到了亨利二世的奢华王室宅邸，他在那里可以享受到普通人无法想象的舒适。英国古老的王权所在地是温切斯特，其宫殿内有国王的圣所——他的“绘厅”——老王在其中会斜倚在他的华盖宝座上接见贵客。据说在这个房间的一面墙上曾有一幅湿壁画，取笑亨利那些任性的儿子，画的是一只大鹰被 4 个后代撕成了碎片。

当时位于伦敦郊区威斯敏斯特的较新王宫正在挑战温切斯特王宫的卓越地位。它的中心建筑是建于 11 世纪末的巨大的大厅——长 240 英尺，无疑是欧洲西北部最大的大厅。1834 年，威斯敏斯特王室建筑群的大部分被一场大火烧毁，但是大厅直到今天仍然屹立不倒，其隐约可见的占地规模令人叹为观止。亨利二世在其领土上还建有一系列其他的宫殿。他在诺曼底的首选驻跸地点是奎维利（Quévilly）的王室庄园，与鲁昂隔着塞纳河相望，拥有自己的私人狩猎公园。在其他地方，威尔特郡的克拉伦登宫由一系列王室房间组成，它们围绕着一个中央大厅，大厅墙壁由石块和燧石垒成。宫殿的顶部由珀贝克（Purbeck）大理石柱支撑，墙壁上抹着用来自遥远的阿富汗的青金石粉染成蓝色的灰泥。

从 12 世纪开始，欧洲的建筑开始使用石材而不是木头，这是一个决定性的转变。这带来了很多优势，尤其是可以建造壁炉和烟囱了，它们远比中央火塘和开放式屋顶更有效。但是石质建筑的成本比先前的木质建筑要高成百上千倍，只有国王和他的少数几个最富有的大贵族才负担得起。例如，财务记录显示，12 世纪末在英格兰中部的金弗（Kinver）建造一座木质狩猎小屋的成本仅略高于 24 英镑。而亨利二世在奥福德（位于英格兰东海岸）建造的配有一个王室寝宫和一个室内厕所的雄伟石塔花费了 1000 英镑。最令人惊讶的是被称为巨塔的多佛尔城堡的石质城堡主楼，它拥有先进的管道系统，能从深及地下几百英尺到达白垩层的井中汲上清水来。当威廉进入老王的家户时，它刚刚竣工，整个工程耗资 6500 英镑。[3]

在奢华的宫廷中，马歇尔受到了最好的食物、饮料和娱乐的款待。可以尝到一些颇具异国风情的食物，如鹤、天鹅和孔雀，消耗量大得惊人。王室账目显示，1180 年，宫廷在伦敦一次性就消耗了 1000 磅杏仁。威廉和其他廷臣也喝了大量啤酒和葡萄酒，后者被装在 252 加仑的大木桶里运输。一位同时代人认为英格兰葡萄酒“只能闭着眼咬着牙喝”，很幸运的是，亨利拥有阿基坦，能喝到波尔多和普瓦图的著名酒庄的美酒。

安茹的巡回宫廷吸引了游吟诗人、音乐家和说书人，他们乐于用文雅的展示骑士英勇品质的故事取悦人群，往往从亚瑟王和他的骑士们这样的半神话半历史世界中汲取灵感。也有不那么正经的娱乐活动。一位亨利二世的廷臣指出，亨利二世的随从后面跟着一大群声名狼藉的阿谀奉承者，从妓女、赌徒、信口雌黄的骗子到理发师和小丑，不一而足。有一个名叫“屁民”罗兰的著名小丑赢得了特别的声誉，因为他能在空中跳跃时同时吹口哨和放屁。至少在英格兰和诺曼底，宫廷妓女受到了小心的监管，布罗克的拉努尔夫（Ranulf of Broc）和巴尔德里克·菲茨吉尔伯特（Baldric FitzGilbert）分别在这两个地方担任了“妓女的大元帅”职务。

威廉的宫廷生活也不同寻常，因为往往会持续到三更半夜。在 12 世纪，大多数人不得不将大部分活动限制在白天，因为蜂蜡和动物油脂制作的蜡烛价格昂贵，不能每天燃用。安茹宫廷消耗了大量的蜡烛，每一位王室成员因此能得到固定的津贴。当沃尔特·马普将亨利二世的廷臣们描绘成“夜间动物”，提到他们更令人讨厌的习惯并谴责他们“没有什么不碰碰，没有什么不试试”时，他就抓住了夜间活动的主题。[4]

宫廷生活

安茹宫廷为威廉提供了各种奢侈生活、愉悦和诱惑，但它也是一个危险和不安全之地——一个充满流言蜚语、阴谋和虚情假意的毒蛇巢穴。在那里，一步失策、一句失言就会令人万劫不复。事实上，一位廷臣就将其比作地狱，到处都是“污秽地缠绕在一起的蠕虫［和］毒蛇，以及各种爬虫”。人人都争着接近国王，成为能影响他的宠臣，因为国王的青睐能改变一个人的命运。托马斯·贝克特在12世纪50年代树立的榜样证明，亨利二世有权将一个相对不知名的、中等甚或底层出身的人提升为王国中最有权势、最富有的人物之一。至少在理论上，宫廷里等级森严，只有精英核心圈子——马歇尔现在处于其边缘——才能与老王定期接触。但安茹宫廷的一个惊人特性就是其不可预测性。它规模庞大、一直都在移动、人员不断变动，用沃尔特·马普的话来说，这使它成为一个“危险的旋涡……不断波动和变化”，在这种情况下，根本不可能记住每个人的名字和职位。[5]

威廉·马歇尔在1186年的任务是认出最重要的大人物——高级神职人员和大贵族、主要的文官和官员——以及异常谨慎地行事。在骑士比武中，他需要遵守新兴的骑士精神准则，而现在，能否获得成功取决于他解读和消化宫廷中不成文法则的能力，能否“彬彬有礼”（courtesy，或者更字面的意思是，“在宫廷中该如何行事”）。那些安茹宫廷中的高阶人士一般都是骑士或教士。作为骑士阶层的一员，威廉确实有一些天然的优势，他是一个众人公认的preudhomme——受到尊敬的有德之人——这对他非常有利，而在发生军事冲突的时候，他还可以继续用武艺向国王重申他的价值。这在老王统治的最后几年的动乱中将被证明是特别重要的。

即使如此，大多数主要廷臣首先也不是因为他们的武艺而受到珍视，而是因为他们在国家事务上能提供慎重的建议和值得信赖的指导。为了赢得亨利的尊重和影响国王，马歇尔需要证明他作为谋士和心腹的价值。12世纪80年代流行着“彬彬有礼”的理念，这意味着，为了实现这一目标，威廉首先要保持冷静，能够持之以恒地牢牢控制住情绪。过度地公开表达情感（特别是愤怒）是不受赞许的，这会被认为是不节制、不稳定的人格特性的标志，这样的一个人提供的任何建议都可能很容易被认为是草率和不明智的。为了争宠，宫廷中的对手试图通过含蓄或公然的侮辱来刺激不够警觉的人，希望能激起愤怒。不足为奇的是，许多熟悉战场的热血骑士都要努力学会控制自己的情绪。

威廉有和执掌大权的人物交往的经历——自 12 世纪 70 年代末以来，作为一名骑马比武冠军，他与佛兰德的腓力和布卢瓦的特奥巴尔德一直有着泛泛之交——而 1182 年的丑闻让他尝到了宫廷阴谋的苦涩，但这些并不足以令他为现在所面临的复杂的重大挑战做好准备。尽管如此，随着时间的推移，他学会了如何应对宫廷习俗和政治，并被证明是一个非常成功的廷臣。他拥有一种罕见的能力，让他在战争和宫廷中都能茁壮成长。马歇尔似乎逐渐发展出一种情绪的保护甲，使他展现出一副泰然自若的公共形象，这种冰山般的冷静在其职业生涯的后期将使他获益良多。

马歇尔似乎也通过讲述能消解敌意的自己的往年轶事来缓解宫廷对抗的紧张气氛。他反反复复地讲述有关他童年的人质岁月和无数次夺取比武胜利的故事，它们在这里显示出了重要性。每一个精心讲述的故事都肯定了马歇尔值得称赞的品质：他在 1152 年迷住了斯蒂芬国王，在 1177 年左右举办的普勒尔比赛上获取了胜利长矛。但与此同时，任何骄傲自夸的暗示中都回响着幽默和自嘲的不和谐音符：被自己父亲抛弃的小男孩，或者头摆在铁匠砧板上的冠军。相对而言，这些都是简单但有效的故事，完全不像沃尔特·马普笔下那些蒙着面纱的精巧故事，在后者这里，一切都是暗示的，没有公开讲明的东西。[6]

如果认为威廉作为一名廷臣的所作所为是完全值得钦佩的，那就太天真了。事实上，如果没有一定程度的阿谀奉承、诡计多端和野心，他是不可能爬到这个阶层的。要在安茹宫廷这种龙潭虎穴中步步高升，免不了经常转变阵营，还要会巧妙地溜须拍马和谨慎地含沙射影。随着越爬越高，威廉会非常小心地避免制造强敌，并避免疏远那些可能对他的未来发展有利的人。事实上，狮心王理查的一位宠臣、直言不讳的威廉·朗香（William Longchamp）后来就曾指责马歇尔的圆滑投机。尽管如此，在危难时刻，在必须做出最艰难的选择时，威廉将被证明是国王非常忠诚的侍从和仆人。最终，也许是马歇尔忠贞不贰的美名让他引起了历任君主的注意。

在不断权衡对手意图的情况下，还要戴着沉着冷静的彬彬有礼的面具，必定会产生极大的心理压力。在宫廷中找到以前的同伙可能会让人松一口气，罗贝尔·特雷斯戈兹、杰拉德·塔尔博特和贝蒂讷的鲍德温这些幼王的军事随从和马歇尔一样，进入了亨利的家户。马歇尔无疑与鲍德温等值得信赖的朋友建立了亲密的友谊。他还与另一位安茹宫廷中正在崛起的人物若弗鲁瓦·菲茨彼得（Geoffrey FitzPeter）结成了重要的同盟。和威廉一样，若弗鲁瓦是英格兰西南部一个王室小官员的幼子，但他追求仕途，而不是成为骑士，很快作为一名行政人员和官僚取得了卓越的成就。然而，也许只有在自己的军事家臣的小圈子内，威廉才能真正放下戒心，随着时间流逝，这必然加深了他和这些随从的关系，并且越来越依赖他们。[7]

国王的青睐

随着威廉·马歇尔在安茹的宫廷内站稳脚跟，他很快就得到了亨利二世的青睐所带来的令人欣慰的好处。在他为幼王效劳的13年间，威廉没能得到头衔和土地，以此获得晋升的希望不断遭到挫败。他自己的财富和名声在很大程度上来自比武巡回赛上不断取得的胜利，但骑士比武是危险而不可预测的，这是年轻人的游戏，马歇尔现在已经40多岁了。

对威廉来说幸运的是，老王不仅仅是名义上的君主。他拥有实权，可以赏赐他的宠臣。尽管如此，即使是像亨利这样的令人敬畏的统治者，也不能一时兴起就随意分配地产和荣誉。1066年，当“征服者”威廉的诺曼军队劫掠英格兰并且消灭了绝大多数盎格鲁－撒克逊贵族时，几乎整个王国都返归了国王。在第一波诺曼人前来定居和殖民的热潮中，威廉国王可以按照自己认为合适的方式分配这些新占领的土地以及一系列头衔和官职。当时这些得来的土地财物非常充盈，足以轻易满足贪婪之心，在“征服者”威廉能为自己保留大量土地的情况下，还剩余很多可以赐给他的主要家臣，使他们成为大富豪。

那些令人兴奋的日子已经过去一个多世纪了。土地占有、领主身份和权利的模式都已确立，然后变得根深蒂固，国王自己的地产已经慢慢遭到削减。保护贵族的许多权利的法律和习俗已经发展起来，尽管王室的利益和他的贵族的期望之间存在着持续的紧张关系。到了12世纪后期，在大多数情况下，如果没有正当的理由，土地和头衔不能被剥夺和重新分配。在威尔士和爱尔兰曾有新的征服的机会，而且至今仍有一些，但在大多数情况下，为了奖赏忠义良臣，国王要么打法律的擦边球，要么把自己王家领地的一部分拿出来犒赏。

当亨利二世在1186年向威廉·马歇尔授予了位于英格兰西北部卡特梅尔——这是兰开夏郡的一片美丽的土地，坐落在壮观的温德米尔湖湖畔（在湖区最南部）和南面的莫克姆湾（Morecambe Bay）狂风肆虐的海岸之间——的第一处地产时，采用的就是后一种方式。作为第一处地产，它相当微不足道，但它给威廉每年带来32英镑的收入，并为他的发展提供了一个坚实的基础。大约在同一时期，老王利用另一项重要的王室特权进一步奖励了马歇尔。当时有一个传统，如果贵族出身的年轻男女继承人的土地是直接来自国王的话，他们就成为国王的受监护人。亨利二世有权在他认为合适的时候授予这种受监护人的监护权，现在有两个人的监护权被授予了马歇尔。

第一个受监护人是兰开斯特的赫洛伊丝（Heloise of Lancaster）。自从她的父亲于1184年去世后，她就成了英格兰北部一块重要领土肯德尔（Kendal）的女继承人，这片土地横跨威斯特摩兰（Westmoreland）、兰开夏郡和约克郡西区（West Riding of Yorkshire），并控制着许多城堡。鉴于肯德尔位于卡特梅尔东北仅15英里处，它与威廉的新地产有着明显的联系。正式说来，作为赫洛伊丝的监护人，马歇尔有义务保护她的利益并照顾她，而《威廉·马歇尔传》热衷于强调威廉履行了职责，使“一个非常高雅的兰开斯特女士……长期以来免受耻辱”。然而，在实际层面上，这种监护权是一份宝贵的礼物。只要赫洛伊丝仍未出嫁，威廉就能控制和利用她的土地为自己谋利。作为监护人，他有责任为她安排婚事，这意味着他可以自己娶她，或利用她的婚事来获取其他好处。[8]

这可能看起来是一种肮脏和唯利是图的安排，但在许多方面它满足了各方的需求。赫洛伊丝对未来显然几乎没有发言权，但她至少没有受到伤害，可以期望保留她对家族土地的直接所有权，而亨利二世能够履行他对肯德尔的领主权责任，并奖励他的新家臣骑士。当然，威廉是主要受益者。他现在有了获得显著晋升的希望，而且还有了创造自己的未来的机会了。马歇尔本可以抓住现在摆在他面前的机会，与赫洛伊丝结婚，将他在卡特梅尔的地产和肯德尔的土地联合起来，成为一位显要的北方贵族。这似乎是老王的期许。结果，威廉愿意静待时机。只要兰开斯特女领主还活着并且健康，他就仍有可能和她结婚，但他决定现在等待其他更美好的前景。

马歇尔的第二个受监护人是一个 15 岁左右的年轻小伙子，名叫厄尔利的约翰。约翰的背景在许多方面都和马歇尔的惊人地相似，他是一位英格兰西南部小贵族（前王室财政总管厄尔利的威廉）的遗孤。约翰被交予马歇尔照顾，接受军事训练，并在第一时间就担任威廉的扈从。两人建立了异常亲密的关系，随着时间流逝，厄尔利成为威廉最信任的随从和最亲密的朋友之一。事实上，约翰的个人回忆和目击证词是《威廉·马歇尔传》的重要信息来源。自 1186 年起，厄尔利的忠诚和几乎从不离马歇尔左右成为威廉的生活的一个显著特征。[9]

厄尔利的约翰也是马歇尔现在开始聚集在他身边的家臣骑士的核心人员之一。在这一时期，另外两位杰出的骑士——威廉·沃尔伦（William Waleran）和若弗鲁瓦·菲茨罗贝尔（Geoffrey FitzRobert）——加入了威廉的随从。两人都来自威尔特郡，那是威廉度过童年的地方之一，他们将一起陪伴在威廉身边，享受漫长而成功的职业生涯。马歇尔已开始发生缓慢但意义重大的转变。他人生的大部分时间都是一名为他人效劳的骑士，但他现在正变为一位领主，骑士们都向他寻求保护和晋升。他开始承担起责任的重负。

对威廉和他的骑士来说都非常幸运的是，马歇尔的事业蒸蒸日上。他正在社会上往上爬，尽管他还没有达到最顶端。《威廉·马歇尔传》表明，从1186年起，亨利二世对马歇尔“恩宠甚隆”，并任命后者为“他的首席谋士”，但这明显夸大了威廉的地位和重要性。作为一名主要的家臣骑士，威廉是老王宫廷中的核心人员之一，他迅速成为一位战场上著名的军事指挥官，并在军事战略和军事计划上出谋划策。但是在政府治理和权力政治的日常事务上，他仍然处于边缘。安茹宫廷的一系列文献证据表明，在地位的显赫方面，马歇尔仍然远远排在像英格兰首席政法官拉努尔夫·格兰维尔（Ranulf Glanville，他在亨利不在时负责治理王国）和大贵族埃塞克斯伯爵威廉·曼德维尔（William Mandeville）这样的人之后。

到了12世纪80年代后期，威廉·马歇尔显然渴望像这些人一般位极人臣。他决定不娶兰开斯特的赫洛伊丝，尽管他“扮演了最谦和文雅的监护人的角色”，用《威廉·马歇尔传》中礼貌的说法，她依旧只是“他亲爱的朋友”。这表明威廉既对自己有能力在国王的青睐下爬得更高有信心，也有非凡的雄心壮志。关于马歇尔对晋升的急切渴望以及他在追求晋升时愿意使用的方法，20世纪末才发现的一封写于1188年的王室信件的一小块残片，为我们提供了短暂但非凡的一瞥的机会。在这个阶段，老王和法国的卡佩王室发生了持续的冲突，遭受巨大压力，并准备在欧洲大陆上发起一场重大战役。他及时向威廉·马歇尔发出一封信，恳求后者“尽快全副武装地来找我，尽可能多地带骑士来参战支持我”。亨利随后极为坦率地承认，“你经常向我抱怨，我给你的钱少”，并承诺把位于贝里的沙托鲁大城堡的“领主权和任何属于它的东西”都赠予马歇尔，作为报偿。[10]

这段文字表明，威廉并没有不屑于为他的效劳要求应得的报酬，事实上它表明他经常为了达到自己的目的而向老王抱怨、哄骗、发牢骚。鉴于宫廷中为争取国王的慷慨赠予而展开的激烈竞争，这种类型的不断请求很可能在廷臣中相当常见。但这份证据仍然强化了人们的一种强烈印象，即马歇尔的行为并不总是符合现代人对崇高的骑士行为的幻想。

蹒跚的老王

从某些方面来说，威廉在对抗日益激烈的时候来到亨利二世的宫廷，也是很幸运的，当时军事技能受到了特别高的重视。老王现在55岁左右，开始间歇性地表现出最终将会夺取他性命的令他虚弱的疾病的迹象。然而，他仍然顽固地决心保持自己对安茹帝国的控制，在他相信能促进他的王朝的最大利益的时候，他乐于摆布他的孩子们。在威廉·马歇尔离开欧洲前往圣地的那段时间里，王室内部的权力平衡已经重新洗牌。随着幼王亨利在1183年亡故，普瓦图伯爵兼阿基坦公爵理查突然成为亨利二世在世的最年长的儿子和主要继承人。埃莉诺王后仍然被囚禁在英格兰，尽管在1184年末至1185年初对她的监禁曾短暂地放松，那时她被允许参加温莎的圣诞宫廷庆典，并随后短暂地访问了诺曼底。

理查的主要对手在一段时间内看起来是老王的儿子布列塔尼公爵若弗鲁瓦。但是，1186 年 8 月，他在法国举行的一场骑马比武的大混战中坠马，并被自己的家臣骑士的马严重踩伤。受了重伤的若弗鲁瓦不久后在巴黎身亡，留下怀有两个月身孕的妻子。最终，她生下了若弗鲁瓦的唯一男性继承人阿蒂尔（Arthur）。这就使亨利和埃莉诺最小的儿子约翰——现在 20 岁出头——成为唯一的争夺权力的男性挑战者了。

命运轮转，理查陷入了和他的兄长小亨利长期忍受的困境相似的境地。他成了在等待中焦躁不安的新继承人，被父亲压制，受到弟弟的威胁。到了 12 世纪 80 年代末，理查的首要任务是确保他能得到将继承英国王位的明确确认。但理查也决心保住宝贵的阿基坦行省，这是他倾注了多年的心血才征服的公爵领地。不幸的是，老王仍然为小亨利的两次叛乱感到痛苦，并且丝毫没有表现出在有生之年给另一位继承人涂油的意愿。他要紧抓权力缰绳不松手，在继承问题上含糊其词，并相信由此产生的对权力的饥渴和焦虑将迫使儿子们保持忠诚。就像他对小亨利所做的那样，老王希望理查乖乖地在一旁等待，他非常乐于暗示阿基坦应该被交予约翰，后者甚至或许应被当作储君培养，如果这能使理查安分守己的话。[11]

但是，老王在故伎重施时盘算落空了。世界已经变了，即使他不这么想。亨利不再是一位精力充沛的年轻君主了，他很可能要奋力挫败一场大规模的叛乱。理查是比其兄长更冷酷无情、更经验老到的对手。最重要的是，老王低估了法兰西的卡佩国王腓力·奥古斯特。腓力在 1180 年还是一个轻浮、无力的少年，但如今已经是成熟的国王并迅速成长为一个致命的对手。和亨利二世一样，腓力认为有效的治理可以充盈王室的金库，给他带来可以挑战安茹王室在法国的统治地位的财富，而他也和老王一样拥有政治谋略天赋。一个同时代人描绘他"像狐狸般诡计多端"，这不是无缘无故的。对腓力而言，傲慢自负的安茹小王公们所拥有的权力，肆无忌惮地侮辱了古老的卡佩王室的威严。他们占有诺曼底韦克桑以及他们给西南部有争议的贝里地区带来的影响尤其令人恼火。他决心重振法国王室的力量，为实现这一目标，他甘愿背弃诺言、背叛友谊，并且不惜发动血腥的战争。

腓力国王认识到，理查受到的挫折可能会转化为自己的优势。他还决心解决他同父异母的姐姐艾丽丝的身份问题。她在 1169 年与理查订婚，并被带到安茹宫廷抚养，但并没有举办婚事，而且有传得很凶的谣言说，这位法国公主已经成了亨利二世的情妇。很可能，腓力对她的命运的关怀并非出于亲情，而是王朝政治的冷酷现实。艾丽丝会带着嫁妆嫁给理查，这可能让腓力利用这个机会获得韦克桑。这次结合还可能会生下继承人，这样就会使安茹王朝中有卡佩家族的血脉。

安茹王朝对抗卡佩王朝（1187—1188）

1187 年，腓力国王大举入侵半独立的贝里地区——此地夹在阿基坦和法兰西王国南部边陲之间，归属不明——开始第一次认真地试探亨利二世的决心。当边境城堡伊苏丹向法军投降时，他们取得了战役的早期胜利，但这个地区最大的战利品是强大的沙托鲁城堡的领主权。其年轻的女继承人丹尼丝的父亲于 1176 年没有留下男嗣就去世了，她自那以后由亨利二世监护抚养，沙托鲁的强大城堡及其所有依附民依旧掌握在安茹家族手中。

1187 年夏初，腓力以强大兵力包围了城堡，但被驻军击退。当年 6 月，老王和理查匆忙联手发起反击，当安茹和卡佩的军队各就各位后，眼看一场大战不可避免地即将爆发。威廉·马歇尔在此时的所作所为我们并不清楚，尽管他很可能作为老王的军事随从随行。特使穿梭于两个阵营之间，在战争即将爆发的最后一刻，双方终于达成了和平协议，理查似乎在促成协议中发挥了重要作用。6 月 23 日，为期两年的休战协议最终敲定，双方都撤军了。然而，理查突然改变立场，与腓力一起骑马回到巴黎，公开展示友谊，这令他的父亲大吃一惊。这两个人似乎已经密谋临时表现出和睦的关系，以使老王感到不安，这对他们双方都是有利的。理查和法国国王表现出来的友谊暗中传递的信息是显而易见的。如果理查被剥夺阿基坦或者其他更广泛的继承物，那他将效仿小亨利在 1172 年树立的榜样，与他的父亲决裂，投靠敌人卡佩王室。亨利二世似乎对儿子的背叛完全没有准备，他立即派遣一连串的信使恳求他回来。理查最终还是被拉回了安茹的阵营，但是很明显，在未来，亨利只有付出一些代价才能确保他的忠诚。[12]

正在亨利二世、理查和腓力国王之间达到微妙的权力平衡的当口，拉丁基督教世界受到了灾难性的打击。就在沙托鲁的对峙结束两周后，耶路撒冷国王吕西尼昂的居伊受到引诱在巴勒斯坦打了一仗，他的军队于 1187 年 7 月 4 日在哈丁之角被萨拉丁歼灭，3 个月后，圣城耶路撒冷落入穆斯林手中。这场灾难在西欧掀起了一股冲击波，为了为这些伤痛复仇并夺回圣地，西欧开展了发动一场新的大规模十字军远征的布道，成千上万的骑士随后拿起了武器。《威廉·马歇尔传》写道：“领取十字的人如此之多……如果一个人不抛妻别子参加十字军，别人就不会相信他有价值。”[13]

在这股十字军东征热情的浪潮中，西方的伟大君主们不可能忽视圣战的号召。理查于1187年11月在图尔领取了十字，他是阿尔卑斯山以北第一个响应此号召的重要贵族。1188年1月，在最近从巴勒斯坦到来的新任提尔大主教发表了一场充满激情的布道后，亨利二世和腓力·奥古斯特双双紧随其后领取了十字。耶路撒冷的陷落和第三次十字军东征只会使安茹和卡佩家族之间的关系复杂化。理查明显表现出来的对远征的热情让老王和腓力都感到震惊，因为他的突然离开可能会推翻亨利的继承计划，并使艾丽丝的婚事悬而不决。与此同时，理查本人对自己的弟弟约翰没有领取十字深感不安，这明确无误地表明后者希望在他不在的时候夺取权力。教皇严格禁止十字军战士在东方战斗时他们的土地遭到任何人的攻击，但亨利二世和腓力·奥古斯特都不相信对方会遵守这一准则。他们彼此的猜忌根深蒂固，以至于不得不制定详细计划同时分头出发，因为二人都不愿意在对手不动的情况下离开欧洲。由此造成的延误，使安茹和卡佩的十字军分队3年之后才抵达黎凡特。其他十字军队伍更快地出发了。普瓦捷领主吕西尼昂的若弗鲁瓦于1188年秋天离开法国，并在十字军的第一次大规模对抗——阿卡大围攻——中赢得了名声。欧洲的老牌政治家、强大的神圣罗马帝国皇帝腓特烈·巴巴罗萨（Frederick Barbarossa）在1189年5月率领一支庞大的军队开始了陆上行军，许多人希望他能从总体上领导这场战役。

1188年6月，任何安茹和卡佩可能会为了圣战的利益而搁置分歧的希望都破灭了，当时腓力国王打破了为期两年的休战合约，第二次入侵贝里，这一次沙托鲁投降了。大约在同时，卡佩的军队对诺曼底地区发起了一系列破坏性的袭击。《威廉·马歇尔传》将其描述为“大规模的战争”，谴责“土地被荒弃并被可耻地破坏”。理查在向贝里发动惩罚性突袭的同时，采取行动保卫邻近的图赖讷的主要堡垒，如洛什，但该地区现在大部分都落入法国人之手了。亨利二世“召集了一支大军”，其中包括数千名威尔士雇佣兵。就在此时，威廉·马歇尔也接到了战争召唤，并得到了夺回沙托鲁就能占有它的承诺。于是，他陪同国王于 7 月 11 日横渡海峡来到诺曼底，在这个北部公国采取守势，促使腓力·奥古斯特撤回法国的中心地带。[14]

老王似乎又一次被卡佩的进攻打了个措手不及，因为他没有立即回击，而是派遣了一个外交使团前往法国宫廷。该团由著名的鲁昂大主教库唐斯的沃尔特（Walter of Coutances）率领，威廉·马歇尔也在其中。实际上，遣使看起来只不过是一种拖延战术，旨在让亨利有时间集结他的军队。一出现在卡佩国王面前，沃尔特大主教就直言不讳地要求赔偿法军最近给安茹领土造成的损失，腓力毫不意外地予以反驳，宣称他打算占领贝里并要夺回诺曼底的韦克桑。使团可能没有带来任何结果，但它标志着马歇尔第一次作为高级公使参加外交活动，进一步表明了他的地位正在上升。

威廉也似乎在那年夏天制定的安茹军事战略上发挥了主导作用。冲突双方都已经采用了骑行劫掠的战术，早在 1168 年的普瓦图，马歇尔就熟悉了这种战术。尽管《威廉·马歇尔传》滔滔不绝地批评卡佩军队最近使用的这种毁灭性攻击，但传记作者高兴地记录下，威廉建议老王对法国领土发动突然的毁灭性入侵，让卡佩在不知不觉中“受到更大的伤害”。根据《威廉·马歇尔传》的记载，亨利热情地回复：“看在上帝的分上！”国王说：“你很优秀，给了我很好的建议，一切都会完全按你说的去做。”8 月 30 日，安茹军队越过厄尔河畔帕西附近的法国领土，向东南方进军。传记作者指出，他们“一心想要造成巨大的破坏［并且］他们毫不掩饰地焚毁了直到芒特的所有村庄”。老王向南深入至布雷瓦勒，在那里“他将遇到的一切焚烧摧毁，没留下任何东西”，并带走了“非常好的战利品”。据说腓力·奥古斯特在听到袭击的消息时“满怀悲痛”。[15]

这种以敌人资源为目标的焦土战争在 12 世纪可能是司空见惯的，但它仍然给农村景观和当地居民造成了可怕的伤害。或许最令人不寒而栗的是，这些突袭明显并不是狂暴混乱的随机行为。相反，威廉及其同侪将骑行劫掠和相关的攻击形式转变为了有条理的破坏活动和精心策划的野蛮行为。佛兰德伯爵腓力据说曾提出以下建议：“消灭你的敌人，使他们的国家化为一片废墟，用火将一切焚毁。无论是林子里还是牧场里，不要给他们留下任何能让他们在第二天早晨吃上一顿饭的东西。”同时代的史料还详细介绍了所涉及的技术，特别指出用到了侦察员和洗劫定居点并抢走“钱、牛、骡子［和］羊”的搜刮者，同时专业的“纵火者”烧毁了村庄和农庄，“恐慌的居民［要么被］烧死，要么被绑着手带走”。这种类型的入侵是被专门设计出来以激发恐惧和惊慌的，据说会造成“一股恐惧的浪潮［席卷］整个农村”。

马歇尔接着沿图赖讷东部边界在蒙米赖堡垒附近发起了第二次劫掠远征，这一次，《威廉·马歇尔传》回顾说，老王指示威廉“焚毁整个地区，什么都不要留下”。接下来，传记作者愉快地描述了马歇尔和他的手下“边走边烧、一路抢劫和掠夺”的场景。他几乎没有为这种暴行做任何辩解，尽管书中确实提出了一个不寻常的看法，即如果这次劫掠能使敌人屈服，它就会被认为是“一种伟大的骑士行为”，因为那时可能会恢复和平。威廉和他同时代的人显然对中世纪战争的残酷特征很少或根本没有感到内疚。[16]

尽管双方都采用了残忍的战术，但整个夏末和初秋的战斗却没有什么结果。亨利二世退回曼恩的勒芒，疾病开始更频繁地发作，在他腹股沟内可能出现了某种肿瘤。随着冬天临近，战斗逐渐平息，老王、理查和腓力·奥古斯特都试图通过一系列外交斡旋来解决纷争。卡佩国王利用这段时期与理查重新建立了联系，似乎在后者心中激起了不满和怀疑，促使他背叛他的父亲。如果亨利果断地宣布理查为他在英格兰的继承人，那么不和可能仍然能够得以修复，但老王对理查的意图有所怀疑，受此困扰，他现在开始把小约翰视为他唯一忠诚的儿子。

王室核心的这种分裂将会产生深远的影响。如果亨利和他的儿子们并肩站在一起，腓力国王重振卡佩王朝权威的梦想肯定会破灭。但事实上，安茹王朝内部的裂痕给了法兰西国王一个至关重要的机会，用《威廉·马歇尔传》中的话来说，这个机会“给英格兰王国的所有继承人都造成了伤害”。1188 年 11 月 18 日，在邦斯穆兰（诺曼底南部）的一次集会上，发生了关键的决裂。威廉·马歇尔陪同亨利二世一起参加了这次和平会议，目睹了老王看到理查和腓力一同到来时的沮丧。二人重归友好的这种公开展示证实了亨利心中最深的恐惧，“他当时肯定知道自己被背叛了”。那天，理查在腓力国王面前跪下，作为诺曼底、阿基坦、安茹、曼恩和贝里的领主向他表示效忠——这是一种表示屈从的仪式，证实了他们的联盟关系。在被父亲剥夺了权力后，理查现在乐于和敌人联合起来，用武力夺取安茹王国。[17]

老王一败涂地，30 多年来，他在国际事务上一直是灾祸之源；他是一个诡计多端的幕后操纵者，能够看穿他的对手并施计使他们垮台。如今，由于健康欠佳和年龄的增长，他变得衰弱了，似乎被震惊和愤怒逼进了绝境。在邦斯穆兰集会之后，亨利粗暴地拒绝承认理查是英格兰王位继承人，这几乎不可避免地会导致一场直接的冲突。在这个不祥的冬日里，老王转向自己的内部小圈子，召集了"马歇尔和其他他最喜爱最信任的人，［并询问］他们在这件事上的建议"。这次会面的结果是，威廉被派去执行一项紧急任务：追踪理查并将他召回父亲的身边，以便最终解决他们的矛盾。理查曾在 1187 年夏被迫屈服，老王仍怀有避免公开冲突的渺茫希望。威廉追踪理查，一直到了昂布瓦斯（Amboise，在图尔以东），但他发现理查已经在前一天半夜准备了 200 多封信，从整个安茹帝国召唤他的支持者来参战。随着战争之轮开始转动，马歇尔"向国王发出了［这个］残酷的背叛之举的消息"。[18]

老王的孤立

亨利二世在整个冬天和初春撤退到曼恩和安茹的中心地带，他满心愤怒，但因病无法动弹。可能是觉察到老王的虚弱，许多支持者都消失了。1188 年 12 月，亨利在索米尔（Saumur）召开圣诞宫廷庆典，但许多著名的贵族都缺席了。新年期间，亨利试图以一通召集他的贵族的传唤令来驱逐叛徒，指示他们"毫不迟疑地前来，并且不要为不这么做寻找任何借口"。拉努尔夫·格兰维尔（英格兰首席政法官）还保持着忠诚，但他不敢随意离开王国，只派出了他受人尊敬的书记官及副手休伯特·沃尔特（Hubert Walter）。其他人则干脆忽略了这一请求。

每过一周，亨利的朋友和支持者就变得越少。他的小儿子约翰坚定地站在不断减少的贵族一边，国王的家臣骑士也是如此。马歇尔在大斋节期间一直陪伴在亨利身边，见证着他的缓慢衰落，带着剩余的支离破碎的王室宫廷在强大的希农城堡和勒芒之间移动。威廉一度再次出使巴黎，看看是否可以通过以他的名义与卡佩国王达成单方面的和平协议而离间腓力·奥古斯特和理查。然而，当马歇尔抵达时，他发现理查的那些“睿智而狡猾”的代表，包括“高明”的威廉·朗香已经与法国国王打得火热，马歇尔只得空手而归。[19]

随着春天到来，亨利开始为入侵做准备，加强了勒芒的防御，并让剩余的军队做好备战工作。到了这个阶段，那些继续对老王忠心耿耿的随从们得到了老王的敬重和青睐，迅速晋升。威廉不再位于亨利核心圈子的边缘，而是与威廉·曼德维尔这样的少数几人并肩了，国王仍然信任他提供的建议以及他在战场上指挥军队的能力。国王决定奖励他的忠诚。前一年夏天，他曾许诺将沙托鲁城堡交予马歇尔，但是该城堡仍在法国人手中。取而代之的是，亨利给了马歇尔另一个王室受监护人——一位在财富和前景上让兰开斯特的赫洛伊丝黯然失色的女士。这位显赫的女继承人是克莱尔的伊莎贝尔（Isabel of Clare），她是“一位值得尊敬而美丽的女孩”，是已故的斯特里盖尔伯爵“强弓”理查（Earl Richard Strongbow of Striguil）的 18 岁的女儿。通过与她结婚，马歇尔将得到威尔士边境地区土地的强大领主身份，以及西威尔士、诺曼底和爱尔兰的其他土地的所有权。他一下子就成了英格兰的一个大贵族。

老王的承诺清楚地表明，他现在高度重视威廉的效劳。马歇尔从圣地返回后的 3 年间，他以惊人的速度晋升，这部分是由于他自己的品质，但也是因为这一时期的骚乱给了他充分的表现机会。尽管如此，还有一个令人困扰的问题。这份王室礼物仅仅是一位生病的国王出于感激而自愿的馈赠，还是马歇尔为自己的继续效忠开出的佣兵价格？亨利在 1188 年的一封信证明，威廉并没有不屑于恳求补偿，而且甚至可能是要求补偿；毫无疑问，他渴望跻身英格兰贵族的上层行列。尽管如此，即使就在 1189 年的头几个月，马歇尔也会很明显地看到，老王的权力正在减弱，他的统治接近了尾声。威廉必定知道他在为这场冲突中失败的一方战斗，一旦新君上台，和克莱尔的伊莎贝尔结婚的承诺很可能被证明是毫无价值的，亨利的保证将被无视，女继承人的婚事将被重新安排。也许马歇尔是在赌四面楚歌的老王能撑足够长的时间，可以安排一场真正的婚礼，但如果是这样，这是一个非常渺茫的希望。如果把一己私利视为最重要的，那么显而易见的选择就是和许多其他人一样抛弃亨利，前往理查或者腓力·奥古斯特那里寻求晋升。结果，马歇尔仍然留在了亨利身边。[20]

到了夏初，老王已经恢复了体力，考虑出席另一场和平会议。随着第三次十字军东征即将开始，教皇对在法国的战争会进一步扩大的前景感到心烦意乱，因为他认为，此时所有人的注意力都应该集中在圣地上。因此，一位教皇特使于 1189 年 6 月初安排亨利、理查和腓力在贝尔纳堡（La Ferté-Bernard）附近（位于勒芒东北方 25 英里处的曼恩边境）举行会议，希望能使双方和解。结果，不出所料，会议充满了火药味。据《威廉·马歇尔传》记载，“双方都全副武装骑在马上”，编年史家迪斯的拉尔夫承认，经过数小时毫无意义的争吵后，“他们变成仇敌离开了”。[21]

腓力和理查似乎从来没有期望或意图达成协议，同意会面仅仅是为了让老王现身。他们没有按照惯例所要求的向东撤出曼恩，而是立即发动了进攻，派出数千名士兵拥入安茹领土。贝尔纳堡很快被攻占，一系列其他据点紧随其后，其中许多似乎是自愿向理查投降的。据说亨利二世“对失去他的土地感到愤怒”，但现在别无选择，只能匆忙撤往曼恩的大城市勒芒。

今日的勒芒最著名的是 24 小时赛车比赛，但在这座繁华的现代都市的中心地带，有一个保存完好的中世纪城区——现在被称为“金雀花城”（Cité Plantagenet）。这里风景如画，铺满鹅卵石的街道和密密麻麻的木骨架建筑可追溯到中世纪晚期。但威廉和亨利在 1189 年 6 月撤退到勒芒的两处遗迹仍然存在，它们有助于解释为什么老王会选择这座城市作为他做最后的抵抗的地方。

第一处遗迹是高耸的圣朱利安大教堂（cathedral of St Julien），它始建于 11 世纪，并由亨利在 1158 年亲自举行落成典礼。这里是亨利的父亲若弗鲁瓦·金雀花下葬的地方，有力地提醒着勒芒和安茹王朝之间关系密切。这也是老王自己出生和度过童年的城市，是一座承载着其家族骄傲的堡垒。它还是一座坚固的，甚至可能是坚不可摧的堡垒，被一道高耸的古罗马时代留下的城墙包围。这道用红色石头垒就的宏伟防御工事今天仍有一大段留存，有一连串隐约可见的塔楼、一道防守严密的大门和一条深邃的壕沟。站在这些城垛的脚下，很容易理解亨利为什么要在勒芒寻求庇护，而在 1189 年，他也可以退到城墙里面的石头要塞内。此外，这座城市在12世纪享有自然条件的强大保护，它坐落于两条河流——宽阔的萨尔特河及其从东流入的支流于讷河——的交汇处。只有后者上有一座可以轻易通过的大桥，而勒芒的东南部的城墙得到了沼泽沟壑的进一步防卫。

那年春天，老王采取了进一步的措施来加固勒芒：挖掘一系列深沟以形成外周界，在于讷河任何一个可能的浅滩上将锋利的木桩打进河床，甚至推倒一些在城墙和两条河流之间拔地而起的房屋。当亨利、威廉·马歇尔和残余的安茹军队于6月10日黄昏抵达时，这一切都让他们备感安全。根据一位同时代人的记述，老王甚至向勒芒的市民承诺，他永远不会放弃这座城市。[22]

1189年勒芒保卫战

亨利二世在勒芒安顿下来后召见马歇尔，并指示他在黎明时巡视外部防御。第二天破晓时，马歇尔率领一小队轻装侦察人员出城。地势起伏的城南被一片浓雾笼罩，所以当他们穿过于讷河时看不到很远距离外的情况。然而，不久之后，他们发现一群法国侦察兵正小心谨慎地向北进发。威廉的一位骑士同伴苏维尔的罗贝尔（Robert of Souville）建议立即回城报警，但马歇尔拒绝了，他不确定他们看到的敌军是先遣部队还是仅仅是一支远程巡逻的小队。为了获得更好的视野，他骑上一座低矮的山丘，直到此时，随着浓雾慢慢消散，“法兰西国王的大军”与理查的军队才一起出现在人们的视野中。他们距离勒芒不到半英里，正“直奔勒芒”。[23]

威廉赶回老王身边，并决定捣毁于讷河上的桥梁。腓力和理查的大军在距河南岸一箭之遥处安营扎寨，这天剩下的时间在紧张的对峙中度过，双方为即将到来的战斗做好了准备。亨利这时似乎已经确信不可逾越的于讷河将挫败敌人发起的任何重大进攻，如果敌人渡了河，他将准备焚烧城墙以南和以西的剩余建筑。马歇尔对他们的安全没那么乐观。6 月 12 日黎明时分，他坚持要扈从厄尔利的约翰帮自己穿上全套铠甲，而其他一些人——包括老王——仍然没穿铠甲。

威廉受命防守南门，亨利和他的小儿子约翰一起进行了当天的第一次巡逻，还有一群骑士陪伴着他们，包括罗贝尔·特雷斯戈兹、杰拉德·塔尔博特和贝蒂讷的鲍德温。他们一到达于讷河就发现法国的先头部队在南岸徘徊，检查已经“粉碎”的桥梁残骸，并仔细观察这条缓缓流动的河流，寻找任何可能的渡河点。根据《威廉·马歇尔传》记载：“谁也没想到河中竟有一处浅滩，当他们用长矛往水里扎试探深浅时，他们发现了世上最好的浅滩。”10 位骑着马的骑士立即涉水前行并冲上了对岸。老王部队中的战士大吃一惊，立即冲上前去阻止他们前进，但随着越来越多的法国骑士泅过于讷河，他们很快就被赶了回来，只能被迫将亨利带到安全的地方。

随着于讷河被法军突破，现在轮到威廉·马歇尔来守住南门了，因为卡佩的军队穿过了勒芒远郊混乱的街道。当“法国人骑马向他发起猛烈攻击”时，一场激烈的小规模冲突爆发了，就像他 20 年前在讷沙泰勒的战斗一样。马歇尔尽其所能地集结安茹骑士，试图坚守阵地，但混战四处都是。在这“激烈的冲突”中，一位老王的骑士迈莱诺阿的于格（Hugh of Malannoy）甚至被连人带马赶进了城南的沟壑里。威廉也和理查的主要家臣骑士绍维尼的安德鲁（Andrew of Chauvigny）面对面交手。安德鲁是“一个以其伟大的英勇行为而闻名的人”，马歇尔试图使用他在比武时的老把戏，一把抓住安德鲁的缰绳，将他拖到城门口，想俘虏他。但绍维尼设法挣脱了，尽管在此过程中他断了一条手臂。[24]

到了这个阶段，郊区已经被焚毁，随着火焰在拥挤的房屋中迅速蔓延，情况越来越混乱。在某一时刻，大撤退的信号响起，威廉退回了南门内，但在其他地方，腓力和理查的部队能够在入口被封锁之前拥入。更糟的是，强劲的风势助燃了郊区的火苗，肆虐的大火最终蔓延到了城市本身。随着烟雾涌入街道、敌军在勒芒城内为所欲为，到处都是一片混乱。

亨利二世、马歇尔和威廉·曼德维尔似乎已经在城市北部重新组织了军队，可能离圣朱利安大教堂不远。任何撤回要塞的想法很快都被拒绝了。尽管两天前老王还隆重宣布守城，但他还是决定放弃这座城市，骑马向北一路奔驰，希望能逃脱。《威廉·马歇尔传》掩盖了这次惨痛的败北的细节，只指出安茹残军“整齐如一”地离开，但其他的编年史家，如豪登的罗杰指出，在这次艰难的溃逃中，亨利抛弃了他的很多家仆和骑士，他的数百名威尔士雇佣兵都被追捕和屠杀了。

剩下的王室成员现在紧密围在老王身边，形成最后一道防线，决心保护国王和他的儿子约翰的安全，以“避免死亡或被俘”。他们已经走了大约两三英里，很明显，另一队骑士正在紧追不舍，沿着后面的道路疾驰而来，很快就接近了。威廉和另一位家臣骑士威廉·德·罗什（William des Roches，字面意思是“岩石”威廉）收紧缰绳，转身挡住了他们的道路，结果发现来的不是别人，正是理查。当“岩石”威廉策马拦截公爵的一名骑士时，威廉冲向理查本人。这位伟大的骑马比武冠军即将和理查捉对厮杀。

只有《威廉·马歇尔传》近距离地描写了这场遭遇战，尽管其记述的更宽泛的细节得到了同时代其他史料的证实。有一件事似乎可以肯定，那就是这不是一场公平的对决。理查一心想要追捕他的父亲，所以他开始时只穿了一件紧身短上衣、戴了一顶轻便的头盔。这增加了他追击的速度，却让他极易受到攻击。更糟的是，理查的武器只有一把剑。相比之下，马歇尔携带着盾牌和长枪。传记作者如此描述：

> [威廉]迎头冲向前进的理查[公爵]。当[公爵]看到他过来时，高声呼喊："上帝的腿，马歇尔！不要杀我，这可是件缺德事，你看我没有全副武装。"

在那一刻，马歇尔本可以杀死理查，就和1168年索尔兹伯里的帕特里克所受的致命一击一样，刺穿他的身体。如果有更多的时间来选择应该怎么做，威廉可能会有不同的反应。结果，本能占了上风。马歇尔根本不能让自己杀死一个没有武装的对手，更不用说那是安茹王国的继承人，国王亨利二世在世的长子了。相反，据说他大声回复："我当然不会，让魔鬼杀了你吧！我是不会这样做的。"就在最后关头，他把枪头略微放低，刺进了理查坐骑的身体。"马立刻死了，它再也没有前进一步"，随着它倒下，理查摔落在地，不能再追逐老王了。

当天，老王成功逃脱了，但他的势力被粉碎了。一旦安全后，据说亨利骑上了一座山的山顶，羞愧地回望着燃烧的勒芒，诅咒上帝毁了他的统治。在接下来的日子里，马歇尔带着50名骑士被派往北方的诺曼底，半心半意地试图为国王争取支持，而约翰似乎留在了曼恩，亨利本人则向南沿弧形轨迹返回了强大的安茹城堡希农的安全地带。当安茹的国库所在地图尔落入理查和腓力之手时，老王才对面前的困境最终感到绝望。现在，亨利是一个亡命之徒，身体极度虚弱起来，“他的疾病和日益加重的痛苦让他非常苦恼”。他在希农避难，命令威廉回到他的身边。[25]

亨利二世的末日

马歇尔做出决断的时刻到了。随着安茹王国的瓦解和他的王权的崩溃，老王不可能有东山再起的希望了。许多到现在为止一直保持忠诚的人现在抛弃了亨利，有一些人直接投靠理查，另一些人只是观望，在一旁看着新政权的开始。威廉完全可以和他们一样，不再支持国王。在1183年，幼王亨利死得毫无预兆、过于仓促，这使马歇尔和他的家臣骑士几乎没有时间考虑他们的立场。在马尔泰勒那段严峻的日子里，似乎没有人想过要背叛主子，但现在面对老王确定的缓慢衰落，有充分的理由这样做。如果马歇尔跪在理查面前为他们最近的遭遇战恳求宽恕，他或许还能换回一些奖赏，并使其未来得到保障。但这样做，他将丧失光荣和忠诚的名誉。在逃离勒芒的途中，他被迫冲动行事；现在他不得不为自己将要做出什么决定而苦恼。

结果，威廉骑马于1189年7月初抵达希农，陪伴老王度过了他最后的一段绝望的日子。亨利别无选择，不得不接受他的失败，同意与理查和腓力国王于7月4日在图尔附近进行最后的会面，以便达成协议。此时老王几乎不能跨坐在马上了，但马歇尔骑马陪同他，并在会议开始前在圣殿骑士团驻地附近等待的几个小时里照顾他。亨利剧痛不止，让“他难以忍受”，并且被他病重的身体不听他的使唤的感觉所折磨，据说他告诉威廉："我感觉我的身体、心脏和四肢都不听使唤。"威廉只能眼睁睁看着国王的面色"先变成鲜红色，然后转为惨白"。[26]

当亨利二世最终抵达约定的会面地点时，他无法掩饰身体虚弱的严重程度。理查冷漠地看着父亲，怀疑其中有诈，但腓力·奥古斯特看到他的仇敌悲惨虚弱的样子后大为震惊。卡佩拿出一件斗篷，让老王可以坐在地上，但亨利拒绝了，尽管他接受了他们的条件，但始终怒目凝视着他的对手们。理查最终被确认为亨利二世在整个安茹王国的继承人。法国国王被许诺得到 2 万银马克的贡金以缔结和平。老王提出了一个要求，他要得到"那些曾忠于他，但又转投［腓力和理查］的人的名单"。当会议接近尾声时，亨利据说拼尽所有力气说了一句最终离别时的恶言恶语。在老王俯身向前，仪式性地亲吻儿子以示达成和平协议时，他低声说："在向你复仇前，上帝是不会让我死去的。"①

亨利国王被人用担架抬回希农，他只能卧在床上，但还是无法平静下来。老王现在被想要对他的支持者作最后一次清算的愿望所困扰。他的掌玺大臣罗歇·马尔克厄尔（Roger Malchael）被派往图尔，索取腓力所承诺的变节者名单。罗歇回来后，他被人匆忙领去与亨利私下会见，但是罗歇很难透露这个可怕的真相，说道：

> "我的主，耶稣基督帮帮我吧，名单上的第一个名字就是您的儿子约翰伯爵啊。"当亨利国王听到那个他最寄予厚

① 据威尔士的杰拉尔德说，狮心王理查后来向腓力·奥古斯特和卡佩宫廷转述了亨利二世的恶言。

望，他最爱的人背叛了他，他只说了句："够了。"

这最后的背叛沉重打击了老王的精神。他很快就陷入了"灼热的"发烧昏迷状态，"他的血液在他体内沸腾，以至于他的肤色变得暗沉、发黑、发青和惨白"。由于痛苦不堪，他"失去了意识，什么也听不见看不见"，尽管他说着话，"没人听得懂他的呓语"。1189 年 7 月 6 日晚上，在少数几位仆人的陪伴下，亨利的生命终于走到了尽头。用《威廉・马歇尔传》的话说："死神亲手捏爆了他的心脏"，一股"瘀血从他的鼻子和嘴巴里喷了出来"。

被派去看守他的仆人洗劫了他的尸体，进行了最后的侮辱。他们偷走了"他的衣服、他的珠宝、他的钱财，每个人能拿多少就拿多少"，这群"乌合之众"把这位伟大的君主丢在了那里，半截身子吊在床边，只穿着他的"马裤和衬衫"。当亨利的尸体后来被发现时，整座城堡都陷入了混乱。马歇尔和其余的王室成员冲进房间，用一件斗篷匆忙地覆盖在死去的国王身上，看到这样一位曾经强大的人物最后竟落得如此悲惨的下场，他们感到心情沉重。然后，房间由守卫严密看守起来，神职人员到达后用裹尸布把老王裹了起来并唱起了安魂弥撒。[27]

在接下来的几天里，威廉协助把亨利二世的遗体带到附近的丰特弗罗德修道院，在那里停尸并等待理查的到来，这样儿子就可以向被抛弃的父亲表达最后的敬意。马歇尔站在那里守夜，他的悲伤中混杂着可怕的不安。一位新王现在即将宣布登基，威廉曾在勒芒城外杀死这个人的坐骑并抵抗到底。毫无疑问，理查会报复他，剥夺马歇尔的地位，将他流放，甚至更糟。威廉即将了解忠诚的真正代价了。

8

王国的守卫者

理查大约在 1189 年 7 月 10 日抵达丰特弗罗德。当他走进大修道院教堂看到他父亲的遗体时，据说他面无表情，因此“没有人能说出他是高兴还是悲伤”。他木然地久久站立，低头凝视这个曾是他的导师、盟友、君主和敌人的人。毫无疑问，老王是被理查逼死的。理查满心都扑在对权力的执着追求上，背叛了他的家庭，站在了安茹家族公开的仇敌一边，并与至亲开战。如今，他所有的野心都已实现，亨利的尸体冷冰冰地躺在他面前，毫无生气。也许就在他静静沉思的这段时间里，王权的全部重担落在了他的肩上，因为他感受到了他所做的一切的沉重后果，并开始隐约看到前方的考验。

最后，理查将思绪从遗体上转移开来，“要求马歇尔立即来见他”。只有老王的首席大臣莫里斯·克拉翁（Maurice Craon）跟在威廉的身后一同走进丰特弗罗德周围青翠的乡间。《威廉·马歇尔传》记录了这次充满戏剧性的紧张会晤。在长时间的沉默之后，理查终于打破了尴尬，据说他说：“马歇尔，前几天你打算杀我，要不是我用胳膊挡开了你的长枪，你一定会这样做的。”这是一个危险的时刻，如果威廉接受这种说法，他能让理查保全面子，但同时等于承认确实要置理查于死地。至少根据《威廉·马歇尔传》的说法，他选择更有风险地答道："我从来没有想过要杀你……我仍然有足够的力量端直我的长枪，如果我想的话，我能用它刺穿你的身体，就像我对你的那匹马所做的一样。"理查可能会对这个直截了当的反驳感到极度冒犯。但与此相反，据说他宣称："马歇尔，我宽恕你。我永远不会在这件事上生你的气。"[1]

理查在这次会面中可能一直在试探或戏弄马歇尔，但很可能他在到达丰特弗罗德之前就想好了如何应对马歇尔。理查即将加冕为国王。他要保卫一个脆弱的国度，还要参加十字军前往圣地去战斗。他舍不得放弃一个像威廉这样的人。在过去的一个月里，马歇尔已经证明了他对国王极端忠诚，拥有高超的武艺。他正是理查在未来的岁月中需要的那种支持者。也许起初他们对在勒芒城外的对峙尚未释怀，但理查足够明智地认为必须把这件事放在一边。如果他要成为受欢迎的国王，就不能被这样的怨恨所支配。

理查下定决心将马歇尔拉进自己的圈子，他提出要确认老王将富有的女继承人克莱尔的伊莎贝尔许给马歇尔的承诺。但他小心翼翼地强调，亨利二世只是许诺将伊莎贝尔嫁给马歇尔，她的监护权这项实际赠品将来自理查自己的馈赠。著名的狮心王现代传记的作者约翰·吉林厄姆教授（Professor John Gillingham）指出，理查的这一行为使得"威廉一夜之间成了大富豪"。之后，马歇尔受到委托执行一项紧急任务：奉命回到英格兰，"负责照管我的土地和其他所有收益"，并向埃莉诺王后递交密信。他们一回到丰特弗罗德，威廉就收到了许多王室令状（带有指令的信件），其中一封指认了他成为伊莎贝尔的监护人，随后他便立即动身前往北方。[2]

理查以类似的方式对待先父的贵族和随从，那些到最后一直保持忠诚的都得到了奖赏。例如贝蒂讷的鲍德温，他得到了诺曼底的欧马勒的非常宝贵的领主权。那位和马歇尔一同掩护亨利二世从勒芒逃离的威廉·德·罗什，也被理查的军事家户接纳，而休伯特·沃尔特被任命为索尔兹伯里主教。那些在老王生命的最后几个月里背弃他的人则没有得到那么多的恩惠，尽管理查的弟弟约翰没有受到惩罚。理查也细心地报答了自己的副手们，这样绍维尼的安德鲁得到了沙托鲁的领地。理查接着在诺曼底韦克桑的吉索尔大城堡附近会见了腓力·奥古斯特。这对盟友散伙了，并且随着理查如今是安茹王朝的领袖，他们很快就会被迫成为互相交手的死敌了。现在，双方达成了和平条款，法兰西国王归还了包括贝里在内的所有最近侵占的土地，而理查承诺拿出 4 万银马克作为战争补偿。

等在伦敦的奖赏

威廉·马歇尔向北穿过安茹和曼恩，但在穿过英吉利海峡之前，他中途在诺曼底逗留，占有了克莱尔的伊莎贝尔位于迪耶普（位于公国的东北部地带）附近的隆格维尔的土地，这是一个明确的迹象，表明他现在只要有机会就会收下理查的恩赐。一到英格兰，威廉就直接前往温切斯特，埃莉诺在那里关押了 15 年后已被释放。这一定是一次奇怪的邂逅。当他们最后一次见面时，马歇尔刚从王后身边离开，只是一个 25 岁左右的家臣骑士，如今威廉 42 岁左右，正在变成一位强大的贵族，而埃莉诺已经垂垂老矣，虽然年近 70 仍然活力四射。一如既往地，他们两人的联系——似乎在马歇尔的早期职业生涯中非常重要——只有简单的记录。理查给母亲传递的消息没有历史记录留下，令人沮丧的是，威廉的传记作者也只说消息被安全地传递到了。

然后，马歇尔前往“伦敦这座美好的城市”去认领他的新娘。作为王室的受监护人，伊莎贝尔居住在白塔内，受到亨利二世的首席政法官拉努尔夫·格兰维尔的监护。起初，格兰维尔不愿意把女继承人移交给威廉照管，大概是因为理查尚未加冕，因此缺乏分配监护权的正式权力，但马歇尔坚持自己的主张，格兰维尔最终让步了。威廉终于见到了他未来的妻子——斯特里盖尔的女领主克莱尔的伊莎贝尔。她大约 16 岁，年龄还不到威廉的一半，但由于出身显赫，她比他地位更高。她的父亲“强弓”理查很有名，曾是一位帮助亨利二世征服威尔士和爱尔兰的强大的边境领主，并和一位爱尔兰公主伦斯特的埃伊菲（Aoife of Leinster）结婚，她就是伊莎贝尔的母亲。自 1185 年以来，伊莎贝尔就是王室的受监护人，所以尽管马歇尔是强加于她的丈夫，4 年后的婚事的前景也不确定，但她很可能感觉像是一种解脱。[①]

伊莎贝尔拥有英格兰一块重要领土的所有权。其中心地带是南部与威尔士交界的大片领土，包括坚固的斯特里盖尔（如今叫做切普斯托）石头城堡。在其他地区，伊莎贝尔拥有卡弗舍姆（雷丁附近）和朗克伦登（牛津以东）的主要地产，还拥有隆格维尔的诺曼底城堡以及西威尔士和爱尔兰的重要土地的所有权。与她结婚将得到无法估量的好处，能使威廉成为这个王国中的一

① 斯特里盖尔伯爵“强弓”克莱尔的理查死于 1176 年。其作为继承人的儿子吉尔伯特（伊莎贝尔的哥哥）死于 1185 年，年仅 12 岁。这样伊莎贝尔就成为女继承人。

个大贵族。《威廉·马歇尔传》清楚传达了他的兴奋之情，指出“既然他拥有了她，就不想失去她了”，因此立即为他们的婚礼制定了计划。[3]

鉴于威廉有了远大前程，现在有很多大人物想和他培养好感。例如，城市治安官理查·菲茨雷尼尔（Richard FitzReinier）就是如此，他给威廉提供住宿，可能是在圣保罗大教堂附近，甚至提出要支付婚礼的费用。威廉现在能在伦敦短暂地停留一阵。到1189年，此城坚定地走上了成为英格兰无可争议的首都的道路，并且已成为欧洲最大的城市中心之一——人口约有4万，仅次于巴黎。该城的扩张反映了更广泛的城市化趋势。事实上，在威廉生活的时代，英格兰建立了几十个新城镇，包括泰恩河畔纽卡斯尔、利物浦和朴次茅斯，随之而来的城市“自由民”或商人阶层的崛起，将在未来的几十年和数个世纪中改变中世纪社会的权力平衡。

伦敦横跨泰晤士河，在西欧作为主要经济势力出现在世界舞台上的时候，它完美地处于贸易和商业中心的位置。那个夏天，威廉发现自己正身处一个充满活力和日益国际化的大都市中——从埃及的宝石到中国的丝绸和阿拉伯的黄金，什么都可以在这里买到。像勒芒一样，伦敦也曾是一个罗马时代的定居点，那段时期的古城墙仍矗立在泰晤士河北岸，尽管它们在水边摇摇欲坠。一千年来，第一次有一座横跨宽阔河流的新石桥被建了起来，由亨利二世在1176年投入巨资花了30多年才建成，此桥一直矗立到1831年。从某种意义上说，伦敦是基督徒奉献的中心，城中到1189年拥有100多座教堂，所以威廉可以从中选择结婚地点。然而，也有人谴责此城是一个邪恶的巢穴，一个同时代人抱怨说：

“世界上任何地方的任何邪恶的东西都可以［在伦敦］找到”，并补充说，那里挤满了“演员、小丑、皮肤光洁的小伙子、摩尔人、阿谀奉承者、漂亮男童……江湖骗子、肚皮舞者［和］神汉”。[4]

威廉和伊莎贝尔在7月底举行了婚礼。很有可能，他们遵循了正常的习俗，在教堂的台阶上举行了简单的仪式（甚至可能就在圣保罗教堂的台阶上）——马歇尔向他的新娘赠送了一个象征他的彩礼的礼物，可能是一枚戒指，甚至是一把刀。之后他们才进入教堂，俯伏在祭坛前接受弥撒，在领完圣餐后，威廉将和随行神父交换和平之吻，然后最终转身拥抱他的新娘。

在理查抵达英格兰，宫廷生活的无尽旋涡又开始之前，这对新婚夫妇能在一起待几个星期，他们住在伦敦西南方18英里处的斯托克·道博农（Stoke d’Abernon）庄园附近，那是一个“静谧之地，设施完备，令人赏心悦目”。至少在一开始，威廉和伊莎贝尔的婚姻只是一桩政治联姻，但他们似乎发展出了真感情，并且互相尊重。最终，他们将至少生育了10个孩子，其中包括5个儿子，长子是在婚后一年内出生的。即使是在这个男性普遍不忠并被大肆宣扬的时代，也没有证据表明马歇尔曾有过情妇。总而言之，他们的结合很可能是幸福和美满的。尽管如此，马歇尔由于为王室效劳，二人长期分离，到那年8月中旬，他又被拉回了强权政治的旋涡中。[5]

保卫王国

理查于1189年8月13日登陆英格兰，他已经在鲁昂被确认为诺曼底公爵。他随后于9月3日在威斯敏斯特大教堂举行加冕典礼，此地离伦敦城仅有2英里。理查的加冕是中世纪编年史家第一次详细描述的英格兰国王加冕典礼。尽管《威廉·马歇尔传》奇怪地没有提及，但是威廉·马歇尔被认为在那天的仪式上扮演了重要角色，他的兄长约翰·马歇尔和表弟索尔兹伯里的威廉·菲茨帕特里克也和他同在大教堂。约翰似乎由于其弟的飞黄腾达而特别受益。他在亨利二世治下几乎没有晋升，近年来成了理查的弟弟约翰伯爵的辅臣，尽管这种关系对他的前途没什么帮助。我们不清楚威廉是否为了令其兄长受到恩宠而到处活动，但是自从1189年后，约翰的职业生涯确实获得了短暂的复兴。①[6]

加冕典礼以庄严的游行开始，伴随着雄浑的“赞美圣咏”，理查从王宫来到大教堂的门前，然后走向祭坛。队伍中领头的是主教、修道院长和神职人员，他们携带着“圣水、十字架、细长蜡烛和香炉”，身后是主要王室官员和王国中的大贵族，每个人都捧着王权象征物和威严长袍的一部分。约翰·马歇尔捧着“一对巨大的金马刺”，威廉·马歇尔捧着顶端有十字架的王室权杖（这是权威的主要标志之一），索尔兹伯里的威廉捧着顶端是鸽子的黄金权杖。理查的弟弟约翰手持一把从王室国库里提取的黄金长剑，而威廉·曼德维尔很荣幸地捧着“巨大的王冠，每一面都饰有宝石”。在威廉·马歇尔和其他一大群贵族的注视下，理查跪在祭坛前，发誓要保护教会并公义地统治。仪式的高潮部分是由坎特伯雷的鲍德温大主教主持的。理查被脱去衣服，只剩汗衫和马裤，胸口裸露着。教长随后将圣油倒在理查的头部、胸口和手臂上，各个部位分别代表知识、勇气和荣耀。一俟他被披上王袍，拿起

① 威廉·马歇尔的弟弟亨利·马歇尔——他进入了教会——在这一时期也受到了奖励，被任命为埃克塞特的主教。

王室权力象征物，那顶巨大的王冠终于戴在了他的头上。

在所有在场的人的眼中，实际上在整个基督教世界里，理查已从一个凡人变成了一个神圣的国王。他从大教堂里走出来的时候已焕然新生，成为英格兰的国王了，此时距离他的 32 岁生日只有 5 天的时间。当日下午和晚上都举行了盛大的庆典，理查很快换下了沉重的长袍和巨大的王冠，穿上更轻便的服装，戴一顶更简单的王冠，来参加一场漫长而奢华的盛宴。王室账目显示，至少有 1770 个水罐和 5050 个盘子是为这次活动购买的。[①]

理查国王现在有一个压倒一切的优先事项要做，他决心从海路前往圣地，参加第三次十字军东征，和萨拉丁作战。就像欧洲成千上万的战士一样，狮心王回应了教皇慷慨激昂的战斗号召，领取了十字。与卡佩家族的矛盾和与父亲的权力斗争都造成了长时间的拖延，但从现在开始，理查将自己的精力以及英格兰和安茹王国的大量资源集中在了十字军东征上。在安茹和卡佩的军队出发之前仍有大半年的时间，但是准备工作还是带来了一种新的紧迫感。

理查麾下的许多卓越的骑士都加入了他的远征队伍，其中包括贝蒂讷的鲍德温和绍维尼的安德鲁。但那一代人中最伟大的战士威廉・马歇尔却没有参加。这种明显的异常没有得到确切的解释。当然，威廉已经以十字军战士的身份去过东方了，但是佛兰德伯爵腓力和勃艮第公爵于格也是如此，他们却还是参加了第三次十字军东征。无疑，理查国王对马歇尔有其他的安排，但也许是出于骄傲和嫉妒他才让马歇尔留在后方的。狮心王为参战感到

① 庆祝活动被伦敦和威斯敏斯特爆发的反犹骚乱破坏了。骚乱似乎部分是由受到误导的十字军东征狂热引起的。

自豪，并精心培养了自己的军事声誉。耶路撒冷的战斗有望成为武艺的终极试炼场——一个可能造就传奇的竞技场——或许理查不希望马歇尔成为潜在的竞争对手。理查对另一位第三次十字军战士、杰出的比武冠军威廉·德·巴雷斯产生了深深的厌恶，无疑就属于这种情况。自从德·巴雷斯加入了腓力·奥古斯特的军事随从以来，两人已经在 1188 年的安茹－卡佩战争中交过手。1191 年初，当十字军的舰队停泊在西西里时，他们在一场仓促组织的比武中再次相遇。当狮心王不能把威廉打下马时，他就怒不可遏，“出言威胁他”，并把德·巴雷斯从他面前赶走了。尽管理查举止威严，但他不是一个喜欢被打败的人。

《威廉·马歇尔传》暗示，马歇尔未能参加第三次十字军东征引发了一些批评，甚至是一定程度的羞辱。传记作者明确指出，威廉之所以没有领取十字，是因为他“已经去过圣地寻求上帝的怜悯……很好地完成了自己的使命”，并略带省略地补充道：“无论别人会告诉你什么，事情就是这么安排的。”其他人因为没有参加圣战而被嘲笑，甚至被指责为害怕打仗的胆小鬼。在某些圈子里，人们会给没有参加十字军的男人“羊毛和纺纱杆”（纺纱工具），暗示他们只适合妇女的工作，这种羞辱变得司空见惯，也是 white feather（胆怯）这种说法的远祖。[7]

威廉·马歇尔将留在英格兰，而他的许多同侪则前往东方寻求名声和荣誉，但他不会无所事事。理查的圣战承诺意味着新国王数月甚或数载将不在国内。在经过一番战斗赢得安茹王国后，狮心王不可能愿意弃它而去。那年秋天，两个压倒性的威胁在他心头隐约可见。随着他与腓力的暂时性和解结束，法兰西国王显然会抓住任何机会侵占安茹领土。因此，两位国王将一起出发前往巴勒斯坦。

理查发现把弟弟约翰留在欧洲同样令人不安。后者现在已20出头。他的人生一直都是在伟大亲人的长长阴影中度过的：从他专横的父亲亨利二世到他潇洒侠义的兄长小亨利；或许给他带来最大压力的是无畏的勇士狮心王理查本人。约翰已被证实贪恋权势，却缺乏兄长的军事天赋、魅力和决断力。在老王的鼓励下，他已经尝试过一次窃取理查的土地了，于1184年入侵阿基坦，那时威廉·马歇尔正在圣地。他被同时代人称为“无地”，因为在亨利二世于1169年做出的宏大安排中，他寸土未得。约翰最终在1177年被分配到爱尔兰行省——在托马斯·贝克特被谋杀后，亨利二世部分征服了这个地区。约翰于1185年远征爱尔兰，但收获甚微。他在老王临终的日子里也背叛了老王。

理查因此面临着一个难以解决的两难境地。到目前为止，他仍然未婚无子。这使得约翰——家中唯一的另一位成年男性——明显成为他的继承人。他们已故的兄弟布列塔尼的若弗鲁瓦的遗腹子阿蒂尔，由于出身对王位有靠前的继承权，但他只有两岁。约翰可能是无能和不可信任的，但如果理查未能从黎凡特返回，他仍然是唯一有可能保持安茹王国完整的人。狮心王即将展开这个世纪最伟大的战争；在这场恢宏的战斗中，他很有可能会面临死亡。远征固有的危险也意味着他不能冒险带着约翰参加十字军远征。从王朝的角度讲，这么做会是纯粹的愚蠢之举；然而，一想到自己不在国内的时候任由弟弟策划阴谋，理查就感到焦急万分。

新国王设计了他所能想到的最好的解决方案。理查没有效仿亨利二世去挫败约翰对土地的野心——这可能会引发后者的敌意——狮心王给了他充足的土地。约翰拥有诺曼底西南部的莫尔坦伯国，这一点得到了确认。他在英格兰西部和西南部也被赋予了大量的土地。其中一部分是通过和一位富有的女继承人格洛斯特的伊莎贝尔联姻获得的，她拥有布里斯托尔和格洛斯特的重要城堡的所有权，还是格拉摩格和纽波特的边境领主。约翰还获得了马尔伯勒和拉德格舍尔的王室城堡的控制权。后来他还得到了德文郡、康沃尔郡、多塞特郡和萨默塞特郡。仅在英格兰，他的年收入就达到了4000英镑。尽管理查慷慨大方，但当他要求约翰发誓3年内不会踏足英格兰时，他的疑心暴露无遗（尽管这一规定很快就被打破了）。

国王希望能满足约翰的饥渴，但也决心把他拴得牢牢的。英格兰王国将被交付在理查最信任和最有能力的支持者——他的王国和统治的守卫者——的手中，其中一位就是威廉·马歇尔。埃莉诺王太后将监护英格兰的利益，在更广泛的意义上，监督整个安茹帝国的利益。在王国内部，按照惯例，王权将由英格兰首席政法官行使，尽管之前的任职者拉努尔夫·格兰维尔被理查那位粗鲁的、诺曼底出身的财政总管威廉·朗香取代了。朗香被授予了一系列极大的权力和职位，还被任命为伊利主教、掌玺大臣和伦敦塔守卫。但他受到4位“共治政法官”的支持和制衡。这样一来，并不是所有的权力都掌握在一个人手中；相反，王国的治理将由一小群权贵管理和监督。威廉·马歇尔也是这些共治政法官中的一员——鉴于他没有管理经验，这可是一项沉重的负担。来自亨利二世宫廷的他的盟友若弗鲁瓦·菲茨彼得也位列其中，另二人是威廉·布鲁尔（William Brewer）和后来的于格·巴多尔夫（Hugh Bardolf，此二人都曾是老王的官员和仆从）。若弗鲁瓦作为文官对打仗没什么经验，但在官僚治理上颇有天赋。1185年左右，他和曼德维尔的女继承人比阿特丽斯结婚，在大贵族埃塞克斯伯爵威廉·曼德维尔于1189年12月去世后，他财运大增。通过其妻的所有权，菲茨彼得继承了英格兰东南部和东部的大片土地，这些土地位于埃塞克斯郡、萨福克郡和剑桥郡——和他的朋友威廉·马歇尔一样，若弗鲁瓦变成了大贵族。

1190年上半年，马歇尔和他的同僚政法官协助监督理查国王为第三次十字军东征所做的疯狂准备。这将是迄今发起的组织效率最高的的圣地远征，由大规模的复杂的后勤计划支持，资金主要来自被称为萨拉丁税（Saladin Tithe）的高额税收。到了那年夏天，狮心王和他的对手法兰西国王腓力·奥古斯特准备开始他们的盛大远征。马歇尔穿过海峡来到大陆，目睹了在勃艮第韦兹莱（Vézelay）集结的十字军大军，并于7月4日向他的国王告别。理查稍后从马赛出发，他公开宣称的目标是从强大的穆斯林苏丹萨拉丁手中夺回圣城耶路撒冷。威廉·马歇尔则将负责确保狮心王在回来后仍有一个王国可以统治。[8]

斯特里盖尔领主

1190年，威廉·马歇尔开始了他作为斯特里盖尔领主的新生活，如今他已成为一个英格兰境内非常有权势的贵族了。这位比武冠军和家臣骑士已经成了富有和前途光明的大地主。就在这一年，他的新婚妻子伊莎贝尔生下了他们的第一个孩子，这个男孩以他父亲的名字命名——“小”威廉。马歇尔已经实现了12世纪骑士阶层的终极愿望。生来作为一个不被抱太大希望的次子，他的武艺、坚忍不拔的野心和极度的忠诚使他从战士阶层中脱颖而出。与伊莎贝尔一起，他现在拥有了自己的领地，也有了建立一个长久的家族的机会——在中世纪的历史中留下他的印记。

虽然同时代人偶然会提到他的头衔，但威廉还没有正式拥有被称为伯爵的权利。事实上，自 12 世纪 50 年代以来，伊莎贝尔宣称拥有的位于西威尔士的彭布罗克伯爵领一直掌握在国王手中。尽管如此，当马歇尔在威尔士边境土地上有了一席之地时，他可能对他拥有的土地万分自豪。与更多的知名边境领主——例如北方的切斯特伯爵和赫里弗德郡的布里尤兹家族（Briouze family）——一起，威廉现在是该地区的一个重要人物。他的领土的中心地带是位于塞文河口西侧的下格温特郡（lower Gwent）的一大片肥沃的土地，这使他拥有斯特里盖尔和阿斯克领地上的石头城堡的所有权，以及来自羊毛贸易的农业收入。理查国王还把油水颇丰的格洛斯特治安官一职售予威廉。这就让马歇尔暂时控制了格洛斯特城堡和青翠的迪恩森林，并在南部边境地区集中获得了显著的权力和影响力。

这里始终是不列颠群岛最美丽的角落之一——一片拥有起伏的山丘和被开阔天空掩映着的绿地。宁静的瓦伊河蜿蜒地穿过威廉的领土，最后注入塞文河；在瓦伊河西岸上游 5 英里处，坐落着由伊莎贝尔的一位祖先于 1131 年修建的隐蔽的丁登寺。丁登寺是 12 世纪最有影响力的僧侣修道团体西多会在威尔士建立的第一所修道院。这些圣洁的兄弟们过着严格的禁欲主义的生活，他们的修道服甚至不能使用染过色的羊毛，因此被同时代的人称为“白衣修士”。威廉和伊莎贝尔成为丁登寺的资助人，与修道院建立了密切的联系。[9]

在这段时期内，马歇尔主要居住在雄伟的斯特里盖尔石头城堡，它盘踞在瓦伊河西岸的岩石峭壁上，位于离瓦伊河与塞文河的交汇处略多于1英里的地方。这座城堡今日仍然相对保存完整，虽然在其建成之后的几个世纪里，它得到了大规模的扩建和修缮。这是为数不多的几个可以让人触及威廉生活过的世界的场所之一。在马歇尔到达这里的时候，该据点以一个长方形的名曰“巨塔”的石质主楼为中心，它可能被一道木栅栏包围着。扩建和修缮的工程在1189年底或1190年初几乎就立即启动了，在主楼外下坡110码处建造了一座令人敬畏的双塔式石门楼。这个采用当时先进技术的入口拥有两道吊闸门和一扇巨大的覆盖铁皮的橡木门（通过树木年代学可追溯到1189年）。值得注意的是，这扇12世纪的大门一直保留到1964年，才被一扇复制品取而代之，但原件被挂在城堡小门廊内，依旧可以看到。在其后的几年中，威廉还加筑了一堵内墙（在主楼和门楼之间）和一对三层塔楼，并且可能在外围竖起了石质幕墙，形成了一个真正令人印象深刻的防御工事。[①][10]

威廉·马歇尔的家户

1189年后，威廉·马歇尔能够组建一个属于他本人的贵族家户了。他过去一直在为他人效劳，但现在在斯特里盖尔，他自己可以真正成为一名“骑士之父”了。利用《威廉·马歇尔传》中保存的证据和其他历史文献，我们可以拼凑出成为威廉的军事随从的骑士们和为他管理土地的文职官员的细节丰富的图景。这为

① 由于斯特里盖尔位于瓦伊河岸边，靠近塞文河，威廉·马歇尔也能把它当一个小型港口使用。

我们提供了罕见的、颇具启发性的对贵族家户的内部运作情况的观察，并且让我们得以一窥未来几年围绕在马歇尔身边、帮助他在残酷的战争和宫廷政治阴谋中生存下来的人。近 30 年来，威廉已经了解了家臣的生活，为不少于 5 位恩主服务过，履行了战士、谋士和心腹的角色。作为一名领主，现在轮到马歇尔寻求只有他的忠诚的家臣骑士才能提供的必要的支持和效忠了。那些加入威廉家户的人，有的一直追随他直到他去世为止，另一些则来来走走，还有一些会背叛他的信任。[11]

马歇尔还必须承担供养他们的负担——解决他的骑士们的吃穿，并给他们提供武装——同时通过一些社会习俗，诸如置办宴席或赐予他的随从们半仪式性的和平之吻，来培养家户中的信任和相互依赖的纽带。正如历史学家大卫·克劳奇所观察到的那样，像威廉这样身份的人必须承担两个不同的角色：成为"一棵大橡树，用树枝荫蔽他的手下"，这是父亲的身份；对外界则摆出一副严厉得多的面孔，这样他的声望就激起了"别人对他的恐惧……保护自己的手下"免受敌人的伤害。在马歇尔职业生涯剩余的时间里，他的大部分行为都会受到这些义务和期望的影响。

马歇尔家户中的 4 位知名成员追随他来到斯特里盖尔：厄尔利的约翰，他的受监护人和扈从，很快就 20 多岁了，可能将由马歇尔亲手封为骑士；他的仆人厄斯塔斯·伯特里蒙和来自威尔特郡的年轻骑士威廉·沃尔伦、若弗鲁瓦·菲茨罗贝尔也在马歇尔的随行人员中，后者与克莱尔的伊莎贝尔异母的非婚生姐姐巴西利娅（Basilia）结婚，巴西利娅年近四旬，已两次丧偶了。

威廉圈子里的一些重要骑士本身就是当地的权贵，与克莱尔家族有姻亲关系。其中最有名的是拉尔夫·布罗艾特（Ralph

Bloet，他的兄弟娶了伊莎贝尔的阿姨），他直到1189年都是斯特里盖尔城堡的守护者。当马歇尔接管这片土地后，拉尔夫失去了对此城堡的控制权，尽管他保留了自己在威尔特郡和汉普郡的英格兰土地。他还通过和威尔士贵妇内丝特·布罗艾特（亨利二世的前情人，卡利恩“王室”家族的一员）联姻，在边境拥有举足轻重的影响力。拉尔夫可能比威廉·马歇尔更年轻，但是同一代人，曾于1171年陪伴“强弓”征战爱尔兰；他对当地的了解和人脉显然很有价值，所以威廉很可能试图获得他的效力。威廉的家户中还有一位拥有爱尔兰和威尔士血统的骑士普伦德加斯特的腓力（Philip of Prendergast），他早在10多年前就娶了巴西利娅的女儿毛德（Maud）。[12]

其他家臣骑士和斯特里盖尔或英格兰西南部没有直接联系，但似乎与马歇尔建立了联系。罗歇·道博农（Roger d'Aubernon）是斯托克·道博农的安格兰德（Engelrand of Stoke d'Aubernon）之子，后者是马歇尔和伊莎贝尔度“蜜月”的宁静的萨里庄园的领主。圣乔治的阿兰（Alan of St-Georges）来自萨塞克斯的勒特尔谷（Rother valley），此地位于南唐斯丘陵（South Downs）的山脚下。他可能是通过马歇尔家族与萨塞克斯和附近的沿海村庄博瑟姆的联系而引起马歇尔的注意的。总而言之，威廉·马歇尔似乎在他的随从中维持了一个由15至20名骑士组成的核心团体，其中8到10人会时刻伴随着他，而其他人则轮流担任关键岗位，以马歇尔的名义领有土地和担任官职。例如，来自英格兰西南部的骑士尼古拉·阿弗内尔（Nicholas Avenel）接替威廉在格洛斯特郡担任代理治安官。

马歇尔还在家户中雇用了一些文职人员和专职神父。他可能几乎每时每刻都有一位私人神父陪伴着。这位神父负责威廉的牧灵工作，带着便携式祭坛、祭服和圣器旅行，因此能够聆听告解和做弥撒。一位名叫罗歇的神父在1190年为马歇尔服务，后来是圣乔治的厄斯塔斯（Eustace of St-Georges，他可能是骑士阿兰的一个亲戚）。另一方面，文职人员负责行政管理而不是信仰职能。这些受过良好教育的人监督着威廉的地产的日常行政管理，管理他的账目和信件。马歇尔受过的教育有限，这增加了他们的重要性，例如，威廉的第一任财政总管沃尔特·卡特（Walter Cut）主要就是帮马歇尔管钱的。

威廉必定是向他的一些文职人员寻求建议的，尤其是在治理和政治的问题上。他和伦敦的迈克尔（Michael of London）的关系尤其亲密，后者很可能是马歇尔在1189年7月于该城逗留期间被招募的。迈克尔拥有“大师”（magister）的头衔，这意味着他曾在教会学校，或许是圣保罗大教堂的学校内，花了9年时间学习语法、修辞和逻辑，以及天文学等更高级的科目。与骑士厄尔利的约翰一起，迈克尔似乎是威廉最亲密的伙伴之一，几乎在四分之一个世纪的大部分时间里，紧紧追随马歇尔的脚步。

其他代表马歇尔利益的文职人员属于半永久性派遣。从12世纪90年代中期开始，乔斯林大师（Master Joscelin）在伦敦受雇，负责与威斯敏斯特和该城有关的事务。他住在泰晤士河畔的一个名叫查灵（Charing）的属于马歇尔的小庄园（位于城墙和王宫之间）内，每当威廉爵爷和他的骑士们在伦敦逗留时，需要为他们安排食宿。随着时间的推移，这处马歇尔在伦敦的事务中心发展成了一种货物交换所。乔斯林大师可以利用他进入伦敦市场的机会为马歇尔购买任何他需要的东西。他将这些货物储存于查灵庄园内，等待着被运走。同样，在威尔士边境出产的珍贵羊毛可以被运到伦敦进行交易，以谋取丰厚的利润——鉴于佛兰德现在是欧洲羊毛产业的中心，以及马歇尔和佛兰德城市圣奥梅尔的关系，买卖过程一定很轻松。威廉很早就懂得，一位骑士不可能单凭勇武就能获得成功。正如他在 12 世纪 70 年代末时注重在比武大会中获得经济回报一样，现在他作为一名新的领主，希望积累财富和资源。不久，马歇尔就积聚了一笔可观的财富。[13]

在成为斯特里盖尔领主的第一年，威廉还建立了一所自己的宗教建筑——卡特梅尔的奥古斯丁会小修院。马歇尔将他的兰开夏郡小庄园的土地和财产捐赠给了这个新修院——清楚地表明这是一种非常私人的奉献行为——而且确认这一转让的说明文件文本保存至今。在中世纪，这种类型的文件通常包含一份见证人——那些愿意证明契约的准确性和法律约束力的人——的名单。因此，它们提供了一张贵族“姻亲”——马歇尔的亲戚和封臣的小圈子——的快照。这份卡特梅尔说明文件由威廉·马歇尔的 11 名家户成员（许多人第一次与他们的新主人一同出现）以及他的盟友若弗鲁瓦·菲茨彼得、他的兄长约翰·马歇尔、他的表弟索尔兹伯里伯爵威廉·菲茨帕特里克共同见证。

但这扇通向马歇尔的世界的窗口的迷人之处还不止于此。在说明文件的主体部分中，威廉试图解释他为什么要建立这个修院，这是他出资赞助的第一所修院。在过去的一个世纪里，这种类型的捐建在贵族圈子里变得非常流行，所以此行为本身在像他这样的地位的人中并不罕见。卡特梅尔修院的建立显然是对马歇尔的慈善、虔诚的公开肯定，但它也是一种感谢上帝并获得精神价值的方式，这可能会使通往天堂之路变得容易。威廉试图在说明文件中分配这种救恩的力量，指出修建此修院是为了“我的灵魂和我妻子伊莎贝尔的灵魂，以及我的祖先、后代与我们的继承人的灵魂”。马歇尔还向使他发迹的王室恩主致敬：亨利二世和理查一世都被提到了，但仅有幼王亨利被更亲切地描述为“我的主人”，他在威廉的内心和灵魂上留下了印记。[14]

英格兰的守护者

作为一名有权势的英格兰贵族和共治政法官，威廉不能只专注于自己领土上的利益，他需要保卫王国。不幸的是，国王理查选择威廉·朗香在英格兰执掌大权，这很快被证明是一场灾难。朗香对约翰伯爵的意图满心狐疑，这是情有可原的，但他也有一种令人担忧的擅权专断的倾向，在挑拨离间和激怒同侪上颇有天赋。事实上，朗香可能更多地是出于对狮心王的忠诚而不是个人的野心，他只是怀疑其他人是否有能力捍卫他的君主的利益。但是，由于他不屑于宫廷政治的虚情假意的应酬，其他的共治政法官很快就做出了最坏的假设，起来反对他了。

威廉·马歇尔本人对朗香的反感在《威廉·马歇尔传》中被揭露出来。这位首席大臣在那里被描述为一个缺乏智慧的人，喜欢“挥霍国王的财富”，并且“到处强加自己制定的法律”。在1190年底起草的一封给理查的列出了朗香的缺点的投诉信中，马歇尔可能和其他政法官一起发挥了重要作用。这封信于1191年2月抵达正在西西里等待地中海航道开通的狮心王的手中，信中对国王发出了严重的警告。作为回应，国王派出了值得信赖的特使鲁昂大主教库唐斯的沃尔特带着两封王室文书返回英格兰，授权后者在必要时可以罢免朗香。[15]

沃尔特大主教于1191年夏抵达英格兰，到那时约翰伯爵已经渡过英吉利海峡，并正在推动让威廉·朗香去职，好让自己能进一步掌握权力。伯爵希望自己能被正式承认为理查的继承人，也许希望在国王不在的时候担任摄政的角色。约翰知道首席大臣、首席政法官会阻挡他的每一步，但威廉·马歇尔却不能这么说。作为共治政法官，威廉被期望保护英格兰不受约翰伯爵潜移默化的影响，反对约翰伯爵的狡猾企图。同样可能的是，马歇尔被提升为斯特里盖尔领主实际上是理查构思的大战略的一部分，目的是遏制和制衡约翰自己在威尔士边境和英格兰西南部的强大力量。威廉取得这一地位，可能正是因为理查国王信任他能够监视并抵制约翰的一举一动。但狮心王看错了人。

马歇尔以牢不可破的忠诚著称，但他不是那个直来直去的朗香。在安茹宫廷中，马歇尔已经开始明白谨慎行事的重要性，时刻着眼未来并尽可能占领先机。他也学会了除非万不得已不与有权势的人为敌，特别是如果他们还是你的邻居。因此，约翰的地产和受封领地和斯特里盖尔相邻，而且他们在格洛斯特这样的地方还有共同利益这一事实，实际上使约翰非常不愿意疏远伯爵。

然而，比这更重要的是，威廉决心保护通过克莱尔的伊莎贝尔带来的他对伦斯特——这是爱尔兰的一个有价值的半自治省份——的领土所有权。通过亨利二世的馈赠，约翰获得了“爱尔兰领主”的称号，这使得马歇尔成为他在伦斯特的臣民。如果伯爵愿意，他可以阻挠，甚至挫败威廉未来在他的爱尔兰土地上维护权力的任何企图。1189年的秋天，马歇尔迈出了试探性的第一步，派了凯特维尔的雷金纳德（Reginald of Quetteville）去爱尔兰“占据他的财产”（尽管雷金纳德显然没取得什么成果，并且被《威廉·马歇尔传》谴责为“背信弃义”和没用的人）。在接下来的几个月里，威廉正式承认约翰在伦斯特的领主地位，希望能预先避免陷入困境。

因此，当约翰伯爵回到英格兰时，威廉小心谨慎地应付。到了这个阶段，第三次十字军东征前线传来的黯淡消息必定让人们对理查一世能活着回来产生了疑虑。欧洲军队已遭受严重损失。强大的神圣罗马帝国皇帝腓特烈·巴巴罗萨甚至还没抵达圣地，就在 1190 年 6 月淹死了。在其他地方，大军陷入了中世纪最具破坏性的军事行动之一——阿卡大围攻——中。这座守备森严的港口城市曾是一个著名的商业和朝圣交通枢纽，在 1187 年的哈丁之战后落入萨拉丁之手。自 1189 年秋天起，十字军尝试夺回阿卡，在这个孤注一掷的，几乎是自杀性的行动中，成千上万的十字军战士加入了围城战。萨拉丁率领一支救援军队抵达，并竭尽全力驱赶基督教的军队，但后者挖掘了防御性的战壕并尽力不被击溃。

这场围攻将持续 22 个月，造成了可怕的人员伤亡。那里成了遍布屠杀、瘟疫、饥馑和绝望的地狱场景。有些人和拉努尔夫·格兰维尔一样，染上了疾病，在到达后的几周内被夺走了生命。基督徒的苦难在 1190 年冬天达到高潮，一位目击者估计，每天有 200 名十字军战士死于疾病和饥饿。率领一支安茹前锋部队到达阿卡的坎特伯雷大主教鲍德温于当年 12 月逝世；威廉昔日比武圈的好友之一布卢瓦的特奥巴尔德伯爵也去世了。阿卡成了欧洲贵族的坟墓。鉴于这里是理查国王在 1191 年夏的目的地，难怪许多人开始怀疑他能否返回。[16]

狮心王本人在继承人问题上含糊其词，强烈暗示他可能会支持他幼小的侄子布列塔尼的阿蒂尔继承王位。那年夏天，约翰采取行动，使他自己对王位的主张得到了王国内的重要人士的正式承认。至少，威廉·马歇尔没有妨碍他。马歇尔曾目睹1185年时一个少年国王登上耶路撒冷王位后引起的混乱，他可能不愿看到阿蒂尔进一步接近王位。威廉正在走钢丝，只要约翰伯爵在理查国王活着的时候没有主动夺取权力或损害国王的利益，那么马歇尔在政治上就可以保持中立，这样就能获取约翰的青睐，而又不会显得是背叛的同谋。

在1191年夏天，约翰伯爵对朗香极尽抹黑之能事，指责他是同性恋，嘲笑他出身卑微，要他赶紧离职。正如一位当事人所指出的，约翰“用尖锐的牙齿撕咬首席大臣”。1191年10月，马歇尔和其他共治政法官最终屈服于这种压力，组建了一个由权贵组成的委员会。委员会把朗香传来，并根据沃尔特大主教带来的两封密封王室信函的权威剥夺了他的权力。很难确定威廉·马歇尔在多大程度上参与了密谋此事，威廉的中世纪传记作者不喜欢朗香，但他更讨厌约翰伯爵，把后者描绘为“傲慢、酷烈和最奸诈之辈”。结果，《威廉·马歇尔传》尽可能让他笔下的主人公马歇尔与约翰这个令人憎恨的人物拉开距离，有时候会主动掩饰他们的来往。但是，根据其他编年史家，例如豪登的罗杰的记载，威廉似乎至少在1191年的夏天和初秋期间对外保持了严格中立的态度。[17]

朗香一被革职，就被迫放弃了对伦敦塔的控制。随后，他试图逃离英格兰，向南来到多佛尔，希望乘船前往欧洲大陆。根据约翰的支持者后来四处传播的一个特别下流的故事的说法，朗香怕被人认出所以将自己伪装成一个女人，他穿着“一袭极长的绿色长裙［和］一件相同颜色的披肩，披肩上的长袖非常难看”。在海边等待时，据说他吸引了一个好色的渔夫的注意，后者对他动手动脚还在沙滩上追赶求欢，并扔石头威胁他。朗香被他的仆人救下，最终只得流亡到佛兰德。

约翰伯爵在那年 10 月取得了辉煌的胜利。他作为理查国王首要继承人的地位得到了广泛的承认，并被任命为“王国的最高统治者”——等同于摄政一职。至关重要的是，约翰被授权控制王国中除 3 座王室城堡外的所有城堡，这赋予了他强大的军事力量。然而，他也不是事事顺心，鲁昂大主教沃尔特取代朗香担任了首席政法官，从而抑制了约翰实现更大的野心。《威廉·马歇尔传》满意地指出，沃尔特“比首席大臣更正当地治理了这片土地，因为他从不僭越”。至少到目前为止，马歇尔已经设法保护了自己的利益，和约翰伯爵保持着亲密的关系，同时仍在履行他作为共治政法官的职责。在 1191 年复杂的政治风波中，威廉表现得谨慎而灵活，但似乎不能否认他是独善其身。[18]

法兰西国王腓力·奥古斯特归来

马歇尔这种微妙的效忠表演不可能无限期持续下去，而最终能让我们看清他对狮心王到底有多忠诚的危机是在 1191 年 12 月开始出现的。因为虽然理查国王仍然留在圣地，腓力·奥古斯特在那年冬天返回了欧洲，并且“安然无恙，厚颜无耻地吹嘘他要摧毁英格兰国王的国土”。第三次十字军东征的过程加剧了这位卡佩君主对他的安茹对手的怨恨。甚至在他们从欧洲启程之前就已经出现摩擦的火花。腓力长久以来一直决心让理查与他的异母姐姐法兰西公主艾丽丝结婚，但在埃莉诺王太后的鼓励下，狮心王和伊比利亚半岛上的纳瓦拉王国结成了一个强大的新婚姻联盟，希望以此保护他在阿基坦南部的利益。令腓力异常憎恶的是，理查于1191年2月宣布他打算与纳瓦拉的女继承人贝伦加丽亚结婚，二人于5月在塞浦路斯岛上举行了正式婚礼。从狮心王的角度来看，这么做具有战略意义，但卡佩认为这是对他的家族荣誉的严重侮辱。

在军事方面，腓力和理查在东方取得了相当大的成功。理查于1191年6月8日抵达阿卡，尽管不到一周后他很快就病倒了，但很快就痊愈了。威廉·马歇尔的老朋友佛兰德伯爵腓力就没有那么幸运了，仅仅在抵达巴勒斯坦的一个多月后就病逝了。尽管如此，安茹和卡佩国王的到来重振了围城十字军战士的士气，阿卡终于在7月12日被迫投降。就狮心王而言，这场战役才刚刚开始，但在几周内腓力·奥古斯特就宣布了一个令人震惊的消息：他打算返回西方。随着阿卡被征服，腓力认为他的十字军誓言已经实现了。比起圣战战士，他更是一位国王，他决心优先考虑卡佩王国的权益是可以理解的。佛兰德伯爵的突然死亡也给腓力国王留下了继承他的一部分土地——富庶而具有战略意义的阿图瓦地区——的权利。为了确保得到对这片土地的宝贵的申索权，这位法兰西国王需要人在西欧。而一旦回到了那里，他就会对安茹帝国形成威胁。

腓力在7月29日发下一个神圣而有约束力的誓言，承诺不会在理查还在远征期间攻击安茹的军队或土地；他还承诺，就算狮心王返回欧洲，他也会等待40天后才开始发起任何敌对行动。这位卡佩国王做出这些保证时一只手拿着福音书的抄本，另一只手覆在圣洁的圣髑上，但这并没有阻止他随心所欲地违背这些誓言。

到了年底，腓力回到了法国。此次圣战的经历似乎让他身心俱疲。他的头发脱落了，由于强烈怀疑理查下令暗杀他，他让一队贴身侍卫一直跟随他的左右。[19]

腓力的神经可能受到了打击，但他的政治野心却愈加膨胀。1192年初，他确认埃诺的鲍德温成为新的佛兰德伯爵，但他自己占据了阿图瓦。这是法国国王的巨大胜利。通过直接控制阿拉斯和圣奥梅尔这样的城镇，并获得布洛涅和里尔的效忠，卡佩王朝在12世纪第一次有了通向英吉利海峡的明确通道。腓力国王随后将目光投向了最具争议性的领土：韦克桑。这个边境地带位于巴黎西北40英里处，一直是法兰西国王和诺曼底公爵之间长期争执的焦点。双方以埃普特河为关键边界，差不多在巴黎和鲁昂的中间，诺曼底一侧有一连串戒备森严的城堡守卫，其中包括坚固的吉索尔要塞。韦克桑地区长期建立的势力平衡实际上形成了僵局，但这意味着法国的西北部地区面临着持续不断的入侵威胁。腓力决心不惜一切代价收回这片重要的领土。

在亨利二世统治的最后几年里，腓力·奥古斯特想方设法地在理查和他的父亲老王之间挑拨离间。很明显，曾经驱使狮心王背叛家人的未得到满足的野心，同样使约翰伯爵无比懊恼。自然，法兰西国王开始利用这一弱点。他邀请约翰访问巴黎，可能是想建立一个新的婚姻联盟，把他的姐姐法兰西的艾丽丝嫁给约翰，而诺曼底的韦克桑将作为嫁妆回到卡佩家族手中。约翰似乎非常愿意接受这样的计划，但由于感觉到了其中的危险，可敬的埃莉诺王太后介入了。她要约翰参加一系列在温莎、牛津、伦敦和温切斯特举行的会议，威廉·马歇尔和其他政法官也将出席。威廉在这些集会上的立场不明——尽管举行了4次会议这一事实表明，事态得到了广泛的讨论——但伯爵最终受到威胁，如果他前往法国，他在英格兰的土地和城堡都将被没收，他适时地让步了。

面对眼下的这一挫折，腓力国王令他的王国做好直接入侵诺曼底的准备，下令在全境“夜以继日地锻造各种武器”。然而，他的贵族们非常不愿意在参加远征的十字军战士的领土上公然发动战争，因为他们意识到这可能会导致他们被教会施以绝罚。1193年初，腓力仍在试图催促他们采取行动，就在这当口，一个令人震惊的消息传来，它将完全改变英法两国的历史。狮心王理查回不来了。他已被俘，现在甚至枷锁加身，但俘虏他的并不是穆斯林，而是欧洲的基督徒。[20]

9

为狮心王效劳

当威廉·马歇尔在英格兰保卫国王的王国时，理查一世在1191年夏末接管了第三次十字军东征的总指挥权。第二年，他发动了一场针对穆斯林苏丹萨拉丁的圣战，想要努力夺回圣城耶路撒冷，但意识到腓力·奥古斯特回到法国后可能会对安茹帝国造成破坏。在这几个月的征战中，狮心王完善了他的战争技艺。他还证明了自己是一个极富魅力的领导者，赢得了手下的崇拜和忠诚——其中许多是威廉·马歇尔的朋友和同事。理查的传奇也许就是在这一年铸就的。

狮心王在远征过程中取得了一些惊人的军事成就。在1191年8月底到9月初，他领导了一次大约1.5万名基督徒战士参与的中世纪最令人印象深刻的战斗行军：沿着巴勒斯坦海岸前进，抵抗萨拉丁阻止他们前进的每一次尝试。在理查自己的勇敢和铁血意志的鼓舞下，十字军战士忍受住了穆斯林连日的箭雨和小规模攻击，他们坚守着紧凑的队形，并信赖他们的铠甲所提供的保护。9月7日，理查国王在阿尔苏夫赢得了他一生中唯一一场全面会战，率领他的部队正面攻击萨拉丁的阵地，并将穆斯林军队逐出了战场。第二年夏天，他带头对包围雅法港的穆斯林军队发起了无畏的反击。尽管在这场战斗中理查部队的人数远远少于对手，但他获胜了，赢得了伊斯兰教和基督教编年史家的一致赞扬。

马歇尔的一些同侪在这场圣战中失去了生命，其他人赢得了声誉。在阿尔苏夫战役中，为数不多的拉丁伤亡人员之中就有威廉的老熟人阿韦讷的雅克。这位著名骑士的坐骑被杀，他被与他的十字军战友隔离开来。雅克被迫做出绝望的最后反击，在被砍倒之前杀了15名敌人，后来人们发现他的遗体周围围着一圈穆斯林的尸体。威廉的另一位朋友普雷欧的威廉（William of Préaux，之前曾是幼王亨利的扈从中的一员）在1191年9月一次不走运的侦察任务中救了理查国王。当时理查与一小群骑士从雅法向内陆骑行，被一支穆斯林巡逻队拦截并击溃。仅仅靠着普雷欧的威廉的英勇和急中生智，理查才脱险。威廉大声疾呼自己就是国王，引起了敌人的注意，给了狮心王逃脱的时间。威廉本人第二年被囚禁了一年，最终被赎回。

尽管狮心王毋庸置疑具有军事天才，但他未能在圣地的战争中取得全面胜利。在作战过程中，他曾两次率军进入距离耶路撒冷12英里的范围，却无法攻取该城。理查深知自己的安茹帝国极度脆弱，只得动身回国。圣战因此无果而终，只夺回了一小片沿海领土，圣城还是留在了萨拉丁手中。狮心王在1192年9月同意了一项为期3年的停战协议，但发誓要回来完成未完的征服工作。十字军战士被允许以朝圣者的身份访问耶路撒冷，威廉·德·罗什和普雷欧的彼得被指定组织朝圣之旅，尽管理查拒绝访问这座他未能夺回的城市。于是，国王就这样离开了近东，他的穆斯林敌人的领地毫发无损。他的麻烦——以及随后影响到在英格兰的马歇尔的危机——只有在他回到西方基督教世界后才开始。

理查国王于1192年10月9日从圣地启航。他故意避开马赛这样众人熟悉的港口，因为他非常清楚腓力·奥古斯特可能会试图干扰他返回欧洲的旅程。相反，狮心王北上亚得里亚海，可能是希望抵达他在德意志的姐夫“狮子”亨利的土地。然而，当他的船在威尼斯附近被暴风雨摧毁时，理查被迫继续从陆路返乡，这使他将进入奥地利公爵利奥波德五世——一位参加了第三次十字军东征的老兵，对理查产生了持久的仇恨——的势力范围。当阿卡于1191年7月落入十字军之手时，利奥波德曾试图通过在该城城墙上升起他的旗帜来宣示对这座城市的一部分的所有权。然而，理查已经和法兰西的腓力谈好二人瓜分阿卡，所以理查就径直扯下了利奥波德的旗子，并且根据一位编年史家的说法，为了惩罚公爵的非分僭越，“把它扔到泥里并用脚踩了上去”。在1192年秋末，公爵有了实施一定程度的报复的机会。

关于理查行踪的流言流传开来，所以利奥波德下令在他的土地上搜寻国王。狮心王竭力避免被发现，只让几个值得信赖的骑士跟随着他，其中有贝蒂讷的鲍德温，他们假扮只是在进行一次简单的朝圣。但是绞索收紧了，国王最终被人发现并在维也纳被抓获。根据一种说法，他是因为忘记摘下手上的一枚镶满宝石的戒指而暴露了自己。虽然他是受教皇保护的十字军战士，但他还是被关进奥地利多瑙河峭壁之上的杜伦施坦城堡（castle of Dürnstein）。国王被囚禁的消息于1193年初传到了英格兰和法兰西。这一消息在整个安茹王国引起了恐慌，尽管《威廉·马歇尔传》观察到，这些报告“并没有让［理查的］弟弟约翰感到悲伤”。不足为奇的是，法兰西的腓力欣喜若狂，并尽其所能影响和阻挠释放狮心王的谈判，希望延长敌手被囚禁的时间。随着理查被关入监狱，这位卡佩国王可以随心所欲地在法国制造浩劫。[1]

背信弃义

理查一世为他不在国内期间所构建的治理和防御制度被证明是非常成功的。威廉·马歇尔、埃莉诺和其他政法官掌管着英格兰，尽管之间有威廉·朗香被免职、约翰不断施行暗中操控和腓力国王的欺诈造成的紧张事态，但没有丢掉任何领土。在腓力·奥古斯特于1192年回国之后，压力肯定一直在稳步上升，但如果狮心王在那年秋天避开了追捕的话，他回国后将发现他的帝国完好无损。

他的被囚改变了一切。理查离开了舞台，注定要被终身监禁，他的竞争对手和敌人可以为所欲为，他们的背叛行为很快就暴露出来了。1193年1月，当狮心王被囚的消息传到英格兰时，约翰马上就和卡佩联起手来。这一次，无论埃莉诺王太后还是威廉·马歇尔都无法阻止他了。约翰前往巴黎，向腓力国王表示臣服，为了安茹家族在欧洲大陆上的所有土地（包括诺曼底和安茹）向法国国王宣誓效忠，还有谣言说，甚至还有英格兰本身。约翰还同意与法兰西的艾丽丝结婚，并将诺曼底的韦克桑和吉索尔要塞都让给腓力。作为对这些可耻割让的回报，卡佩君主将帮助约翰登上英格兰王位。在获得了布洛涅的效忠后，腓力现在可以进入英吉利海峡，因此可以全面入侵英格兰了。有一支舰队正在维桑集结，卡佩军队已准备好开战。约翰将欢迎安茹王国的敌人来到他的海岸，并将他的王国变成一个附庸国，所有这些都是为了追求他自己的权势。

约翰回到英格兰后就立即开始煽动叛乱，希望激起民众对他的统治的支持。伯爵宣布他的兄长理查国王已经死亡，夺取了温莎、诺丁汉和沃灵福德的主要城堡，并到处寻找有力的盟友。威廉·马歇尔做出决定的时刻已经到来。他在1191年夏天已经对约翰表现出一定程度的效忠，这是为了维护他在威尔士边境和爱尔兰的利益。约翰很可能希望威廉的忠诚能为自己带来利益。马歇尔家族的其他成员显然被约翰的事业所吸引。虽然威廉的传记作者试图掩饰这一点，但约翰·马歇尔似乎在1193年宣布效忠伯爵，并以他的名义掌控了马尔伯勒城堡。目击者的证词清楚地表明，约翰伯爵能在英格兰获得很大程度的支持，一位编年史家观察到，“很多人都跑到他那里去了”。

为了加快落实，约翰把沃尔特大主教、威廉·马歇尔和其他政法官都召集到伦敦举行会议，要求得到“王国与其臣民的效忠”，并重复他的说法，即狮心王已经身亡。然而，这时鲁昂的沃尔特已经收到一封信，确认理查国王尚在人间、身陷囹圄，他坚决拒绝了伯爵的要求。随着约翰明目张胆的欺骗行为被曝光，若弗鲁瓦·菲茨彼得跟随首席政法官表示了拒绝，马歇尔也是如此。威廉在1193年表明了他对公开叛乱不感兴趣。他可以容忍某种程度的精心施展手腕，但约翰已经越界叛国。当需要做出抉择时，马歇尔仍然是国王的忠诚仆人。[2]

威廉和埃莉诺王太后及其他政法官一起平息叛乱，对剩下的“保王派”城堡派遣了驻军，并加强了海岸的防御，以抵御可能入侵的卡佩军队。温莎城堡于3月29日被忠于狮心王的军队包围，马歇尔后来还从威尔士边境带来一支军队来加强了围攻，受到了埃莉诺王太后的“喜悦欢迎”。为理查获释而努力进行的谈判也密集地展开了。鉴于英格兰的僵局，腓力·奥古斯特取消了横渡英吉利海峡的进攻，取而代之的是对诺曼底发动大规模入侵，表现出他对在阿卡发下的誓言的漠视。由于仍然怀疑狮心王能否归来，一连串边境领主转投法国国王，1193 年 4 月 12 日，强大的吉索尔城堡投降。腓力接着夺取了边界地区的帕西和伊夫里要塞，尽管他想围攻公国首府鲁昂，但有力的抵抗令他受阻。

到了夏初，埃莉诺、鲁昂的沃尔特和新任坎特伯雷大主教休伯特·沃尔特持续不断的外交活动终于取得了成果，他们接受了 15 万银马克的天文数字的赎金。虽然理查国王还要好几个月才能真正获得自由，但现在很明显，他的安全归来是有保证的。据说腓力国王一听闻这个消息就给约翰传递了一条消息，警告说：“你自己小心，魔鬼被放出来了。”当约翰伯爵在英格兰的两个重要据点温莎和沃灵福德在 11 月向埃莉诺王太后投降时，局势似乎开始逆转了。[3]

由于兄长获释在即，约翰吓坏了，他越来越孤注一掷地想要获得腓力·奥古斯特的保护。1194 年 1 月，伯爵签署协议，放弃除了鲁昂的塞纳河以东的所有诺曼底地区的所有权，法王因此获得了讷沙泰勒和迪耶普港，以及威廉·马歇尔在隆格维尔的地产。在公国首府的南部和西南部，约翰同样放弃了韦尔讷伊、勒沃德勒伊和埃夫勒的所有权，这些是防御诺曼底的堡垒。而在图赖讷，他放弃了洛什和图尔，这是一种极其目光短浅的愚蠢行为。随着诺曼底和安茹的中心地带易受攻击，法国北部的权力平衡将决定性地向腓力国王倾斜。约翰鲁莽地让国家一步步陷入险境，徒劳地希望他所谓的卡佩盟友能以某种方式保护他，使他免受愤怒的狮心王的报复。甚至连法国国王自己似乎也被伯爵的脑袋缺根筋所震惊，显然“认为他是个傻瓜”。[4]腓力几乎没有做任何事情以保全约翰，而是急忙开始占据送给他的堡垒，想在理查回来之前尽量多捞一点儿。

1194 年 2 月，在支付了 10 万马克并为剩下的 5 万马克提供了人质担保后，理查国王最终被释放，受到在维尔茨堡的埃莉诺的照看。他已经被囚禁了将近 14 个月。狮心王穿过低地国家，然后乘船前往肯特的桑威奇，并于 3 月 14 日登陆。4 年多来，国王第一次踏上英格兰的土地，并立即开始了保卫他的王国的长期任务，希望修复他那个背信弃义的弟弟造成的严重损害。这项艰巨的任务将成为他余生的工作重点，这使他更依赖威廉·马歇尔的支持和忠告。

失而复得

威廉·马歇尔最近以国王的名义占领了布里斯托尔城堡，当他听说理查最终归来时，他正在斯特里盖尔。消息传来时威廉正处于艰难时刻，因为他刚得知他的哥哥约翰·马歇尔已去世。这些事件不和谐地汇合起来，在马歇尔的情感上引起了混乱，《威廉·马歇尔传》记录了这一点，指出威廉听闻约翰去世的“痛苦消息”后“几乎伤心欲绝”，但补充说狮心王已经“[回到]自己的土地上”这一事实令他的精神振奋起来。传记中写道：“即使给他 1 万马克，[威廉]悲伤的心情也不会感到如此的解脱。”话中没有丝毫的讽刺意味。

事实上，《威廉·马歇尔传》似乎只记录了整个故事的一部分。投靠了约翰伯爵的约翰·马歇尔很可能是在“保王派”部队

在漫长的一生中，威廉·马歇尔为五位英格兰国王效劳过：幼王亨利（在马修·帕里斯于 13 世纪中叶绘制的这幅画中，他位于其父兄中间，标有“Henr.Iunior”字样）；亨利二世；狮心王理查；约翰和亨利三世。因此，马歇尔是英国和欧洲历史很多大事的见证人和主要参与者。

在 1189 年和女继承人克莱尔的伊莎贝尔结婚之后，马歇尔占有了位于威尔士边境立于瓦伊河畔的斯特里盖尔石头城堡（切普斯托，左上）。他着手修缮此堡（原先只有一个一层的石质城堡主楼和一道木栅栏门），修建了一座双塔式石门楼（右前方）——通过它最初的这扇带铁条的橡木门（右上），可追溯到 1189—1190 年间。后来他还在主楼和门楼间增砌了一道带两座三层塔楼的内墙。

威廉·马歇尔在支持约翰登上英格兰王位后，于 1199 年被任命为彭布罗克伯爵，并且很可能在 1200 年末掌握了彭布罗克。这座位于后来修建的中世纪城堡中心的高达 80 英尺的雄伟四层巨塔可以追溯到这个时期，很可能和马歇尔的统治有关。

在威廉·马歇尔的人生中，城堡与围城战占有重要地位。在他 12 世纪 80 年代中期前往圣地朝圣之时，他很可能去过沙漠中的卡拉克城堡（上图）。威廉曾于 1189 年守卫勒芒的古罗马时代留下的环状城墙（右图），1203 年时未能为塞纳河畔的盖亚尔堡（下图）成功解围。

威廉·马歇尔据说是唯一一位曾经在单挑中击败过狮心王理查（上图，他在丰特弗罗德修道院中的石棺雕像）的人。然而，在理查于1189年加冕之后，马歇尔成了他最信任以及最有影响力的支持者之一。威廉也支持约翰国王（下图，伍斯特大教堂中他的石棺雕像的细节），尽管后者是一个喜怒无常的暴君。约翰一手导致了一度十分强大的安茹帝国的崩溃，在其统治时期还发生了贵族叛乱，他被迫同意了1215年《大宪章》的条款。

在威廉·马歇尔生活的时代，为了确保公文的真实性和加强其效力，在上面加盖含有特殊文字和图案的蜡封章已成为一种习惯。像罗伯特·菲茨沃尔特这样的大贵族，经常在他们的印章上采用精致而华丽的设计图案（见上图，刻有铭文：SIGILLUM ROBERTI FILI WALTERI）。注意菲茨沃尔特的盾牌和马衣上的纹章，还有他的盟友昆西的赛尔的纹章，在左侧的一面盾牌上。

相比之下，威廉·马歇尔似乎一直保留着他作为家臣骑士时使用的小印章，在他和教廷特使比基耶里的瓜拉一起重新发布的1217年版的《大宪章》的末尾处可见（右侧底部的小巧的绿色印章）。

在约翰国王于1216年驾崩之后，威廉·马歇尔辅弼年幼的亨利三世。1217年5月，马歇尔率军在林肯（上图）击败了贵族叛党和法国的联军，最后的激战发生在大教堂前。

驻扎在林肯城堡中的弩弓手在将法军和贵族党叛军赶出城中添了一把力。这场胜利后来在这幅由马修·帕里斯绘制的画中得到了描绘，画中还有受了致命伤的佩尔什公爵。

在度过70多年的卓越人生之后，威廉·马歇尔于1219年5月14日逝世。他的遗体在5月20日安葬于伦敦的圆形圣殿教堂内，他的石棺雕像（如今一般认为是伯爵本人的外貌）保存至今。他的遗体的最初埋葬位置不明，因为数世纪以来，雕像被移动了并严重受损，最近一次是由第二次世界大战中的轰炸造成的。

这是一座19世纪中叶的威廉·马歇尔雕像的罕见照片。雕像立于上议院王座的左侧，当时马歇尔仍是一位著名但生平比较模糊的历史人物。

直到《威廉·马歇尔传》被发现之后，伯爵的卓越功绩才彻底为世人所知，尽管这部作品唯一存世的抄本差点就湮灭在托马斯·菲利普斯爵士浩瀚的图书馆藏书中了。

在1193年底或1194年初夺回马尔伯勒城堡时受了重伤，并因伤死亡。《威廉·马歇尔传》丝毫没有提到约翰·马歇尔是叛党一伙的，也没有解释他突然死亡的原因。如果约翰死时是叛徒之身，那么威廉将发现自己陷入了两难境地：社会习俗要求他哀悼兄长之死，但他又担心理查国王可能开始怀疑自己的忠诚。

这或许解释了马歇尔为何如此迅速地处理了已故兄长的葬礼安排，并显得非常漠然。一队家臣骑士被派去马尔伯勒，将约翰的尸体抬到布雷登斯托克修道院的家族墓地。送葬队伍绕道向北前往赛伦塞斯特与威廉会面，尽管他的传记作者煞费苦心地强调马歇尔“表现出深深的悲痛［并］几乎晕厥”，但他也不得不承认，威廉随后匆忙去找国王，没有参加约翰的葬礼。他的兄长如今被列为叛臣，马歇尔不想受牵连坏了自己的名声。[5]

威廉与国王在伦敦以北的亨廷登重聚，据说他受到了热情的接待，但当他发现威廉·朗香又重获国王的恩宠，也一起回到了英格兰时，他一定感到不安。当晚，在一场王室盛宴之后，马歇尔和其他列席的重要贵族都被召到国王的私人房间。据说每个人都“情绪高昂”，威廉因他的忠诚与效劳而受到广泛赞扬。尽管据说马歇尔反驳说自己仅仅是履行了职责，但在国王的当众表扬之下，他一定松了一口气。他的家族的良好名声得到了挽救。但是，尽管表面上很亲密，威廉却处于一个不寻常的位置上。他花了4年多的时间忠实地为理查保卫英格兰，但几乎没有时间与他的君主建立密切的个人关系。即使在那个晚上，很明显，狮心王已经与那些跟随他参加十字军前往圣地的人建立了亲密的友谊——他特别指出，贝蒂讷的鲍德温给了他“比世界上任何人都更好的服务”。如今，马歇尔却在这个友谊圈子之外，但在即将到来的持久战中，他将有充分的机会去证明自己的价值，并赢得他的君主长久的喜爱。由于约翰·马歇尔已故，威廉也正式继承了王室大元帅的职务。[6]

理查在近东的经历使他已经娴熟掌握的军事技巧更为精湛。狮心王现在 35 岁左右，正处于军事力量的巅峰，无论作为一名战士还是一名将军，他都已经成长为一位格外全面的指挥官。他小心谨慎又头脑冷静，是富有远见的战略家。他可以智胜敌人，但他也喜欢在前线战斗，并且极为自信，能够鼓舞人心。这些品质被一种冷酷的，但可以说是必要的无情残暴所冲淡。总而言之，他是一个可怕的对手，在欧洲的君主中无可匹敌，无疑远较腓力国王和约翰高明。威廉·马歇尔年长理查国王 10 岁，已经失去了一些青春活力，但作为一个经验丰富的老兵，他精通灵活的战争艺术，仍然是一位值得信赖的副将和重要的战地指挥官。马歇尔和他的国王将在未来的 5 年里竭力重整安茹王国的山河，由于约翰已经逃往诺曼底，他们的首要任务就是粉碎伯爵在英格兰的最后一个军事据点：诺丁汉城堡。

威廉从来没有在理查国王的指挥下打过仗，但一旦诺丁汉城堡在 1194 年 3 月 25 日开始被围攻，狮心王的战术素养马上就显现出来。作为一个孤立的前哨，诺丁汉的守军毫无取胜的希望，但国王还是以惊人的效率做出精心安排打败了他们。他率领一支大军来到城堡前，从莱斯特调来攻城器械和抛石机，从北安普敦征召来 22 个木匠，从伦敦召来他的工程大师乌里克（Urric）。城堡内的驻军顽强抵抗，但在战斗打响的第一天，外围城垛就坍塌了。理查按照惯常只穿了“轻便的锁子甲［和］一顶铁头盔”就投入战斗，但他的贴身侍卫用一些“坚固、厚重和宽大的”盾牌来保护他免受重型弩弓火力的攻击。到了晚上，许多守卫“受伤或被击倒”，《威廉·马歇尔传》指出，“这令城堡外的人欢欣鼓舞”，同时也抓捕了一些俘虏。

在表明了意图后，狮心王向守军派遣了信使，命令他们向他们的合法国王投降。起初他们拒绝了，显然不相信不在国内多时的理查真的回来了。作为回应，理查部署了抛石机，然后下令竖起绞架，把一些俘虏在城内守军眼前绞死。守军之后不久就投降了。根据马歇尔的传记作者的说法，城堡内的士兵被“仁慈的”国王赦免了，因为他“如此温柔，充满怜悯”。而其他的史料则清楚地表明，至少有两个约翰的忠仆不久后就死了：一个被关押饿死，另一个被活生生地剥了皮。[7]

随着这一小波抵抗被击垮，理查能够在下一个月将精力放在更精细的王室管理事务上，在国内重申国王的权威。狮心王急于将注意力转向欧洲大陆，但在埃莉诺的鼓励下，他抽出时间于4月17日在温切斯特举行一个公开戴上王冠的仪式。在长时间去国期间，他的英国臣民为他的十字军东征提供了资金并为他付了赎金，王太后正确地断定这种对最高权力的仪式性确认是必要的政治举动。随着王国恢复秩序，理查任命休伯特·沃尔特大主教为他的新首席政法官，并授权若弗鲁瓦·菲茨彼得担任他的副手。

威廉·马歇尔担任共治政法官的日子结束了。在即将到来的与法国的战争中，国王需要他所有的主要指挥官，所以威廉把他的英格兰领地留给伊莎贝尔和他的家臣官员照看。在1194年5月中旬，理查一世率领一支由“满载着战士、马匹和武器”的100艘船组成的船队前往诺曼底。在他的统治生涯中，这位伟大的武士国王到目前为止在英格兰逗留的时间不超过 6 个月。他再也回不来了。[8]

争夺诺曼底之战

由于卡佩军队到处蹂躏，理查国王发现他在欧洲大陆上的国土一片混乱。正如一位编年史家所指出的，腓力・奥古斯特现在已经“偷走了诺曼底最大和最好的部分”，夺取了吉索尔和诺曼底韦克桑，占领了塞纳河东北部的大部分公国领土，并威胁着鲁昂。约翰伯爵被任命为埃夫勒主要堡垒的指挥官（尽管他领有的诺曼底西南部的莫尔坦伯国现在拒绝承认他的权威）。在图赖讷地区，图尔宣布效忠法国王室，洛什城堡也丢掉了，而在南部的阿基坦、昂古莱姆和佩里戈尔的伯爵都推翻了安茹的统治。

腓力国王正忙着围攻鲁昂以南的强大的韦尔讷伊城堡，这是诺曼底的战略要地之一。此地的民众一直硬着头皮坚持抵抗。他们一度打开大门，向法国君主发起挑战，要求他直接进攻城堡，但他拒绝上钩。作为参加过阿卡大围攻的一名老兵，腓力对攻城技艺有了更深的理解。他带来了强大的围城器械和投掷石块的抛石机，并部署坑道兵在韦尔讷伊的城墙下挖隧道，破坏墙基。结果，一段城垛倒塌了，城堡看起来即将被攻破。

当狮心王抵达诺曼底的巴夫勒尔港时，他受到“一大群密集拥挤的欢乐群众”的欢迎。据说这群人被看到了他们伟大的十字军国王所鼓舞，他们高呼：“一切好事随他来，现在法国国王要滚蛋。”民众们可能希望理查的归来能立即带来胜利，但是他没有如此乐观，现在摆在他面前的巨大挑战会让许多人惊呆，连狮心王也无法幸免。威廉·马歇尔在这段动荡时期中一直陪伴在国王身边，并且显然记住了理查的不安，因为《威廉·马歇尔传》指出，国王的精神“饱受折磨”，并补充说他好几天“都没睡过一小会儿安稳的觉”。尽管如此，国王认识到必须优先考虑诺曼底的安全，因此急着想解除韦尔讷伊之围。在马歇尔的陪伴下，理查率领他的剩余军队穿过巴约和卡昂，然后到达利雪。在那里，他的弟弟约翰前来见他。[9]

狮心王抵达诺曼底后，约翰受到了极大的震撼。他背叛了理查的信任，并给安茹王国带来了毁灭；现在伯爵仿佛一介贱民，在诺曼底藏身，在英格兰被击败，无处可去。他的“盟友”腓力国王希望他能控制埃夫勒，但他明白随着兄长的回归，任何抵抗现在几乎都是徒劳的。他没有等着被俘，而是抛下岗位骑马前往利雪。他“恐惧地颤抖着”，俯身跪在理查的脚下，乞求宽恕。根据《威廉·马歇尔传》的记载，“国王亲手扶起他的亲弟弟，并亲吻他，说道：‘约翰，你不要怕，你只是一个孩子，坏人把你带坏了。那些出坏主意的人会吃苦头的！’”约翰已经27岁，早已不是一个“孩子”了，但狮心王赦免了约翰的轻率之举，表现出了惊人的宽宏大量。伯爵既没有被当成叛徒加以审判，也没有被关起来，虽然被剥夺了土地和城堡，但被允许在他的兄长的军队中服役。[①] [10]

随着约翰的回归，国王率军去解韦尔讷伊之围。一旦进入攻击范围，他就轻易地智胜了他的卡佩敌人。理查没有冒着产生重

---

① 其他史料表明，埃莉诺王太后在此次兄弟协调和解中发挥了作用，但传记作者似乎很了解这一事件的细节，因为威廉·马歇尔作为理查的随从是此事的当事人。

大伤亡的风险全力发动正面进攻，而是一步步瓦解腓力的包围。一支由重装骑士、步兵和弩弓手组成的小分队被派去突破法军防线，增援韦尔讷伊的驻军；同时，第二支部队环绕向东破坏了卡佩军队的补给线。被孤立和暴露在敌人面前的腓力别无选择，只能在 5 月 28 日撤围，这使一位英国编年史家宣称，法国人宁愿“逃亡也不愿战斗，[这是他们] 永久的耻辱”。几天后，理查和威廉在一片喧闹的欢庆中进入韦尔讷伊。据说国王依次亲吻了驻军的每个成员，以表彰他们御敌防守的坚定不移。[11]

狮心王用兵神速、足智多谋，取得了令人难忘的早期胜利。人们重新燃起了希望，一支庞大的安茹军队——据说大约有 2 万人——在接下来的几周内在韦尔讷伊聚集，准备在理查的旗帜下进军。战争还远未结束，但至少形势开始逆转了。另一项成功大约在同一时间达成了，尽管使用的手段有些问题。约翰伯爵奉命为安茹人收复埃夫勒。当他逃到利雪时，他把它留给了法国驻军，当他不到一周后返回时，他们仍然控制着要塞。根据一种说法，约翰发动了猛烈的攻击，闯入城堡，很快就围捕了他最近还在指挥的相同的部队，并将士兵纷纷斩首。然后这些头颅被插在长钉上展示。这被描述为一种“可耻的”行为，因为这违反了战争的规则。一位布列塔尼的编年史家提供了一个对夺取埃夫勒更负面的解释，他断言，由于驻军并不知晓约翰已经和理查和解，所以伯爵能够顺利地进入城堡。约翰仍然伪装成卡佩的盟友，坐下来和守军吃饭，直到这时他才下令让自己的士兵屠杀毫无戒心的法国人。这两种说法都清楚地表明，伯爵急于证明自己的军事价值，不择手段地帮助兄长取胜，希望自己能重获一些好感。[12]

在接下来的几年中，约翰慢慢地重新获得了理查的信任，尽管法国和安茹阵营中的一些人仍然怀疑他的意图，并对他明显缺乏判断力和不正直表示担忧。编年史家给约翰贴上了“一个极坏的人”的标签，而《威廉·马歇尔传》继续处处贬损他，说他“坏到根子里了，没半点儿好的”。但是这种指责大部分是由后来的事件引起的。也许最明确认为约翰在12世纪90年代末改过自新的表述是由编年史家纽堡的威廉做出的，他死于1198年左右，因此对伯爵后来的所作所为一无所知。纽堡写道，1194年后，约翰“在与法兰西国王的战争中忠实而英勇地为理查服务，从而弥补了他以往的过错，［并］完全重获了他的兄长的爱”。[13]

约翰仍然是一个诡计多端的阴谋家，但同样可以说，他的父母和兄弟其实也是如此。他或许易于行事残忍野蛮，但真正的问题在于，他缺乏政治头脑和军事技能。不管他有什么缺点，他仍然是狮心王的主要继承人。结婚3年后，理查与其妻纳瓦拉的贝伦加丽亚似乎毫无希望生下一男半女，尤其是因为这对夫妇很少在一起。除了还是男孩的阿蒂尔，约翰就是理查唯一可能的男性继承人了。

威廉·马歇尔似乎也深深意识到了这一事实。在约翰获得理查的原谅后，威廉再次开始在伯爵身边小心翼翼地出没，表面上彬彬有礼，采取中立而淡然的立场。事实上，甚至在约翰于利雪获得赦免之前，马歇尔就已经在爱尔兰的问题上采取了相当狡猾的做法。当理查还在英格兰时，他曾要求马歇尔为爱尔兰的伦斯特的领主权向自己宣誓效忠，但马歇尔拒绝了。他表示自己已为这些土地向约翰表示效忠了，如果他转移效忠对象，将会“被认为背信弃义”。从某种角度看，马歇尔坚持了习俗的信条，但是这并不能阻止威廉·朗香公开指责他“种植葡萄藤”，也就是为将来的奖励做准备。[14]

光复安茹王国

理查国王在1194年的大部分时间里都是在快节奏、不间断的军事活动中度过的，他穿过法国西部，重新夺回了安茹王国的领土。像大多数在狮心王军中服役的人一样，威廉·马歇尔从未参与过如此大规模和高强度的军事活动，然而，尽管他年事已高，他仍然保持着优良的状态。理查和纳瓦拉的宝贵同盟帮助确保了南方的安全，贝伦加丽亚的兄弟桑丘率领“一支庞大的军队，包括150名弩弓手”进入阿基坦，保护安茹家族的利益。这让理查能够把注意力集中在北方。他在韦尔讷伊聚集起一支强大的军队，兵分两路，一支去收复曼恩东部边界的咽喉要塞蒙米赖，而马歇尔和主力部队则跟随理查向图赖讷行进。在那里，那些最近接受了卡佩的双重统治的图尔市民很快重新考虑了自己的立场，欢迎狮心王的到来，并为自己的不忠道歉，提供了2000银马克的补偿。理查继续向东南进军，在6月13日对洛什城堡发起猛烈的正面进攻，在3个小时内夺取了城堡，并带走了220名俘虏。[15]

此时，腓力·奥古斯特已经重新集结军队，准备入侵曼恩，以便宣称对边境城镇旺多姆——约翰在1194年1月割让的城镇之一——拥有主权，他将在那里占据威胁整个卢瓦尔河谷的有利位置。作为回应，理查和威廉于7月初向北进军该地区。旺多姆本身并没有设防，所以安茹军队在城镇前建了一个防御营地。两支军队在人数上不相上下，现在只相隔几英里。狮心王已经在圣地获得了来之不易的关于这种紧张对峙的经验，在对军事入侵和部队调动的理解方面比他的卡佩对手强得多。在接下来的日子里，理查的军事天才和他对威廉·马歇尔的信任将淋漓尽致地展现出来。

腓力·奥古斯特一开始并没有意识到这一点，但从狮心王在旺多姆之前建立起防御阵地的那一刻起，卡佩人就陷入了致命的陷阱。如果腓力想要冒险短兵相接，那么他就必须沿着通往旺多姆的道路向西南方行进，袭击安茹的营地——这是一个危险的方案，会让他暴露在理查于韦尔讷伊使用的相同的侧面进攻和包抄战术之下。另一方面，如果法国君主试图通过从前线撤退来减少损失，那么他正在撤退的军队可能会遭受肆无忌惮的攻击，并且很容易在该地区地形相对开阔的地方被击溃。

腓力国王最初想在 7 月 3 日把理查吓跑，派了一名特使宣布他很快将发动进攻。但是狮心王很高兴地回应说，他在恭候卡佩的到来，并补充说“如果他们不出现，他会在早上去拜访他们”。腓力被狮心王的无礼回应吓住了，他犹豫了。第二天，当安茹军队进入战场时，法国国王惊慌失措，下令立即向东北沿着前往弗雷特瓦勒（距离旺多姆 12 英里）的道路撤退。理查渴望重创逃跑的敌军，但他也意识到追击敌人所冒的风险。如果出了差错，他自己的部队的队形很容易乱掉，易于遭受反击。狮心王需要的是一支纪律严明的后备队伍，能掩护自己前进，同时也不会追逐敌人，从而准备好反击卡佩军队的任何残存的抵抗。国王命令威廉·马歇尔完成这个富有挑战性的任务，7 月 4 日中午左右，他开始追逐敌军。

黄昏时分，理查在弗雷特瓦勒附近赶上了法军的后卫部队和辎重车队，当安茹军队袭击溃散的卡佩军队时，数百名敌军被杀或被俘。随着腓力的撤退变成了一场溃败，马歇尔牢牢控制着他的后备队，他们“在乡间紧密地列队骑行”。在他们周围，他们可以看到他们的同袍在掠夺从“大的营帐……帐篷、鲜红的丝绸衣服、盘子和钱币”到“骏马、轻型马、驮运马、奢华的衣物和金钱”的各种战利品，但他们仍然专注完成自己的任务，凭借多年在骑马比武巡回赛中获得的经验，威廉明白坚守纪律的价值，并能够赢得他的部队的尊重和服从。

那天晚上，腓力·奥古斯特遭受了极其屈辱的失败。他的大部分辎重车辆都丢失了，其中有他自己的很多财产，甚至还有王室印玺和一部分卡佩王室档案；他军队的很大一部分不是被俘就是被杀。狮心王彻夜追捕逃亡的法国国王，用一列马匹加快了他的追赶速度，但当腓力离开大道藏进一座小教堂里时，理查骑马经过，错失了他的猎物。对卡佩而言，这是惊心动魄的死里逃生。安茹军队在午夜时分返回旺多姆，满载着战利品并牵着一长串的俘虏，威廉得到了国王的特别表彰。[16]

陪伴狮心王长年征战

理查国王在 1194 年取得了相当好的战绩，将诺曼底和安茹的心脏地带从法国的全面入侵中拯救出来。卡佩军队损失惨重，蒙受了耻辱。但腓力·奥古斯特依然掌控着诺曼底的东北部，更重要的是，他控制了吉索尔和诺曼底韦克桑，这使鲁昂极易受到攻击、法国人占据优势。狮心王在未来 4 年致力于法国北部的一场艰苦战争，目的是弥补和扭转这些不利；决心改变权力平衡，使安茹人占上风。1196 年，通过他的妹妹乔安娜的联姻，他与图卢兹伯爵建立了新的联盟，从此结束了南方数十年的敌对行为，让理查可以专注于诺曼底和北方。同样值得注意的是，国王终于在英格兰取消了长期以来对骑士比武的禁令，举办了不少由王室赞助的比赛，相当于承认了这些活动为战争提供了宝贵的准备经验。

在这场旷日持久的冲突的大部分时间里，威廉·马歇尔要么陪伴在狮心王身边战斗，要么指挥一支军队受命征战。马歇尔回英格兰的机会只有寥寥数次——1194 年秋天、1196 年春天和 1198 年秋天。在其他时间里，他不得不依靠他的妻子和家户成员，如乔斯林大师，来监管他的英格兰领地。伊莎贝尔似乎确实在夏天作战季以外的时间里前往诺曼底探望了丈夫，她继续怀上并生育了他们的孩子（第二个儿子理查和女儿玛蒂尔达在这一时期早期出生）。马歇尔的一些军事家臣也和他一起在诺曼底，厄尔利的约翰现在已经被封为骑士，可能始终与马歇尔在一起；其他人，例如尼古拉·阿弗内尔和威廉·沃尔伦可能在英格兰和前线征战之间轮换。马歇尔的侄子约翰·马歇尔——他已故哥哥的私生子——也在此时加入了威廉的家户，并备受威廉的青睐。[17]

在旺多姆保卫战后的几年中，威廉和理查国王建立了亲密的关系。马歇尔可能错过了第三次十字军东征，但是在法国北部的征战过程中，他和狮心王成了战友，并赢得了他的君主的永久信任。过去，马歇尔曾担任国王亨利二世的使节和外交大使，他在 1197 年夏天也被理查授权履行同样的职责：领导一个代表团，其中还包括普雷欧的彼得和他的侄子约翰·马歇尔，前往新佛兰德伯爵鲍德温九世那里。威廉要说服鲍德温放弃前佛兰德伯爵支持腓力·奥古斯特的政策；他还获得了 1000 多英镑来支付开支——这象征了奢华和慷慨，被用来赢得鲍德温的支持。威廉在这笔交易中有既得利益，因为当腓力国王在 1193 年接管阿图瓦时，他以前对圣奥梅尔（之前由佛兰德伯爵控制的一座城镇）的收入的所有权必定被取消了。如果佛兰德能够与安茹重新结盟，那么法国人很可能会被赶出圣奥梅尔，那马歇尔又能重新得到该城的宝贵收入。这支奢华的使团取得了丰硕的成果，那年夏天晚些时候，鲍德温伯爵正式“抛弃了法国国王”，并与理查结盟，换得了 5000 银马克的报酬，这对卡佩在法国北部的利益是一个重大打击。[18]

威廉与理查的关系日益密切，他现在是少数几个能不受限制接近国王并能够以相对坦诚的方式与之相处的人之一。这种亲密关系在狮心王接见了教皇特使卡普阿的彼得（Peter of Capua）后出离愤怒时可见一斑。彼得来到诺曼底的目的，是希望在安茹和卡佩之间缔结和平，以便发动新的十字军远征。理查对罗马插手干涉感到愤怒，这是可以理解的；毕竟，腓力·奥古斯特在 1193 年入侵安茹领土的时候，教皇不曾有过任何举动，尽管作为一名正在归家的十字军战士，狮心王的土地本应受到罗马的保护。在理查被囚期间，教皇也同样态度冷漠。《威廉·马歇尔传》严厉批评了罗马教廷的腐败问题，指出任何前往罗马的使节都要带着圣黄金（St Gold）和圣白银（St Silver）这些“罗马眼中值得尊敬的殉道者”的圣髑。卡普阿的彼得也被认为是不可靠之辈，据说他“非常擅长诡诈之术”，并有一张“比鸢爪还黄的”脸。在将这位特使从他面前赶走后，理查国王显然“极其愤怒，以至于一句话也说不出来；他气急败坏……宛如一头被猎人刺伤的野猪”。彼得赶紧跑了，甚至没有来得及收起他的十字架，他显然确信“如果他这么做会被割掉生殖器”。狮心王回到自己的房间，“下令关门”，但威廉被允许进入，并最终平息了理查的怒气，说服他相信在此时缔结任何和平协议实际上都会对法国人造成更大的伤害。[19]

到这个时候，马歇尔已经50多岁了，但仍然可以在战斗前线找到他——指挥部队，有时候甚至投身混战之中。在收回了上诺曼底的一部分和公国大部分边界地区后，1197年，安茹人能够越过边界地区威胁法国在博韦地区的领地。5月，威廉被派去攻打泰兰河畔米伊的要塞（位于博韦西北5英里处）。《威廉·马歇尔传》对此次交战的描述具有一定的误导性，因为它表明理查一世参与了袭击，而其他史料则明确表示，那年5月与马歇尔并肩作战的实际上是约翰——一如既往地，威廉的传记作者似乎决心掩饰任何威廉和伯爵有关的痕迹。

米伊城堡得到了很好的防御，有一条干壕沟，城墙坚固，守军的意志也相当顽强。尽管如此，威廉和约翰还是下令正面进攻，想依靠快速部署云梯和人海战术来压倒卡佩的抵抗。当第一波骑士冲上来的时候，法国人向他们倾泻“连绵不断的箭雨”；然后，当安茹人抵达城垛并开始试图向上攀爬时，守卫们施放了大量弩箭，向敌人投下“巨大的木块”，并用“巨大的叉子和连枷”把他们从城墙上打下去。即使如此，进攻仍在快速进行，马歇尔的队伍看起来进展不错，爬上了一对梯子，这时一些法国战士在胸墙顶上设法将一个沉重的梯子推倒了。当它倒在地上时，许多骑士都受了重伤，威尔士人沃尔特·斯丘达莫尔（Walter Scudamore）摔断了腿。威廉抬头一看，看到另一个来自佛兰德的骑士拉布鲁耶的居伊（Guy of la Bruyère）已经爬上了城垛，处于危险的孤立无援的状态，法国人逼近他后，用“尖矛”将他钉在了地上。马歇尔一跃而起，飞速冲入干壕沟，他“全副武装，手里拿着剑，冲到了另一边”。威廉爬上了剩下的那把梯子，攀上城墙，与守军乱战一气，只见他“挥舞宝剑向左右击打，［以至于］里面的人都后退了”。这是英勇的行为，看到马歇尔在胸墙上奋战，安茹和佛兰德军队似乎受到了激励，重新发起了进攻，但威廉使自己的处境变得非常危险。正在此时，城中驻军头目之一蒙索的威廉（William of Monceaux）“径直冲向马歇尔，想尽力打伤他”。上了年纪的马歇尔有些招架不住，身穿铠甲快速攀爬让他“有点儿上气不接下气”，但他还是能用力挥剑向蒙索的头砍去。这一剑直接砍穿了蒙索的头盔和下面的锁子甲的贴头帽，“砍进了他的肉里”，止住了他的脚步。蒙索“受到重创，目瞪口呆”，他倒下了。现在马歇尔脚下十分不稳，他立即“坐在［蒙索］身上稳住”，而安茹军队在他周围涌动，夺取了要塞。

在《威廉·马歇尔传》中，整个事件由一位英雄带来了转折，威廉当天的英雄事迹似乎深深印刻在他的家臣骑士的记忆中——在看到他们的老战士领主攀上城墙，仍在奋勇杀敌后，他们感到很激动。即便如此，马歇尔不计后果的英勇表现不只是有些鲁莽，他很容易在这段插曲中最终被俘或受伤。传记作者承认，理查国王后来责备了威廉的冲动行为，指出“一个如此显赫的人物”不应该加入激烈的战斗，致使其他年轻人失去赢得名声的机会。[20]

走向胜利

到1198年底，经过多年不懈的军事行动和灵活的外交手段，理查在很大程度上令他的安茹王国恢复了之前的力量。在这个光复过程中，一个关键步骤是夺取韦克桑的控制权，这是腓力·奥古斯特在1194年初占领的边界地区。吉索尔长期以来一直被认为是整个地区的咽喉要冲，狮心王面临的问题是他无法攻占这个可怕的据点。尽管这座城堡的防御工事无比强大，但这并不是说它是不能被攻克的。事实上，没有一座中世纪的堡垒——无论其规模有多大或技术上有多复杂——是真的固若金汤的。只要围困的军队有足够的时间、资源和决心，就总是会获胜：要么突破城墙和塔楼的防线，要么更多的时候只是让驻守军队饿到投降。

中世纪的所有城堡都依赖于盟军野战部队的支持，并且被设计成能够抵挡攻击的时间刚好足够让一支救援部队到达。吉索尔拥有一道坚固的外墙和一个高耸的中央城堡主楼，可以坚守一个星期以上。按照中世纪战争的情况而言，它在实战中是无法被攻破的，因为它可以预期在几天内被法国军队解救。如果理查尝试围攻，他很快就会遭遇腓力的军队，并面临着在两条战线上展开极其危险的战斗。

理查对这个看似棘手的问题采取了一个巧妙的双重解决方案。首先，他在位于韦克桑西面边界的塞纳河畔的雷桑德利（Les Andelys）建造了一个新的巨大的军事建筑群，它有一个设防的岛屿、一个使英格兰船只能够到达此地的码头，还有一个巨大的堡垒，被称为盖亚尔堡（Château Gaillard）——意为“狂妄之堡”。它在1196年至1198年之间仅用两年就建成了，花费了令人瞠目的1.2万英镑，比理查整个统治时期在英格兰的所有城堡上的花费都要多。这些设施保护了通往鲁昂的道路，并且它们也充当了袭击韦克桑的进攻集结地。

理查和威廉·马歇尔随后制定了一种新颖的战略，以盖亚尔堡建筑群为基地抵消吉索尔的威胁，并重新获得对韦克桑的有效控制。这些在雷桑德利建造的新防御工事第一次使大量的安茹军队可以不受攻击地在韦克桑边缘安营扎寨，然后理查可以随意部署他们，监管该地区。以盖亚尔堡为基地，狮心王的部队开始控制周围地区，虽然法国人在韦克桑仍有一些包括吉索尔在内的据点，但他们受到限制的驻军几乎无法走出大门。《威廉·马歇尔传》自豪地宣称，卡佩军队被困“在城堡里，无法带进来任何外面的东西”，而在吉索尔的法国人甚至无法到附近的博德蒙汲取泉水。

通过这些措施，理查国王重新建立了安茹在法国北部的统治地位，重新夺回主动权。纵然付出了巨大的努力，但由约翰的愚蠢所造成的破坏性损害终于得到了修复。双方现在都准备暂时休战，年轻而充满活力的新任教皇英诺森三世正试图策划另一场十字军东征。大主教休伯特·沃尔特将英格兰的首席政法官职位移交给若弗鲁瓦·菲茨彼得，前往诺曼底协助谈判。1199 年 1 月，一项为期 5 年的休战协议正式达成，尽管具体条款不清楚，但理查似乎得到了可以拥有他重新征服的所有领土的确认。没有人预期和平会持续下去；它只是将战斗的间歇正式化，在此期间，双方可以在夏季和新的战斗季之前重新集结军队。这也给了理查一个机会去处理阿基坦新爆发的骚乱。[21]

沙吕之灾

理查国王留下威廉·马歇尔镇守诺曼底，并在 1199 年 3 月中旬向南穿过曼恩和安茹到达利穆赞。此时，幼王亨利的昔日盟友利摩日的艾默里子爵已经和腓力·奥古斯特联手。狮心王计划发动一场短暂快速的惩罚性进攻迫使艾默里屈服。理查进军利摩日周边地区，16 年前他在那里曾与自己的兄长作战，并“用火与剑摧毁了子爵的土地”。3 月下旬，他继续围困一座相对不重要的小城堡——沙吕城堡。

围攻进展得很顺利，理查派遣坑道兵去破坏要塞的城墙，而数量极少的守军受到了狮心王的弩弓手的牵制。3 天后，沙吕濒临崩溃；只有单独一个守卫者彼得·巴西利厄斯（Peter Basilius）躲在城垛上，向下面的安茹部队突施冷箭。在 3 月 26 日黄昏时分，理查在用完晚膳后大步走出了他的帐篷，前去视察围城的情况。和通常的情形一样，他几乎没有披戴盔甲——戴了一顶铁头盔，但没有穿锁子甲——身旁有他的一位骑士举着一面重盾保护他。在黄昏的暗光中，彼得·巴西利厄斯瞄准国王的方向射出一支弩箭，出乎所有人的意料，这支弩箭射中了理查的左肩。后来有些人传言箭头上浸过毒，所以“死亡是不可避免的结果”，但事实似乎并非如此。最新的证据表明，一名外科医生当晚成功地拔出了箭头，但是伤口接着坏疽了，就再也没有康复的机会了。

理查趁神志还清醒的时候向诺曼底发出一封信，命令威廉·马歇尔接管鲁昂。他还派人去请当时居住在丰特弗罗德的自己的母亲埃莉诺王太后，她立即动身南下，想见他最后一面。据说，狮心王赦免了弩弓手彼得·巴西利厄斯，并在 1199 年 4 月 6 日去世前宣布约翰为他的合法继承人。理查死后，他的大脑和内脏很快被埋葬在附近的修道院内。他的心脏后来下葬于鲁昂大教堂。但他的遗体被运到了北方的丰特弗罗德修道院，安葬于“他父亲亨利二世的脚下”，两个对手如今都已进入坟墓。

理查突如其来的死亡对同时代人来说似乎非常令人震惊、无比可惜，今天看来仍然如此。他死时没有伟大的英勇功绩，也不是死于和他的老对手腓力的决战。中世纪最伟大的武士国王之一就这样在 41 岁时死于一支弩箭。将近 30 年后，威廉・马歇尔的传记作者将这个可怕的时刻描述为“所有人的悲痛之源”，并补充说：“每个人都还在哀悼［理查的］死亡。”《威廉・马歇尔传》宣称，狮心王是一个如果还活着“就会赢得世上所有名声”的人。其他编年史家的哀痛同样溢于言表，其中一个宣称：“啊，死亡！你可知你从我们的手中夺走了谁？……武士之王，王之荣耀。”

对狮心王复杂的性格提供了最深刻的见解的，可能是豪登的罗杰——他曾跟随理查参加过十字军远征，并记录了狮心王与其父的统治时期。在豪登的印象中，国王受到了“英勇、贪婪……放肆的傲慢和盲目的欲望”的驱使；他的死表明“死亡比赫克托尔更强大”。“人可以征服城池”，罗杰宣称，但“死亡征服人”。狮心王有时会受到忽视英格兰王国的指责，但这样的攻击忽略了他担负着治理和保卫庞大的安茹帝国的更广泛的职责。在他统治的日子里，这个帝国几乎因为卡佩军队的侵略和其弟约翰的背叛而分崩离析，但理查在生命的最后 5 年里致力于令它恢复原样，并通过不懈的努力，可以将一个新的复兴的王国留给他的继任者。问题在于，继任者可能是谁？[22]

威廉・马歇尔面临的选择

4 月 7 日，一封理查国王的信被送到正在诺曼底城堡勒沃德勒伊的威廉・马歇尔手中，信中描述了他的伤势和对去世的预期。信是秘密送来的，尽管马歇尔感到震惊和悲伤，但他必须迅速行动起来，在沙吕的噩耗传开之前占领鲁昂的城堡。就是在公国首府的大城堡主楼中，马歇尔收到了理查驾崩的重大消息。这一消息在 4 月 10 日深夜到达，当时“马歇尔即将休息，正在脱靴子”，消息的内容让“他深感伤心”，用《威廉·马歇尔传》的话说，使他沉浸在“强烈的悲痛”中。

当夜，威廉渡过塞纳河，将消息带给勒普雷王宫中的休伯特·沃尔特。马歇尔现在比 3 位涂过油的国王都活得久。一个他曾看着还是一个年轻人就在痛苦中死去，另一个则在失败中被剥夺了权力。威廉只能哀悼他们的过世。但如今作为一个有权有势之人，他将在未来的事态发展中发挥一些作用，并确保狮心王的遗产受到保护。理查关于继承人的遗嘱还未传开，所以马歇尔和休伯特辩论了他们的下一步行动，直到深夜。现在有两位王位候选人：约翰伯爵和 12 岁的布列塔尼的阿蒂尔。大主教赞成后者继承王位。作为约翰已故的哥哥布列塔尼的若弗鲁瓦之子，阿蒂尔根据长子继承权的准则拥有最合理的申索权，尽管这一原则能否以任何方式对整个安茹世界产生约束力还远不清楚。《威廉·马歇尔传》承认，威廉持反对意见，据说他警告说：“阿蒂尔有一些奸诈的谋士，他是高傲而专横跋扈的。”相反，马歇尔支持约翰继位，认为他是“［安茹］土地上最有资格的继承人”。休伯特最终同意了，但据说他曾警告马歇尔：“你现在做的事情肯定是你最后悔的一件事。”[23]

马歇尔的决定无疑是出于一定程度的利己主义的考虑。处于他这种地位的人，可以期望通过支持约翰获得丰厚的回报。威廉已经通过他在爱尔兰的土地和伯爵有一定程度的联系，并且时刻小心谨慎地与约翰打交道，尽管他在 1193 年的未遂政变中全力反对他。但马歇尔的选择也是在安茹帝国现在面临的绝望困境的驱使下做出的。在刚刚与法国重新建立了权力平衡后，一旦理查驾崩的消息传开，安茹王国肯定会面临新一轮的卡佩军队的入侵浪潮。在这样的情况下，在一个未经检验的男孩和一个有战争经验的成熟男子之间，也许根本就没有选择。

第四部

暮 年

英格兰的大贵族

10

人性之敌

随着 1199 年 4 月 11 日黎明破晓，威廉·马歇尔的新时代开启了。在选择效忠约翰后，他全力支持伯爵对英格兰王位的申索。那天早晨，马歇尔最信任的家臣骑士厄尔利的约翰被立即派往英格兰，将理查国王的死讯带给马歇尔的老盟友、王国现今的首席政法官若弗鲁瓦·菲茨彼得。厄尔利必定还把马歇尔和大主教休伯特·沃尔特在鲁昂商量后的选择告诉了若弗鲁瓦，这 3 位权贵现在将共同努力，确保将英格兰王国移交给约翰。

当约翰本人得知理查去世的消息时，他似乎在诺曼底，而且虽然他显然收到了威廉和沃尔特大主教某种形式的效忠声明，但他们不太可能亲自见过面。伯爵的第一个想法是以最快的速度前往南部的希农，要求占有安茹的国库；与此同时，马歇尔和大主教被派往英吉利海峡对岸，为迎接约翰的到来做准备。《威廉·马歇尔传》对这段时期的记载模糊而简短，尽可能地试图让威廉与约翰的事业保持距离，但从其他同时代相关证据可以清楚地看出，马歇尔在确保英格兰贵族支持约翰方面发挥了主导作用。[1]

有些人，例如索尔兹伯里伯爵“长剑”威廉，从一开始就愿意支持约翰。“长剑”是约翰同父异母的弟弟，他是亨利二世的私生子，大约出生于1167年，比马歇尔年轻20岁左右，在某些方面，他们的职业生涯没有什么不同。正如他的绰号所暗示的，“长剑”是一位出色的骑士，在12世纪90年代末和狮心王理查一起在诺曼底战斗。他还通过联姻获得了权力。当索尔兹伯里伯爵（马歇尔的表弟）在1196年去世时，他6岁的女儿兼女继承人索尔兹伯里的艾拉（Ela of Salisbury）就被许与“长剑”为妻，这样他就正式接管了享有盛誉的威尔特郡的领土。在约翰统治时期，这位新伯爵将作为主要军事指挥官和威廉·马歇尔并肩作战，并成为马歇尔家族的亲密伙伴。[2]

在1199年的春天，其他人就没有那么容易被说服了，甚至还有一些贵族在他们的城堡中积极备战。有些人是因为约翰在1193年至1194年间的叛乱而不愿支持他，但大多数人只是意识到继承顺位有争议会让他们捞到好处，现在他们想要得到保证，能让他们的支持获得足够的回报。在北安普敦召开的一次会议上，威廉·马歇尔、若弗鲁瓦·菲茨彼得和休伯特·沃尔特均为约翰的意图做担保，承诺“他们的话”将保证贵族们得到“应有的”好处。结果，包括克莱尔伯爵理查、切斯特伯爵拉努尔夫和苏格兰国王威廉一世的弟弟大卫在内的一些英格兰的大贵族都纷纷向约翰“宣誓效忠”。马歇尔算不上完全意义上的“国王拥立者”，但他确实为约翰通向权力之路铺平了道路。[3]

5月底，约翰做好了渡过海峡前往英格兰的准备，他已于4月末在鲁昂成为诺曼底公爵——他领受了公爵的佩剑和一个精美的顶部镶有一圈玫瑰花的黄金饰环。但是马歇尔没有在原地等待约翰到来，而是回到了诺曼底，并于5月25日陪伴他一同从迪耶普乘船来到英格兰。这种对即将成为国王之人的大献殷勤看起来意味深长。尽管没有关于他们在这一关键时期的来往的记录存世，但很可能马歇尔像在 1188 年服侍亨利二世时那样对新的确定的继承人约翰同样大献殷勤、讨好和争取优待，以求回报。顺理成章地，威廉在约翰统治的头几年得到了极为慷慨的王室酬报。[4]

忠诚的益处

1199 年 5 月 27 日，约翰在威斯敏斯特大教堂内由休伯特大主教加冕和涂油。仪式结束后，国王立即奖励了协助安排他的加冕礼的 3 个人。休伯特被任命为首席大臣，而若弗鲁瓦和威廉也都在仪式中从约翰手中得到了象征他们已经成为伯爵——这是英格兰贵族可以获得的最高头衔，其历史渊源可以追溯到盎格鲁－撒克逊和维京时代——的宝剑。这样，若弗鲁瓦·菲茨彼得成为埃塞克斯伯爵，而马歇尔现在可以自称彭布罗克伯爵。为了表彰他们对国王的忠诚，在当晚的王室宴会上，二人都得到了伺候约翰用餐的殊荣。[5]

威廉和若弗鲁瓦是通过截然不同的道路获得这种显赫地位的：马歇尔是职业军人，是一位可以在战争中证明自己的价值的骑士和指挥官，却能在政治的世界中游刃有余；菲茨彼得是文职人员和王室重臣，因为高效的管理才能和增进安茹帝国的权力和财富的能力而受到嘉奖。若弗鲁瓦的发迹反映了一种更广泛且意义深远的趋势——中世纪英格兰贵族越来越重视行政能力而不是军事实力。虽然若弗鲁瓦可能已经将伯爵宝剑佩带在了身上，但与威廉·马歇尔不同的是，他不是战士。在战争期间，当约翰国王召唤埃塞克斯伯爵菲茨彼得履行他对国王的古老的义务——提供骑士参加战斗——时，若弗鲁瓦不会率领他自己的部队前来，而是向国库支付固定的费用，这笔钱可以用来雇佣军队。在未来，这种日益流行的支付制度（被称为“免服兵役税”）将对英国和骑士制度产生深远的影响。

彭布罗克伯爵

威廉·马歇尔现在50出头，仍然是一位卓越的军事人物。最近的晋升使他跻身英格兰贵族的最高层级——彭布罗克伯爵身份的授予进一步提高了他的地位，并在威尔士西部边远地区获得一块重要领地。马歇尔之妻伊莎贝尔所属的克莱尔家族在该地区长期享有权利，但从12世纪50年代起，该地区就一直被王室掌握着。威廉在1200年占有了他的新土地，获得了斯特里盖尔两倍大的领土的直接控制权，并拥有邻近的威尔士城堡卡迪根和希尔格兰。马歇尔对新晋身份备感自豪，这是可以理解的。尽管斯特里盖尔仍然是一处马歇尔重要的驻地，但彭布罗克如今成为他不断扩张的领土的核心部分，而且威廉立即开始在官方文件中使用“彭布罗克伯爵”的头衔。

即便如此，马歇尔也没有制作新的印章。许多和他同样显赫的男性贵族在这一时期制作了精美的印章，以反映他们的社会地位的提高。王国中的这些大贵族在文件上使用的火漆印章模仿国王使用的，带有象征权力的符号和家族的纹章。威廉的一位同侪罗贝尔·菲茨沃尔特（他在1198年继承了位于埃塞克斯和伦敦的一个大男爵领）委托制作了一个非常华丽的银质印章，上面刻画着他身穿全副盔甲骑在马上，手中举着宝剑——这枚印章如今在大英博物馆内展出。相较于他的雄心，威廉·马歇尔似乎拒绝了这种炫耀的等级展示；在其余生中，他一直使用一枚简朴的小印章，和他在 12 世纪 80 年代作为一名家臣骑士时使用的是同一枚。在为幼王亨利效劳时，威廉自豪地宣布他晋升到方旗骑士的级别，炫示自己的色彩和战斗口号。现在，20 年过去了，他似乎更加小心谨慎了。马歇尔决定保留他的小型印章，我们只能猜测这表达了他的性格中的哪些方面——或许这是出于马歇尔的谦逊或他对彰显权力的外部标志不太上心，或许它可能反映了威廉有意识地、自信地尝试保持低调。[6]

《威廉·马歇尔传》没有直接承认它的主人公被任命为彭布罗克伯爵，只是记录了约翰在加冕后赏赐了“很多精美的礼物”。考虑到伯爵身份对威廉的生涯的重要性，这是一个令人震惊的疏漏。《威廉·马歇尔传》总是谨慎地提及约翰，但在马歇尔与新君主的往来上，文辞变得越来越含糊。威廉得到的最大荣誉来自约翰国王的奖赏，这一事实被删除了；事实上，《威廉·马歇尔传》没有提及受封彭布罗克，此地只被提到过一次，而且和马歇尔无关。

威廉的传记作者试图掩饰这一点，但毫无疑问，马歇尔在这个时期得到了大量的恩惠。除了被授予彭布罗克，他被重新任命为格洛斯特郡治安官，同时掌管格洛斯特和布里斯托尔的王室城堡。马歇尔家族的其他成员也沐浴在王室恩惠的光辉中，威廉的侄子约翰·马歇尔（他哥哥的同名私生子）得到了诺福克的女继承人拉伊的阿琳（Aline of Rye）的监护权。威廉本人现在无疑是英格兰最有权势和影响力的人之一。新伯爵拥有斯特里盖尔、彭布罗克，还长期拥有爱尔兰的伦斯特，他可以为他的家族规划一个辉煌的未来——将马歇尔的世系提升到无法想象的高度，实现某种形式的不朽。[7]

除了支持约翰对王位的主张，威廉在1199年4月的时候可能别无选择——他认识到约翰是在英格兰唯一可能被接受的继承人，并有可能解救诺曼底。但马歇尔还是从中受益匪浅。在这一时期，也有很多人同样谋求好处，其中一些人远具有更强的攫取的决心。这些主要的“攫取者”之一是马歇尔在威尔士边境的北方邻居布里尤兹的威廉（William of Briouze），他在12世纪90年代初继承了家族的土地。理查一世去世时，他就在沙吕，后来证实了狮心王临终前确认了约翰是王位继承人。在新政权下，布里尤兹在威尔士的土地惊人地扩张，并在爱尔兰恢复了他的家族对利默里克的权利，尽管这些收益都要以支付固定的“税金”——属于国王的钱——为代价，这让布里尤兹背负了沉重的债务。就像马歇尔一样，布里尤兹甚得约翰宠爱，这两人在13世纪初的头几年几乎总是陪伴着国王共同出现。但事实证明，约翰不是一个容易追随的国王。[8]

一位“残忍而淫荡”的国王

约翰在1199年继承英格兰王位时31岁。他年轻的时候人们认为他颇为英俊，虽然身材略显单薄。但他酷爱美酒佳肴，这意味着他慢慢地会发福。18世纪末，约翰的墓被打开，尸骨被取出测量，结果显示他身高1.69米，在当时算中等身高。在身体素质方面，与幼王亨利和狮心王理查相比，他可能看起来相当不起眼，而且他毫无疑问一直生活在更伟大的兄长们的阴影之下。但正如现在跨入了一个新的世纪一样，现在属于他的时代已经到来。

约翰是英国历史上最臭名昭著和最有争议的国王之一：在中

世纪时受到很多人的辱骂，今天又受到许多历史学家的谴责；他是第一个用这个名字统治的国王，也是最后一个。尽管在接下来的几个世纪里还会有2个理查和7个亨利，但约翰背负着如此之大的恶名，以至于再也没有其他英格兰国王使用这个名字。在他动荡不安的统治期间，他父亲缔造的伟大的安茹帝国将土崩瓦解，英格兰王国濒临崩溃，致使对手卡佩的法兰西开始崛起。这些年的灾难极大地影响了威廉·马歇尔的晚年生活。

约翰的一些缺点在他加冕前就已经很明显了。1189年对老王的背叛和1193—1194年未遂的政变都证明，和他所有的兄长一样，他喜好反叛，但约翰还不幸地缺乏政治判断力和具有残忍的倾向。尽管如此，在12世纪的最后几年中，他表现出了一些品质，忠诚地支持理查，并获得了一定程度的战争历练。虽然他缺乏狮心王的创造性天赋和远见，但约翰至少行动果断。人们对他的品格和能力的担忧挥之不去，但在1199年，人们满怀希望地认为，王位的重担将会让他的行为更为成熟、目的更合理。[9]

约翰国王的品格和缺点

约翰将被证明是一个爱惹麻烦和令人讨厌的国王。他或许不是传说中近乎恶魔的邪恶人物，也不是他死后几十年里的那些编年史家所想象的懒散的傻瓜——据说他在法国人洗劫他的王国时更愿意和年轻的妻子躺在一起，是一个危险的、喜怒无常的国王，不可信任、心胸狭隘、满怀恶意。这就是威廉·马歇尔现在必须效劳的有严重缺陷的人，威廉试图驾驭他的反复无常的天性，并在他的压迫下生存下来。在约翰加冕后的第一年内，问题就已经凸显出来，消息灵通的目击者迪斯的拉尔夫宣称新国王的行为

“有辱王室尊严”。

在某些方面，约翰和他的祖先们并没有太大的不同。他出生在一个专横和剥削成性的王室家族。老王亨利的统治具有很强的专制和压迫的倾向，而狮心王无情地向他的臣民征税，以资助他的军事行动。理查还有残暴的脾性，会施展性暴力。他在 12 世纪 80 年代初下令处决和肢解了雇佣军，据说大约在同一时期还猥亵了阿基坦的妇女；在第三次十字军东征期间，他下令将数千名穆斯林俘虏用剑杀死。但最重要的是，亨利二世和理查一世的军事和政治成就让大多数批评者闭嘴，而且，他们滥施淫威的目标是那些可能被视为“外人”的群体，至少在安茹和盎格鲁 - 诺曼精英的心目中是这样的。

相比之下，约翰很快传出了虐待自己的贵族、践踏社会可接受行为的边界、疏远他的权力所依赖的家庭的恶名。正如他的一个追随者后来承认的那样，约翰是一个“残忍而淫荡”的人。到了 1200 年，西欧的贵族已经越来越不能容忍任意或不必要的恶毒惩罚（尤其是施加在他们这一阶层成员身上的），所以约翰通常避免公开处决。相反，他更喜欢的惩罚方式是监禁敌人，然后慢慢地把他们饿死。关于他放荡淫乱的故事也很多。人们认为国王应该有情妇，但不应追求自己的贵族的妻子和女儿。有传言说约翰想和北方贵族厄斯塔斯 · 德 · 韦西（Eustace de Vesci）的妻子玛格丽特上床，只有当一个打扮得像贵妇的妓女被送到房间里时，这样的事情才没有发生。国王还被指控试图强暴罗贝尔 · 菲茨沃尔特的女儿玛蒂尔达。至少就目前而言，威廉 · 马歇尔和他的家人尚未被波及，但是伯爵现在还是置身于一个危险而不可预测的政治环境中——陪伴在一个被同时代人谴责为“人性之敌”的君主身边。[10]

约翰国王最具破坏性的性格缺陷是明显不能获得他人的信任和他自己极度多疑的本性。正如《威廉·马歇尔传》所言："他不信任任何人，也不被任何人所信任。"王室记录揭示了约翰偏执的严重程度，提到了他建立了一套极为复杂的密码通信系统。这种设计令人困惑：除非有一个特殊的秘密标记，某些王室命令本应被王室官员们故意忽略，但有时候约翰会忘记标自己的密码，这套系统也就不管用了。国王也有一个令人担忧的倾向，即赋予追随者政治权力，但当他认为他们变得过于强大时，却又试图剥夺他们的土地和头衔。国王亨利二世让廷臣们挨饿，约翰允许他们进食，但随后没有任何理由或警告就夺走他们已经得到的奖赏。[11]

在这样一个反复无常的君主的统治下，威廉·马歇尔不得不谨慎行事。但约翰混乱的统治也将揭示出把安茹王朝与其贵族联系在一起的相互依存的网络。中世纪的国王依靠他们的贵族在整个王国中维护王室权威，但这种支持并不是无条件的。长期以来，人们一直期望君主的统治强而有力（但通常是公正的），但越来越多的人认为，他们也应该坚持"骑士"行为中隐含的同样的骑士精神，即荣誉和正义。更倾向于专制剥削的国王要有充足的土地和荣誉，这样才能收买别人的顺从。但对约翰来说不幸的是，他统治的时期恰逢一个领土严重收缩的时期，而没有新的征服。在这种情况下，威廉·马歇尔坚定不移的忠诚的声誉将受到终极考验。

安茹帝国的崩溃

约翰的统治将遭受一连串的危机的破坏，但不是所有灾难的责任都可以归咎于他。从这位新国王即位之初，他就面临着足以考验任何统治者的勇气的诸多挑战。从一开始，约翰对王位的主张在诺曼底和英格兰以外的地方就引起了争议。在安茹王国的其他地区，如安茹、曼恩和布列塔尼——这些地方长子继承制占主导地位——布列塔尼公爵阿蒂尔（约翰兄长之子）的继承权受到了支持，尽管他还只有 12 岁。当然，卡佩国王腓力·奥古斯特乐于鼓动安茹家族为争夺继承权而发生严重内斗，并意识到年轻的布列塔尼公爵可能很容易就受到操纵。因此，法国国王宣布支持阿蒂尔，并适时接受后者为了欧洲大陆上的安茹领土向他宣誓效忠。

虽然约翰在理查一世逝世后获得了英格兰和诺曼底贵族的支持（部分归功于威廉·马歇尔），但在其他地方，许多地位很高的王室忠仆，如绍维尼的安德鲁则站在阿蒂尔公爵一边。这些支持者中最有影响力的是威廉·德·罗什——一名和威廉·马歇尔一样武艺精湛的骑士，他在理查国王治下飞黄腾达。第三次十字军东征之后，在与法国的战争中，他也曾与狮心王并肩作战，并和安茹、曼恩领土的女继承人萨布雷的玛格丽特（Marguerite of Sablé）联姻。但在 1199 年，德·罗什表示支持布列塔尼的阿蒂尔的继承权，作为回报，他被任命为安茹的王室总管，控制勒芒。

鉴于 12 世纪末缺乏明确的继承制度，安茹贵族之间的这种分裂是不可避免的。在沙吕的灾难发生前，理查必定觉得自己还有很多年的时间来最终确定继承人，并且可能仍然希望自己能生个儿子。尽管如此，约翰最初还是在争取和解方面取得了一些进展。威廉·德·罗什在 1199 年秋开始质疑法国国王的潜在意图，那时法国国王入侵了安茹领土并摧毁了巴隆要塞。德·罗什抗议腓力越权了，因为这个地区属于阿蒂尔公爵，但卡佩军队不肯撤兵。约翰国王就设法利用这次失和，将德·罗什争取到自己一方（作为交易的一部分，确认了王室总管一职可由德·罗什的后代世袭继承）。这是一次重大的政变，就和威廉·马歇尔一样，德·罗什的权力和影响力让他能够改变安茹的中心地带的“公众”意见。他如期将勒芒交到约翰手中，并与年轻的阿蒂尔达成了和平协议。当男孩和他的母亲布列塔尼的康斯坦丝前往勒芒商讨解决方案时，约翰看起来即将重新统一安茹帝国。不幸的是，约翰的恶名使他付出了高昂的代价。阿蒂尔一到勒芒，就听到国王“打算俘虏他并将他投入监狱”的谣言。当天晚上，年轻的公爵和他的母亲以及一些安茹贵族逃跑了。这个机会就这样错过了。[12]

约翰的不幸还在于，他上台的时候正值他的主要对手腓力·奥古斯特达到力量巅峰。法国国王在位已有 20 年，声望和经验都有了长足的进步。他时年 34 岁，只比约翰年长一些，但实际上他已经是西欧最年长的政治家之一。同时代人非常清楚这一点，受人尊敬的英国教长林肯主教于格说：“就像牛吃草吃到根一样，法兰西的腓力也将彻底摧毁这个民族。”通过腓力尽职尽责的精心经营，卡佩王国正处于一段领土显著增长的时期，法国国王的财富最终可能与安茹的财富匹敌，甚至更胜一筹。在 13 世纪初，腓力积累了超过 8.5 万马克的战争储备金；财政储备允许他通过招募大量雇佣兵和开发最先进的围城武器赢得军备竞赛。理查一世就曾发现卡佩国王是一个不屈不挠、意志坚定的敌人，但狮心王在战争和外交方面的技能与他旗鼓相当，常常还能胜过。约翰登基时缺乏这种品质，几乎没有时间磨炼自己的能力。在接下来的几年里，他几乎处处都被腓力压制。正如《威廉·马歇尔传》伤感地评论道，卡佩君主“把［约翰］玩得团团转”，威廉·马歇尔如今正在追随一位显然无法与对手匹敌的国王。[13]

腓力的第一个重大举措是和约翰于1200年5月22日达成《勒古雷条约》。从表面上看，这是一个有利于安茹的两年停战协定。根据条款，约翰被承认是理查的合法继承人，阿蒂尔被要求为了布列塔尼向他宣誓效忠。继承的问题似乎已经解决了。但法国国王在1194年了解到约翰有短视的让步倾向，现在他利用了这一弱点。他通过《勒古雷条约》索要的东西削弱了安茹王国。首先，最重要的一点是，当约翰为了欧洲大陆上法兰西的所有领土向卡佩君主宣誓效忠时，腓力坚持了自己对安茹王国的封建权利。亨利二世和理查都表现过类似的臣服姿态，但他们的屈从一直是象征性的。腓力要求约翰支付2万马克作为继承这些土地的费用，精明地将约翰居于从属地位这一艰难的现实境况坐实。这样的要求在过去是不可想象的，但约翰默许了，这强化了法国国王确实是他的领主的强烈感觉；而且，如果约翰的权力是由卡佩授予的，就像《勒古雷条约》所暗示的那样，他在法国的任何“不当行为”都可能会受到法律的惩罚。

在重申卡佩王室权利的同时，腓力还通过谈判达成了3项额外的规定，逐渐削弱了约翰的地位。诺曼底韦克桑和埃夫勒周围地区的领土都被割让，这让诺曼底面临将来被入侵的危险。约翰还同意切断威廉·马歇尔在1197年协助建立的与佛兰德的宝贵联盟（国王后来以类似的方式与布洛涅决裂），从而使得法国北部的局势变得对腓力有利。条约的最后一个条件是，法国国王的法定继承人、当时 12 岁的路易和约翰 11 岁的外甥女卡斯蒂利亚的布兰奇（她是 30 年前远嫁卡斯蒂利亚的约翰的姐姐埃莉诺之女）缔结新的婚约。这种结合会进一步加强卡佩家族对安茹领土的主张，并将在威廉·马歇尔的生涯后期产生深远的影响。

通过这一系列复杂的条款，腓力国王巧妙地胜过了其对手，谨慎地为更公开、更决定性的对抗做好了准备。约翰似乎在很大程度上没有意识到这些危险，但《勒古雷条约》标志着一个重要的转折点。编年史家们后来认识到了它的重要性，并开始给约翰起了一个侮辱性的新绰号。当他是一个没有自己的土地的年轻人时，他被称为“无地”。如今他又被冠以另一个绰号——对狮心王可怜的弟弟的极度贬低——“软剑”约翰。[14]

不稳定的和平随着《勒古雷条约》的签署到来，但安茹很快就采取了措施，为诺曼底即将爆发的战争做好准备。威廉·马歇尔所拥有的隆格维尔领地位于公国的东北边陲，他在 13 世纪初对上诺曼底的这一地区承担了更广泛的责任。这一地区位于迪耶普和贝蒂讷河以西，位于布雷勒河这条主要边界后方约 20 英里处，实际上构成了公国的第二道防线。马歇尔在隆格维尔和梅勒斯（Meleurs）拥有两座小型城堡，但守卫贝蒂讷山谷的主要石质堡垒在阿尔克（就在迪耶普以南）。1201 年早春，马歇尔派遣了新招募的军事随从骑士苏克维尔的若尔丹（Jordan of Sauqueville），前去监督阿尔克已经很坚固的城垛的加固工作。随后在 5 月，威廉亲自率领国王提供的 100 名骑士渡过海峡来到诺曼底。到了这个阶段，诺曼底即将遭到入侵，因为约翰被诱使犯下了另一个重大的外交错误。[15]

昂古莱姆的伊莎贝拉的诱惑

在约翰统治的最初几年，国王得益于他年迈的母亲阿基坦的埃莉诺的支持和指导。在理查一世去世之前，她一直在丰特弗罗德修道院过着半隐居的生活，但继承危机使她重新回到政治舞台，而且，尽管她已经 70 多岁了，但还是精神矍铄、神采奕奕。埃莉诺曾在 1199 年帮助约翰在阿基坦强行施展权威，然后在 1200 年初巧妙地通过授予吕西尼昂家族有争议的拉马什伯国（county of La Marche）来确保他们的支持。她甚至有体力越过比利牛斯山，亲自把她的外孙女卡斯蒂利亚的布兰奇从西班牙接到法国，这是在履行《勒古雷条约》的条款——尽管她无法阻止约翰同意做出这样具有破坏性的让步。自然，这次长途旅行使她筋疲力尽，并饱受病痛之苦，于是埃莉诺回到丰特弗罗德修养康复。

在她不在国内的时候，约翰突然决定娶一个新妻子。在他加冕之后不久，他与格洛斯特的伊莎贝拉的婚姻就以血缘关系为由被取消了，他如今找到昂古莱姆伯爵奥德马尔（Audemar）之女作为一个合适的新娘。这位名叫昂古莱姆的伊莎贝拉的女孩或许有 12 岁（可能只有 8 岁），虽然有人认为约翰是在“疯狂的迷恋”的驱使下与她结婚的，但他可能同样被确保获得昂古莱姆的支持的前景所吸引，这一步将确保普瓦捷和波尔多之间的地区的安全。于是，这对夫妇在 1200 年 8 月 24 日结婚了。乍看之下，这似乎是一场相当精明的政治联姻，但是其中有一个潜在的问题。伊莎贝拉已经与吕西尼昂的于格（吕西尼昂的若弗鲁瓦之侄）订婚了，他现在公开叛乱。威廉 · 马歇尔此时与国王在一起，但不清楚他是否就婚姻问题提出过什么建议。然而，根据两位消息灵通的同时代人的说法，约翰“在他的主人法国君主腓力的建议下”决定和伊莎贝拉结婚，所以很可能这是卡佩国王故意为他的对手设下的陷阱，然后心满意足地看着约翰掉进去。[16]

在约翰和伊莎贝拉举行婚礼后，吕西尼昂的于格强烈抗议，因为此事严重冒犯了他的荣誉，他认为他的具有约束性的婚约被非法撕毁了。最终，他向巴黎的卡佩宫廷申诉自己的委屈。毫不意外地，腓力·奥古斯特对于格表示同情。无论是通过狡猾的计谋还是单纯的幸运，腓力如今有了一个完美的借口来反对他的安茹对手。在约翰于《勒古雷条约》中表示臣服后，法国国王完全有权传唤他的安茹封臣来回应吕西尼昂人的指控。约翰扭扭捏捏地逃避，最终拒绝出现在卡佩宫廷上。这让腓力国王可以在 1201 年 4 月正式宣布没收约翰在欧洲大陆上的土地。后来，卡佩君主亲手册封布列塔尼的阿蒂尔（现今已经 15 岁了）为骑士，并接受了他代表所有安茹土地的宣誓效忠；唯一的例外是诺曼底，腓力现在宣称此地归王室所有。法国国王现在有了将约翰驱逐出法国的合法理由。

1202 年危机

腓力·奥古斯特与佛兰德的鲍德温一起立即入侵了诺曼底的东部。他们迅速地突破了厄镇山谷的第一道防线，攻占了厄镇和欧马勒的堡垒，并夺取了讷沙泰勒。随后，他们对古尔奈进行了更持久的围攻，但它在 7 月也陷落了。上诺曼底因此处于崩溃的边缘，当腓力向北攻击主要的王家城堡阿尔克时，威廉·马歇尔和索尔兹伯里伯爵“长剑”威廉正在此地把守。

马歇尔一直在努力加强堡垒的防御：财务记录显示，仅在6月中旬，他就花费了1600安茹镑（来自王室拨款）来加固防御工事和增加驻军。这种疯狂的支出清楚地表明了整个诺曼底东部地区现在所感受到的警戒。威廉·马歇尔似乎已经认识到，在未来的冲突中，他的部队人数可能远远落后。7月20日左右，当卡佩军队向阿尔克进军时，该城堡此时由约翰国王的堡主威廉·莫蒂默（William Mortimer）守卫，而马歇尔和“长剑”则向西撤退。他们一起在战场上拥有一支相当大的机动部队，并对围攻阿尔克的法国军队发动了一连串的小规模攻击。这是一个合理的战略，但是与腓力·奥古斯特的全军相比，他们看起来仍然毫无胜算。

随后在8月初，安茹军队取得了一场非凡胜利的消息传到了上诺曼底。当腓力国王在北方发动攻击时，布列塔尼的阿蒂尔公爵在南方开辟了第二条战线，率领一支由布列塔尼骑士和其他支持者组成的军队入侵安茹，绍维尼的安德鲁也在他的军中。年迈的埃莉诺王后一直试图保持对该地区的控制，但很快就被围困在米尔博城堡内。当约翰国王听闻这次袭击后，立即果断地采取了行动，与威廉·德·罗什和布里尤兹的威廉等贵族从勒芒向南闪电般地急速行军。他们在两天内走了80英里，并在1202年8月1日黎明时分突袭毫无戒备的布列塔尼的阿蒂尔的军队。布里尤兹生擒了年轻的公爵，另有252名骑士被俘。埃莉诺得救了，米尔博也保住了，这是约翰统治期间最伟大的胜利。

国王立即派出信使前往北方通知威廉·马歇尔这一胜利的消息。腓力·奥古斯特也得到了来自米尔博的消息，由于害怕约翰将压倒性的兵力集中到上诺曼底，他解除了对阿尔克的围困。虽然卡佩军队在东部边境仍然取得了重要的胜利，但公国已经得救了。《威廉·马歇尔传》兴高采烈地描述马歇尔和“长剑”如何带着他们的军队撤退到鲁昂，并享受了一场奢华的庆祝盛宴，他们在宴会上喝了很多优质的葡萄酒。[17]

约翰似乎重新获得了主动权。他的母亲埃莉诺在守卫米尔博中耗尽了精力，如今回到丰特弗罗德修道院中永久性地隐退了。但在其他所有方面，约翰的处境都发生了变化。他已经证明了自己的军事能力，现在押着250多名有价值的人质，他们每一个都能换取赎金或战略利益；他还囚禁了他的对手布列塔尼的阿蒂尔。如果约翰采取了正确的步骤，精明谨慎地行动，安茹帝国的运势就能恢复。此时此刻，他或许比其他任何时候都有机会将自己的统治引回到稳定的轨道上来。

结果，国王浪费了这个重要的机会，他的生涯迎来了一个可怕的转折点，从此再也没有回头路。就在威廉·马歇尔在诺曼底庆祝的时候，约翰开始虐待在米尔博抓获的几百名俘虏。在正常的情况下，这些贵族虽然被监禁，但受到尊重，然后被允许在相对舒适的环境中生活，同时协商释放条件。但在1202年，绝大多数约翰的囚犯，包括布列塔尼的阿蒂尔，直接死掉了。许多人被押送到诺曼底和英格兰南部的城堡中活活饿死。绍维尼的安德鲁的确切情形无法确定，但他在1203年前肯定已经死了。

国王的残酷无情造成了严重的丑闻。《威廉·马歇尔传》记载，约翰对待他的俘虏“如此卑劣，让他们陷入如此罪恶的痛苦，以至于他身边的人和看到这些暴行的人都觉得可耻和丑陋”。威廉·德·罗什是在米尔博被俘的数十名骑士的朋友，甚至是亲属，之前也是年轻的阿蒂尔公爵的支持者。起初，威廉·德·罗什恳求国王遵守正常的惯例，公布囚犯的下落和情况，但他的请求只得到了冷漠的缄默。国王似乎认为他可以蔑视公认的社会习俗而不受惩罚，但他错了。正如一位编年史家所指出的，他的“骄傲与傲慢……蒙蔽了他的双眼，让他失去理性”。

威廉·德·罗什对约翰的行为深恶痛绝，他抛弃了后者，转而效忠法兰西的腓力，安茹中心地带的主要贵族很快纷纷效仿。在 1202 年末到 1203 年初，约翰在南方受到支持的薄弱表象破碎了，他迅速失去了对曼恩、安茹和图赖讷的控制。即使在诺曼底，贵族们也开始质疑国王的判断，并重新考虑他们的立场。1203 年 1 月，阿朗松（南部与曼恩接壤）的领主就宣布支持卡佩家族，许多其他人也纷纷响应。威廉·马歇尔的传记作者憎恶约翰，但他也瞧不起叛徒，他把这些变节的诺曼底贵族比喻为发臭的腐烂水果，感染了周围的人。目前，马歇尔依旧忠心耿耿，返回上诺曼底进行守卫，但危机才刚刚开始。[18]

阿蒂尔的命运

在米尔博被俘后，约翰 15 岁的侄子布列塔尼公爵阿蒂尔就被关押在诺曼底。他似乎首先被带到法莱斯城堡（位于公国中心），并且可能在 1203 年初之前一直待在那里。国王似乎不知道该如何处置这个年轻的囚犯，阿蒂尔是他声索英格兰王位和更广泛的安茹王国的对手。事后看来，明智的选择显然是要么将阿蒂尔终身监禁在英格兰，但让他过上相对舒适的生活，要么把他当作和腓力·奥古斯特就诺曼底的归属进行谈判的重要筹码。但约翰的多疑本性压倒了理智。他不相信他的仆从会无限期地囚禁公爵，而且他似乎怀疑自己有能力从法国国王那里获得有利条件。

根据编年史家科吉舍尔的拉尔夫（Ralph of Coggeshall）的记

载，不知名的“谋士们”最初建议约翰阉割阿蒂尔并将其致盲，“从而使他无法统治”。3 个人被派到法莱斯“去执行这个可憎的任务”，但约翰的财政总管巴勒的休伯特（Hubert of Burgh）进言“考虑一下国王的诚实与声誉”，这样在最后一刻拯救了公爵。在 1203 年的头几个月，越来越多的人质问阿蒂尔受到了何种对待，可怕的流言开始到处流传。在 4 月初之前的某个时候，他似乎被转移到鲁昂的城堡，可能是由布里尤兹的威廉押送的，后者后来声称，一旦阿蒂尔被交付羁押，自己就“不再负责”阿蒂尔的安全。

公爵从此以后的命运仍然是个谜。有两份似乎是以布里尤兹的口头证词为基础写下的同时代记录表明，在 4 月 3 日，“被魔鬼附身的”醉酒的约翰怒气冲冲地去见他的囚犯，用一块石头砸碎了他的头颅。阿蒂尔的尸体被压上重物后沉入塞纳河，后来被一个渔夫发现，并被小心谨慎地埋葬在附近的圣母德佩（Notre-Dame-des-Pré）修道院。国王可能犯下了这桩谋杀罪，布里尤兹是目击证人；也可能是布里尤兹在约翰的命令下做了这件可怕的事，后来才寻求转移责任。事情的真相永远也不会有人知道了，但布列塔尼公爵阿蒂尔再也没有出现过。[19]

布里尤兹的威廉无疑是致使阿蒂尔失踪的同谋，他显然被告知要在这件事上保持沉默。在接下来的几年中，约翰对布里尤兹大加奖赏，赐给他土地，让他陪伴在自己身边。但威廉知晓一个危险的秘密，这最终将导致他的毁灭。在约翰剩余的统治时间里，他也深受围绕着阿蒂尔死亡的流言蜚语的困扰，背负着成倍增加的背信弃义和谋杀的指摘。这让他的敌手在道义上占据了显著的优势。从此以后，腓力・奥古斯特在面对任何外交提议时，都能回以一个对约翰不利的要求——约翰必须在任何谈判开始之前都让活得好好的阿蒂尔公爵出现。《威廉·马歇尔传》对整个这件事保持沉默，但考虑到后来发生的事件，有可能威廉·马歇尔最终知道了事情的真相。

失去诺曼底

到1203年夏初，越来越多的贵族投奔卡佩的阵营。在米尔博陷落后，所有复兴的希望都短暂地消逝了，对很多人来说，为诺曼底而战似乎注定要失败。尽管如此，还是做了防御准备。“长剑”被派往西部边界抵抗布列塔尼人，而威廉·马歇尔则加入了约翰国王，在公国的中部和东部巡逻，等待法军的进攻。

当最后的进攻发起时，效果惊人。6月，腓力·奥古斯特从埃夫勒周围地区发动了一次大规模入侵，向塞纳河谷的勒沃德勒伊——这是防卫鲁昂西部入口的堡垒——进军。这座城堡是由罗贝尔·菲茨沃尔特指挥的，但驻军未经任何抵抗就向法国人投降了。这让腓力控制了塞纳河左岸，关键的是，在雷桑德利和强大的盖亚尔堡的下游占据了一个位置。卡佩军队如今可以阻止任何向这处狮心王著名的军事建筑群提供补给的尝试了。

8月，腓力国王开始收紧绞索，与他著名的指挥官威廉·德·巴雷斯一同围攻雷桑德利和盖亚尔堡。至少在这里，在令人敬畏的莱西的罗歇的率领下，盖亚尔堡的驻军进行了艰苦的抗击。9月，约翰国王和威廉·马歇尔开始策划反攻，希望打破法军的包围。《威廉·马歇尔传》没有记录这场灾难性的军事活动，只有一份布列塔尼的记录详细描述了此役。该计划需要发动一次协同进攻，马歇尔率领一支地面部队（与约翰的雇佣军指挥官卢佩斯卡合作）与沿塞纳河乘舟而来的第二支军队一起包围腓力的军队。不幸的是，由于法国人控制着勒沃德勒伊，他们很难在白天航行，所以进攻的时间安排在黎明前的凌晨。事实证明，这是一场混乱的战斗。运送水上部队的水手们误判了塞纳河水流的强度，他们的船只没有按计划到达。马歇尔的部队被数量庞大的敌军包围，遭到威廉·德·巴雷斯的重创，很快就被赶走了，当另一支军队最终到达河边时，它很快就被消灭了。这是威廉·马歇尔军事生涯中最耻辱的败仗之一。[20]

未能解救雷桑德利和盖亚尔堡对安茹军队的士气造成了毁灭性的打击。约翰国王在诺曼底的统治在飞速崩溃。上诺曼底的阿尔克周围的部分地区和马歇尔自己的隆格维尔领地还能守住，但其他地方正陆续失陷。根据《威廉·马歇尔传》的记载，威廉·马歇尔作为使节被派往腓力·奥古斯特国王那里去讨论休战条件，但其他任何史料都没有提到过这一点，无论如何，他都没有获得成功。卡佩国王非常清楚，他即将取得全面胜利，所以“不存在关于和平的问题”。约翰日益加深的偏执也让他越来越害怕背叛，他开始怀疑他的诺曼底封臣会把他囚禁起来并把他交给法国人，根据一位同时代人的记载，他拒绝进一步尝试救援盖亚尔堡，“因为害怕自己的人叛变”。

随着冬天邻近，约翰决定返回英格兰。官方说法是他“去寻求他的贵族们的建议和帮助，［然后会］迅速返回”，但根据《威廉·马歇尔传》的记载，他决定把伊莎贝拉王后从鲁昂带走，这让很多人“担心他会逗留很长时间”。这座伟大的公国首府将由威廉·马歇尔的旧友普雷欧的彼得监管。此时，雷桑德利已落入法国人手中，但盖亚尔堡的守军仍在莱西的罗歇的指挥下坚持抵抗一场严密的围攻。除了几个剩下的前哨，如上诺曼底的阿尔克和南部边境的韦尔讷伊，公国已经被攻占了。1203 年 12 月 5 日，约翰在马歇尔的陪伴下从瑟堡启航。威廉的传记作者只简要地提到了此次航行，但船上的气氛必定非常阴郁，因为国王的离去是默认他现在已经失去了诺曼底。[21]

II

西部领主

威廉·马歇尔未能在1203年扭转战争局势，他效劳的是一位无法命令其诺曼底臣民效忠的国王，后者缺乏面对腓力·奥古斯特所需的远见和决心。1204年，诺曼底的安茹势力受到最后一击，狮心王强大的“狂妄之堡”盖亚尔堡在3月6日投降，可怜的剩余守军被饿得放弃了抵抗。在失去抵抗卡佩军队的任何希望后，普雷欧的彼得在6月24日打开了鲁昂的大门，之后返回英格兰。腓力轻而易举地吞并了公国的剩余部分。

来自南方的消息同样令人沮丧。埃莉诺王太后于4月1日在丰特弗罗德逝世，随着她的离世，最后一丝和安茹王朝的光辉时代的联系也断了。阿基坦的贵族们向腓力·奥古斯特宣誓效忠，任由他在8月占领了普瓦捷，而一支卡斯蒂利亚的军队从伊比利亚半岛出发越过比利牛斯山，宣称对加斯科涅拥有主权。到了年底，只有从巴约讷向北延伸到拉罗谢尔的一些大西洋沿岸港口还在安茹王朝的手中。希农（在巴勒的休伯特的领导下）和洛什的驻军英勇抵抗，最终还是被攻陷了。亨利二世国王建立的曾经强大的帝国黯淡无光，在他最小的儿子——“软剑”——的统治下，经历了灾难性的衰落时期。

王国分裂

约翰国王的个人威望和声誉如今跌到谷底，1202 年至 1204 年间的灾难性事件将笼罩着他剩余的统治时期。安茹王国的崩溃和难以想象的诺曼底失陷，也将对英国历史产生深远的影响。但在这些事件发生后，威廉·马歇尔和他的贵族同僚们不得不面对一个令人不安的现实。绝大多数"安茹"的英格兰贵族是盎格鲁－诺曼血统，当公国落入法国人手中时，他们已经实际上失去了诺曼底"故乡"，这预示着一场身份认同和忠诚的危机。由于许多权贵在海峡两岸都拥有土地，他们现在必须选择忠于哪一方。绝大多数人都以地产为重，普雷欧家族就是很好的例子。长兄普雷欧的约翰放弃了他在英格兰的土地，留在了诺曼底，保住了对他的家族在鲁昂东北方的主要领土的控制权，成为腓力·奥古斯特的附庸。他的弟弟彼得则放弃了在诺曼底的小块土地，余生在英格兰南部他的大得多的领地上过着半退隐的生活。约翰国王试图通过将英格兰的土地重新分给贝蒂讷的鲍德温（他如今失去了欧马勒的头衔）这样的贵族来缓和这种分裂造成的冲击，但长期建立的土地持有模式还是受到了不可避免的重大破坏。[1]

走得太远

安茹王国的突然收缩迫使威廉·马歇尔重新考虑自己的地位和初步成形的家族的未来。现在显而易见的是，马歇尔想要加强和扩大权力基础就需要重新定向，远离欧洲大陆。但是，威廉也是少数几个试图抵制没收诺曼底地产的大贵族之一。像他的很多同侪一样，马歇尔对诺曼底有强烈的亲切感——他在那里度过了青春期和成年后的大部分时光。与普雷欧的彼得和贝蒂讷的鲍德温不同，他不愿意轻易放弃他在上诺曼底的隆格维尔的宝贵领主权。

1204 年 5 月，约翰国王派遣马歇尔和莱斯特伯爵罗贝尔（他在诺曼底拥有庞大地产）渡过英吉利海峡，与腓力·奥古斯特讨论和平条款。法国国王仍然对谈判不感兴趣，但他认为这是一个在安茹贵族内挑拨离间的良机。威廉和罗贝尔伯爵被授予了保住他们的诺曼底地产的机会，但他们必须答应腓力国王提出的苛刻条件。《威廉·马歇尔传》里描述了达成协议的条款，它们也保存在一份存放在法国王室档案馆里的副本中。马歇尔和莱斯特伯爵将把他们的地产交给卡佩军队，根据条款，只要他们在一年内为这些土地向腓力·奥古斯特“宣誓效忠”，这些土地就会被归还。为了享有这段宽限期，两人都必须支付 500 银马克。

通过“宣誓效忠”，威廉和罗贝尔正式承认腓力国王在诺曼底享有封建君主的权利，并从他那里持有自己在欧洲大陆上的土地，然而他们仍然是英格兰国王约翰的臣仆。这样的情况是有先例的。过去，少数在诺曼底和法国边界两侧拥有土地的贵族曾向卡佩和安茹双方效忠；但关键的是，他们总是只认定一位国王是他们的主君——他们在战争期间与之并肩作战的国王。这可能看起来像是晦涩难懂的法律讨论，但对威廉·马歇尔这样的中世纪贵族来说，围绕着封建义务形成的传统可能是至关重要的。他们提出了一种机制，用来调和持有土地的日常现实情况和更为临时的效忠关系。1204 年 5 月，马歇尔似乎找到了一个保住隆格维尔的土地的方法，他有 12 个月的时间来劝说约翰国王接受这样的安排。

威廉潜意识中的傲慢似乎使他对这些交易的潜在危险视而不见。他显然相信自己可以钻“封建”习俗的空子，利用自己的显赫地位实现别人做不到的事情，从而在诺曼底保住自己的立足点。他对约翰的忠诚程度也必须受到质疑，因为很明显，马歇尔在这一时期把自己的利益置于国王的之上。威廉没有跟随其他人有公开的“背叛”行为、否定安茹君主，但他对反复无常的“软剑”的忠诚似乎已经动摇了。[2]

最初，保住隆格维尔的计划似乎会顺利通过。马歇尔和莱斯特的罗贝尔返回英格兰，当罗贝尔在1204年末去世后，说服约翰批准条款的任务就落在威廉一个人身上了。根据《威廉·马歇尔传》的记载，他成功了，于1205年春天收到了国王的正式授权书。马歇尔显然恳求说，“陛下可以看到，留给我保住诺曼底的土地的时间已经不多了，我不知道该说些什么，如果我不向［腓力国王］宣誓效忠，我就会损失大量”土地。约翰据说回答道：“我知道你是……一个忠诚的人，我非常愿意让你向他宣誓效忠，［因为］你拥有的越多，越能更好地为我效劳。”虽然马歇尔的继承人后来证实威廉得到了王室的特许，但没有关于这项背书的官方记录存留下来。威廉不太可能蠢到未经许可就走下一步，但他没有考虑到约翰善变的本性和腓力·奥古斯特的狡猾。

4月，威廉·马歇尔前往法国，打算向卡佩国王宣誓效忠，但是，当他们在阿内（马歇尔最出名的一些比武获胜的地点）会面时，腓力坚持要他做一个更有约束力的承诺——远超仅仅承认腓力是其封建君主的一个承诺。威廉被要求承认法国国王是他“在海的这边”（法国）的主君，如若不然，他将失去隆格维尔。这相当于让威廉宣布他有两个主人，一位是腓力国王，他将在欧洲大陆效忠后者；另一位是约翰，将在英国继续做他的主君。然而仔细看来，无法回避的一个事实是，这代表马歇尔的忠诚出现了严重的分裂——尤其是因为卡佩王室仍然是安茹王朝的主要敌人。尽管如此，被逼到了墙角的威廉还是同意了。马歇尔通过这一步保住了宝贵的隆格维尔的领主权，可以将它传给他的继承人。他捍卫了家族的利益，但是也犯了一个严重的错误。

乘船回到英格兰后，威廉似乎已经说服自己相信他可以平息他与约翰国王之间的任何问题，尤其是因为他已经得到了国王的特许。然而在他抵达之后，他发现一位坎特伯雷大主教的代表（此人之前也在法国）已赶在他前头返回，向国王通报了他宣誓的具体条款。约翰果然狂怒不已，指责马歇尔"反对我，违背我的权益"。不足为奇的是，《威廉·马歇尔传》试图捍卫威廉的名声，谴责那些在这一点上反对他的人是"卑鄙的奉承者和叛徒"，并宣称马歇尔没有"犯一丁点儿的错"。

站在愤怒的国王面前，据说威廉抗议道："陛下，我可以直截了当地告诉你，我没做什么反对你的事，我所做的都已经得到了你的许可，这一点应该让你满意。"就某个方面来说，马歇尔所言属实，约翰确实答应了他可以向法国国王宣誓效忠。但是约翰并没有同意他可以在狡猾的腓力·奥古斯特的要求下更严肃地发誓认腓力为主君。威廉还愚蠢地认为，像约翰国王这样难以捉摸和多疑的人可以很容易地被说服、看清其中的缘由。结果，这位英国国王断然否认曾经发出过"你所说的我的这一许可"，而《威廉·马歇尔传》评论到，从这时起，"马歇尔与国王的关系在很长一段时间里都不好"。[3]

坠入冰窟

威廉·马歇尔于1205年6月彻底失宠了。此时，约翰国王已经制定了大规模军事进攻的计划，希望用一支庞大的舰队将部队运到普瓦图，收复安茹的中心地带，然后发动全面的内陆入侵。这是一个大胆的计划，国王已经谨慎地着手准备船只、补给和武器，但是国王的很多主要贵族非常不赞成此计划。根据同时代的编年史家科吉舍尔的拉尔夫的说法，他们认为这个拟议中的军事活动愚蠢透顶，容易让英格兰遭受入侵，他们担心约翰“会因试图夺回他失去的东西而失去他所拥有的东西”。很多人还怀疑国王在战场上是否能真的击败腓力·奥古斯特。

在双方为远征激辩时，国王与马歇尔对峙。根据《威廉·马歇尔传》的记载，他命令威廉跟随他前往阿基坦，参加“对抗法国国王的战斗”。但伯爵提出异议，声称他这么做是“邪恶”而“有罪”的，因为在英格兰以外的地方，他现在是腓力国王的封臣。随后发生了一场激烈而旷日持久的争论，双方都试图在一群贵族面前捍卫自己的立场。约翰指责马歇尔是“法国国王的手下”，而威廉提出要通过比武审判来捍卫自己的荣誉。《威廉·马歇尔传》表明，马歇尔在这场争论中占了上风：他的老盟友贝蒂讷的鲍德温说了有利于他的话，而且没有人愿意接受威廉的挑战。但是，传记作者无法掩饰这帮聚集在一起的骑士和权贵表面下的模棱两可，他们大多数都不想坐船去普瓦图，但是对于威廉的动机和他声称从来没有打算“不忠”于国王的说法，他们又有很好的理由质疑。《威廉·马歇尔传》生动地描述了“贵族们”是如何“面面相觑，然后”默默地“后退”，他们被这样一场争吵的场面震惊了。似乎没有人知道应该如何应对国王和英格兰最有权势的贵族之一——一个长期以来被视为忠诚的典范的人——之间的公开对抗。

争执以僵局告终，马歇尔坚称自己是清白的，约翰憋着一股怒火。威廉据说还警告他的同侪：“要警惕国王：他想对我做什么，就会对你们每一个人做什么。”坎特伯雷大主教休伯特恳求国王“放弃对普瓦图的远征，以免令整个王国因为他的离开而陷入混乱”，贵族们也普遍不支持他，约翰只得不情愿地同意取消进攻计划，这让那些聚集在朴次茅斯的数千名水手感到非常沮丧。[4]

当马歇尔与国王对峙时，他尚能仰仗自己的声望的庇护，但实际上，局势仍掌握在约翰的手中。而且，正如《威廉·马歇尔传》所记录的，约翰后来寻求“实行他的报复”。国王的第一步是要求威廉交出小威廉·马歇尔——“他最亲爱的长子”——以便让后者得到国王的照顾。这个男孩现在大约 15 岁，所以这可以充作一种王室的监护，但很明显，他将被当作人质，以确保威廉改过自新。也许这唤醒了威廉在 12 世纪 50 年代早期成为儿童俘虏的痛苦回忆，但他没有资格拒绝这个请求。如果他拒绝，就等于宣布自己是一个叛徒，这样国王就有理由没收他的土地，并将他，或许还有他的家人，一起监禁起来。传记作者承认威廉“欣然向国王交出［他的儿子］”，并补充说，他这样做是因为“他是一个和做坏事毫不沾边的人，想都没想过”——这清楚地表明，如果马歇尔拒绝，他将会被提出怎样的指控。尽管如此，关于约翰虐待阿蒂尔公爵和其他在 1202 年的米尔博之役中抓获的战俘的可怕传闻仍在流传，这一定让马歇尔对儿子的安全感到一丝焦虑。

在接下来的几个月里，约翰国王逐渐将马歇尔赶出安茹宫廷。

他没有明显地排斥威廉，只是缓慢但不容置疑地不再给予王室的青睐和支持。马歇尔不再受到土地和头衔的奖励，取而代之的是单纯的漠视。威廉 20 多年来头一次经历这种疏远带来的强大影响。他在亨利二世和理查一世的统治下蓬勃发展，并在约翰的统治初期得到多种奖励。如今他坠入了冰窟。1206 年，马歇尔从王室记录中完全消失了，他回到了斯特里盖尔。随着安茹王国在欧洲大陆上崩溃以及他与国王产生了裂痕，无论在法国还是英国，他都前途黯淡。如果威廉希望加强他的地位并确保家族的未来，他将不得不把目光投向西方。[5]

在彭布罗克和伦斯特追逐权力

马歇尔在 1206 年重新规划了自己的事业。到目前为止，他的活动和雄心的明确焦点一直是英格兰和法国，但他现在已经从他早年生活的主轴——从英格兰王国经过诺曼底和安茹的心脏地带到阿基坦的南北向路线——转移。他开始把精力从他在威尔士边境的权力基地斯特里盖尔向西转移到威尔士，甚至到更远的爱尔兰。这些地区是安茹王室统治的边缘，几乎类似于中世纪的狂野西部。这些土地提供了新的征服的前景，并有机会在那里建立半自治的伯爵领。随着威廉即将步入 60 岁，他越来越执着于通过构造一个可以留给继承人的大领主身份来确保马歇尔家族的未来。他还希望用土地和荣誉来奖励他的忠诚的家臣。这些目标最适合在威尔士和爱尔兰实现。

在超过 20 年的时间里定期在安茹宫廷出现、为王室效劳之后，威廉淡出了政界，也不再出现在战争前线上。这是他对约翰国王的疏远的直接回应，但伯爵似乎已经接受了他远离国王的前景，切断了他与一个难以捉摸且掠夺成性的危险君主的联系。马歇尔很可能是有意做出了一个决定，从约翰宫廷的混乱旋涡中抽身，认为这种脱离是最安全的路线，也是在反复无常的国王的统治下生存下来的最大希望。威廉不是唯一选择这么做的大贵族。马歇尔的北方邻居切斯特伯爵拉努尔夫三世（Earl Ranulf III of Chester）虽然只有 35 岁左右，就已经在北部边境统治着大片领土。他曾长期为安茹王室忠诚地效劳，在 12 世纪 90 年代末，他曾与狮心王理查为光复诺曼底而并肩作战，并在新世纪之初在欧洲大陆上支持约翰。然而，在诺曼底失守后，拉努尔夫将越来越多的时间都投入到自己的伯爵领的需要上，确保了切斯特作为英格兰西北部主要港口和贸易、商业中心的地位。[6]

在漫长的生涯中，威廉·马歇尔以骑士和王室仆人的身份获得了财富，虽然自 12 世纪 80 年代末以来，他已经是一个拥有土地的贵族了，但他从未真正致力于巩固自己的领土和地方治理、行政管理。他把服侍国王放在第一位，之后才是他自己的领土的需要。但是在 1206 年之后，威廉试图凭借自身证明自己是一个成熟的边境贵族。这让马歇尔面对直接统治的新挑战——迫使他更依赖自己的家户和妻子伊莎贝尔女伯爵——这意味着他必须领导手下努力应对军事对抗和征服的问题，而不仅仅是作为国王的追随者。这是一个关键的转变，领主和主人威廉伯爵在 13 世纪初向前迈进了一步。马歇尔不会自由自在地享有成功，尽管他试图摆脱约翰政权的阴影，但他在爱尔兰的利益将再次使他与国王发生直接而致命的冲突。

中世纪的威尔士和爱尔兰

在 1066 年和诺曼人到来之前，威尔士是不列颠群岛上一些最早的定居者——布立吞人或凯尔特人——的领地，他们通常被认为在公元前 3 世纪时就从欧洲大陆迁移至此。从 5 世纪开始，盎格鲁－撒克逊征服者将这些社群向西逐出英格兰，他们被称为瓦伦斯人（Wallenses，字面意思是“边境居民”）。中世纪早期的威尔士是由一群复杂的完全独立又互相敌对的省份和王国拼凑而成的，其中 3 个主要的公国——格温内斯、波伊斯和德赫巴思——开始变得强大。在许多“有教养的”盎格鲁－撒克逊人眼中，威尔士人（以及他们在爱尔兰的凯尔特人邻居）不遵守社会规范。他们被认为是“野蛮人”：对通奸和乱伦毫不在意，并且极端暴力残忍。根据一位 12 世纪中叶的盎格鲁－诺曼编年史家的记载，他们会“像动物一样互相争斗”、杀死囚犯，并经常使用致盲和阉割来消灭他们的敌人。简而言之，威尔士人和爱尔兰人本土居民不可信任，但具有讽刺意味的是，由于这种陈腐的看法，盎格鲁－诺曼人和安茹军队在对待凯尔特人时，往往使用比后者之间所采用的更残忍和无情的手段，他们认为，面对这些“异族”敌人时，大规模处决和虐待等暴行要么是必要的，要么是正当的。

一位著名的神职人员、廷臣和历史学家威尔士的杰拉尔德——他是盎格鲁－诺曼和威尔士本地血统的混血儿，在威尔士西南部长大——对该国的土著居民的评价要微妙得多。他认为他们可能脾气暴躁、爱吵架并且“凶恶”，但他也指出“威尔士人非常敏锐和聪明”。他说，他们的国家是一片“慷慨好客”的土地，“无人行乞”；文化繁荣，到处飘荡着和谐的歌声和竖琴、风笛、克鲁斯琴（一种早期的弦乐器）奏出的音乐。杰拉尔德还坚持认

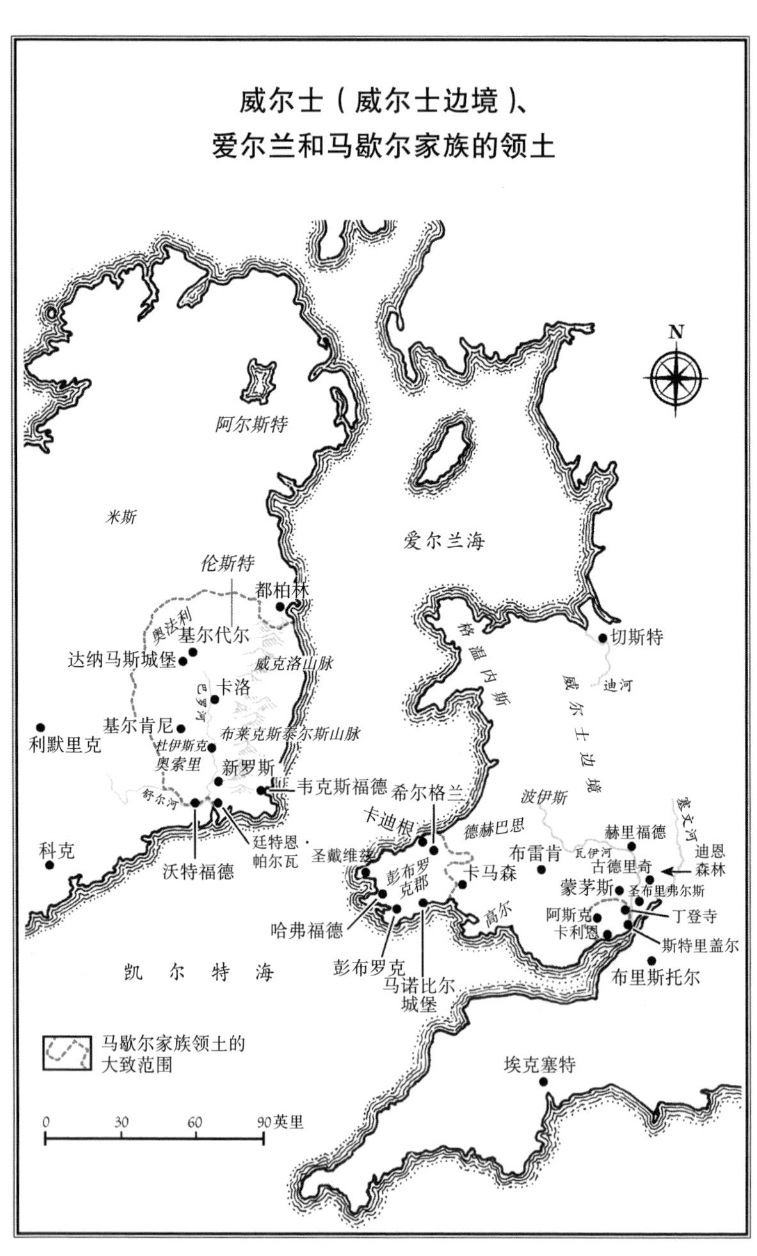
威尔士（威尔士边境）、
爱尔兰和马歇尔家族的领土
N
阿尔斯特
米斯
爱尔兰海
伦斯特
都柏林
奥法利
基尔代尔
达纳马斯城堡
威克洛山脉
卡洛
巴罗河
基尔肯尼
布莱克斯泰尔斯山脉
利默里克
杜伊斯克
奥索里
新罗斯
韦克斯福德
舒尔河
廷特恩·
帕尔瓦
沃特福德
科克
格温内斯
威尔士边境
切斯特
迪河
波伊斯
塞文河
希尔格兰
卡迪根
德赫巴思
赫里福德
迪恩
森林
圣戴维兹
彭布罗
克郡
卡马森
布雷肯
瓦伊河
古德里奇
蒙茅斯
圣布里弗尔斯
高尔
阿斯克
丁登寺
卡利恩
斯特里盖尔
哈弗福德
彭布罗克
马诺比尔
城堡
布里斯托尔
凯 尔 特 海
马歇尔家族领土的
大致范围
埃克塞特
0
30
60
90英里

为，威尔士人的独特外貌让他们与众不同，他指出，无论男女都会把头发剪短，“在眼睛和耳朵处都修成圆形”，男人剃须，但会留胡子，而且“无论男女都很关注自己的牙齿，这是我在别的国家未曾见过的……他们经常用绿色的榛树嫩枝清洁牙齿，然后用羊毛布擦拭它们，直到它们像象牙一样闪闪发光”。

很少有盎格鲁－诺曼人会像杰拉尔德一样对威尔士人的风俗感兴趣或尊重。大多数人只是简单地将威尔士视为一份宝贵的战利品——一个拥有丰富自然资源的地区，“一片到处是森林和牧场、鹿群和鱼群、牛群和牛奶的土地”，因此它自然成为征服的目标。在为这片据说野蛮的威尔士土地带来和平和法律的站不住脚的借口下，1066 年后，盎格鲁－诺曼人强行在包括斯特里盖尔本身在内的威尔士边境定居。威尔士崎岖的内陆，尤其是北部的多山地区，被证明几乎是不可能被逾越的，因此，在所谓的边境地带（在南部的瓦伊河和北部的迪河之间）之外，大多数盎格鲁－诺曼人的定居点要么在海岸上——例如彭布罗克和新城加的夫（Cardiff）——要么可以通过容易通航的河流到达，例如布雷肯。这些定居点中的许多基本上是“外国”统治的孤立前哨，仅通过水路连接，周围的大部分内陆地区仍然被威尔士土著控制着。

在 12 世纪，这种边疆环境孕育了许多独立的强大家族，包括和马歇尔联姻的克莱尔家族。这还导致了盎格鲁－诺曼定居者和本地人之间有一定程度的文化和社会互动以及通婚。到了第二代或第三代，这一地区许多伟大的“盎格鲁－诺曼”殖民家族的血统中都有本地的威尔士血脉，因此将自己视为一个不同的种族，威尔士的杰拉尔德就是其中一员。[7]

由于盎格鲁－诺曼人征服了爱尔兰，这种种族混合的过程进一步变得复杂。第一批征服者中就有伊莎贝尔女伯爵的父亲“强弓”理查。他是渡过爱尔兰海寻求新土地的克莱尔家族的一员，在 12 世纪 70 年代和亨利二世联手，当时安茹君主率领一支有 400 艘船的庞大舰队来到爱尔兰。就在年轻的威廉·马歇尔为刚刚在英格兰加冕的幼王亨利效劳的同时，“强弓”理查正忙着征服爱尔兰东部。

绝大多数入侵者深深蔑视所谓的“原始”和“野蛮”的爱尔兰本地人，他们认为爱尔兰人是一群对建造城镇或从事贸易不感兴趣的人（尽管在现实中，爱尔兰的部分地区和布列塔尼等地有着长期的联系）。威尔士的杰拉尔德游访了爱尔兰，并详细描述了其地形、博物风貌和征服史，但他对爱尔兰居民的评价远远没有那么谨慎或富有同情心，指责他们奸诈，并声称他们是“世上最善妒之人”。在军事技术方面，亨利二世及其追随者们是披着铠甲骑着马的骑士，比爱尔兰人先进了数个世纪，很多爱尔兰人仍然骑着没有马鞍的马，也不穿战甲。因此，征服者们轻而易举就征服了一大片土地。亨利二世宣布自己为爱尔兰的统治者，将韦克斯福德、沃特福德和都柏林的主要港口归为王室持有。他最小的儿子约翰在 1177 年被任命为“爱尔兰之主”，这位未来的国王于 1185 年领导了一场对该地区的远征，但基本上没取得什么成果。

其他的领土要么被夺取，要么被分配给边境领主。“强弓”主张他对爱尔兰东南部的伦斯特地区拥有权利，并在此过程中娶了伊莎贝尔的母亲伦斯特公主埃伊菲（德莫特·麦克莫罗之女）。其他边境领主，如米斯（在伦斯特以北）的莱西的于格也紧随其后——声称拥有土地，娶了当地的爱尔兰女继承人——创造了一个令人眼花缭乱的联姻网络和一种微妙的混合身份。后来，莱西家族也控制了遥远的东北方的阿尔斯特，而布里尤兹家族则获得了西南部的利默里克。在12世纪的最后几十年内，盎格鲁－诺曼征服者们把许多爱尔兰本土的统治精英驱赶至爱尔兰的边缘地区，而这些殖民者则着手兴建新的城镇、道路和桥梁，并建造了一个城堡网络（通常是基本的土木结构）。由于觉得自己在很大程度上不受安茹王室的直接控制，这些强硬的边境定居者开始期待并享有高度的自治。

正是这些盎格鲁－诺曼征服的浪潮使威廉·马歇尔通过与"强弓"理查的半爱尔兰血统女儿和继承人克莱尔的伊莎贝尔联姻，从而拥有了彭布罗克和伦斯特。两地都是宝地，有广袤的沃土、便于发展商贸。但它们都不易把守。西威尔士受到了崛起的威尔士土著势力的威胁，特别是北部格温内斯的王子罗埃林·阿普·约沃思（Llewellyn ap Iorwerth，后来被称为罗埃林大王）。伦斯特则被第一代和第二代殖民者所统治，他们中的大多数人都非常独立，不太可能在乎生来柔弱的安茹廷臣。在英国和法国，马歇尔可能被认为是一位伟大的比武冠军、战士和骑士精神的典范，但在狂野的西部，这种传奇声誉无足轻重。[8]

马歇尔在西部迈出的第一步

在约翰国王统治之初，威廉·马歇尔试图在西威尔士和爱尔兰实现其主张。在1200年秋至1201年春之间的某段时间，他短暂巡视了这些领土，伊莎贝尔女伯爵在这次旅行中陪伴着丈夫，这可能不是偶然的。通过她的继承权，马歇尔才拥有了彭布罗克和伦斯特（尤其是伦斯特），这是合法性的象征，与凯尔特世界形成了血缘联系。威廉和他的夫人可能是从斯特里盖尔出发，沿着威尔士南部的海岸线到达彭布罗克郡半岛。

这里的海岸崎岖多岩，形成了雄奇的景观，起伏的内陆苍翠葱郁。威尔士的杰拉尔德生动地描绘了这个地区，这里是他的故乡。他认为此地“由于平坦的地势和漫长的海岸线而尤其有吸引力”，并声称“在威尔士的所有不同地区中，[这里]是最美丽和最富饶的”，“盛产小麦[和]海鱼”。它的首府是彭布罗克镇，它“高高地建在一块椭圆形岩石台地上”，在“米尔福德港的河流入海口”上方，因此是一个受到良好保护的天然良港。

通过和克莱尔家族联姻以及约翰国王的赏赐，马歇尔可以要求占有这个半岛的全部领土，但北部的一半已经被威尔士土著占领了。威廉接管了彭布罗克，并且可能已经开始修建一座新的石质城防工事——巨大的圆形塔楼，现在位于彭布罗克更大的中世纪晚期城堡的中心。这是一座令人印象极为深刻的建筑，分为4层，高近80英尺，底部有20英尺厚的墙，顶部是圆形的石顶。它的建造意图是让它成为当地景观中最为瞩目的，并且明确彰显彭布罗克伯爵拥有的强大权势。

鉴于受到威尔士土著攻击和入侵的重大威胁，彭布罗克郡也被哈弗福德和马诺比尔等王室城堡组成的网络保护着。在13世纪初，威廉·马歇尔设法加强了他对该地区的控制，1202年获得了对卡迪根的王室城堡的监护权，并在两年后（在约翰国王的允许和军事支持下）夺回了邻近的希尔格兰城堡。彭布罗克郡本身无疑是一块非常有价值的领土，但它也在很大的程度上受到国王的控制，并常常遭受威尔士土著的入侵。总而言之，威廉伯爵似乎将彭布罗克视为通向爱尔兰以及他后来认为更有前途的爱尔兰领土伦斯特的垫脚石。

彭布罗克郡是穿越爱尔兰海之旅的主要登船点。根据威尔士的杰拉尔德的描述，人们从半岛的南海岸可以看到海上船只川流不息，因为“船只几乎从不列颠各地驶向爱尔兰”。他还（正确地）宣称：“在晴朗的天气下，可以从彭布罗克郡西北海岸的圣戴维兹看到爱尔兰的群山。”圣戴维兹位于彭布罗克郡西北海岸，从彭布罗克渡海前往爱尔兰仅需“短短一日”，但根据杰拉尔德的说法，这片水域“几乎总有惊涛骇浪”，因为那里“水流湍急”。[9]

虽然《威廉·马歇尔传》没有记录此次旅行，但从其他同时代的史料来看，威廉和伊莎贝尔可能是在 1201 年初从彭布罗克坐船前往爱尔兰的。在 1189 年结婚后，马歇尔曾半心半意地试图维护伦斯特的领主权，但直到 13 世纪初，威廉才开始对爱尔兰产生更直接和积极的兴趣。他第一次横渡爱尔兰海是一次极其不愉快的经历——马歇尔遭遇了严重的风暴，似乎为自己的性命感到担忧——但他最后安全登陆了，可能是在王室港口韦克斯福德。

伦斯特领地位于都柏林（由英国王室持有）以南，是一片以弧形向内陆延伸的地区，最远处达 70 英里。其中有奥索里和奥法利地区；基尔代尔和卡洛要塞；还有基尔肯尼的大城堡。与米斯等周边地区相比，伦斯特相对多山，从沿着海岸起伏的低地上升到布莱克斯泰尔斯山区和更远的点缀着山丘的乡村，北部被隐约可见的威克洛山脉所包围。

威尔士的杰拉尔德将爱尔兰描述为“最温和的国家”，在那里“你很少会见到下雪”，“田野中的草在冬天也是绿的，就像在夏天一样”。他写道：“这里土地肥沃，果实累累，每年都大丰收。田里都是庄稼，山上都是畜群，树林里有许多野生动物”，并夸耀说该省到处是郁郁葱葱的“牧场和草地，蜜和奶”。他特别迷恋它

“健康”而“芬芳”的空气——他断言，这种空气让它的居民们的身体健康极了——但不太喜欢那里的“云雾笼罩”和频繁的“狂风暴雨”，并抱怨说，在爱尔兰，“即使在夏天，你也几乎看不到连续3天非常好的天气”。

威廉·马歇尔在1201年抵达时，似乎受到了相当冷淡的接待。伦斯特的盎格鲁－诺曼和爱尔兰贵族是一群骄傲、顽固的军阀，习惯于自治。威廉在维护他的权威方面取得了一些有限的进展：当地的地主赫里福德的亚当似乎已经认识到他是最高领主；他还和盎格鲁－诺曼血统的奥索里主教建立了友谊。可能也就是在这个时候，他初步在巴罗河——这是一条蜿蜒穿过伦斯特伸向内陆的主要水道——河畔建立了一个新的定居点和港口，被取名为新城（几乎可以肯定就是在现在的新罗斯的位置上）。这是一个重大发展，旨在为伦斯特提供一个属于自己的交通和贸易中心，这样就可以不依赖由王室持有的韦克斯福德和沃特福德这些港口。

马歇尔还启动了在伦斯特建立两座新的西多会修道院的计划：一座建在一块名叫廷特恩·帕尔瓦的廷特恩（位于威尔士边境）殖民地上，是为了感谢上帝在他最近从威尔士渡海而来时让他幸免于难而建；另一座在杜伊斯克动土。总体而言，马歇尔的第一次爱尔兰之旅算不上太糟糕，但他基本上只是得到勉强的承认，而不是公开的欢迎。1201年春天，马歇尔的大部分随行人员都回去了。威廉的一位老资格的家臣骑士若弗鲁瓦·菲茨罗贝尔留了下来，以总管的身份帮助领主威廉处理伦斯特的事务。若弗鲁瓦和“强弓”的私生女巴西利娅结婚，这可能增加了他在老一辈的殖民者眼中的合法性。威廉后来在1204年还派了他的侄子约翰·马歇尔来协助治理伦斯特，时间可能是一年。[10]

实际上，所有这些措施都代表了马歇尔试图处理他的西部土地的事务，杂乱无章且断断续续，而此时他的主要精力和野心仍在英格兰和法兰西。即便如此，这些初步尝试一定让威廉开阔了眼界，既看到了伦斯特这样的地区的巨大潜力，也看到了将之引入正轨需要花费多少时间和资源。在诺曼底沦陷并退出宫廷后，马歇尔终于愿意坚定地为此付出努力了。

伦斯特的领主

威廉·马歇尔在1206年末的大部分时间里都在为一次爱尔兰的全面考察制订计划。他将再次由伊莎贝尔女伯爵陪同，但此行也将得到他的家户成员的广泛支持。若弗鲁瓦·菲茨罗贝尔仍然留在伦斯特，但威廉现在决定带着他最信任和最能干的骑士和随从一起前往西部。这些人包括他的亲戚约翰·马歇尔、永远忠诚的厄尔利的约翰和协助保护上诺曼底的骑士苏克维尔的若尔丹。所有这些人都凭借自身成了地主，获得了约翰国王赐予的地产，但他们仍选择留在威廉伯爵身边，效忠于他。

到了这个时候，马歇尔的一些重要的随从都有了新事业。威廉·沃尔伦结婚了，并在格洛斯特郡拥有了土地，圣乔治的阿兰回到萨塞克斯继承了遗产，但他在伯爵的扈从中的位置被来自勒特尔谷的亨利·霍斯（Henry Hose）所取代，后者来自南唐斯丘陵脚下的哈丁村。另一个有名的新成员是埃夫勒的斯蒂芬（Stephen of Évreux），他是一位声名卓著的骑士，其家族在赫特福德郡（位于威尔士边境）拥有莱西家族赐予的土地，他因为头脑冷静而受到信任。这两人都将在伦斯特的活动中发挥重要作用，另外两个老面孔也将前往爱尔兰：威廉忠诚的谋士和书记员伦敦的迈克尔大师，以及骑士普伦德加斯特的腓力。后者和爱尔兰颇有渊源，因为他的父亲莫里斯曾在 12 世纪 70 年代和“强弓”理查在伦斯特并肩作战，腓力自己也是诺曼－爱尔兰混血儿。[11]

1206 年后，威廉·马歇尔绝对无意放弃他在斯特里盖尔的领地，但他决定在即将到来的旅途中带上这么多他的主要支持者表明，他清楚地认识到了将要面临的挑战，并决心克服它们。按照惯例，威廉伯爵也向约翰国王申请了前往伦斯特的官方许可，并于 1207 年 2 月 19 日正式发出。从威尔士边境南部出发的最后安排已经做好了。然而，还没到 10 天，一个国王的信使带着令人不安的消息抵达斯特里盖尔。这位反复无常的君主重新考虑了自己的立场，又不想让马歇尔去爱尔兰了。

约翰国王可能没有好好考虑威廉最初的请求，或者这种心意的改变仅仅是因为他出了名的反复无常的天性。无论如何，国王现在试图限制马歇尔的行动。在某种程度上，约翰似乎对威廉伯爵日益增长的影响力和独立性感到担忧，但这位君主也有一个更直接和更自私的理由来干预威廉拟议中的伦斯特之旅。作为“爱尔兰之主”，约翰在那里有他自己的野心，而且他在很多方面将该地区视为他自己的囊中之物——该地区在 1185 年曾令他铩羽而归，但现在，在这个新世纪，他会用王室的力量将它制服。从 1200 年起，国王一直在爱尔兰强行行使自己的权利，欣然践踏其他领主的权利（包括威廉·马歇尔在伦斯特的）。与此同时，约翰试图通过挑起爱尔兰土著和盎格鲁－诺曼殖民者之间的内斗，以及定居者贵族自身之间的权力斗争，来削弱潜在的对手。王室的代表们已经获得了相当大的成功，所以，对于威廉伯爵大胆而坚定地介入爱尔兰世界的前景，约翰并不倾心。

马歇尔现在面临一个艰难的决定，他仍然拥有未被撤销的王室许可，但根据《威廉·马歇尔传》的说法，国王的特使明确表示约翰的“唯一愿望就是你不要去爱尔兰”。[①] 前往伦斯特不是非法之举，但毫无疑问，如果威廉不让步，他将会受到一定程度的惩罚。威廉花时间私下咨询了“女伯爵和一些他最亲近的侍从”，在权衡了前往爱尔兰的前景——加上准备工作已花掉的时间和资源——与国王可能会施加的惩罚后，马歇尔做出了一个大胆的选择。国王的特使被告知，“无论是好是坏”，威廉仍然打算乘船前往爱尔兰。约翰国王很快就表达了他的不满。他于 1207 年 4 月 9 日取消了马歇尔对西威尔士的卡马森和卡迪根要塞拥有的权利；4 天后，马歇尔又失去了格洛斯特的城堡、迪恩的森林和圣布里弗尔斯城堡的监护权。但到了这个阶段，威廉伯爵和伊莎贝尔女伯爵已经抵达爱尔兰了。[12]

威廉·马歇尔回到伦斯特

1207 年 3 月，威廉伯爵受到了许多伦斯特贵族的热情款待，其中包括赫里福德的亚当和当地另一位地主大卫·德拉罗什（David de la Roche），这在很大程度上是因为，他被视为约翰国王蛮横地施加影响的潜在反对者。自从 1199 年以来，国王在爱尔兰的主要代表和首席政法官梅勒·菲茨亨利（Meiler FitzHenry）

---

① 《威廉·马歇尔传》表明，国王在此时要求威廉·马歇尔献出他的次子理查·马歇尔做人质，此时男孩大约 12 岁。但是王室记录显示理查在一年多的时间里没有被置于王室的监护之下（1208 年 6 月 4 日），所以这似乎是传记作者的误载。

越来越不受欢迎，因为他采取了一种横征暴敛、贪婪掠夺的治理方式。梅勒令人生畏，是盎格鲁－诺曼人征服爱尔兰的第一波浪潮中的老兵，他头发花白，只比马歇尔年轻一些。威尔士的杰拉尔德根据亲身观察生动地描绘了梅勒的外表，形容他是一个中等身高以下的胸膛宽阔的男人、四肢肌肉发达，“面容黝黑，有一双黑色的眼睛，眼神严厉、敏锐”。杰拉尔德将他描述为一位武艺娴熟的战士，喜欢战斗，但更热爱荣誉。梅勒无疑是一个精明、野心勃勃、肆无忌惮的人物，具有丰富的战争经验。他将被证明是一个危险的敌人。他还拥有令人印象深刻的家族遗产——他的父亲是英格兰国王亨利一世的许多私生子中的一个，而母亲是一个拥有近乎传奇般美貌的威尔士公主，所以威廉伯爵不可能在血统和地位上让他感到过分敬畏。

在许多层面上，梅勒反对威廉·马歇尔维护自己在伦斯特的权威的计划。作为爱尔兰的首席政法官，梅勒认为自己是国王的得力助手和爱尔兰的领导人物，而且像约翰一样，他不打算欢迎一个强大的盎格鲁－诺曼对手到来，尤其是一个已经失去国王青睐的人。梅勒还在伦斯特拥有土地，最著名的是雄伟的石头城堡达纳马斯，并试图宣称自己对西北部的奥法利地区有统治权利，他认为该地区已被王室下令没收。所有这一切让首席政法官在每一步都试图挫败威廉。[13]

尽管如此，梅勒最初似乎低估了他的对手。在抵达爱尔兰后，马歇尔很快就在伦斯特和邻近的米斯（在北部，掌权的是莱西的沃尔特）建立了一个由心怀不满的地方领主组成的联盟。1207 年 5 月，“伦斯特和米斯的贵族们”向约翰国王正式发出一封投诉信，要求梅勒·菲茨亨利放弃对奥法利的控制，并将土地归还给它的合法领主。这封信中没有直接提到威廉伯爵的名字，但其中的含义很明显。威廉肯定是希望通过盎格鲁－爱尔兰领主对他的大力支持迫使约翰斥责他的首席政法官，但他大错特错了。国王在回信中对马歇尔“闻所未闻地”冒犯他的陛下感到无比愤慨，并果断宣称“你们所要求的既不正确，也没有先例”。威廉已经越界了，现在不得不付出代价。

在接下来的几个月里，梅勒似乎一直在与约翰直接沟通，密谋整垮马歇尔。可能是在首席政法官的敦促下，国王于1207年夏末发出了正式的王室传票，严格地要求伯爵在英格兰“不能以任何理由不来找他”。威廉和梅勒以及抱怨奥法利问题的伦斯特领主们将要一起出席一场听证会。这些抱怨的人包括赫里福德的亚当、大卫·德拉罗什和马歇尔的随从普伦德加斯特的腓力，威廉曾将韦克斯福德郡的土地授予后者。在此会议上，约翰将对有争议的土地做出公正的判决。[14]

乍看之下，这似乎是在调解。但根据《威廉·马歇尔传》的记载，当威廉、伊莎贝尔和他们的主要随从们开会讨论时，所有人都“非常担心国王送出的传票是一个诡计，目的更多的是为了伤害他，而不是为了他的利益”，女伯爵对“国王的话”表示了严重的怀疑。就像约翰在1205年要求接管马歇尔的长子的监护权一样，威廉伯爵现在发现自己面临一个不祥的选择。如果他拒绝国王的命令，那么他会面临背叛的指控，但马歇尔“无比确信，一旦他离开这片土地，那么他留下的这些人和梅勒的部队之间就会爆发冲突和战争”。伯爵动身前往英格兰将会为首席政法官的手下提供一个绝佳的机会，使后者可以尝试夺取像基尔肯尼这样的咽喉要塞，将马歇尔家族赶出伦斯特。[15]

威廉在这时也许考虑过全面撤出爱尔兰，基本放弃他对伦斯特的主张，但这将严重打击他的声望，也是在权利上的巨大让步。伊莎贝尔女伯爵又怀孕了，因此她不太想冒险渡过爱尔兰海。马歇尔决定坚持自己的立场，与他最信任的两位骑士——他的侄子约翰·马歇尔和家臣亨利·霍斯——一起出席在英格兰的会议，同时在伦斯特细致地备战。就像在第三次十字军东征启程之前的狮心王理查一样，威廉必须设计一套能够在他不在的情况下还能运作的治理和防御体系。在这个危机迫在眉睫的时刻，威廉将依赖他的家臣：苏克维尔的若尔丹奉命守卫伦斯特的东北部，包括卡洛、威克洛和基尔代尔，而厄尔利的约翰将在西南部保护奥索里地区，包括基尔肯尼和韦克斯福德这样的地方，埃夫勒的斯蒂芬则做他的谋士。

随着秋季临近，威廉·马歇尔把伦斯特的所有骑士和贵族都召集到基尔肯尼的大要塞举行了一次大型集会。伯爵和他的妻子伊莎贝尔女伯爵携手到达会议现场，根据《威廉·马歇尔传》的记载，威廉向他的盎格鲁－爱尔兰臣民发表了慷慨激昂的讲话，恳请他们在他不在时能保持忠诚。马歇尔讲话的记录不能被认为是字字精准的，但是马歇尔呼吁的中心原则可能是准确的。讲话中最有说服力的一点是他一再强调拥有盎格鲁－爱尔兰血统的女继承人伊莎贝尔，将她描述为“你们生来的女主，伯爵［‘强弓’，他们的土地是他赐予的］之女”，一个“与生俱来”理应得到他们“保护”的女人。威廉精明地淡化了自己对伦斯特的主张，声称“除了通过她得到的，我一无所有”，同时强调了伊莎贝尔的微妙状态，指出“她在你们中间，仍然怀着孕”。通过强调克莱尔/马歇尔权利的合法性和妻子可怜的脆弱，威廉显然希望确保他的臣民的忠诚，“直到上帝把我带回这里”。马歇尔对自己的讲话颇有信心，拒绝了厄尔利的约翰的提议，约翰建议让他向他的盎格鲁－爱尔兰贵族们索要人质。最后，这将被证明是马歇尔做出的严重的错误判断。[16]

设下陷阱

在基尔肯尼的大会之后，“伯爵告别了他的手下，很快渡过了爱尔兰海”，于1207年9月27日回到了威尔士西部。梅勒·菲茨亨利分头出发，但11月时准时出现在了约翰国王于伍德斯托克王宫——安茹王室行宫中最宏伟的一座（今日布伦海姆宫的所在地）——召开的听证会上。正是在这里，威廉伯爵被背叛了。约翰本应就奥法利的问题做出裁决，但他立即以“敌对和令人不愉快”的方式对待马歇尔，并继续让他曾经的忠仆就国王的权力和人心的弱点尝到了有力的教训。

《威廉·马歇尔传》忽略了这次大会令人羞辱的细节，但王室的官方记录中保留了一份会议过程的大纲。约翰国王和梅勒为马歇尔设下了陷阱。威廉被从爱尔兰引开，致使他的土地易受攻击，他在他的伦斯特臣民——那些抗议非法没收奥法利的贵族——的陪伴下来到伍德斯托克。现在，威廉不得不眼睁睁看着他的国王用土地收买了这同一批人——比如赫里福德的亚当和大卫·德拉罗什——赢得了他们对梅勒的主张的默许。更糟糕的尚在其后。马歇尔自己的随从中有两名成员反对他：普伦德加斯特的腓力被授予了科克（伦斯特以南）附近的土地，而威廉伯爵自己的亲戚约翰·马歇尔被任命为爱尔兰的王室大元帅。作为彭布罗克伯爵、斯特里盖尔和伦斯特的领主，威廉·马歇尔能慷慨犒赏他的骑士和属下，但与王室的馈赠相比，他的奖励就相形见绌了。威廉全盘皆输，被那些认为直接为王室效劳能获取更多利益的人抛弃了。伍德斯托克的聚会结束后，只有亨利·霍斯坚定不移地站在伯爵身边。[17]

随着威廉伯爵被夺走了支持，梅勒·菲茨亨利继续发动攻势。约翰国王批准他的首席政法官返回爱尔兰，于是梅勒就在 1208 年 1 月初启程离开。梅勒还被授予 3 封信，信中要求厄尔利的约翰、苏克维尔的若尔丹和埃夫勒的斯蒂芬放弃在爱尔兰的职责，并在 15 日内出现在他们的国王面前，否则他们的财产将被没收。毫不意外，威廉·马歇尔要求返回伦斯特的请求被断然拒绝。梅勒和叛变的普伦德加斯特的腓力乘坐在冬季为数不多的船只中的一艘设法成功地渡过了爱尔兰海，而马歇尔被迫留在宫廷里，和王室随从们“在英格兰全境四处”巡游。在这段时间里，据说约翰“对他十分冷淡，让整个宫廷都为之惊叹”，没有人愿意和马歇尔交谈。

在 1208 年初的几个星期里，威廉一直处于极度焦虑的状态，对爱尔兰海那边发生的事情“毫不知情”。他设法保持平静的外表，意识到任何公开表现出来的恐惧或担忧的情绪都会被视为软弱和受到侵害的标志。如果未经国王许可而企图离开宫廷，也会招致可怕的惩罚，尤其是约翰手中还有小威廉·马歇尔当人质。伯爵只得聚集每一分耐心等待来自伦斯特的消息。

然后，在 1 月 25 日，当王室队伍骑马从吉尔福德（伦敦以南）出发时，约翰国王骑着马来到威廉身旁。据说国王问道：“马歇尔，告诉我，你有没有听到来自爱尔兰的消息？”当威廉回答说他没有时，国王“笑着”对他说：“我可以告诉你来自那里的消息。”伯爵在不断加深的震惊中前行，约翰继续告诉他，梅勒对马歇尔的土地发动了攻击。伊莎贝尔女伯爵被包围在基尔肯尼城堡中，而城堡外发生了一场血腥的战斗，“埃夫勒的斯蒂芬被杀了”，而“厄尔利的约翰［已经］死于当天受的伤”。听到这些可怕的消息，威廉故作镇静，但《威廉·马歇尔传》承认他“心中无比愤恨”。[18]

12

步履蹒跚的国王

威廉·马歇尔担心自己不在爱尔兰的时候伦斯特会遭受攻击，这是有理由的。根据《威廉·马歇尔传》的记载，梅勒·菲茨亨利指示他的亲戚和追随者在“知道马歇尔抵达英格兰后，立即向他的部下发起进攻”，以期“对马歇尔的土地造成损害和破坏”。在 1207 年初秋，梅勒的军队袭击了新罗斯的关键定居点，“放火烧了伯爵的谷仓……让它们化为灰烬”，并且肆意劫掠。威廉有 20 个手下在这次毁灭性的袭击中被杀。这标志着“这片土地上的大规模动乱和战争”的开端。[1]

保卫伦斯特

伊莎贝尔女伯爵和伯爵的主要骑士们在 1207 年冬天坚持了下来。由于海路封闭而与外界隔绝，他们不得不独力保卫伦斯特，而且似乎在威廉伯爵不在期间做得相当不错。他们的领土没有受到重大损失，并且俘虏了一些梅勒的部下，其中有一名首席政法官的重要骑士和副手。直到 1208 年最初几周，威廉采取的措施都被证明是有效的。这意味着，当梅勒和普伦德加斯特的腓力渡过爱尔兰海后，他们发现“从马歇尔的部下手中夺取这片土地不像［他们］想象的那么简单”。

尽管如此，梅勒手中还握有一件关键武器：王室发给厄尔利的约翰、苏克维尔的若尔丹和埃夫勒的斯蒂芬的传票，要求他们15天内出现在王室宫廷。这些命令在他登陆爱尔兰后不久就发出，并立即威胁要破坏马歇尔对伦斯特的控制。根据传记作者的说法，这3位骑士“秘密会晤私下商议”如何应对约翰国王的要求，以及如果他们不予理会自己的土地将被剥夺的前景。传票的基本意图是显而易见的。由于海上波涛汹涌，没人能够立即返回大陆，这3个勇士只能通过向国王的代表梅勒表示屈服以避免受到国王的惩罚。约翰、若尔丹和斯蒂芬现在面临着忠诚的考验。到了这时，他们必定已听说了威廉伯爵在伍德斯托克被出卖的事；普伦德加斯特的腓力，甚至约翰·马歇尔都背叛了他。问题在于他们现在是否会效仿这些人来拯救自己的命运？

面对这一困境，他们的反应揭示了他们是多么忠于威廉·马歇尔，并且凸显了该时期团结军事随从的亲密效忠纽带。据说厄尔利的约翰告诉他的同胞，他不想“失去我们主人的爱”，伯爵把“［他的土地］交付给我们去守卫”，斯蒂芬和若尔丹同样拒绝“［放弃］伯爵的土地”。将马歇尔本人与幼王亨利及其父亨利二世联系在一起的也是这些同样的情感和忠诚纽带。但1208年的事件也表明，骑士精神的理想——尤其是交织在一起的羞耻和荣誉观念——对骑士行为产生了越来越深远的影响。

根据《威廉·马歇尔传》的记载，在这次会晤中，厄尔利发表了“充满智慧的精彩演讲”。这表明，他记录的话旨在呈现一个值得称赞的代表骑士的思维的例子。他的讲话非常引人入胜，因为它不是简单地灌输抽象的情感或忠诚的概念。相反，约翰认为他和他的同伴应该考虑个人利益。他们面临着两种形式截然不同的损失或回报：土地和荣誉。如果他们遵从国王的命令，骑士们将保留他们的物质财富，但会因此蒙受公众的羞辱，因为，正如据说厄尔利所说的那样，放弃伯爵的土地将是一件“最可耻的事”，而这样做将意味着“我们自己的荣誉将受到损害”。厄尔利认为骑士应该“关心自己的荣誉，这样就没有人能够指出我们的过错”，他得出的结论是，土地遭受损失是可接受的，因为“耻辱比贫困持续的时间更长”。[2]

这显然是对讨论内容的理想化重建。普伦德加斯特的腓力和约翰·马歇尔最近的背叛之举表明，并非所有骑士都把荣誉看得比权力和财富更重要。即便如此，约翰、若尔丹和斯蒂芬在 1208 年初决定拒绝国王的命令并保卫伦斯特，这种抉择似乎并不能被简单地合理化为一种无私的利他行为，而是一种骑士对荣誉的自保。

在选择了坚守阵地后，3 位骑士继续考虑可以采用什么策略来打败梅勒·菲茨亨利。他们做出了一个关键的决定，寻求与在伦斯特以北掌握大权的莱西家族结盟，苏克维尔的若尔丹前往阿尔斯特，希望与莱西的于格伯爵达成协议。交易条款没有历史记录，所以不清楚若尔丹使用了什么论点或诱惑条件，但他取得了成功。于格率军进入伦斯特，支持马歇尔家族。他有 65 位“装备精良，骑着马的”骑士、200 名全副武装的步兵和 1000 名轻装步卒。这些重要的增援部队改变了冲突的局势，让威廉伯爵和伊莎贝尔女伯爵的军队能继续出击。

1208 年初，梅勒和马歇尔两人的军队打了决定性的一仗，但战况和约翰国王在吉尔福德城外对马歇尔所说的不一样。国王声称埃夫勒的斯蒂芬和厄尔利的约翰都已经死了，这其实是一个恶意的无耻谎言，就是想让马歇尔痛苦，让他无法镇定自若。实际上，在伦斯特的战斗中，马歇尔和莱西的联军占了上风，用传记作者的话说，“梅勒试图对伯爵的土地造成破坏，他自己的财产却被伯爵的部下摧毁了”。首席政法官和叛徒普伦德加斯特的腓力被俘，后者的财产也被没收。两人都被迫与伊莎贝尔女伯爵讲和，并不得不将他们的儿子作为人质交出来，而其他一些敌人也同样不得不交出亲属，“因为伯爵的部下不相信其他的保证”。[3]

关于这场冲突的实际进程和结果的消息终于在2月底或3月初到达英格兰。不出所料，这些消息让国王“根本高兴不起来”，而威廉·马歇尔据说“心花怒放”。3月5日，约翰国王在布里斯托尔召见伯爵，马歇尔仍然必须格外小心。如果他企图让国王因为在吉尔福德外所说的满怀恶意的谎言而感到羞愧，或是流露出对伦斯特的胜利感到欣喜若狂，都会触怒约翰，受到冷落。结果，威廉决定假装对爱尔兰发生的事一无所知。在他们的会面中，国王对他最近折磨马歇尔的行为毫无悔意，据说他宣称：“我给你带来一个好消息——你的部下安然无恙，精神状态很好，女伯爵也一样。”根据《威廉·马歇尔传》的记载：

> 马歇尔全神贯注地倾听他说的话，仿佛对此一无所知，然后以睿智而温文尔雅的方式回答：“陛下，感谢主，我们的上帝，但在我离开我的土地那一天，我从未想到会有敌人对我发起战争。”

这种超人的自制力使约翰国王得以保全颜面，并不再与马歇尔继续发生冲突。官方记录证实，该月晚些时候双方达成和解。作为对王室承认他对伦斯特拥有的全部权利的回报，马歇尔重申了他作为约翰在爱尔兰的代表的地位，并将任命主教和司法管辖等一些权力让与国王。这一妥协在一定程度上削弱了威廉伯爵在伦斯特的独立性，但仍然给他留下了比大多数英格兰贵族更多的自主权。国王还给梅勒写信，命令他应尽快将奥法利还给马歇尔，不得拖延或争辩。

威廉在政治风暴中幸存下来。1208 年 4 月，他获准返回爱尔兰，但和约翰的关系还是相当紧张。可能就是在这个时候，国王要求将第二名人质——马歇尔的儿子理查——送来。传记作者暗示伊莎贝尔女伯爵对这种“恶毒的要求”感到不安，但是一如既往地，不祥的惩罚威胁迫使威廉服从。这一选择的明智之处很快就会实实在在地表现出来。[4]

伦斯特之主凯旋

那年春天，威廉·马歇尔回到爱尔兰，以确保对伦斯特的控制。伯爵抵达后，厄尔利的约翰和苏克维尔的若尔丹都前来迎接他，前者还穿着锁子甲，这表明此地还没有完全平静。第二天，威廉与妻子伊莎贝尔在基尔肯尼重新团聚，她到了这个阶段一定已经生下了怀着的孩子。传记作者记录说，她决心对支持梅勒的贵族和骑士实施“野蛮的报复”，但马歇尔坚持采取更慎重的做法。或许威廉是在模仿亨利二世在 1174 年和 1183 年他的长子的叛乱被平息后所表现出来的宽宏大量，抵制了直接使用暴力报复的诱惑，而是依靠他本人在爱尔兰现身和他的赫赫威名来建立秩序。

他似乎已经意识到“有许多人欢迎”他归来，“他们的笑容透露了他们的想法”，这些领主被扣押的人质大部分都已被归还。约翰·马歇尔在这些事件发生后的遭遇没有任何记载，但他的不忠似乎很快就被原谅了，可能是因为他没有积极地与梅勒的军队一起参战。一些在伍德斯托克背叛伯爵或是在伦斯特与他的部下作战的人，受到了更为严厉的惩罚。据说他们在马歇尔面前“恐惧战栗”，“眼中噙泪”乞求他的宽恕。大卫·德拉罗什和普伦德加斯特的腓力试图宣称自己一直是忠心耿耿的，但是厄尔利的约翰公开作证表明他们曾背叛马歇尔。虽然威廉同意给予他们和平之吻，但两人都受到了公开的羞辱。普伦德加斯特的儿子至少在接下来的 7 年里都是人质，而德拉罗什则沦为社会的弃儿，他的朋友都躲着他，后来在社交聚会上，骑士们都拒绝坐在他身旁。

梅勒·菲茨亨利受到了最严厉的惩罚，但马歇尔即使对他也表现出了克制。梅勒不得不放弃对达纳马斯的石头城堡的控制，并且不情愿地承认在他死后所有的土地都将移交给马歇尔。来自他的家族的人质还将被关押多年。1208 年的阴谋失败后，首席政法官失去了王室的青睐，他如今被称为“残忍的野蛮人”，是“所有罪恶的根源”。到 1209 年初，梅勒在爱尔兰的位置被一位新的首席政法官——诺威奇主教格雷的约翰（John of Gray）——取代，在旁观者看来，这个声名狼藉的贵族在爱尔兰度过了他极度悲惨、萎靡不振的余生（直到 1220 年）。[5]

随着和平恢复，威廉·马歇尔就能继续着手巩固他在伦斯特的权力基础。他忠诚坚定的家臣们得到了应得的奖励。厄尔利的约翰在基尔肯尼郡得到了土地，从而建立了一个至今都以他的名字命名的定居点——厄尔利镇（Earlytown）。苏克维尔的若尔丹、埃夫勒的斯蒂芬和亨利·霍斯同样得到了自己的土地。威廉伯爵在接下来的4年中把大部分时间都花在管理他的伦斯特领土上，在爱尔兰建立了他持久而稳定的个人权威。有关这一时期只有有限的证据留存，但威廉在对待他自己的封臣时似乎是坚定而公正的，而这对邻近的爱尔兰土著和他们的神职人员而言却是一场灾难。① 威廉也变得越来越关注为他的孩子争取有利的婚姻联盟的需要。他的长子已经和长期盟友贝蒂讷的鲍德温之女艾丽丝订婚了。而长女玛蒂尔达则被许配给于格·比戈德（Hugh Bigod），他是诺福克伯爵领的继承人。然而，1210年时，约翰国王再次试图在爱尔兰坚持施行他的意志，这一巩固家族和领土的过程因此被短暂打断并受到威胁。但这一次，国王盯着的是另一个猎物。[6]

国王的报复

布里尤兹的威廉和他的家人所遭受的悲惨命运为马歇尔提供了一个恰当的教训，让他看到反对约翰这样的君主将会面临的危险。它还在某种程度上凸显了威廉·马歇尔所具有的敏锐的判断力、机敏和纯粹的好运，迄今为止，这些因素使他在这个最动荡的统治时期中能独善其身。布里尤兹是马歇尔的同侪，是后者在爱尔兰和威尔士边境的邻居，还是相对亲密的朋友和同事。从约翰统治之初起，他就是一位重要的王室宠臣，也是国王坚定的支持者，而且布里尤兹可能在1203年4月约翰的侄子布列塔尼公爵

① 马歇尔与爱尔兰当地的弗恩斯主教阿尔比努斯（Albinus）就马歇尔声称属于他的土地爆发了一场特别丑陋的争论，这导致伯爵受到爱尔兰教会的谴责。

阿蒂尔失踪和可能被谋杀的事件中扮演了一定的角色。随着时间的推移，布里尤兹因为得到的土地和荣誉而需要支付给国王大笔钱财，欠下了一屁股债。到了 1208 年，仅在爱尔兰，他仍需为芒斯特的领主权支付 5000 马克，为利默里克支付 2865 英镑。只要得到国王的青睐，这些债务原本是可以解决的，但是如果约翰突然坚持要求在短时间内全部付清，就会让布里尤兹无所适从。

1208 年春，布里尤兹突然失去了君主的信任和支持。这种疏远的原因之一可能与威廉·马歇尔有关。当年 3 月，伦斯特的争端得到解决，但约翰依旧满腹狐疑，因此要求马歇尔再送来一名人质由王室监管。大约在同一时间，国王还命令布里尤兹的威廉交出他的长子，这可能是出于布里尤兹和马歇尔众所周知的联系而做出的一种预防性举措。如果布里尤兹效仿马歇尔的榜样接受这一要求，整个事情可能就悄无声息地过去了。但是根据编年史家文多弗的罗杰（Roger of Wendover）的说法，当国王的手下到达布里尤兹家族的地界时，他的妻子玛蒂尔达公开宣称，她绝不会把自己的儿子交给那个“杀死了他自己的侄子阿蒂尔”的人。当这句极其轻率的话被报告给约翰后，一场灾难就降临了。[7]

威廉·布里尤兹想挽回局面，同意以赎罪的方式将海伊（Hay）、布雷肯、拉德诺（Radnor）的城堡交给国王，但他后来被指控公然藐视国王，袭击这些城堡、将莱姆斯特焚毁了一半——这些指控很可能是为了掩饰约翰接下来的行为而捏造的。布里尤兹家族的土地被立即没收，国王下令逮捕他们。随着威廉的世界快速崩溃，他携妻子和两个儿子逃往爱尔兰，希望逃离愤怒的国王，在女婿莱西的沃尔特（他娶了布里尤兹的一个女儿）那里避难。

在这次逃亡过程中，布里尤兹一家大约于1209年初来到伦斯特，在可怕的冬季横渡爱尔兰海时险些遭遇船难。他们在马歇尔的土地上逗留了20天。《威廉·马歇尔传》承认，约翰国王“对［布里尤兹］怀恨在心，他们不可能和解”，但传记作者拒绝解释造成这种仇恨的确切原因，直截了当地说：“我不知道他遭放逐的原因，即使知道，谈论它，甚至承诺这么做，对我来说也是不明智的。”这句话表明，传记作者至少知道整个事件的根源是一桩丑闻。布里尤兹必定向马歇尔解释了为什么他会突然出现，尽管不能确定他此时是否会承认他与阿蒂尔公爵的失踪有关。

约翰国王的使节很快就追踪着布里尤兹一家来到了爱尔兰，并将逮捕他们的命令通知了新任首席政法官格雷的约翰。威廉·马歇尔随后被要求交出布里尤兹及其家眷，并受到了“收留国王的叛徒”的指控，但威廉伯爵试图掩盖他们的行踪。他断然表示他对布里尤兹受到指控一事毫不知情，并指出，由于这家人是他的客人，他将把他们安全地护送出他的领地的边界。马歇尔冒了很大的风险拒绝了首席政法官提出的正式要求，但他采取了折中的处理办法，而且几乎猜不到接下来会发生什么。布里尤兹一家被不失礼貌地匆忙带出了伦斯特，并在米斯的莱西的沃尔特那里避难。威廉伯爵一定希望自己从这场纠纷中解脱出来而不会受到不当的惩罚。[8]

约翰国王兵临爱尔兰

实际上，约翰国王下决心要追捕布里尤兹家族的人，也意图在爱尔兰展示王室权威的全部力量。在接下来的一年中，约翰为一场大规模的军事行动做了大量准备，1210年春末，他在威尔士西部集结了一支有 700 艘船的舰队，准备运送不少于 800 名的骑士和一支佛兰德雇佣军渡过爱尔兰海。威廉·马歇尔断定这次远征的威胁不可抗拒，便匆忙乘船前往彭布罗克郡，再次向国王表示顺服，从而明确表明，他无意向布里尤兹家族或他们的盟友提供任何进一步的支持。从某些方面来说，这一决定相当自私、背信弃义，令人不快。马歇尔为了维护自己的地位、保护自己的家庭而背弃了一个朋友，但他曾经历过一次和国王的冲突，他似乎比爱尔兰的很多同侪都更清楚地明白利害所在。威廉并不想让他和布里尤兹的友谊致使他的家族自取灭亡。

1210 年 6 月 20 日，国王率领强大的军队在沃特福德附近登陆，并继续行军穿过伦斯特。威廉·马歇尔不得不自掏腰包招待约翰和他的部队，直到军队最终到达王室城市都柏林。莱西的沃尔特很快就意识到抵抗是以卵击石，并向国王投降，但他被剥夺了所有米斯的土地（5 年之后才被归还）。他的兄弟阿尔斯特伯爵莱西的于格却判断有误，试图抵抗国王。最终，于格和布里尤兹家族一起撤退到他在卡里克弗格斯的城堡，他后来逃到苏格兰，国王没收了他在阿尔斯特的领地。

布里尤兹的威廉逃到了法国，1211 年在流亡中去世（但似乎是在他说出了谁是杀害阿蒂尔公爵的凶手之后）。他的妻子玛蒂尔达和他的长子就没那么幸运了。在被约翰国王俘虏后，他们被扔进了温莎城堡的一间牢房，慢慢地饿死了。编年史家后来报告说，他们的尸体被发现时摆着令人毛骨悚然的姿势：玛蒂尔达跪在儿子的尸体前，由于饥饿难忍，她啃咬着他脸颊上的肉。[9]

布里尤兹家族受到的无情追杀和残忍虐待，以及连带的莱西家族的垮台，在整个王国内引起了广泛的义愤。国王的报复行为使很多英格兰贵族疏远了他，并引发了对这位本就不受欢迎的君主的深深怨恨。威廉·马歇尔的情况不算太糟，但仍然要为1209年初窝藏“叛徒”布里尤兹而付出代价。1210年8月，他被在都柏林的约翰传唤到面前，为他轻率失检的行为受罚。就像他在1205年面对诺曼底问题时所做的那样，马歇尔提出接受比武审判以自证清白，但尽管他现在已经年过花甲，还是没有哪位廷臣愿意接受他的挑战。威廉还重复了他当初面对首席政法官格雷的约翰时使用的借口，辩称他对这场纠纷一无所知，并指出，当他在1208年4月离开英格兰时，国王与布里尤兹的“关系相当好”。

这些借口只取得了部分成功，约翰国王强迫伯爵放弃对达纳马斯城堡的控制，并要求他将一些最有价值的骑士置于王室的监护之下。厄尔利的约翰被送到诺丁汉城堡，“在那里他遭受了许多苦难和磨难”，而苏克维尔的若尔丹被关在格洛斯特。他们在一年后获释，但被送到赫里福德的若弗鲁瓦·菲茨罗贝尔在监禁结束前病死了。[①] 威廉·马歇尔成功避免陷入公然反抗国王的境地，因此拯救了他的家族，尽管他的长子仍然是国王的人质。威廉伯爵如今已经到了暮年，按照那个时代的标准他已经是一个老人了。与他同时代的许多人都已经退出了公共生活或者已经去世了。在1207年至1210年这段多事之秋后，威廉似乎有意做出退居二线的决定。他仍然试图用计促使自己的孩子获释，但除此之外，他仍然留在伦斯特，以维护自己的领地并确保家族有最好的未来。

---

① 威廉·马歇尔的坚定盟友埃塞克斯伯爵若弗鲁瓦·菲茨罗贝尔在这段时期前后为马歇尔的忠诚做出了一个承诺（并为马歇尔愿意向王室交出城堡的意愿提供担保，如果被要求这样做的话）。这一承诺可能与厄尔利的约翰和苏克维尔的若尔丹从羁押中获释有关。

威廉伯爵作为王国重臣的时日似乎即将结束了。[10]

陷入危机

威廉·马歇尔没有什么理由去爱戴约翰国王。如果说感情的纽带曾经把这两个人联系在一起，这种纽带肯定已经被最近在爱尔兰和其他地方发生的事严重破坏了。然而，虽然威廉可能不信任、不喜欢，甚至害怕他的国王，但有点讽刺的是，事实证明他仍然是约翰在英格兰贵族中最接近朋友的人。这意味着，随着国王的统治进入第二个 10 年并陷入日益加深的危机，马歇尔不可避免地被拉回事件的中心。

到了 1212 年，约翰已经树敌甚多。国王粗暴、反复无常地对待贵族，这使许多英格兰贵族，特别是北方的贵族一直反感他。在诺曼底和其他安茹帝国在欧洲大陆上的大部分领土陷落后，约翰提拔了一些来自这些地区的支持他的“法国人”，让他们在英格兰担任要职。这些“外人”中的许多人都声誉不佳。来自图赖讷的彼得·德·罗什（Peter des Roches）是一位颇有能力的管理者，密切参与王室“金库”的工作（给国王管钱），是王室的忠仆。但是他被任命为温切斯特的新主教让人议论纷纷，尤其是这位主教特别喜欢在战场上作战。尽管教会禁止神职人员杀人，但彼得还是经常被人看到身穿铠甲率领军队远征。同时代的人嘲讽地称他是“温切斯特的武士”，并指出他“热衷理财”但“疏于经文”。①

约翰国王的一个军事指挥官布雷欧特的福尔克（Faulkes of

① 彼得·德·罗什和骑士威廉·德·罗什来自同一个家族，但确切的家族关系不明。

Bréauté）也招人恨。福尔克的出身不明，他似乎是一位诺曼底骑士的私生子，据说他这个不寻常的名字是因为他在年轻时曾用一把镰刀（法语为“faux”）杀了一个人而获得的。国王的庇护使这个出身低微的“外国人”在英格兰声名鹊起，而福尔克是一位令人生畏的非常善战的勇士，成了国王的得力助手。但他在战争中冷酷无情，对敌人的土地大肆劫掠，这使他被称为“世间的祸害”和“最邪恶的强盗”。[11]

1206 年后，约翰对国家的日益盘剥也激起了更广泛的不满。国王决心重新充实国库，希望为重新征服欧洲大陆的大战提供资金。在法国取得胜利能让他的批评者闭嘴，他就不再是“软剑”了。约翰一心想着这个目标，他愿意使用一切想得到的方法榨干英格兰。一时间苛捐杂税多如牛毛，犹太放贷者被敲诈钱财（这反过来又影响到他们的债务人），贵族被想方设法榨取过高的税金（无论是为了继承、结婚，还是担任职务的权利）。大约 20 万马克的巨额战争基金被如此无情地积攒起来，但是，约翰在王国中的声望却为此付出了毁灭性的代价。已被很多人视为残酷和不可信赖的君主现在成了一个暴君。1210 年后，越来越多的贵族通过拒绝参加国王的军事行动或拒绝支付免服兵役税（代替服兵役的“免除费”）来表达他们深切的不满。

约翰国王也卷入了一场和罗马教廷的争端。与大多数中世纪君主一样，他希望影响（如果不是直接控制的话）他王国内的重要教职的任命。毕竟，高级教士不只是精神上的有名无实的领袖，他们也行使政治和军事权力。然而，现任教皇英诺森三世热衷改革，并决心维护罗马的权利。当休伯特·沃尔特于 1205 年去世时，围绕坎特伯雷下一任大主教的人选爆发了一场旷日持久的争吵。英诺森的首选候选人是斯蒂芬·兰顿（Stephen Langton），他是一位受人尊敬的神学家和教皇权威的热心支持者。但约翰对兰顿持怀疑态度，部分原因是这位教士曾在卡佩王室的首都巴黎（在那里的后来成为欧洲最早的大学之一的地方）长期学习过。这使人们怀疑兰顿的忠诚和他对法国王室的同情，这是可以理解的。

约翰国王和罗马教廷的关系严重恶化，到了1208年3月，也就是威廉·马歇尔在关于伦斯特的争端结束后返回爱尔兰之时，英国正受到教廷停圣事的惩罚，这一制裁将在接下来的6年中继续生效。整个王国的教堂钟声都沉寂了，没有人将尸体埋入祝过圣的土地里，星期天也没有人举行弥撒。1209年11月，约翰本人被正式逐出教会，从官方角度而言，这意味他已经被逐出了教会的肢体。随着英国人的国王被从基督教徒的社团放逐，他们至少在理论上可以自由地选择新的统治者，因为他们对约翰的效忠关系已经解除了。停圣事和将国王逐出教会的实际效果不应被夸大。1208年，英格兰的圣事没有全面停止，1209年也没有立即出现全面反抗王室权威的叛乱。这部分是因为，在过去的一个半世纪中，罗马教会过于频繁地滥用这些惩罚，因此它们的刺激效果降低了。尽管如此，约翰被逐出教会，这给他的对手提供了有利的武器。[12]

在英格兰本土以外的地方，国王面临着威尔士土著主要受罗埃林·阿普·约沃斯的挑动而发起的侵略性进攻，但腓力·奥古斯特仍然是最令约翰头疼的对手。在1202年至1205年之间，这位卡佩君主在欧洲大陆上取得了惊人的胜利，但他的野心还远远没有得到满足。到了1212年，腓力开始将目光投向英格兰本身，他非常清楚约翰国内的不满情绪，并乐于利用约翰和罗马的分裂。

法兰西国王特别想征服新的土地，因为他的长子兼继承人路易王子已经 20 多岁了，渴望得到权力。路易与卡斯蒂利亚的布兰奇结婚，而布兰奇是亨利二世的外孙女，也就是约翰的外甥女，这让卡佩王子拥有了微弱的英格兰王位继承权。由于人们深深反感约翰的统治，在有些人那里，一个之前不可想象的想法现在开始具有真正的吸引力。也许让卡佩家族推翻受到鄙视的安茹政权实际上可能是可以被接受的。

威廉·马歇尔的回归

1212 年 8 月，在威廉·马歇尔远离王室宫廷期间逐渐积累起来的这些压力和威胁合起来引发了一场危机。约翰国王在那年夏天集结了一支军队，打算攻打法国，但威尔士土著的暴动迫使他重新分配资源。作为报复，他在诺丁汉城堡中绞死了 28 名威尔士人质，然后开始为全面入侵威尔士北部做准备。然而，在 8 月中旬，约翰听到了令人不安的传言。有人密谋推翻他的统治。根据一位编年史家的记载，[13] 他被告知一项“把他和他的家人赶出王国，选择其他人代替他当国王”的计划，而另一种说法表明，有人预谋谋杀他，这样在即将到来的远征中，“他要么被自己的贵族杀死，要么被敌人消灭”。约翰长期对这种威胁疑神疑鬼，因此他认真对待了这些报告。入侵威尔士的计划被取消了。约翰的长子和继承人亨利（1207 年出生）被严密保护起来，他在自己身边布置了大量武装警卫。

我们不可能知道这个所谓的“阴谋”在多大程度上是真实的。但两位重要的贵族立即逃离了这个国家，这可能表明他们心中有鬼。北方贵族厄斯塔斯·德·韦西越过边界逃入苏格兰，而罗贝尔·菲茨沃尔特则逃到法国，约翰下令拆除后者的两座城堡，包括伦敦的贝纳德城堡（Baynard’s Castle）。国王还逮捕了3位王室行政人员，并向他的许多贵族索要人质。根据一位编年史家的说法，约翰如今既孤立又恐惧，“几乎所有的贵族都是他的敌人了”。

很明显，国王怀疑威廉·马歇尔参与了这场阴谋，因为有一位王室指挥官收到了专门的警告，要他特别注意从伦斯特发起的攻击。但事实上，马歇尔在这时选择向他的君主伸出友谊之手，明确表示支持。威廉以某种方式说服了26位盎格鲁－爱尔兰贵族重新宣誓效忠国王，并写信给约翰本人，提出要全速前往英格兰提供帮助，同时他还建议国王与教皇达成和平条款。约翰回信的文辞直接反映了他和威廉之间的关系突然解冻了。其和解的语气表明，国王现在急于确保马歇尔的忠诚。约翰写道，他对马歇尔“永存感激之情”，承认是威廉的“劝勉和鼓励”让爱尔兰人保持了他们的忠诚。他还感谢马歇尔愿意“来英格兰”，尽管他要求威廉暂时留在爱尔兰，协助首席政法官格雷的约翰的工作。

更令人惊讶的是，约翰试图给威廉传达一种温暖和友好的亲切感，而他最近一直在反复烦扰威廉。国王在这封信中反复提到他尽职尽责地，几乎是慈爱地照管着马歇尔之子小威廉。小威廉现在是一位20出头的年轻骑士，但仍被描述为一个“男孩”。约翰指出，小威廉需要“马匹和长袍”，但他写道，他现在将会提供这些东西，并随意地补充说，马歇尔可以在日后还给他。这封信还以几乎漫不经心的口气表示，国王很高兴“把［小威廉］交给你的一位骑士，或者是厄尔利的约翰，或者是他的手下”，并补充说，“如果你不想这样，写信告诉我就行，他将继续留在我的宫廷里”。从整体上看，这封信装得若无其事，令人印象深刻。就表面来看，这是两个密友之间的轻松交谈，而非措辞得体的向前敌人伸出的橄榄枝。[14]

约翰这种安抚方式背后的动机显而易见。对这位步履蹒跚的国王来说，像具有威廉伯爵这样的地位和声望的人的坚定支持是一大福音，所以国王有充分的理由要安抚马歇尔。威廉的想法则更难推测。一开始，他的当务之急是确保他的两个儿子获释。这在相对较短的时间里就实现了。到 1213 年初，厄尔利的约翰获得了小威廉的监护权，理查·马歇尔也获释了。马歇尔的继承人终于逃出了约翰的魔掌。如果这是威廉伯爵的唯一目的，那么他可能会回归退隐生活，寻求在未来的艰难岁月中保持经过深思熟虑的中立姿态。

恰恰相反，威廉还是回到了政治和战争的世界里；事实上，在某些方面，他把自己推到了前台。威廉一定寄望于重获国王的青睐以带来回报——失去的土地和荣誉得以归还——而这些确实实现了。在接下来的几年中，马歇尔收回了他的许多损失。约翰国王尤其谨慎地支持伯爵在威尔士的地位，希望他能帮助自己镇压威尔士人。威廉重新获得了卡迪根的控制权，同时被授予彭布罗克郡的港口和哈弗福德的据点的监管权，以及卡马森和高尔半岛的指挥权。马歇尔家族的其他成员也从中受益：约翰·马歇尔被任命为威尔士边境什罗普郡（Shropshire）的监护人，而厄尔利的约翰得到了王室财政总管的世袭之职，并监管德文郡。

但威廉·马歇尔这么做，很可能也是出于真正的对国王（不管在位的是谁）的责任感和对安茹王朝——他将自己的成年生活献给了这个家族——的忠诚。就像厄尔利的约翰在 1208 年所做的那样，他可能希望避免不忠带来的耻辱。马歇尔显然表现出了非凡的能力，可以忽视约翰国王的缺点和他近期想夺取伦斯特的企图。正如《威廉·马歇尔传》所指出的那样，威廉如今似乎忘记了“国王对他的残酷行为”，而传记作者试图通过说明伯爵“永远是最忠诚的人”来解释这一点。事实上，从这时起，马歇尔将被证明是约翰最重要的盟友和最坚定的仆人之一，即使约翰众叛亲离，局势不可避免地转向对国王不利。[15]

濒临绝境

到了 1213 年初春，约翰国王的地位已变得岌岌可危，以至于他认为有必要把在伦斯特的马歇尔召来。到了这个阶段，教皇英诺森三世授予法国人渡过英吉利海峡罢免约翰并夺取王国的权利。腓力·奥古斯特甚至与他的儿子达成了正式协议，根据协议，路易王子将统治英格兰，但要服从其父的监督和权威。当年 4 月，一支庞大的法军在佛兰德的布鲁日集结起来，一支船数众多的舰队准备就绪。一场入侵即将展开。

威廉伯爵从爱尔兰带领一支大军来到肯特，和那些仍然忠于国王的部队集合起来。约翰同父异母的弟弟索尔兹伯里伯爵“长剑”威廉和埃塞克斯伯爵若弗鲁瓦·菲茨彼得也来了。国王被说服相信解除这个可怕的威胁的唯一办法就是和罗马达成和解。5 月 15 日，约翰在多佛尔附近接见了教皇特使潘杜尔夫（Pandulf）。马歇尔可能在组织这次会议中发挥了作用，因为会议地点选在圣殿骑士团的房子里。他在 12 世纪 80 年代访问圣地时和圣殿骑士团建立了联系，并在约翰执政初期同圣殿骑士团英格兰会长圣莫的艾默里（Aimery of St Maur）结为好友。威廉还任命了一位名叫若弗鲁瓦的圣殿骑士在这段时期担任他的私人赈济员，负责将伯爵的慈善捐赠分发给穷人。

在这次会议中，约翰对教皇权威做了巨大但必要的让步，将英格兰王国交付给教皇管辖。约翰同意正式承认英诺森三世是他的主君，向教皇及其继承者“致意并宣誓效忠”。他还同意每年向罗马缴纳1000马克的贡金，以表示他的顺从。这些条款在威廉·马歇尔等人的见证下得到了确认。在那一天，国王把他的王国变成了教皇辖境。[①]这是在主权上的严重让步，但教皇英诺森的态度立即转变了。约翰一下子从罗马的敌人变成了最钟爱的儿子。7月20日，斯蒂芬·兰顿宣布撤销国王的绝罚。更重要的是，教皇不再支持法国入侵英格兰。愤怒的腓力·奥古斯特被迫放弃计划，抱怨自己已经花了6万马克来准备战争。

外交上的这招妙棋之后是一场军事胜利。在马歇尔和“长剑”的建议下，约翰下令从海上快速对集结起来的法国舰队发动攻击，然后停靠在达默（Damme）。5月30日，“长剑”率领军队发起攻击，设法烧毁了许多卡佩的船只。根据一位同时代人的记载，“法兰西国王非常痛苦地目睹他的船舶……燃烧起来并冒出浓烟，仿佛整个海洋都着了火”。在威廉·马歇尔的帮助下，王国被从灾难边缘拉了回来。[16]

布汶的灾难

尽管如此，所有人肯定都很清楚，灾难只是暂时得到了缓解。来自法国的威胁被预先阻止，但并没有完全消失。而且，作

① 这么做在欧洲其他地方并不是没有先例的，因为包括西西里、葡萄牙和丹麦在内的其他一些王国以前也接受过教皇为最高统治者。

为约翰国王向教皇表示屈服的一部分，他被迫接受斯蒂芬·兰顿被任命为坎特伯雷大主教。兰顿抵达英格兰之后，“共谋者”罗贝尔·菲茨沃尔特和厄斯塔斯·德·韦西就回来了，这让很多对国王怀有深深的恨意的贵族更加大胆。1213 年 10 月，马歇尔的老盟友若弗鲁瓦·菲茨彼得的去世也削弱了约翰的力量。不受欢迎的彼得·德·罗什取代他成为英格兰的首席政法官，这使约翰进一步疏远了盎格鲁－诺曼贵族。

约翰国王还有最后一次成功的机会。他利用剩余的财政资源和军事支持，再次试图在欧洲大陆发起一场大规模的重新征服运动，希望恢复安茹王国。欧洲西北部的贵族因腓力·奥古斯特似乎锐不可当的崛起而产生了日益增长的不安情绪，约翰能够利用这一点，和神圣罗马帝国皇帝奥托四世以及英格兰的长期贸易伙伴布洛涅和佛兰德的伯爵们结成联盟。联盟采取了双管齐下的战略。约翰将乘船前往阿基坦，率领一支入侵部队穿过普瓦图（和 1205 年受挫的计划如出一辙）。与此同时，索尔兹伯里伯爵“长剑”威廉将与英格兰的北方盟军一起大举入侵诺曼底。同时，威廉·马歇尔将留在英格兰，保卫威尔士边境，抵御威尔士土著的反击。

通过在两条战线上发动进攻来耗尽法国的资源，这种基本战略是合理的，但它需要精密的协调合作。对约翰及其盟友来说不幸的是，奥托四世的德意志军队的集结和推进都相当缓慢，破坏了整个计划。英格兰国王在 1214 年 2 月中旬于拉罗谢尔登陆后，在南方取得了一些初步的成功，在阿基坦和安茹部分地区都取得了进展。到了夏初，约翰能进入昂热城了，但他的前进步伐因需要夺取附近的拉罗什－欧穆瓦讷城堡（castle of La Roche-aux-

Moine）而受阻，该城堡最近由威廉·德·罗什建造。6 月 19 日，围攻开始，但法国守军拒不投降，当一支由路易王子指挥的援军接近时，约翰误以为他面对的是法国的全部兵力，于是在 7 月 2 日匆忙下令撤退。

由于英格兰国王在南方受阻，腓力·奥古斯特得以将注意力集中在诺曼底。在那里，北方联军拖延的入侵直到 4 周后才发动。7 月 27 日星期日，双方在法国东北部的布汶（就在里尔以南）发生了罕见的会战。两支大军在人数上相对持平，但是卡佩军队似乎更有纪律、更有效率，他们的队伍中既有威廉·德·巴雷斯——一位在技巧和名声上可以和马歇尔相媲美的著名比武冠军——也有著名的威廉·德·罗什。

经过大约 3 个小时的血腥残酷的战斗，法军逐渐占据了上风。“长剑”、布洛涅和佛兰德的伯爵们均被俘虏，而奥托皇帝被威廉·德·巴雷斯率领的一支骑士队伍赶出了战场。腓力·奥古斯特主导了战场，取得了彻底的胜利。这是他统治时期至高无上的荣耀，证实了卡佩家族在欧洲的统治地位。布汶之战标志着奥托四世在德意志的统治的终结，同时也是英格兰国王约翰的重大灾难。约翰被迫同意接受惩罚性的 5 年和平条款（其中包括向法国人支付赔偿金，谣传总额达 6 万马克），于 10 月返回了英格兰，声誉扫地，战争基金被挥霍一空。他没能带回可以平息国内的异见的著名胜利，只有满身屈辱。布汶之战后，在英格兰，一场历史清算是不可避免的，它的过程和结果将重塑威廉·马歇尔的职业生涯。[17]

13

国王的清算

布汶之战后，一股叛乱浪潮席卷了整个英格兰王国。一群不满的贵族越来越有发言权和凝聚力，他们开始结党要求国王做出让步，到了1214年秋天，他们的要求变得更加一致，他们的队伍已经不仅包括北方的大贵族，还有英格兰南方的许多大地主。这场运动是由罗贝尔·菲茨沃尔特——他在1215年开始自称“上帝军队的元帅”——和厄斯塔斯·德·韦西这样的人率先发起的，并暗中得到了坎特伯雷大主教斯蒂芬·兰顿的一些支持。

随着约翰国王的国库空空如也、声名扫地，他完全无力简单地忽视或压制正在出现的贵族党派。随着新生的反叛力量的积聚，他的坚定支持者每个月都在减少。威廉·马歇尔依旧忠于约翰，约翰的同父异母的弟弟“长剑”威廉（在他被从法国人手里赎回来后）和切斯特伯爵拉努尔夫也是如此，但局势对国王越来越不利。就在双方都为内战做好准备时，1215年1月他们开始尝试促成一项解决方案。威廉·马歇尔发现自己正处于国王和贵族之间这些错综复杂的谈判的中心，5个月后，这个过程最终导致签署了一份包含63项条款的和平条约——这份文件后来被称为《大宪章》（Magna Carta）。[1]

《大宪章》

《大宪章》已被认为是世界历史上最重要的文件之一，具有近乎神话般的地位。它常被描述为西方民主的基石：被称为“欧洲历史上的第一部成文宪法”，是限制王室权力的“自由宪章”或“权利法案”，为英国的议会制政体铺平了道路，是美利坚合众国宪法的样板。《大宪章》改变了英格兰的权力平衡和王权性质。它也影响了几十年，甚至几百年来骑士和贵族的期望和经验。那么，乍看之下，威廉·马歇尔在1215年《大宪章》的制定过程中的密切参与，似乎在他的许多传奇成就中占据了特别光荣的位置。

这份协议可能是一种重塑了中世纪英格兰的转型——从征服时代到定居时代的结构性转变——的最终表现。在威廉·马歇尔的生活背景下，这个渐进演变的过程一直在缓慢发展，几乎无法察觉，并在他去世后继续下去。它的特点是日益强调在社会内部实行法治，并坚定地探究了将领主、骑士和他们的臣民联系在一起的效劳和义务的互惠纽带。但是，威廉伯爵真的可以被视为《大宪章》的设计师之一吗？这份文件真的配得上它闻名遐迩的名声吗？

马歇尔在《大宪章》的形成中所扮演的角色

威廉·马歇尔在1215年上半年一直担任约翰国王的首席非专业谈判代表，因为《大宪章》中规定的和解方案正在商议之中。威廉如今大约67岁，是英格兰贵族中最伟大的人物之一，受到国王的信任和贵族们的尊重。虽然后者厌恶约翰的许多其他支持者，比如彼得·德·罗什和布雷欧特的福尔克，但他们非常清楚，马歇尔曾与国王有过不睦，因此可能对贵族们的事业抱有一些同情心。所有这一切都使威廉伯爵成了理想的中间人。鉴于圣殿骑士团在这些事件中起到了辅助作用，他和该组织的联系可能也被证明是有用的。

在大部分时间里，马歇尔都是和斯蒂芬·兰顿一起工作。大主教可能在早期为贵族党提供了一些灵感，他或许鼓励他们查询归档文献，比如1100年亨利一世的《加冕宪章》——该文本似乎提供了一个可借鉴的框架，他们可以围绕这个先例对王室改革提出较为清楚的要求。然而，在1215年的大部分时间里，兰顿都试图将自己表现为一个中立的调解人和王国的仆人。

约翰和贵族之间的第一次重要会议于1215年1月在伦敦的新圣殿（圣殿骑士团在该城的活动中心）举行。参会双方都火药味十足，贵族们穿着盔甲来到这里，决心要求重新制订亨利一世的《加冕宪章》中确立的有关统治方式的条款。约翰国王含糊其词，要求暂停讨论直到4月，以便他能考虑这一要求，但他向贵族们保证，他会在适当的时候满足他们的要求。威廉·马歇尔和斯蒂芬大主教都做出了保证，确认国王将信守承诺，并在约定的日期与贵族们会面。结果，直到复活节（4月19日）之后，双方才达成和解协议。

事实上，约翰只是在寻找时间寻求罗马的支持，并希望建立一支军事力量来击败贵族们。到4月底，罗贝尔·菲茨沃尔特和厄斯塔斯·德·韦西以及他们的盟友的耐心已经耗尽。他们聚集在北安普敦郡的布拉克利，想要发动武装叛乱。贵族党已经发展得相当大了。有两个重要人物加入了他们的事业，一个是温切斯特伯爵昆西的赛尔（Saer of Quincy，他是菲茨沃尔特的密友和志同道合的伙伴），另一个是新任埃塞克斯伯爵曼德维尔的若弗鲁瓦，他是若弗鲁瓦·菲茨彼得的儿子和继承人，由于约翰要求他缴纳 2 万马克的重金以换取结婚许可，他开始反对国王。

约翰派遣马歇尔和兰顿去安抚布拉克利的贵族们。在 4 月 27 日的一次会议上，菲茨沃尔特一伙又提出了一些要求，它们被转送给约翰，并被立刻驳回了。结果，贵族们包围了北安普敦城堡，国王的处境随之迅速恶化。5 月 17 日，叛军夺取了伦敦——现在已被广泛认为是“国王与王国之首都”——的控制权，该城成了持异议者的一个中心。约翰遭遇的这一挫折促发了新一波叛逃加入贵族党的浪潮，国王被迫与他们重新回到谈判桌前，但约翰只是把谈判当作拖延策略，以便他可以用从圣殿骑士团借来的钱雇佣雇佣兵。

接下来是一段时期的激烈谈判。根据一个版本的说法，威廉·马歇尔被派往伦敦通知贵族们约翰已准备同意条件，但实际上，这个过程似乎复杂得多（牵涉数不清的会议、对话和互派使者）。由于国王现今驻跸在伦敦以西约 18 英里的温莎，所以双方选择在中途的一个名叫兰尼米德（Runnymede）的不起眼的乡下地点会面。1215 年 6 月 15 日，正是在这个地方，和平条款最终得以敲定，并在一份冗长而详尽的文件中列出。这项协议的长度和涉及范围使它日后被称为《大宪章》。《大宪章》的原始版本上没有签名。它是作为一份王室特许状起草的，经国王盖章生效，然后由中书省至少誊抄了 13 份。威廉·马歇尔的名字在文本中占据了显著的位置，他是第一个被提到的英格兰大贵族，据说他已按照商定的条款向国王提供了“建议”，并且是那些仍然是“忠诚臣民”的人中的一员。后面还列有 15 个贵族的名字，包括

“长剑”威廉、萨里伯爵瓦伦的威廉、巴勒的休伯特和约翰·马歇尔。[2]

过去，历史学家认为威廉·马歇尔可能是1215年《大宪章》的主要起草者之一。1933年，美国学者西德尼·佩因特声称，马歇尔“很可能完全有能力为《大宪章》提供灵感”——他拥有“必要的行政经验……智慧和政治才能”——因此，由于“让英格兰得到了她受人喜爱的宪章”，他应该“分享应有的荣誉”。事实上，我们充其量可以说，威廉伯爵可能在兰尼米德会议之前的几个月中鼓励双方继续讨论和保持克制，但除此之外，我们无法得知马歇尔确切的参与程度。也有人认为，博学的斯蒂芬·兰顿一定是《大宪章》的主要起草人，但尽管他确实在其中加入了一些和教会有关的关键条款，但在其他方面，大主教的影响似乎相当有限。事实上，没有人确切知晓是谁起草了6月15日敲定的条款，而且，由于最后的文件是经过激烈辩论和争论的产物，所以不能真正地说其内容是由一个人想出来的。[3]

一些北方贵族从一开始就对该协议不满意，认为还没有满足他们的要求，但是大多数叛军在6月19日放下了武器。随着在有限的程度上实现了和平，威廉·马歇尔奉命把守威尔士边境。然而，尽管协议经过长期谈判才达成，但它的条款很快就被搁置一旁了，它带来的停战是极其短暂的。这就解释了为什么在《威廉·马歇尔传》中，参与签署《大宪章》这一似乎具有历史意义的事件被完全忽略。事件的快速发展使1215年版本的《大宪章》到了传记作者写作的时候，也就是13世纪20年代时已经很快地被取代，并在很大程度上被遗忘了。《威廉·马歇尔传》也有可能是刻意选择保持沉默，是在故意避免发生尴尬。其他史料表明，威廉伯爵的长子兼继承人小威廉·马歇尔于1215年5月加入了贵族党。考虑到后来委托撰写《威廉·马歇尔传》的是小威廉，如果该书作者出于政治考虑而忽视他的委托人曾参与叛乱——人们后来对这场叛乱的态度充其量也是含混的——也是丝毫不令人意外的。[4]

1215年《大宪章》的意义

在兰尼米德敲定的《大宪章》是中世纪最著名、最有价值，也是被广泛歪曲的文件之一。这个版本的《大宪章》有4份抄本流传至今：2份存放在伦敦的大英图书馆内，一份保存在索尔兹伯里大教堂的档案馆里，另一份则在林肯大教堂。它们被视为英吉利民族的无价传家宝。然而，尽管声名远扬，该宪章对1215年的事件进程的影响却惊人地有限。作为一种政治工具，它在3个月内就不再起作用了，到了年底，各方都认为它的条款是无效的。这并不意味着该文本现在不值一顾了，只是我们必须在其特定背景下对它进行评估。

1215年的《大宪章》并不打算成为具有普遍意义的权利法案。首先，它被明确地按照一份和平条约来设定，因此包含了一系列国王为了应对贵族们的强大压力而承认的条件，用宪章里的话说，这些条件本应引导王国走向“更好的秩序”。罗贝尔·菲茨沃尔特和他的盟友并没有将他们的要求视为革命性的，或是创新性的。几代人以来，他们的家族一直忍受着安茹王朝掠夺性的盘剥，而在约翰国王失败的政权下，这些虐待行为及凭借封建法明目张胆地牟取暴利已变得无法容忍。因此，贵族们希望恢复他们在安茹人到来前所享有的“古老的自由”，回到亨利一世的《加冕宪章》所带来的所谓的正义的黄金时代，那时旧有的习俗得到了维护。

事实上，他们正在试图重现的是一种幻象。《加冕宪章》做出了公正治理的过头承诺，是亨利一世在 1100 年掌权时发布的，当时他迫切希望获得支持，以反对他的兄长和王位竞争对手诺曼底公爵罗贝尔。一旦他的地位安稳后，亨利国王就不再遵守他的大部分承诺，所以，国王公平对待贵族和地主的时期实际上从未真实存在过。他们当时并不知道这一点，但是在 1215 年，贵族们提出的要求超过了自诺曼征服以来任何一位英国君主所愿意给予的。

贵族们的出发点显然是自私自利的，他们希望维护自己的福利，确保国王给予他们更好的待遇。因此，《大宪章》中的许多条款都涉及继承、土地持有和服兵役的问题，试图限制国王所征收的税费，并降低兵役免除税。第 49 条条款涉及约翰总是习惯性地从贵族的家族中扣押人质，并要求立即释放目前以这种方式关押的所有人质。从根本上讲，商谈《大宪章》条款的贵族们并不是受到了平等主义的驱使，他们也没有首先着手确保人类的基本自由和所有人的平等。

尽管如此，反叛的贵族和约翰国王在 1215 年都要争取支持者，双方都希望得到民众的支持。为此，贵族党在《大宪章》中提出了一些满足骑士阶层和广大民众的利益的条款。例如，第 29 条保证骑士享有效劳和待遇的公平条件，第 8 条规定不能强迫寡妇违背她们的意愿结婚。该文件还更广泛地涉及“全国人民”。《大宪章》中最著名的第 39、40 条条款规定，“除非受到同侪或者该国法律的合法审判”，“任何自由人不得被逮捕或监禁”，或遭受其他形式的迫害，以致丧失“权利”或者社会“地位”。接着是一则意义深远的王室宣言："我们不得向任何人出售、拒绝，或延搁其应享之权利与公正裁判。"就是这些隐藏在文件中的段落引发了一种想法，即《大宪章》确认了公正和自由的基本和普遍人权，后来激发了陪审团审判这类现象的出现。

不幸的是，该文件包含的精确条款和规定也使国王几乎不可避免地很快就否认并无视在兰尼米德敲定的协议。第一条条款似乎使条约不可侵犯，约翰明确声明："我们及我们的子孙后代，同时亦以下面附列之各项自由给予我们王国内一切自由人民。"但是贵族们在《大宪章》即将结束的第 61 条中越界了，对国王施加了过多的惩罚性条件和限制。一个由 25 位贵族组成的自选小组将监督宪章条款的执行并评判国王的所作所为。至关重要的是，如果约翰或者他的任何支持者"在任何方面冒犯任何人的权利，或破坏任何和平条款"，那么这 25 人就有权"联合全国人民，以一切可能的方法攻击［国王］，夺取［他的］城堡、土地［和］财产"。这是对王权的重大侵犯。约翰准备在 6 月 15 日承认第 61 条条款，但只是为了确保暂时停止敌对活动，在此期间他可以委曲求全。但这种对王权的严重削弱是 13 世纪初的中世纪君主绝对无法忍受的。仅仅这一项条款就让约翰一有机会就要全盘推翻《大宪章》。事实上，到了 7 月中旬，他已经秘密地和教皇联络，要求罗马谴责该协议。

6 月 15 日达成的合约将构成未来更持久和更重要的协约的基本蓝图，威廉·马歇尔将在这一进程中扮演重要角色。但是 1215 年《大宪章》的直接约束力在 9 月初就遭到破坏，当时教皇的一份谴责声明抵达了英格兰，教皇英诺森三世毫不犹豫地支持约翰国王——罗马的新附庸——并谴责兰尼米德协议是"可耻和卑鄙的，也是非法和不公正的”。英诺森说，该宪章“玷污了教廷，损害了国王的权利，使英吉利民族蒙羞”，因此，他宣布该宪章“无效”。如今，约翰得到正式授权，可以无视《大宪章》的条款，但在其他地方，贵族党对教皇的恼火指责充耳不闻。事实上，即使是拉丁教会在英格兰的主要代表坎特伯雷大主教斯蒂芬·兰顿也坚决拒绝放弃宪章。因此，他被罗马正式停职。由于双方立场都很强硬，一场全面的内战将是不可避免的。[5]

与国王站在一起

威廉·马歇尔在1215年夏天的大部分时间都在威尔士负责防务，但没能阻止威尔士土著给彭布罗克郡北部、卡马森和高尔造成重大损失。整个秋天，约翰国王用佛兰德雇佣兵扩充自己的军队，试图对叛军发起反击，马歇尔一直袖手旁观。至少在南方，贵族们被限制在伦敦，约翰在经过7周的艰苦围攻后，成功夺取了叛党以斯蒂芬·兰顿的名义占有的罗切斯特城堡。

12月，国王在英格兰发起了一场残酷的破坏性袭击，蹂躏叛军控制的领土。一位编年史家描述了约翰的部下如何“挥舞刀剑四处奔跑”，洗劫“城镇、房屋、墓地和教堂，他们抢劫每一个人，不放过妇女和儿童”。除了此类不分青红皂白的暴力行径，约翰还折磨在这几个月中抓获的俘虏，似乎是想故意恫吓他的对手。因此，国王的军队被描述为“魔鬼的肢体”，并被比作遮天蔽日的蝗灾。自从70年前斯蒂芬国王黑暗、混乱的统治时期以来，这个王国还不曾见过这样的野蛮景象。[6]

有几位贵族在这种压力下屈服了，但绝大多数只是变得更加坚定，决心反抗国王令人憎恨的统治。由于被逼到绝境，叛军迈出了戏剧性的一步，他们派遣昆西的赛尔渡过英吉利海峡，要拥立法兰西王子路易为英格兰国王。通过和亨利二世国王的外孙女联姻，这位卡佩王子有权对英格兰王位提出主张，其合法性是值得怀疑的，但是面对约翰令人厌恶的掠夺，任何对这种选择是否明智或合法的挥之不去的怀疑都被忽略了。许多贵族党的主要成员也期望路易在英格兰封给他们更多的土地以换取他们的支持。于是，法国王子宣布他将在1216年春带领大军乘船出海，但他也派遣了一支先锋部队抵达伦敦，这些人于1月抵达了首都。

一些同时代人欢迎卡佩王朝的干涉。威尔士的杰拉尔德将法兰西的路易称为驱散安茹暴政乌云的“一盏新的明灯”。不足为奇的是，《威廉·马歇尔传》并不赞同，认为邀请王子是“一种非常愚蠢的做法”，并宣称驻扎在伦敦的法军把时间都花在喝“一桶接一桶的上好葡萄酒”上了。约翰国王明白路易的到来将改变英国的力量平衡。因此，他派遣威廉·马歇尔和温切斯特主教彼得·德·罗什出使法国，徒劳地希望他们能说服腓力·奥古斯特放弃入侵，但是卡佩国王仍然坚定不移。[7]

4月25日，抵达巴黎的教廷新特使——一位意大利神职人员比基耶里的瓜拉（Guala of Bicchieri）——让腓力的计划受到更大的阻碍。瓜拉对路易所谓的继承英国王位的资格深表怀疑，然后迅速驶过海峡前去支持约翰的事业。法国人现在可能会卷入一场在其中他们将成为教会的敌人的战争。尽管如此，路易王子还是按计划于1216年5月22日率军在肯特郡的桑威奇登陆。约翰国王本打算和他在战场上迎头相遇，但在最后一刻他还是选择了撤退。这个决定可能受到了威廉·马歇尔的建议的影响，据说他警告国王不要在另一场会战中拿王国的命运冒险，尽管事实上，伯爵在这一时期到底做了什么我们并不清楚。很可能约翰也怀疑他的雇佣军还会继续保持忠诚，他们中的很多人都在等待发放薪水，而且在法国有亲戚。[8]

约翰国王下令将他的长子亨利置于德维兹城堡（在威尔特郡）的严密守卫下，并撤往多塞特郡的科夫堡（Corfe Castle），他似乎不知道该如何保卫自己的王国。这使法兰西的路易能够自由行动。他行军经过肯特，先后占领了坎特伯雷和温切斯特。强大的多佛尔堡垒在令人敬畏的巴勒的休伯特的指挥下抵抗了攻击，英格兰中部东北方的温莎城堡和林肯城堡也抵抗了攻击。后者由妮古拉·德拉海（Nicola de la Haye）组织防御，她是一位非常令人敬畏的女性，在丈夫和儿子去世后担任了堡主。但是，卡佩军队的胜利到来在保王阵营中引发了新一轮的叛逃。其中包括阿伦德尔、约克和萨里的伯爵们。最令人震惊的是，约翰国王自己同父异母的弟弟“长剑”威廉也叛变了。一位编年史家表示，这是因为“长剑”发现国王利用他在布汶之战后短暂被囚的机会勾引了他的妻子索尔兹伯里的艾拉。更有可能的是，在确定约翰要失败后，“长剑”只是做了一个顺应潮流的务实的决定。

到了1216年夏天，英格兰北部和东部的大片地区都倒向了法国王子。正如《威廉·马歇尔传》所说的，“国王山穷水尽”，因此“从者寥寥”。大约已有三分之二的英国贵族放弃了约翰，甚至国王自己的家臣骑士中也有相当一部分人反对他，包括在《大宪章》中被称为他的主要谋士的罗普斯雷的罗贝尔（Robert of Roppesley）。现在看来，安茹王朝的崩溃似乎是不可避免的。

威廉·马歇尔在此期间的大部分时间里都在威尔士边境南部

保卫边区，与切斯特伯爵拉努尔夫一起为保王党守卫英格兰西部。尽管威廉的传记作者对约翰国王非常反感，但他描绘了一幅他的主人公对这位穷途末路的君主忠贞不渝的生动而令人钦佩的画面，他写道，作为一个“忠诚而高尚的人，［马歇尔］与他患难与共”。《威廉·马歇尔传》一直对威廉和约翰政权的密切关系轻描淡写，但在这个阶段，它的作者忍不住称赞伯爵“坚定不移”和对“他的君主和国王”表现出来的“善意”。[9]

即便如此，马歇尔可能在1216年初春停下来考虑他的处境。王室记录显示，在4月10日，王室授予了一份安全通行的授权书，以便圣殿骑士团的英格兰会长圣莫的艾默里可以护送小威廉·马歇尔去见他的父亲。此次父子相会的交谈内容没有留下记载（就像小威廉在这段时期内的许多活动一样，这一插曲被《威廉·马歇尔传》略去了）。威廉伯爵有可能试图说服他的长子回到保王党一边，也可能是鼓励他与法国人保持密切的联系——这样可以双头下注，以保护家族的长远利益。小威廉确实在卡佩王子对英格兰王位的申索中追求利益：他匆忙宣布效忠路易，王子确认了他在英格兰的宫廷中担任大元帅一职的权利。然而，小威廉尝试获得马尔伯勒城堡的主张没有被批准。[10]

如果说威廉伯爵动了离弃国王的念头，他无疑没有付诸行动。约翰显然已经失败了，然而就像马歇尔在1189年对亨利二世所做的那样，他拒绝放弃自己的王室主人。他在1216年处于一个完全不同的地位，这使这一点尤为引人注目。马歇尔不再仅仅是一个家臣骑士。他现在是王国中的大贵族：手握大权、肩负责任，需要保护一大片领土和一个庞大的家族。他和约翰的关系一直起起伏伏，马歇尔有充分的理由不喜欢，甚至憎恶他的君主，但正如传记作者所说，“无论国王对他做过什么，［威廉］从来没有抛弃过他”。即便是《威廉·马歇尔传》的作者也对这种坚定不移的忠诚感到困惑，但对马歇尔的忠诚的最大考验还没有到来。[11]

约翰国王的统治在 1216 年秋天走向痛苦的终点。他曾向北方行军，希望发起最后一场战役并增援守卫林肯的妮古拉·德拉海，但他在 10 月初染病，发了“高烧”。由于他的身体已经虚弱，据说国王“恶性的暴饮暴食”让他吞了大量的桃子和新酿制的苹果酒，结果患上了痢疾。当他的病发作时，约翰似乎心生愧疚和悔恨。10 月 10 日，他给了布里尤兹尚存的一个女儿玛格丽特一笔钱，为了她的双亲和兄弟的“亡灵之故”。国王萎靡不振地行至林肯以南的纽瓦克，但在那里他的病情恶化了。10 月 18 日，据说他在临终前告解了他的许多罪过，并说希望威廉·马歇尔“宽恕我曾经对他做出的不公正的伤害和犯下的过错”。那天晚上晚些时候，他“失去了气力［和］神志”，短短几个小时内就去世了，终年 48 岁。这位国王让伟大的安茹帝国分崩离析、英格兰王国风雨飘摇。许多编年史家自信地预言，已故的国王将坠入地狱。有一位甚至补充说：“虽然地狱很污秽，但约翰的存在让地狱变得更加污秽。”[12]

按照他的遗愿，国王的遗体被运到西南部的伍斯特大教堂（Worcester Cathedral），这是献给他最喜爱的一位圣徒沃尔夫斯坦（Wulfstan）的场所。威廉·马歇尔听闻约翰去世的消息后，与教皇特使瓜拉一起从格洛斯特向北进发，前去埋葬国王。伯爵已经侍奉过 4 位加冕并涂过油的君主了。如今，安茹王朝的日子似乎走到了尽头。一个法国王子戴上英格兰王冠的新时代必将到来。

最伟大的抉择

尽管不体面地去世了，但约翰国王还是在豪华的葬礼中下葬了。他的遗体“穿上了王袍”，威廉·马歇尔和瓜拉确保他在安息之前得到“符合一位君王身份的服务”。伯爵甚至派约翰·马歇尔去取珍贵的丝绸，用来覆盖国王的棺椁。然而，一旦仪式结束，被围困的保王党的残余就不得不面对一个严峻的现实。他们的前途极为黯淡。王国一半以上的土地都在贵族叛军及其法国盟友手中，包括伦敦城，而王室国库几乎空空如也。而且，这个业已分裂的王国的继承人是一个 9 岁男童——约翰之子亨利，他似乎也失去了支持。

随着约翰国王逝世和下葬，威廉·马歇尔面临着他整个人生中最重大的决定，它在很多方面将决定他的人生和英格兰的命运。当他是一位年轻的家臣骑士时，威廉曾与幼王亨利并肩战斗，如今另一个同名的安茹家族成员迫切需要他的帮助。但是，马歇尔会支持亨利对王位的主张，还是会在法兰西的路易接连获胜的时候袖手旁观，眼睁睁看着他倒下？从冷血的政治算计出发，正确的道路是显而易见的：威廉应该放弃保王党阵营、抛弃亨利。伯爵现今大约 69 岁了。现在时机已经成熟，马歇尔可以退居二线并有望藏身威尔士边境或爱尔兰躲过王朝革命的风暴。通过为诺曼底的隆格维尔向卡佩王朝宣誓效忠所建立起来的联系，服从路易王子是自然而然的一步。“长剑”威廉和其他许多人一样，明白局势正在发生改变。很明显，马歇尔应该跟随他的脚步。

威廉面前是极高的赌注。他一生的所有辛劳——对权力、财富和地位的追求，从无名骑士到伯爵的漫长道路——现在都有可能付之东流。马歇尔稍有不慎，他的妻子孩子的未来、他已经创建的庞大家业都可能受到严重打击。他庇护和培养的忠诚的家臣骑士也前途未卜。威廉不是自我牺牲的圣人。如果没有雄心壮志和心机手腕，他永远不可能在残酷险恶的安茹宫廷中获得如此耀眼的显赫地位。他也无法从约翰国王统治时期的无情掠夺中活下来。马歇尔在 12 世纪 90 年代围绕约翰采取的谨慎行动以及他在诺曼底土地问题上的模棱两可都证明他是一个政治动物。

但威廉·马歇尔不仅仅是一个见风使舵的人。他也是一位武士和骑士，在漫长的一生中按照骑士精神的理想生活，追求并维护荣誉。伯爵已树立了忠贞不渝的良好声誉。显然，保王党希望威廉伯爵能保护已故国王的继承人。事实上，约翰似乎在临终前就已经把亨利托付给威廉照顾。根据《威廉·马歇尔传》的记载，约翰要求他的骑士“确保［威廉伯爵］照顾我的儿子，并始终将他置于威廉的保护之下，因为除了马歇尔，不会有任何人帮助我的儿子统治我的这片土地”。这个托孤之举在同时期的其他史料中得到了证实。威廉从未背弃过一位领主或国王，他现在还能这么做吗？如果他放弃这项职责，他能忍受自己最亲近的家臣公开羞辱的目光吗？能忍受他珍视的好名声蒙尘吗？或者，能忍受他的自我的分裂吗？厄尔利的约翰在 1208 年也面对同样的困境，他选择失去土地和权力，但避免了耻辱。也许威廉在骑马前往约翰的葬礼时已经做出了选择；当然，他一定明白不能拖得太久。[13]

威廉·马歇尔的抉择

约翰国王下葬后，马歇尔立即返回格洛斯特，他派出一支部队前往南方的迪韦齐斯，并严格指示他们把年轻的继承人带来，并且“任何人都不能阻止他们与他一起［北上］”。然后，威廉伯爵出发，在马姆斯伯里（在威尔特郡）附近的路上遇到了这个男孩。他们在空旷乡间相遇的一幕令人感动。根据《威廉·马歇尔传》的记载，亨利太小了，不得不被他的一位骑士抱在怀里。他来到威廉·马歇尔的面前说：“我把自己交给上帝和你，好让你以上帝之名来照管我。”据说伯爵如此回答：“我将真诚地为你效劳，［而且］我将尽我所能为你效劳。”据说，小亨利哭了，马歇尔和周围的人也都哭了。

因此，威廉·马歇尔全力支持亨利对王位的主张。他将面临人生的终极挑战——为扭转安茹王朝的命运而战，击败贵族党和法国人并保护还是男孩的国王。有些历史学家认为，威廉伯爵之所以支持约翰国王的年幼继承人，是因为他认为这是获得大幅晋升的又一次机会。但这个观点似乎是事后之明，错误描述了当时的现实情况。1216 年 10 月，大多数人认为小亨利继位无望。胜利以及它可能带来的任何回报，对包括这位将近 70 岁的马歇尔在内的所有参与其中的人来说都是遥不可及的梦想。威廉可能期望在保王党中占据主导地位，但考虑到前方艰巨的战斗，这只是无用的安慰。这个重大抉择背后的动机仍有争议，也许他无法拒绝领导最后一场战役的机会，或者他决心维护自己的声誉。甚至有可能，他这么做是出于对安茹王朝的纯粹、无私的奉献，他已经为之效劳 50 年了。[14]

14

王国的守护者

威廉·马歇尔决定支持年轻的亨利对英国王位的主张，这对保王党的事业至关重要。如果威廉从混战中抽身而去或者投奔贵族党，其他一些大贵族可能会拥护这个还是男孩的继承人，但没有一个人拥有马歇尔的丰富经验或显赫声誉。然而，在马姆斯伯里附近的路上把自己的命运和亨利绑在一起并护送他到格洛斯特后，这位伯爵不得不迅速而坚定地努力维护男孩的利益。在最初的日子里，快速行动至关重要。亨利此时还只有 9 岁，但是由于担心法国王子路易可能试图宣布自己为国王，他对英国王位的权利必须立即得到宣布，尤其是因为叛军及他们的法国盟友控制着通往伦敦城城墙外的威斯敏斯特教堂的通道，那里传统上是国王加冕的地方。

国王亨利三世的崛起

保王党确实享有一个显著的优势：教皇特使比基耶里的瓜拉的坚定支持；此外支持者还有温切斯特主教彼得·德·罗什，尽管他名声不好，但仍然令人敬畏。在教会的支持下，保王党匆忙安排了1216年10月28日的加冕仪式；王袍特意被剪裁得小一些，以适合身材矮小的亨利。习俗规定只有被册封的骑士才能成为国王，于是马歇尔及时地为亨利举行了册封仪式。接着，这个男孩在接受彼得主教的加冕和涂油后成为亨利三世。教皇特使瓜拉主持了在格洛斯特大教堂举行的这次仪式，并确认了这位年轻的君主是教皇的“封臣和受监护人”。

随着新王被宣布即位，所有人都开始思量迫在眉睫的内战以及谁应该来领导保王党的问题。作为一名神职人员，瓜拉无法担任军事领袖，虽然彼得·德·罗什非常乐意征战沙场，但他仍然是有争议的人物。候选人明显是威廉·马歇尔和还没有赶到格洛斯特的切斯特的拉努尔夫二人。在加冕当天，马歇尔伯爵没有采取任何夺取权力的行动，尽管在加冕礼后立即有人呼吁他挺身而出，领导全局“保卫国王和王国”。马歇尔意识到，取得共识在未来的斗争中将是至关重要的，他也明白，他无法承担失去一个具有拉努尔夫这种声望的关键盟友所带来的损失，但他似乎也不确定自己的立场。威廉请求众人给他时间考虑他的下一步行动并等待切斯特伯爵到来，然后他回到了自己的房间里。[1]

威廉·马歇尔的角色

当晚，马歇尔向心腹寻求建议，他似乎真的非常困惑，不知道该走哪条路。《威廉·马歇尔传》回顾了随后发生的激烈辩论，传记作者在这里可能参考了厄尔利的约翰的说法。约翰·马歇尔显然强调了领导新国王的军队可能会获得巨大“荣誉”。也有人建议，作为领袖，马歇尔将“有能力让你的部下都变得富有，如果你乐于这么做的话”。这听上去似乎是一种令人震惊的唯利是图的观点，但它只是反映了一种由来已久的观念，即领主有义务奖励跟随自己的骑士——实际上，威廉·马歇尔本人在大约 40 年前作为幼王亨利的随从时，可能也提出过完全相同的观点。

随着讨论的深入，据说只有厄尔利的约翰一人反对，已经为马歇尔效劳 30 多年的他担心自己深爱的主人会被即将到来的战火吞没。马歇尔现在快 70 岁了，在那个大多数男人活过 40 岁就算幸运的时代，这是相当高的年龄。厄尔利提醒伯爵道，“您的身体随着年纪增长和辛劳已经日渐衰弱”，并且指出了“国王几乎无兵可用”这一严峻的事实。他最后直截了当地警告说：“我非常担心由此导致的痛苦和巨大的麻烦会让您无法忍受。”[2]

《威廉·马歇尔传》描绘的这一幕不必一定要从表面上来理解。厄尔利是亲历者，但他也似乎一直在努力强调自己在提供睿智的建议方面的作用。或许威廉·马歇尔确实对在 10 月 28 日晚上肩负起繁重的领导责任怀有严重的疑虑，或许他将与亨利三世并肩作战的赤裸裸现实击中了要害，让他感到忧惧。这里的描述也可能反映的是有关一场更广泛的讨论的记忆，这场讨论实际上是在收到约翰国王去世的消息后发生的。当然，有可能是传记作者虚构了整个辩论，以反驳任何认为马歇尔是出于自身利益追求权力的说法，演绎了伟大人物不愿接受职务和荣誉的古老主题。

次日，切斯特的拉努尔夫骑马进入格洛斯特。他的一些随从抱怨加冕典礼该推迟到拉努尔夫到达后举行，不过拉努尔夫本人没有理会这些抱怨，而且似乎还公开鼓励马歇尔接受摄政一职。在这个阶段，拉努尔夫似乎对成为这样一个四面楚歌的一伙人的名义领袖持谨慎态度，这是可以理解的，他后来曾短暂地尝试说服瓜拉和威廉伯爵分担领导责任，但并不成功。然而，在 1216

年 10 月 29 日，“众人经商议”，同意马歇尔应被任命为保王党事业的世俗领袖。作为教皇特使，瓜拉向威廉许以极其诱人的奖赏——“赦免他的罪过”。最后，伯爵同意了，据说他宣布自己已经准备好“担任摄政的角色……赴汤蹈火在所不辞”。[3]

马歇尔于是承担了“王国的守护者”的角色。与瓜拉一起，他现在对保王党的事业和捍卫亨利三世的权利负有全部责任，而年幼君主的每日起居和看护则由彼得·德·罗什负责，因为威廉作为摄政需要能在王国内自由往来。后来，在瓜拉授权的一封王室信件中写到，马歇尔由于愿意担任这一职位而赢得了高度赞扬。他的“忠诚和坚毅”受到称赞，他被认为胜过“我们王国中的所有其他贵族，因为在我们需要他时，他犹如火炉里的真金”，这里似乎是引用了《圣经》中试炼人心的典故。

当天晚些时候，威廉再次与厄尔利和约翰·马歇尔会面。根据《威廉·马歇尔传》的记载，伯爵承认自己被现在摆在他面前的任务吓倒了，他说：“我已经来到了公海上”，就像一个水手无望找到“停靠的地方，若是能到达港口和一个安全的避风港，那简直是奇迹”。厄尔利的约翰安慰自己的主人，承诺与他同舟共济。厄尔利认为，如果英格兰不幸落入法兰西路易王子的手中，他们可以撤退到爱尔兰，由于坚定的忠诚而获得“至高荣耀”。据说威廉对此回应道：“如果除了我世人都抛弃这个男孩，你可知我会怎么做？我会背着他，如果我能扶住他，我会从一个岛跳到另一个岛上，从一个国家逃往另一个国家，即使我不得不以乞讨为生。”[4]

威廉·马歇尔的地位升到了难以想象的高度。这个没有地产的次子如今成了英格兰实际上的统治者了。这是前所未有的擢升，也是他事业的顶点。但是这一荣誉意味着，威廉的命运与他的家族及主要骑士的命运，不可逆转地和年幼的国王亨利三世的命运交织在一起了。

国王归位

1216 年 11 月初，威廉・马歇尔、瓜拉等保王党的其他主要成员南下布里斯托尔，召集所有忠于亨利三世及安茹王朝的人开了一场大会。若想率领保王党取得胜利，马歇尔必须利用他在成长道路上学到的所有本领：与狮心王理查并肩作战时对战争有了深入了解并熟习了为将之道，以及在王室宫廷中得到证明并在国际舞台上受到考验的政治敏锐性、外交意识和成熟的判断力。

威廉还对贵族的心态和骑士理想所具有的力量有着细致入微的了解。他理解恩庇制度，明白土地和官职的强大吸引力以及荣誉和骑士效劳的重要性，因此他知道如何利用这些力量和驱动力来确保新国王的地位，如果运气好的话，还可以从叛军那里撬走支持者。在这方面，作为一位著名战士和美德典范的威廉伯爵具有近乎传奇的地位，这为他的领导提供了一种令人信服的图腾般的力量。他是昔日安茹王朝荣耀时代的见证者，一个随时可以赢得尊重和忠诚的人。

在布里斯托尔的会议上，马歇尔在保王党中的至高地位得到了确认，他的正式头衔也得以确定。他的职位没有法律上的先例。通常，摄政应该与国王有亲族关系，但是威廉根本没有这一层关系。结果，他采用了更为暂时性的“守护者”，后来在以亨利三世的名义发布的文件中被称为“国王及王国的守护者”（rector nostri et regni nostri)。随着头衔问题解决，会议的讨论内容转向了更紧迫的事务：国王在内战中的胜算。[5]

近几个月来，贵族党遭受了显著的损失。埃塞克斯伯爵若弗鲁瓦·曼德维尔在一场与法国人的马上长枪比武中被杀，而厄斯塔斯·德·韦西在进攻英格兰北部的达勒姆时头部中箭而死。尽管如此，叛军明显占据优势和资源。他们仍然控制着英格兰的北部、东部和东南部大部分地区，包括伦敦在内；此外，他们还有苏格兰人的支持。最重要的是，贵族党和法国王子路易的结盟意味着，随着卡佩王朝的力量在英格兰发挥作用，这场自相残杀的内战已经呈现出一种国际性特征。

保王党的策略

亨利三世的支持者仍然控制着敌人占领的土地上的一些重要城堡，最著名的是多佛尔、温莎及林肯，并相对牢牢地控制着英格兰西部及西南部，以布里斯托尔作为行政中心。他们还可以要求一些著名的军事指挥官勤王，如巴勒的休伯特及布雷欧特的福尔克。但在其他方面，威廉·马歇尔和他的盟友们极其不利：缺少资金和人手，而且丧失了盟友。威廉伯爵和瓜拉现在着手弥补这些不足，采取了一系列精心策划的步骤来促使保王党扭转局面。

为了强调亨利三世统治的合法性，保王党通过深思熟虑，让年幼国王与其父亲令人厌恶的统治保持距离。王室分发了一封信件，亨利在其中提到了过去的“争吵”，但明确表示“我们希望永远消除它，因为它与我们无关”。最重要的是，1216 年 11 月 12 日，马歇尔和瓜拉以亨利三世的名义发布了重新起草的《大宪章》。这份文献相当于一份政治宣言——一份对意图的声明，宣布亨利愿意公平公正地统治，为的是“所有人的共同事业”。这个新版的《大宪章》重申了 1215 年版的众多关键原则——承诺维护正义和古老习俗，并调整国王和臣民之间的关系——不过这个版本内容较少且集中，共有 40 条条款，而不是 63 条。在兰尼米德商定的一些更具争议性的条款被删除了，比如 25 位贵族组成的小组，而且文中还明确表示，所有条款都有谈判的余地。

1216 年的《大宪章》在两个方面是与众不同的。它不仅仅是一个四面楚歌的君主受到胁迫后起草的一纸和平协定，而是国王自愿给予的一份权利保障。至关重要的是，该文件还得到了教皇特使瓜拉明确的全力支持。它上面盖着瓜拉和“王国守护者”威廉·马歇尔两个人的印章。因此，它被灌注了更有永久性效力的意味。罗马教廷不能再随意废止它的内容。正是这份瓜拉和马歇尔确认的文件，让 1215 年被废弃的《大宪章》起死回生。这是英国历史上关键的一步，因为，如果没有这一次的重新发布以及随后几年的多次发布，《大宪章》就会被历史遗忘。

1216 年《大宪章》的发布，意在扩大亨利三世支持者的阵营，并争取贵族党的成员加入保王党。为了达成这个目标，威廉·马歇尔遵循了 1208 年他在伦斯特所采用的和解方法。回到国王身边的叛党将得到宽大处理，而不是立即受到惩罚。投诚者还得到了人身安全的保证，可以讨论投诚条件，并被归还失去的土地。这是一项明智稳妥的政策，但几乎没有引起任何反响。大多数贵族党成员依然相信法国路易王子最终将被宣布为英格兰的合法国王，并期望从新君主那里获得土地和官职的优渥报酬。由于这些因素，几乎没有人转投保王党。

威廉·马歇尔也尽全力协助解决亨利三世资金紧缺的问题。

约翰国王的雇佣兵的未偿债务必须得到解决，还要为保王党的前哨的防御工作提供资金。威廉迈出了大胆的一步，将当时藏在科夫堡和迪韦齐斯城堡里的约翰的王室珍宝兑换成现金。仅仅迪韦齐斯城堡一处就有一大堆令人眼花缭乱的镶有宝石和次等宝石的戒指：15 枚钻石戒指、28 枚红宝石戒指，还有不少于 218 枚的镶有绿宝石或蓝宝石的戒指。这些财宝大多数都被送到了保王党在东南部的核心据点多佛尔城堡，巴勒的休伯特在那里。同时，马歇尔还进一步尝试用征税和其他方式增加王室收入，但王室的管理系统已陷入瘫痪，因此这些措施在很大程度上是无效的。流动资金至关重要。威廉伯爵非常清楚，保王党无法对贵族叛军及其法国盟友发动长期的军事行动，原因很简单——亨利三世很快就会身无分文。因此，唯一可行的做法是迅速且果断地发起对抗。[6]

希望的火花

整个 12 月保王党人都处境凄惨，但随着新年的到来，他们的运势开始好转。路易王子牢牢控制着英格兰东部，并继续控制着伦敦，但他认为，为了充分发挥自己的优势、彻底征服英格兰，他需要补充大量的人力和物力。因此，这位卡佩王子于 1217 年 1 月和保王党达成休战协定，并迅速返回法国集结增援部队。在随后的休战间歇，一些贵族最终对威廉·马歇尔的提议做出了回应，并宣布效忠亨利国王。

一些人似乎已经对他们无礼的法国盟友不再抱有幻想。另外一些人则担心路易会将即将到来的征服中获得的战利品的绝大部分分给卡佩家族的追随者，从而剥夺了英国贵族预期的回报，这是可以理解的。在这些情况下，支持保王党似乎能得到最好的晋升机会。这些王室记录中所谓的“复归者”（reversi）将受到保王党的欢迎而不受惩罚。最重要的复归者是亨利三世的叔叔索尔兹伯里伯爵“长剑”威廉，他于3月5日归顺，还带来了自己的亲密盟友——小威廉·马歇尔。

与此同时，比基耶里的瓜拉也采取了非常手段，宣布支持亨利三世的战争等同于一场十字军东征。教皇用有些模糊的说法宣称这场斗争“赢得了人们眼中的荣耀、上帝眼中的功绩”，不过他的特使走得更远。瓜拉允许保王党在衣服上绣上十字军战士的十字，并承诺他们的罪将全部得到赦免。威廉·马歇尔将在英国领导一场由教皇批准的圣战。这一转变非比寻常。正如一位同时代的编年史家所记载的：“那些曾经自称上帝的军队，并吹嘘他们为教会和王国而战的人，[此后]被认为是魔鬼之子，并被比作异教徒。”即便如此，当法兰西的路易在4月末率领新集结的军队回到英格兰，内战接近高潮时，对马歇尔和他的盟友而言，似乎只有奇迹才能让他们得胜。[7]

林肯之战

1217年的晚春，为国王亨利三世统治英格兰的权利而战的责任落在了威廉·马歇尔身上，他现在已经70多岁了。伯爵明白，只有决定性地战胜法国人才能巩固这位年轻君主的合法性，并扑灭贵族的叛乱。威廉在英格兰中部的北安普敦集结他的部队，等待攻击的机会。然后，突然，在5月初，一个希望渺茫的机会出现了。路易王子决心在向西进军前，先清除英格兰东部剩余的保王党抵抗势力。怀着这一目标，他将大军兵分两路；5月12日，路易亲率一支军队包围了多佛尔城堡，而另外一支则向北进发。

这支盎格鲁－法兰西联军中有许多叛军的大人物，比如罗贝尔·菲茨沃尔特及昆西的赛尔，军中有 500 多名英国骑士以及大约 70 名卡佩骑士，还有一支由法国指挥官佩尔什的托马指挥的庞大的步兵部队。联军向北行进到设防城镇林肯——这是一个保王党的据点，已经经受了北方叛军和一支卡佩大军的长时间围困。[①]林肯的外城垛已经倒塌，但妮古拉·德拉海夫人一直坚守这座戒备森严的城堡。这支大军现在打算逼迫林肯守军投降。

林肯面临的新的攻击构成了严重的威胁，但威廉·马歇尔也认为这是一个机会，可以趁联军还没有聚集起全部的力量时给予打击并希望能击败它们。威廉集结了每一个能够战斗的人，并在纽瓦克集合保王党的军队；此地正是约翰国王殒命之地，位于林肯西南方 25 英里处。从 5 月 17 日开始，军队陆续到达，一些当时的记载对他们的人数提供了相当精确的估计。传记作者声称见到了一系列关于这一点的书面材料，因此他极有可能看过官方的集结列表。保王党军队似乎有 406 名骑士、317 名弩弓手和一支由“追随者”组成的大型混合部队，在后者之中，一些人是支持者和仆人等非战斗人员。威廉伯爵担任大军总指挥，但是保王党的其他领袖人物也悉数到场，比如披挂上阵的彼得·德·罗什主教、切斯特的拉努尔夫、“长剑”威廉、布雷欧特的福尔克、约翰·马歇尔及小威廉·马歇尔。

威廉伯爵很可能已经猜到，他在前方的战斗中将会处于劣势。一旦盎格鲁－法兰西大军与围攻林肯的军队联合起来，那么佩尔

---

① 这支盎格鲁－法兰西联军最初向北行军，以解救被切斯特的拉努尔夫围困的芒特索勒尔，但当拉努尔夫撤军后，大军立即转攻林肯。

什的托马和罗贝尔·菲茨沃尔特将指挥超过600名骑士和数千名步兵。马歇尔非常清楚直接的军事冲突所带来的危险，但他认为必须放手赌博，因为，如果这支敌军能够被打败，整个内战的局势将随之改变。威廉决心赌上安茹王朝的未来和他自己的事业及生命，在林肯打一场大仗。用《威廉·马歇尔传》的话说，他准备“为最高的赌注而战”。[8]

战斗准备

保王党在这最后的日子里为战争做了精心的准备。瓜拉宣布将法军及其盟友逐出教会，并且为亨利三世的支持者举行弥撒仪式，赦免他们的罪。至少在马歇尔军队自己的心目中，他们像圣战战士一样武装起来，并在外袍上缝上了白色的十字。根据《威廉·马歇尔传》的记载，威廉伯爵在这一时期向他的将士发表了许多振奋人心的演讲，虽然这些演讲不能被视为精确的逐字记录，但其所使用的措辞和意象颇具启发性。

据说马歇尔敦促将士们“为捍卫我们的声誉，为了我们自己、我们挚爱的人、我们的妻子和孩子们而战”，但“也为了保卫土地，为我们自己赢得最高的荣誉而战”。这种强有力的号召基于骑士精神、精忠报国和家庭义务的概念。但威廉也警告说，法国人来“抢夺我们的土地”，并称“他们想要彻底消灭我们”，这句话既强调了个人财产受到的威胁，又强调了敌人所谓的贪婪残忍。

接着，马歇尔似乎努力尝试坚定保王党的决心。“让我们确保我们当中没有胆小鬼”，据说他如此宣称，因为“上帝希望我们保卫自己”——这里明确指出了军队具有的神圣地位。最后，他告诫他的部队为一场血战做好准备。他认为，“前方的道路”必须用

“钢铁之刃”开辟出来，但“任何人都不应该退却，［因为］一个人要为自己受到的迫害和屈辱进行全面的报复”。《威廉·马歇尔传》记载的这场演讲是鼓舞士气的战前演讲的典范，既阐明了战斗的正义性，又唤醒了将士们坚定的勇气和无情的凶残。[9]

5 月 19 日，保王党准备向林肯进军。在做进军计划时，威廉伯爵采取了精明的策略，这既是由当地地形的性质决定的——关于地形的信息可能是从彼得·德·罗什那里获得的，他在生涯早期曾在林肯大教堂任职——也结合了他自己丰富的军事经验。林肯建在威瑟姆河北岸，一圈呈长方形的罗马时代的城墙从下城区向北延伸到一个陡峭的斜坡——在四分之三英里内达到海拔 175 英尺——上，直到一条长长的山脊。在这里，城垛围住了西侧的一座雄伟的 12 世纪的诺曼城堡和东侧的一座高耸的大教堂。外墙至少有 5 座主要城门。法军和贵族派军队驻扎在城墙内，试图用围城器械和抛石机突破城堡的内部防御工事。

威廉·马歇尔认识到，从纽瓦克直接向林肯进军的任何企图都将会充满危险。如果他们从南方到达，保王党在穿过横跨威瑟姆河的桥时就要被迫与敌军交战，然后不得不从下城区沿着陡峭的斜坡艰难地向上爬，边走边战斗。伯爵决定绕开这些障碍，令大军沿弧形围绕在林肯西部，然后爬上山脊，从西北方向林肯进军。这将使他的部下可以从北方发起进攻，一旦他们通过上城区后，就有了居高临下与敌人交战的优势。而且此举还可能使保王党在盎格鲁－法兰西部队发起反击之前与城堡内的驻军建立联系。考虑到威廉的主要目标是给他的对手造成毁灭性的打击，这一战略的一个潜在缺点是，如果盟军选择逃跑而不是战斗，那么它给盟军留下了一条通往南方的畅通无阻的逃跑路线。

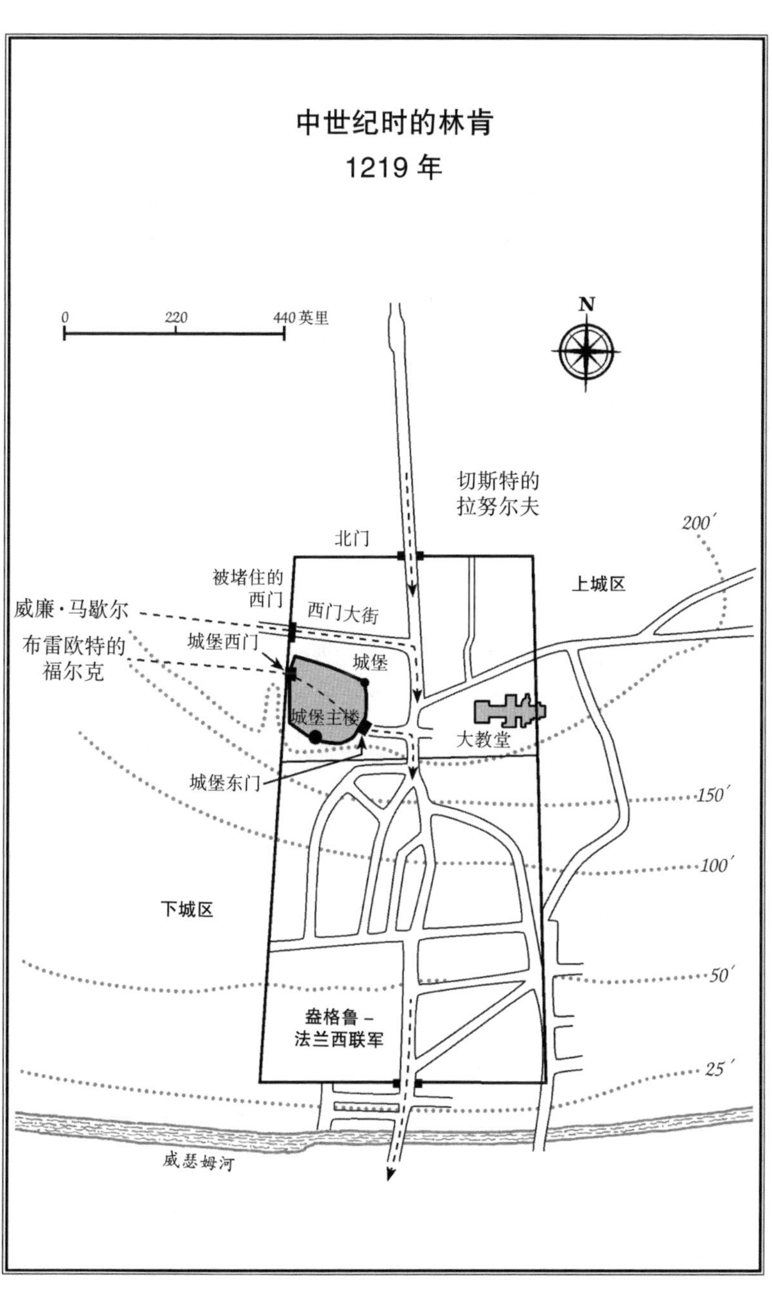
中世纪时的林肯
1219 年
0
220
440 英里
N
切斯特的
拉努尔夫
200′
北门
被堵住的
西门
上城区
威廉·马歇尔
西门大街
布雷欧特的
福尔克
城堡西门
城堡
城堡主楼
大教堂
城堡东门
150′
100′
下城区
50′
盎格鲁－
法兰西联军
25′
威瑟姆河

第一日行军后，保王党人在林肯西北方大约8英里处扎营。第二天趁着天色未明，他们登上山脊，弩弓手作为前哨，辎重粮草殿后，分7个小分队向城镇进发。1217年5月20日周六清晨6点之后不久，大军抵达林肯。根据一首战后创作的歌谣所述，清晨的阳光照耀着他们的头盔和盔甲，熠熠生辉。据说马歇尔再次动员将士，告诉他们抓住这次“解救我们的国家的机会”，赢取胜利的“永恒荣耀”，并且不要害怕，因为牺牲者将立即“进入天堂”。“上帝知晓谁是他的忠实仆人，”据说威廉宣称，“这一点我完全确定。”他会奖励忠信之人，同时把法国人“送入地狱”。[10]

1217年5月20日的交战

尽管威廉·马歇尔年事已高，但他并不打算在远方指挥林肯之战。他计划以身作则，冲在前线。然而，马歇尔必须首先要策划一场正面交锋。保王党已经准备好在林肯以北的山脊上面对敌人，尽管在这片空旷的土地上交战将使敌方充分利用他们的人数优势。结果，威廉的对手拒绝进攻。在得知保王党大军从西北方接近林肯后，联军指挥官们立即上马出城勘察战场。罗贝尔·菲茨沃尔特及昆西的赛尔主张立即正面迎战，而佩尔什的托马（并非毫无道理地）认为没有理由冒此风险，他要求所有人撤入城墙内，部署部队保卫城垛并守住北门。

威廉伯爵现在必须想办法强行进入林肯。保王党没有任何重型的攻城器械，他们也不可能长时间包围城墙，因为随之而来的拖延可能会让路易王子获得北上支持联军的时间。由妮古拉·德拉海夫人守护的城堡可以从西边的一道大门进入，城堡的壁垒在那里紧挨着主城墙，但领导整支保王军进入这座堡垒的想法被否绝了。这可能是因为，可以进入上城区和大教堂前的一片区域的城堡东门被围困的联军严密守卫着。

马歇尔于是派遣了一些侦察小队去寻找其他的进城入口。其中一队由约翰·马歇尔率领，但似乎彼得·德·罗什率领的小队有了关键的发现：林肯西北方有一座相当大的城门，但被砖块碎石堵住了。盎格鲁－法兰西联军显然认为这个入口已经被安全地封死了，但是当德·罗什向威廉报告时，他认为只要有足够的人手，完全可以清理出一条进入林肯城的通道。这将使保王党能够对上城区的心脏地带发动一次毫无预兆的致命打击。

威廉·马歇尔着手转移敌军注意力，以使清理城门的行动不被发现。切斯特的拉努尔夫渴望领导当天的第一轮进攻，于是马歇尔派他率领部分军队攻打北门。与此同时，布雷欧特的福尔克率领一大批弩弓手进入城堡，将他们部署在朝向城内的高墙上，并开始向驻扎在城内的盎格鲁－法兰西联军连续射击，使其遭受重创。清理西北城门的工作艰苦费力，可能花费了几个小时，直到中午才结束，但完全没有引起盎格鲁－法兰西联军的注意，因为他们忙着在城堡前和北门与保王党人交战。

保王党有了进入林肯的路线。当一大群骑士纷纷上马准备发起猛烈的冲锋时，威廉伯爵似乎无比兴奋。根据《威廉·马歇尔传》的记载，他催马冲到阵前，高声喊道："冲啊！"快马加鞭冲过了重新打开的城门。但年迈的马歇尔迫不及待地想要加入战斗，却忘了戴头盔，这是一个可能造成生命危险的错误。一位年轻的扈从赶紧冲上前去制止了他，并礼貌地指出了这一疏忽。一旦威廉和所有将士穿戴完毕，他们就冲进西北门并发动了进攻。[11]

威廉伯爵和他的儿子小威廉·马歇尔、"长剑"以及彼得·德·罗什一起冲在前面。他们一起沿着西门大街骑马上前，然后右转（向南），出现在城堡前。在这里，布雷欧特的福尔克率领弓箭手仍然在屠杀敌人——一位编年史家指出，叛乱贵族的马“被射倒，像猪一样被杀掉”。马歇尔率领军队突然出现并加入混战，全速冲入了盎格鲁－法兰西联军的阵营。据说威廉“冲入了敌军最密集处”，一阵砍杀突入十几米。在战斗最初的一片刺耳嘈杂声中，德·罗什据说大声呼喊“跟我来！ 上帝与马歇尔同在！”战斗开始了。

威廉·马歇尔率领大军突然出现，让城堡前的联军备感震惊，因为他们根本不知道林肯的外墙已经被突破。一位忙着操作抛石机的机械师把伯爵的人误认为自己人，转身继续操作机械。就在他正准备向城堡发射另一枚石弹时，保王党的骑士冲过他的身边，“毫不客气地砍下了他的脑袋”。在第一轮冲锋之后，林肯城内很快变成了混乱的战场。这正是马歇尔年轻时在讷沙泰勒和勒芒这样的地方所熟习的在拥挤街道上的疯狂肉搏，但作为一个 70 岁的老人，他很难从容应对了。[12]

根据《威廉·马歇尔传》的记载，年迈的威廉·马歇尔确实发出了有力的一击。罗普斯雷的罗贝尔——约翰国王曾经的家臣骑士，加入了贵族党——向前猛冲，用长枪“凶残地”刺向“长剑”威廉（索尔兹伯里伯爵的铠甲使他没有受重伤）。罗普斯雷的武器因为这一击而被撞碎，正在他掉转马头时，马歇尔冲了过来，“在他两肩之间给了他猛烈的一击，差点把他击下马来”。受重伤的罗普斯雷据说爬进了附近的一座房子里，“出于恐惧，[他]尽快躲进了楼上的房间里”。

激烈的混战就在城堡和大教堂之间的地带展开，战斗的结果悬而未决。法军指挥官佩尔什的托马伯爵在林肯大教堂前的院子里集结了他的部队并强硬地抗击。正是在这里，战斗到达了高潮。据说许多人“受伤并致残、受到踩踏和殴打”。托马伯爵“顽强死守”，并开始收复一些阵地。传记作者声称威廉伯爵此时仍在激烈战场的中心，头部受到了佩尔什的托马的三下重击，致使头盔严重凹陷下去。不过这个细节没有其他史料的佐证，所以可能是为了戏剧效果而添加的。

尽管如此，托马伯爵明显是在大教堂的阴影下突然殒命的。布雷欧特的福尔克手下的一名骑士——曾是雇佣兵的雷金纳德·克罗克（Reginald Croc）——挺身而出攻击佩尔什伯爵。克罗克的致命一击“穿过了托马的头盔的面罩”，“剑尖”刺穿伯爵的眼睛后就直接刺入了他的大脑。“这致命的重伤”令托马从马上摔了下来，而雷金纳德·克罗克似乎也在这次大胆的攻击中受了重伤，并在当天晚些时候丧命。

眼见托马伯爵倒地，双方都为之震惊。盎格鲁－法兰西联军“非常沮丧”，开始惊慌失措地向南撤退，沿着陡峭的山坡向下撤退到下城区。开始时，保王党也不知道发生了什么。大家以为佩尔什的托马可能只是被击昏了。威廉·马歇尔命人小心地摘掉托马的头盔，然后才清楚地知道“他已经死了”。如此出名的人物就这样横死并非常事，哪怕是在激烈的战斗中也是如此——这证明了中世纪的盔甲能提供有效的防护，以及抓捕高价值的俘虏以换取赎金是普遍的做法。就连《威廉·马歇尔传》的作者也承认，“[托马伯爵]就这样死去是非常可惜的”。[13]

林肯之战还没有结束，但是胜利的天平显然已经倾向保王党一方。威廉伯爵的军队追赶逃跑的盎格鲁－法兰西联军下山，此时切斯特伯爵已经攻破北门加入了战斗。保王党借着地形优势击退了联军在绝望中发动的一次反击，此后联军便全面溃败。许多逃跑的联军战士被困在南门和威瑟姆桥之间。其他人被追到林肯以南几英里外。一些人被杀死，特别是步兵，但大多数人被俘虏。大约 200 名骑士成功逃脱，《威廉·马歇尔传》嘲讽地把他们比作老鼠，向伦敦一路逃窜。

威廉·马歇尔带领保王党取得了惊人的胜利。罗贝尔·菲茨沃尔特、昆西的赛尔及许多其他主要的叛乱贵族被俘虏，还有路易王子的大部分军队。威廉伯爵冒了巨大但可以说是必要的风险，这次赌博得到了回报。他在可怕的战斗中幸免于难，尽管受到了攻击但并未受伤，然而盎格鲁－法兰西联军的信心已经被击碎了。英国历史学者大卫·卡彭特（David Carpenter）正确地将林肯之战描述为“英国历史上最关键的［战役］之一”，他得出结论称，这一战的结果“决定了英格兰将由安茹王朝统治，而不是卡佩王朝”。有了这样光荣的消息，无怪乎马歇尔当天就骑马前往北安普敦，根据文多弗的罗杰的记载，他甚至“连饭都没有吃”——他决定亲自禀告年幼的国王亨利三世和瓜拉，内战的局势已经扭转。[14]

战争结束

5 月 25 日，法兰西的路易得知了林肯之战惨败的消息，他立刻中断了对多佛尔的围攻，向北撤至伦敦。威廉·马歇尔或许可以试图包围伦敦并俘获卡佩家族的王子，但伯爵非常清楚，尽管保王党最近取得了胜利，但手中的资源仍很稀缺。现在至关重要的是以最少的资源尽快结束内战，而这一过程中的关键一步就是把路易赶出英格兰。

双方几乎立即展开关于和解的谈判，并于6月13日商定了初步条件。马歇尔提出的要求远非惩罚性的。如果路易王子立即离开英格兰，针对结盟的法国人和叛乱贵族的绝罚判决将被解除，后者还能收回他们在英格兰的土地。双方的俘虏都将被释放，而1216年重新发布的《大宪章》中规定的“英格兰王国的自由和习俗”将从此“在整个王国内享有”。尽管如此，当教皇特使瓜拉坚持那些曾无视罗马的明确命令而继续支持法兰西的路易的教士必须仍然受到绝罚时，谈判陷入了僵局。这位卡佩家族的王子非常令人敬佩地拒绝放弃这些忠实的朋友，宣称“和平协议里不能没有他们”，因此谈判于6月15日破裂。

贵族党现在开始以不可思议的速度分裂。接下来的8天中，超过60位贵族回到了国王的阵营，在随后的夏天中又有近百名贵族跟随他们这么做。和以前一样，这些复归的贵族绝大多数得到了公正的对待。8月底，当一支法国增援大部队从加来起航时，卡佩军队做了最后一搏，试图夺取胜利。率领舰队横渡海峡的是恶名昭著的雇佣兵船长“僧侣”厄斯塔斯，他放弃了修士的身份成为海盗，因此饱受教士出身的编年史家的诟病。

1217年8月24日，一支临时组建的英国舰队从桑威奇出发，前去击退这支入侵部队。这一次，威廉·马歇尔同意自己不冲在前线，让巴勒的休伯特代替他领导防卫战。威廉伯爵和亨利国王一起在海岸上观战，他们似乎能够清楚看到战局的变化，因为《威廉·马歇尔传》的作者说，“这是一个晴朗的日子，[因此]可以远眺大海”。桑威奇海战是一场恶战，估计有4000人战死或溺艉。很多载满法军的船只，包括“僧侣”厄斯塔斯自己的那一艘领航船，都受到了撞击并被敌军登船。巴勒的休伯特的手下将一罐罐石灰粉抛到敌人的甲板上，刺激性的空气瞬间让法军睁不开眼，所以英军相对容易地压制了任何反抗。那一天，英国人第二次取得了历史性的胜利，卡佩舰队的残余船只匆忙撤退。著名的卡佩大将威廉·德·巴雷斯以及布卢瓦伯爵都被俘虏。据说“僧侣”厄斯塔斯被人发现蜷缩在甲板下，他被拖上了甲板并立即遭到斩首。

在这次失利后，路易王子在英格兰的地位极不稳定。正如一位编年史家所指出的，他发现自己“眼下缺乏援助，对未来感到绝望”。威廉·马歇尔现在开始围困伦敦，双方于 8 月 28 日开始重启和平谈判。经过两周的争论双方才敲定条款，但最终在伦敦西南的金斯顿（Kingston）达成协定，其条款与 6 月 13 日提交的条款非常相似。到了 9 月底，威廉伯爵亲自护送路易到多佛尔，心满意足地看着这位卡佩王朝侵略者登船前往法国。[15]

威廉·马歇尔有时会受到没有让被他击败的对手接受更多的伤害性和羞辱性条款的指责。事实上，在一代人的时间中，像马修·帕里斯这样充满敌意和无情的人会暗示，威廉在 1217 年不知何故背叛了英格兰，没有彻底惩罚法兰西的路易。马歇尔似乎对这位法国王子过于信任了。路易承诺说服自己的父亲腓力·奥古斯特将从约翰国王手中夺取的安茹王朝在欧洲大陆上的土地归还给亨利三世。威廉伯爵相信了王子的口头承诺，并没有要求他给出具有约束力的保证，而王子后来违背了自己的誓言。但是像马修·帕里斯这样的批评者忘记了，1217 年夏末时，保王党在英格兰的地位仍然脆弱而不稳定。王国因为内战破碎不堪，财政和管理制度基本已经瘫痪，新登基的亨利三世此时才刚刚 10 岁。正如林肯之战后一样，1227 年 9 月时，马歇尔的首要任务是确保和平，将法国人赶出王国，避免整个国家陷入停滞。

威廉·马歇尔成功实现了这一目标。尽管困难重重，这位“王国的守护者”平定了贵族党的叛乱，并且挫败了 1066 年以来英格兰面临的最具威胁性的入侵。对同时代人来说，迅速击败法国人无异于“一个奇迹”。在约翰去世后，马歇尔做出了人生最艰难的抉择，决定支持孤苦伶仃的还是男孩的国王亨利三世，使他的家族和支持者陷入危险之中。但在 1217 年带领保王党取得胜利的过程中，威廉伯爵确保了亨利的统治权并拯救了王国。[16]

尾　声

威廉·马歇尔几乎没有时间去品味1217年的胜利的滋味。法兰西的路易离开后，卡佩家族入侵的直接威胁消弭了，但恢复英格兰和平和秩序的巨大挑战仍然存在。这个王国多年来饱受贵族暴动的蹂躏。国王的权威已经崩溃，主要的财政管理机构财政署自1214年后就无人监管。威尔士人和苏格兰人也趁英国内战和法国入侵之际夺回了失去的领土。即使对一个精力充沛的成年君主来说，稳定王国也是一项艰巨的任务，但亨利三世仍是一个未成年人，他的"守护者"威廉伯爵已经70多岁了。

"摄政"威廉·马歇尔

马歇尔又继续担任了"王国的守护者"一职19个月，作为摄政全心全意为亨利三世服务，投身于棘手而乏味的政府公务，同时一直努力为他的年幼国王的统治争取最好的未来。国家面临的问题无法一举解决——马歇尔并不是魔法师。但考虑到他所面对的问题纷繁复杂的程度以及他年事已高，而且以前在行政方面的经验有限，他取得的进展卓越非凡。威廉不顾自己的年龄，把全部的精力投入到了工作之中。他的大部分时间都是在伦敦和威斯敏斯特度过的，但他也常在斯特里盖尔和他喜欢的位于泰晤士河畔雷丁对面的卡弗舍姆领主宅邸之间往来移动。

作为王国的老牌政治家，事实证明马歇尔是一个很不错的首领——他作为骑士精神典范具有无与伦比的声誉，这有助于使“摄政”政府合法化。这种声誉还能使他仲裁土地争端（非常频繁）、监督人质的归还和赎金的支付。在威廉伯爵统治期间，没有暴政的气息，连结党营私的现象也很少见。他与比基耶里的瓜拉一起分享权威，直到 1218 年深秋这位教廷特使返回罗马（抱怨自己已经精疲力竭），罗马新派来了潘杜尔夫，此人刚刚担任教皇的财政总管。温切斯特主教彼得·德·罗什和巴勒的休伯特也在政府中发挥了领导作用。通过众人的共同努力，在威廉任职期间，王室的司法和金融体系逐步恢复正常。1217 年 11 月 6 日，新版的《大宪章》在盖上教皇特使和威廉·马歇尔（尽管他是摄政，但他继续使用他还是骑士时所用的小印章）两人的印章后发布。该文件已被进一步修改以重振国王权威的某些方面，但它仍然包含涉及公义、公正审判和免于暴政的权利的关键条款。

随着苏格兰人同意归还他们在贵族叛乱中夺取的土地，威廉伯爵在恢复英格兰北部边境方面取得了一定的成功。威尔士土著则是另一回事。罗埃林·阿普·约沃斯谋求复兴，威尔士继续受到暴动的困扰，马歇尔在威尔士边境南部的卡利恩的邻居依旧肆无忌惮。整个省份持续遭受重大损失，西威尔士的卡马森和卡迪根城堡都被攻陷了。在 13 世纪的大部分时间里，整个地区将仍是英国国王面临的一个棘手的难题。

威廉伯爵在担任摄政期间确实犒赏了亲朋，但总体上是克制的，也没有使用掠夺的手段。小威廉·马歇尔获得了马尔伯勒城堡，这是他在叛乱期间想要的堡垒，并从王室贸易（在伦敦、温切斯特和约克等中心）中获得了大量的利润分成。约翰·马歇尔被任命监护整个王国的王室森林，而厄尔利的约翰和苏克维尔的若尔丹则获得了丰厚的土地奖励，伯爵还任命他的长期顾问伦敦的迈克尔大师为王室驻罗马教廷的官员（法律代表）。除了格洛斯特城堡的监护权和乘船前往伦斯特的新罗斯的自由通行权，威廉没有为自己谋取多少东西。[1]

马歇尔的隐退

到 1219 年初，威廉已经尽其所能巩固了亨利三世的地位，修复了王室和贵族之间的关系，并使政府系统恢复正常。但他最终积劳成疾。那年 1 月，他从马尔伯勒前往威斯敏斯特，抵达后就病倒了。马歇尔在漫长的一生中一直非常健康，但根据传记作者的说法，在接下来的几个星期里，他“饱受疾病和痛苦的折磨”，72 岁的他终于倒下了。

伯爵夫人伊莎贝尔也来到这里照顾他，许多医生为他提供治疗，但收效甚微。3 月 7 日，他可以骑马前往伦敦塔，但据说“饱受痛苦和不适”，到了那个月中旬，他意识到自己大限将至。威廉决定离开伦敦，因为“如果死亡是他的命运”,《威廉·马歇尔传》指出，“他宁愿死在家中［而不是］其他地方”。小威廉·马歇尔和厄尔利的约翰做了必要的安排，伊莎贝尔和伯爵乘坐两艘小船在泰晤士河上以适度的速度航行，于 3 月 20 日抵达卡弗舍姆的领主宅邸。马歇尔似乎渴望乡村的清新空气和安静的氛围，在那里，他的家人和最亲近的家臣可以围在他身边照料他。该庄园还有自己的一座小教堂，由来自诺特利（在白金汉郡）的奥古斯丁修会的修士主持，他们会照顾伯爵的宗教需求。然而，首先，他需要将自己从职务的责任中解脱出来。[2]

伯爵在病榻上继续处理了几个星期的国家事务，而国王亨利三世和彼得·德·罗什则一起住在对岸的雷丁。但是伯爵被剧烈的疼痛折磨着，没有胃口进食，所以他采取了最后的措施放弃了摄政的权力。1219 年 4 月 8 日，11 岁的国王和他的主要谋士们都挤进了马歇尔的卧室，开始为期两天的辩论。彼得·德·罗什想得到摄政一职，声称自己在 1217 年 10 月被任命为某种形式的守护者，但威廉的思维仍然足够敏锐，可以看穿他的心思。德·罗什曾是一个称职的盟友，但威廉似乎对他贪得无厌的野心并不信任，并怀疑他能否赢得贵族的忠诚。因此，马歇尔让教廷特使潘杜尔夫照顾亨利三世，甚至采取了预防措施，让其子小威廉·马歇尔监督公开宣布此事，这样德·罗什就不能加以干预了。

会谈结束前，威廉伯爵把年轻的国王叫到他的床边。根据《威廉·马歇尔传》的记载，马歇尔向他为之做了很多工作的国王进献了最后一条建议。威廉谈到他希望亨利"成长为一个有价值的人"，但他也发出了严厉的警告。如果国王要追随"一些邪恶的祖先的脚步"，那么马歇尔会祈祷上帝"不赐予你长寿"。威廉已经无法再多做什么了，只希望亨利不要重复他父亲的过错。就这样，权力从马歇尔手中交了出来，据说他感觉自己"卸下了重担"。[3]

最后的日子

在接下来的一个月里，威廉·马歇尔慢慢地失去生命力，直到生命最终走到了尽头。这位闻名遐迩的骑士，这位经历过如此多的战争和动荡的老兵，在他舒适安全的卡弗舍姆领主宅邸中平静地死去。他的妻子伊莎贝尔和他的儿子小威廉始终陪伴在他身边。他的女儿们也都来了，最小的一个还为他唱歌，在他痛苦时给他带来了温柔的安慰。马歇尔的主要随从们，包括厄尔利的约翰，也聚集在卡弗舍姆。在这最后的日子里，他们始终保持了持久的忠诚，显露出他们对伟大的主人的深厚感情和忠心耿耿。他们不停地为伯爵守夜，至少有 3 位骑士一直守候在马歇尔身边，而小威廉坚持在他的身边度过夜晚的黑暗时光。就这样，马歇尔直到最后都得到了人们的爱戴和尊敬。

威廉所服务过的国王要么饱受折磨而死，要么突然亡故。小亨利在最后痛苦的日子里是一个反叛的儿子，被他的父亲拒绝予以帮助。老王亨利本人也被逼迫致死，而狮心王白白地死于伤口感染，约翰则受人唾骂，在令人厌恶中走向生命的终结。威廉伯爵也无法逃过死亡所带来的痛苦，这种使人衰弱的疾病夺走了他的力量，常常让他痛苦不堪。他在最后的 20 天里几乎无法进食。但他有时间为自己的死亡做准备。《威廉·马歇尔传》对他人生的最后几周做了非常详细的记录，描述了马歇尔是如何井井有条地安排自己的身后事的，也许正是传记的结尾部分为我们提供了马歇尔最清晰的内心写照，因为我们从中了解到威廉在弥留之际最在意的是什么。[4]

对家族和部下的关照

马歇尔的家族的未来沉重地压在威廉的心上。他的遗愿和遗嘱是精心准备的，以确保家族遗产得到传承。作为家中的次子，威廉没有从自己的父亲那里继承到任何东西，但在过去的 70 年里，马歇尔已经积累了大量的土地和各种各样的荣誉。在个人层面上，这可能是他一生中最伟大的成就。他把自己家族的名声提升到了难以想象的高度，现在他决心不让这些努力被白费。他的遗嘱中的所有条款都由他的私人赈济员圣殿骑士若弗鲁瓦记录了下来。厄尔利的约翰被任命为马歇尔的遗嘱执行人之一，书面条款得到了教廷特使潘杜尔夫和坎特伯雷大主教斯蒂芬·兰顿的正式确认。一切都要确保万无一失。当然，遗嘱首先考虑的是伊莎贝尔。她将保留 30 年前他通过联姻得到的所有土地的权利，一直到她去世，然后这些土地将根据威廉伯爵的遗愿分配。

小威廉将获得马歇尔家族最核心的地产——斯特里盖尔、彭布罗克和伦斯特的领土——以及马歇尔家族在英格兰其他地方所拥有的土地，包括汉普斯特德·马歇尔。次子理查·马歇尔被授予了诺曼底的隆格维尔，但威廉没有将他的地产限制在法国，也把白金汉郡的朗克伦登庄园分给了他。由于在教会任职，吉尔伯特·马歇尔没有分到任何地产。但伯爵的第四子沃尔特得到了威尔士边境的古德里奇城堡（Goodrich Castle）的监护权。伯爵最初的本意是不给还是一个孩子的小儿子安塞尔留什么东西。不是马歇尔不喜欢他，因为据说伯爵曾经宣称“我非常爱［他］”，而是因为马歇尔相信安塞尔应该像自己一样在这个世界上走自己的路，找到“一个非常爱他并尊敬他的人”。然而，最终，厄尔利的约翰代表这个男孩进行了干预，安塞尔分到了一块价值 140 英镑的爱尔兰土地。威廉伯爵的 4 个女儿都已经出嫁了，他预期五姑娘琼将会很快出嫁，给了她一小笔收入。

在安排完家人后，马歇尔的心思转向了他的骑士们的福祉。

他在人生的头40年里都是为别人效劳的骑士，他珍惜与自己的家臣骑士结成的亲密的友谊和信任。大多数威廉最亲近的家臣骑士已获得了土地和官职的丰厚回报，但供养他的战士们的义务仍然是一个紧迫的问题。在人生的最后几周里，马歇尔的一位文职人员建议将宅邸中的80件带有毛皮边饰的上好猩红长袍卖掉。据说他告诉伯爵，募集到的钱可以用来“把你从罪恶中解救出来”，但威廉对这个建议感到震惊。“住嘴，你这个可怜虫，”据说他如此反驳道，“我已经听够了你的建议。”马歇尔坚定地认为这些长袍应该分发给他的部下，作为他满足他们的需要的最后的象征，他请求厄尔利的约翰向他不能亲自与之交谈的家臣骑士传达他的意思。在家庭的核心圈子之外，家臣骑士是威廉生活的摇篮——一个无价的圣所——直到最后仍是如此。[5]

威廉的灵魂归宿

随着马歇尔临近生命的终点，对教会所宣扬的来世和灵魂审判的思考开始盘桓在他的脑海中。随着死亡临近，据说他宣称：“[我必须]为我的灵魂的救赎深思熟虑，因为我的身体现在濒临毁灭。”威廉伯爵透露，他早在几十年前就已经为这一刻做好了精心准备。永远忠诚的厄尔利的约翰被派往威尔士边境南部去执行一项特殊任务。威廉派他去取“我交给[埃夫勒的]斯蒂芬保管的丝绸布料，[并]尽快回来”。厄尔利按时完成了这项任务，《威廉·马歇尔传》详细描述了他回来时的亲密场面。

这两匹被藏了很久的丝绸被拿了出来，但起初伯爵的一位骑士似乎不以为然，说道：“我觉得它们有点儿褪色了，要不就是我的眼睛有问题了。”威廉命令将布料展开。也许在那一刻，他想知道他对这些珍贵的布料的记忆是不是出了问题。但是一旦布料被展开，马歇尔就松了一口气，因为“它们看起来非常精细，非常珍贵”，显然是“做工精良的上等布料”。伯爵把他的儿子叫来，然后解释说：“这些布料已经有 30 多年了，是我从圣地带回来的，当我被埋在地下时，［可以用］它们盖在我的身上。”威廉随后让厄尔利来执行此事，甚至指示他在天气不好的情况下使用粗布来保护丝绸，这样它们就不会被“损坏或弄脏”了。这就是马歇尔长期以来设想的对他的尸身表达的尊重——将其与圣城耶路撒冷的一件圣髑仪式性地结合起来，并且他决定要丝毫不差地执行这一点。[6]

5 月中旬，有一位信使到了卡弗舍姆，带来了教廷特使潘杜尔夫已经给予马歇尔一项特别恩典的消息。他被告知“特使赦免了你一生中所犯下的和你真正忏悔的所有罪过”，而且，正如《威廉・马歇尔传》特意指出的，威廉明智地确保在这段时间内做告解。伯爵在临终前还向修道院做了捐赠，据说他要求在他死后给穷人施舍，并为“100 个穷人”留出食物、饮料和衣物。

在今天的人看来，这些精心的准备似乎表明马歇尔痴迷于灵魂的归宿，或者至少传记作者希望把他呈现为这样的人。但事实上，威廉只是遵照了他那个时代的既定习俗，为当时所有的西方基督徒都认为的在上帝面前接受最终审判的时刻采取了适当的预防措施。《威廉・马歇尔传》中报道的另一件事似乎表明，作为一名骑士，马歇尔对基督教教义和他自己的精神福祉另有一番想法。威廉躺在床上不能走动的时候，显然与他的一些家臣骑士有过交谈。其中一人回忆说，他曾听过教士声称，“一个人如果不归还他拿走的东西，就无论如何不会得到救赎”，因此他想知道伯爵是否打算放弃所有的世俗财产。

正如传记作者所描述的那样，马歇尔风趣的回答值得在这里全文引用，因为即使这不是对他的话的精确记录，它也提供了了解骑士心态的独特洞见，揭示了中世纪的战士试图调和他们的职业的基本需求和拉丁教会的教导。据说，威廉伯爵的回复如下：

> 教士对我们太苛刻了，把我们逼得太紧了。如果仅仅因为我夺取了500名骑士的生命并保留了他们的武器、马匹和他们的所有装备，天国的大门就在我面前关闭了，那么我就没有办法进去了，因为我不能归还这些东西。我相信，我无法对上帝再做更多的事情了，只能把自己交付给他，为我所犯下的一切罪行和错误向他忏悔。他们想要逼我多做点儿，但我已经做不了更多了。在这一点上，要么他们说错了，要么就没有人能得到救赎。[7]

亡故和埋葬

在威廉·马歇尔生命中的最后几天，“他无法吃喝进食”，虽然他的仆人们尝试给他喂了些蘑菇和白面包屑，但“他的心脏却越来越虚弱，身体机能停止了”。大约在此时，伯爵说出了他和圣殿骑士团的秘密协议。早在12世纪80年代，他就决定在死前加入该修会，并希望经兄弟们之手下葬。作为对此的回报，他将“阿普雷登的一座很好的庄园永久地”赠予圣殿骑士团。在威廉的心目中，加入这个令人尊敬的骑士修会必定看起来像是一个战士的生命的恰当结局。他的朋友圣殿骑士团英格兰会长圣莫的艾默里亲自前往卡弗舍姆，为威廉举行入会仪式。一年前，马歇尔就要求制作一件特别的圣殿骑士白色长袍，上面绣着红色的十字，“没有人知道它的存在”。这件会袍现在已经准备好了，但是威廉随后要求伊莎贝尔来到他的房间。传记作者如此描述：

> 这位对妻子慷慨、善良又温柔的伯爵转向了女伯爵，对她说：“美丽的夫人，现在吻我吧，因为你再也不能这样做了。”她走上前吻了他，两人都哭了。

他的女儿们也在场，据说“站在他的周围沉浸在深深的悲痛中”，最终不得不被带到外面。仪式结束后，艾默里据说对威廉说了一些临别安慰的话，他说：“在这个世界上，你比任何其他骑士都取得了更高的荣誉，无论是在你的勇气，还是你的智慧和忠诚方面。”他随后继续向伯爵保证，上帝“希望拥有你”。[8]

1219 年 5 月 14 日，星期二，最后的时刻终于到来。当“他无法抵御的最后死亡的剧痛攫住他”时，厄尔利的约翰一直试图让床上的马歇尔舒服一些。威廉恳求厄尔利打开他房间的门窗，并叫来他的家人。约翰“把伯爵抱在怀中”，看着他“由于死亡压迫着他、伤害他的心脏，脸变得越来越苍白，变成了铁青色”。

小威廉、伊莎贝尔和马歇尔的骑士们都来了，伯爵说了他的遗言：“我快要死了，把你们托付给上帝了。我不能再为你们考虑了，因为我斗不过死亡。”然后，小威廉把父亲抱在怀中，“流下了怜悯的泪水，这是自然而然的、悄无声息的、公开的”。一个十字架被带到床上放在伯爵的面前，然后，当诺特利的修道院长做最后的赦罪仪式时，威廉·马歇尔把目光投在耶稣受难像上，“双手合十”而逝。《威廉·马歇尔传》的作者自信地宣称：“我们相信他得救了，与上帝和他的诸圣同坐在一起，[因为]他死后是个好人，和生前一样。”

当日晚些时候，伯爵的遗体做了防腐处理，覆盖着马歇尔珍藏的丝绸，准备下葬。5月15日，他的尸体被运往雷丁修道院，在那里，送葬队伍肃穆地抬着他，并唱起了完整的弥撒。伊莎贝尔夫人跟随着她已故丈夫的遗体，但据说她悲伤得无法走路。马歇尔的尸体随后被运往伦敦。5月18日，一大群贵族护送送葬队伍前往威斯敏斯特修道院，在一片“壮丽的烛光中”守夜和做弥撒。最终在1219年5月20日，也就是伯爵在林肯大获全胜两年之后，他被安葬在圆形的伦敦圣殿教堂之中，此地令人想起耶路撒冷的圣墓大教堂。坎特伯雷大主教和伦敦主教一起主持了葬礼。据说斯蒂芬·兰顿在演说中将威廉·马歇尔描述为“世上最伟大的骑士”。在那里，至今仍然可以看到这位无与伦比的勇士——拯救英格兰的首功之臣——的陵墓雕像。[9]

余 波

伊莎贝尔夫人在丈夫死后没活多久。她于1220年去世，45岁左右，被埋葬在斯特里盖尔以北的丁登寺修道院。她和威廉伯爵一起努力，把马歇尔家族提升为英格兰最重要的贵族家族之一。然而，尽管他们付出了所有的努力，在不到25年的时间里，马歇尔家族的气运就走到了尽头。在某种程度上，这个家族成为亨利三世国王的动荡统治期的牺牲品。英国没有遭受法国立即发起新一轮的攻击，因为腓力·奥古斯特在1220年逝世。他的儿子兼继承人路易八世在6年后就死了，由他同名的幼子继续统治卡佩王朝，法国经历了自己的一段摄政统治时期。即便如此，在亨利三世的统治下，英格兰仍然继续在贵族叛乱的余波中动荡着。《大宪章》于1225年再次发布（形成了最终版本），1227年，亨利三世也终于成年了。但亨利三世统治的最初几年被权力斗争打乱了，因为巴勒的休伯特和彼得·德·罗什先后试图利用他们对国王的影响力来谋取个人利益。[10]

马歇尔家族的衰落

马歇尔家族崩溃的责任不能仅仅归咎于某个家庭成员，也不能用性格上的缺陷来解释。威廉·马歇尔的继承人既不懒惰也不愚蠢，但他们缺乏父亲那种难以模仿的能力，无法驾驭充满纷争的中世纪政治世界。最关键的是，事实证明他们无法繁衍后代。伯爵的第一位继承人是他的长子威廉二世，他取得了非常大的成功并继续受益于厄尔利的约翰对马歇尔家族的忠诚效劳，而后者在1229年去世了。威廉二世还委托创作了《威廉·马歇尔传》，以赞美他父亲非凡的一生。一位名叫约翰的在英格兰工作的书记员写下了这本书，这是已知的第一部关于一位中世纪骑士的传记。他参考了书面资料和那些认识威廉伯爵的人的口头证词，其中包括最著名的厄尔利的约翰，文本在1226年后不久就完成了。

威廉二世收回了威尔士西部的领土，巩固了他的家族对伦斯特的控制，并在马歇尔家族的领地上主持了一段重要的城堡建设时期的工作，还大规模扩建了像斯特里盖尔和希尔格兰这样的城堡。威廉二世的第一任妻子艾丽丝（贝蒂讷的鲍德温之女）在结婚后不到一年就突然去世，他于1224年娶了国王亨利三世的亲妹妹埃莉诺，但他们的结合没有诞下子嗣。1231年4月6日，威廉在伦敦出席寡居的妹妹伊莎贝尔第二次结婚的婚礼时，突然不明不白地暴毙了，终年只有 40 岁出头。他没有留下继承人，和父亲一起葬在了圣殿教堂。

彭布罗克伯爵领就这样传给了他的弟弟理查。理查于 1219 年继承了马歇尔家族在诺曼底的地产，并在法国宫廷里任职了 12 年。在回到英格兰领导马歇尔家族后，理查作为一名战士赢得了名誉，被一位同时代人描述为“我们时代的骑士精神之花”，但他也卷入了反对亨利三世日益不得人心的政权的武装叛乱中。理查与罗埃林·阿普·约沃斯结盟在威尔士边境作战，然后乘船前往爱尔兰。在莱西家族的纵容下，国王的首席政法官试图夺取伦斯特。

威廉·马歇尔躲过了这样的一次攻击，但他的儿子没有这么幸运。1234 年 4 月 1 日，理查被劝服前往基尔代尔附近与首席政法官谈判，但结果证明这是一个陷阱。首席政法官没有和他讨论和平条款，而是与 140 名骑士一起发起了攻击，而理查的爱尔兰封臣们背叛了他，拒绝为他而战。理查被迫与 15 名忠诚的家户成员发起最后的绝望的反抗，他被一连串的击打击倒了。他被送到基尔肯尼城堡，两周后因伤去世，和他的哥哥一样，也没有留下继承人。

结果，吉尔伯特·马歇尔被迫放弃了教士的职务，成为马歇尔家族的领袖，但他从来没有在国王的宫廷中受过宠。具有讽刺意味的是，他于 1241 年参加了赫特福德举行的一次比武大会，在试图模仿父亲的传奇壮举时丧了命。吉尔伯特骑术糟糕，很难控制他那匹精力充沛的战马。不幸的是，他的随从们已经骑马离开，去追逐荣誉和战利品，所以没有人帮助他。吉尔伯特从坐骑上摔了下去，但他的脚被马镫卡住了，他被挨着地面拖行了很长一段距离，伤重身死。他的继任者是他的两个弟弟。沃尔特于1242年被任命为彭布罗克伯爵，并在法国南部参加了一场短暂的王室战役，但是在1245年去世了。最小的弟弟安塞尔不到一个月就去世了，他们都没有留下合法继承人。

结果，马歇尔在一生中精心积攒的地产被分给了他的女儿们的继承人。1246年，英格兰大元帅的头衔传给了长女玛蒂尔达的长子罗歇·比戈德（Roger Bigod）。由于运气不佳、短命和没有子嗣，马歇尔家族的男性后裔过早地断绝了。[11]

中世纪的英格兰和骑士制度

在13世纪的大部分时间里，英国的君主制依旧衰弱不堪。1258年后，亨利三世面临第二次全面的贵族叛乱，并被迫接受协商式的议会制政府。这是约翰国王的统治和威廉·马歇尔参与《大宪章》的最重要后果之一：贵族和骑士不再仅仅是执行国王意志的代理人，他们现在是对王权的制衡。

诺曼底和欧洲大陆上其他安茹领地的丧失，以及威廉伯爵在1217年击败法军，也促成了英国人更加明显和普遍的认同感在13世纪出现。在马歇尔人生的末期，英语已经成为贵族的主要语言。跨越海峡的混合型社会已经接近尾声。统治精英们不再认为自己是盎格鲁－诺曼人或安茹人，而是英国人，尤其是因为他们还要继续和卡佩王朝统治下的法国人斗争。

在整个中世纪，英格兰国王和他们的主要贵族的心头仍然萦绕着对“辉煌的”安茹帝国的记忆。13世纪，英国在欧洲大陆上没有取得什么进展，但它对重新征服法国的执着被证明是不可避免的，并最终导致百年战争于1339年爆发。在这场看似永无止境的战争中，由亨利二世和阿基坦的埃莉诺共同缔造的“金雀花”王朝最终随着国王理查二世于1399年被推翻和死亡而终结。[12]

威廉·马歇尔所代表的骑士阶层在这一时期一直存在，但其理想和实践已经发生了极大的变化。骑士文化在许多方面越来越明确。骑士训练变得更加复杂和严格，晋升仪式也正规化了。这一时期的冶金和锻造工艺有了长足的进步，这使威廉·马歇尔和他的同时代人所穿的锁子甲首先得到了板甲的加强，最后被板甲取代，由此产生了14世纪中期后骑士们穿戴的经抛光的精致全身板甲。中世纪晚期的铠甲提供了极佳的保护，这使威廉伯爵作为比武冠军的全盛时期流行的砍杀或敲击类武器被锋利的剑、匕首和长矛取代，以便瞄准并刺穿脆弱的关节。更重的铠甲反过来又产生了对更高大更强壮的战马的需求。

所有这一切都改变了骑士的战斗方式，但也大大增加了装备的成本。即使是在威廉·马歇尔的生命即将结束的时期，要成为一名骑士并维持身份地位的费用也是令人望而却步的。这个膨胀的过程，再加上社会中心力量逐渐从11—12世纪的军事贵族转向13世纪的持有土地的贵族（威廉伯爵也位列其中），使得骑士成为一种日益稀缺的职业。不久之后，高昂的开支和所担负的职责让很多人不禁疑惑，当他们可以更好地作为后来被称为“士绅”的一员持有和管理地产时，为什么还要费心成为骑士呢？

在马歇尔去世后的几十年里，骑士短缺在英格兰成了日益严重的问题。国王对拒绝加入武士阶层的贵族征收税金（被称为“扣押”），但还是不得不降低了领主和贵族在战时应该派往战场上的骑士的人数。据估计，在12世纪后期，英格兰大约有4000

名骑士，到13世纪末，总数已经下降到1250名。在亨利三世穷兵黩武的儿子兼继承人爱德华一世——历史上被称为“苏格兰之锤”——时期，人数的大幅缩减在一定程度上被扭转了，但就连他也被迫使用根据合同为骑士的效劳直接支付薪酬的制度。

然而，虽然骑士的数量变少了，但贵族文化却恢复到威廉·马歇尔在世时所见证的所谓的“骑士精神的黄金时代”。耻辱和荣誉的概念变得更加重要，而在国王爱德华三世治下的14世纪，排场奢华的骑马比武和马上长枪比武达到了顶峰。他著名的儿子“黑太子”爱德华试图通过创立一支新的精英骑士队伍——嘉德骑士团（Order of the Garter）——来复兴骑士精神的理想。法国人也随之效仿，创立了星之骑士团（Order of the Star）。但这并不能阻止骑士阶层在随后的几个世纪中缓慢衰落并最终消失。像威廉·马歇尔这样身披铠甲的骑士，为塑造中世纪欧洲的历史做出了极多的贡献，但在现代世界来临之际，他们却变得毫无意义。[13]

威廉·马歇尔：人生与传奇

在很多方面，威廉·马歇尔都是一位典型的中世纪骑士。他的品质是12世纪末和13世纪初的西欧贵族文化所珍视的品质的缩影。他的传奇生涯证明了骑士所能达到的成就：他们能升到多高的地位，能在多大程度上塑造历史。尽管斯蒂芬大主教在他的葬礼上给予他极高的评价，但马歇尔并不是他那一代人中唯一的伟大骑士。其他的骑士，如威廉·德·巴雷斯和威廉·德·罗什，都可在实力和声望上与他相提并论。然而，他们从未达到如此惊人的高度。威廉·马歇尔的一生既是骑士生涯的典范，也是取得无与伦比的成功的独特范例，因为，他的传奇最终超越了他所处的骑士阶层的正常界限。

威廉的卓绝成就在一定程度上可以用他的个人素质来解释。在军事领域，他出色的体力和复原力为他提供了天然的优势。精湛的马术帮助他主宰了比武赛场，而在跟随亨利二世和狮心王理查等领袖时获得的战争经验使他成为一位高超的战场指挥官和战略家。与许多同时代的骑士不同，威廉能够在王室宫廷的环境中收敛他在比武场上的凶猛性情。他有一种罕见的能力，能够坚定地克制自己的情感，对政治有充足的了解以避免对抗，并且能够施展一定程度的手腕和伎俩。

威廉的行为也受到骑士精神的戒律的影响（有时还受到制约），但他的行为并不总是符合我们现代人对骑士风度的幻想。马歇尔生活在一个需要公开展示才干和获得尊贵的荣誉的时代。他自然而然是信奉实利主义的，特别是在他年轻的时候，因为看得见的财富证明了他在社会中的地位。同样地，他决定追求值得尊敬的人生路线，往往是基于一种对社会期望的敏锐感受。威廉坚定的忠诚可能值得称赞，但这也是自私自利的，因为只有这样才能保住他的好名声，并使他避免遭受公开的羞辱。

马歇尔是一个有干劲、野心勃勃的人。在某些时候，一些现存的证据让我们瞥见他对财富和权力一直充满渴望，或者他有能力增进自己的利益。在1188年夏天之前，威廉不断地要求国王亨利二世给予奖赏。在狮心王理查统治时期，他和约翰暗通款曲，以保持他对伦斯特的所有权。而在1205年，马歇尔又向腓力·奥古斯特宣誓效忠，希望保住他对诺曼底的隆格维尔的领主权。即便如此，还必须考虑到威廉愿意冒着生命危险为国王效命的不同寻常的时刻：最值得注意的是他在1189年对亨利二世表现出的忠诚，以及他在1216年决定支持未来的国王亨利三世。

在他漫长的一生结束时，同时代的人认识到了威廉取得的非凡成就，尤其是他保卫了安茹王朝并击败了法国人。对许多人来说，他是无与伦比的骑士，宛如兰斯洛特再生。马歇尔似乎一直是中世纪亚瑟王文学作者的灵感来源。神秘而影响深远的玛丽·德·法兰西（Marie de France）将她翻译的《伊索寓言》献给了“纪尧姆伯爵”（Comte Guillaume，即“威廉伯爵”），这位“威廉伯爵”很可能就是威廉·马歇尔。难怪他的个人传记《威廉·马歇尔传》实际上是用诺曼法语写成的韵文，很像亚瑟王传奇的史诗。然而，随着马歇尔家族的瓦解，该文本不再流通，与之相关的对他的功勋的赞扬也逐渐消退。到了中世纪末期，《威廉·马歇尔传》已被人遗忘，威廉仅仅成了有关遥远过去的已被尘封的历史记录中的一个名字。[14]

威廉·马歇尔从未完全从人们的记忆中消失。他在莎士比亚的戏剧《约翰王》中作为一个次要人物彭布罗克出场，尽管这出戏很少借用历史事实。在现代早期，他被认为是促成《大宪章》诞生的主要人物和保王党事业的捍卫者。在经历了1834年的大火后，威斯敏斯特宫在重建时成立了一个特别的美术委员会（由维多利亚女王的丈夫阿尔伯特亲王担任主席）来协调它的装饰工作。一系列参与《大宪章》起草工作的人物的雕像被用于上议院的装饰，在历史学家亨利·哈勒姆（Henry Hallam）的建议下，威廉·马歇尔作为一位“非常杰出的人物”被安置在一个突出的位置上，在王位的左侧，相当确切地表示了他是国王身后的股肱之臣。[15]

然而，即使在那时，人们也只能从中世纪的编年史和王室文献中了解威廉一生的梗概。带有人情味的故事——从默默无闻的小人物一步步高升到位极人臣的显赫地位、制约他的行为的理想，以及塑造了他的人生的效忠和友谊的纽带——已经消失不见。直到 1861 年 2 月 6 日保罗·梅耶尔走进苏富比拍卖行并偶然发现了耐人寻味的“有关英国事务的诺曼法语编年史（诗体）”时，情况才开始有所改变。这部传记的重新发现使其主人公重见天日，但直至今日，他的名字在学术界之外仍然鲜有人知。随着伟大的林肯战役 800 周年和威廉·马歇尔逝世 800 周年纪念日的临近，这位曾经风光无限的人物无疑值得被更多的人认识。

英格兰在威廉逝世时已经与他出生之时的样子不尽相同，但他在这个国家的形成过程中发挥了重要的作用。在此后的几个世纪中，英格兰继续由国王统治，但他们既受到武士贵族阶层的支持，也受到他们的制衡。他们在比武场上，在宫廷的政治斗争中，在血腥的内战里以及最终在《大宪章》之中敲定的理念，构成了今日支配着世界大部分地区的原则的基础。

大事年表

约 1147	威廉·马歇尔出生，父母是约翰·马歇尔和索尔兹伯里的西比尔
1152	纽伯里之围；威廉作为国王的人质被扣押
1154	亨利二世登基；安茹王朝时代开始
约 1160	威廉前往诺曼底的唐卡维尔接受骑士训练
1166	威廉被册封骑士并在讷沙泰勒获得了他的第一次战斗体验 威廉首次参加骑士骑马比武
1168	威廉作为索尔兹伯里的帕特里克的随从前往阿基坦，但被吕西尼昂人俘虏 被阿基坦的埃莉诺赎回后，威廉加入了王后的骑士随从队伍
1170	幼王亨利在伦敦加冕 威廉被任命为小亨利的武术教练
1173—1174	反对亨利二世统治的第一次叛乱
1176	威廉和小亨利开始在法国北部参加骑士比武巡回赛
1179	威廉获准拥有自己的旗帜，并参加了在拉尼叙尔马恩举办的盛大骑马比武
1180	腓力二世·奥古斯特登基成为法国国王
1182	威廉受到背叛幼王亨利的指控并被迫流亡
1183	反对亨利二世统治的第二次叛乱 威廉回到了小亨利的身边 幼王亨利在马尔泰勒去世；威廉启程前往圣地
约 1186	威廉进入国王亨利二世的家户

1187	萨拉丁赢得哈丁之战并征服耶路撒冷，引发了第三次十字军东征
1189	威廉为保卫勒芒而战，并将狮心王理查的马刺死 理查一世继承亨利二世的王位 威廉与克莱尔的伊莎贝尔结婚，成为斯特里盖尔的领主
1190—1194	理查国王离开欧洲参加十字军东征并被俘 威廉担任英格兰的联合政法官
1194—1199	威廉与理查国王并肩作战以复兴安茹王国
1199	狮心王理查在沙吕被杀；约翰继位 威廉被任命为彭布罗克伯爵
1200	约翰和腓力二世·奥古斯特达成《勒古雷条约》
1200—1201	威廉首次前往彭布罗克和爱尔兰
1202	威廉力图保卫诺曼底免受法国入侵
1205	约翰成功解了米尔博之围
1203	布列塔尼的阿蒂尔很可能被谋杀；安茹王国开始崩溃
1204	鲁昂和盖亚尔堡落入法国人手中；诺曼底失陷
1205	威廉与约翰国王发生争吵
1207—1208	威廉返回爱尔兰 伦斯特遭遇危机
1210	约翰国王发起一次远征前往爱尔兰追捕布里尤兹的威廉
1212	杀害约翰国王的“阴谋”败露 威廉重获国王青睐
1213	约翰国王与教皇和解
1214	布汶之战
1215	贵族叛乱开始 《大宪章》盖章

1216	法兰西的路易王子入侵英格兰 约翰国王之死和亨利三世加冕 威廉被任命为“王国的守护者”
1217	林肯之战
1219	威廉去世，在伦敦的圣殿教堂下葬
约 1226	《威廉·马歇尔传》写成
1861	保罗·梅耶尔在苏富比拍卖会上仔细观察《威廉·马歇尔传》的一份副本

人物表

马歇尔家族

约翰·马歇尔	威廉·马歇尔的父亲（母亲是索尔兹伯里的西比尔）；中等等级的盎格鲁－诺曼贵族，曾任王室大元帅一职
约翰二世·马歇尔	威廉·马歇尔的哥哥（卒于 1194 年）
威廉·马歇尔	骑马比武冠军、王室仆从、斯特里盖尔领主（1189 年起）、彭布罗克伯爵（1199 年起）、最终成为英格兰摄政
克莱尔的伊莎贝尔	富有的女继承人，于 1189 年嫁给了威廉·马歇尔
小威廉·马歇尔	威廉·马歇尔和克莱尔的伊莎贝尔的长子及继承人

安茹家族

亨利二世	英格兰国王（1154—1189 年），强大的安茹王国的奠基人
阿基坦的埃莉诺	阿基坦公国的女继承人，亨利二世的妻子
幼王亨利	亨利二世和埃莉诺的长子及继承人，1170 年加冕为副王；威廉·马歇尔的领主和恩主
狮心王理查	阿基坦公爵、普瓦图伯爵和英格兰国王（1189—1199 年）；是他那一代的伟大战士之一
约翰	莫尔坦伯爵及英格兰国王（1199—1216 年）；亨利二世和埃莉诺的小儿子——一个有争议的人物

布列塔尼的阿蒂尔	布列塔尼的若弗鲁瓦的儿子，1199 年申索安茹王国王位
亨利三世	约翰国王和昂古莱姆的伊莎贝拉的儿子和继承人；英格兰国王（1216—1272 年）

卡佩家族

腓力二世·奥古斯特	法兰西国王（1180—1223 年）；路易七世的儿子和继承人；一位能干而野心勃勃的君主和安茹家族的主要竞争对手
法兰西的玛格丽特	法兰西的路易七世的女儿，幼王亨利的妻子
路易王子	腓力二世·奥古斯特的长子和继承人

贵族、骑士和廷臣

索尔兹伯里伯爵帕特里克	威廉·马歇尔的舅舅（卒于 1168 年）
唐卡维尔的威廉	上诺曼底的城堡领主，威廉·马歇尔在那里接受了骑士训练
佛兰德伯爵腓力	有权势且无所顾忌的贵族，也是骑马比武巡回赛的著名狂热爱好者
威廉·德·巴雷斯	著名的法国骑士和卡佩家族的仆从
贝蒂讷的鲍德温	威廉·马歇尔在幼王亨利的随从队伍和安茹宫廷中的同伴
威廉·德·罗什	安茹家族的仆从，一路晋升，但最终在约翰国王统治时换了效忠对象
若弗鲁瓦·菲茨彼得	安茹王室的管理人员，升任埃塞克斯伯爵
厄尔利的约翰	威廉·马歇尔的忠实追随者和骑士仆从

威廉·朗香	狮心王理查的忠实仆从，在国王参加第三次十字军东征不在国内期间，一度担任英格兰的首席政法官
威廉·菲茨帕特里克	索尔兹伯里伯爵和威廉·马歇尔的表弟（卒于 1196 年）
“长剑”威廉	国王亨利二世的私生子，通过和索尔兹伯里的女继承人艾拉联姻而成为索尔兹伯里伯爵
梅勒·菲茨亨利	约翰国王时期的爱尔兰首席政法官
罗贝尔·菲茨沃尔特	英格兰著名贵族和贵族叛乱的主要成员
布里尤兹的威廉	著名的边境领主，在约翰国王的统治下，他先是受到恩宠，然后遭受了毁灭

教会人士

休伯特·沃尔特	索尔兹伯里主教（1189 年起），坎特伯雷大主教（1193—1205 年）和英格兰首席政法官
斯蒂芬·兰顿	著名的神学家，1213 年成为坎特伯雷大主教
彼得·德·罗什	行政人员、战士、温切斯特主教（自 1206 年起）
潘杜尔夫	分别于 1211 年和 1218 年以后担任教皇派往英格兰的特使
比基耶里的瓜拉	1216 年至 1218 年教皇派往英格兰的特使

马歇尔家族族谱

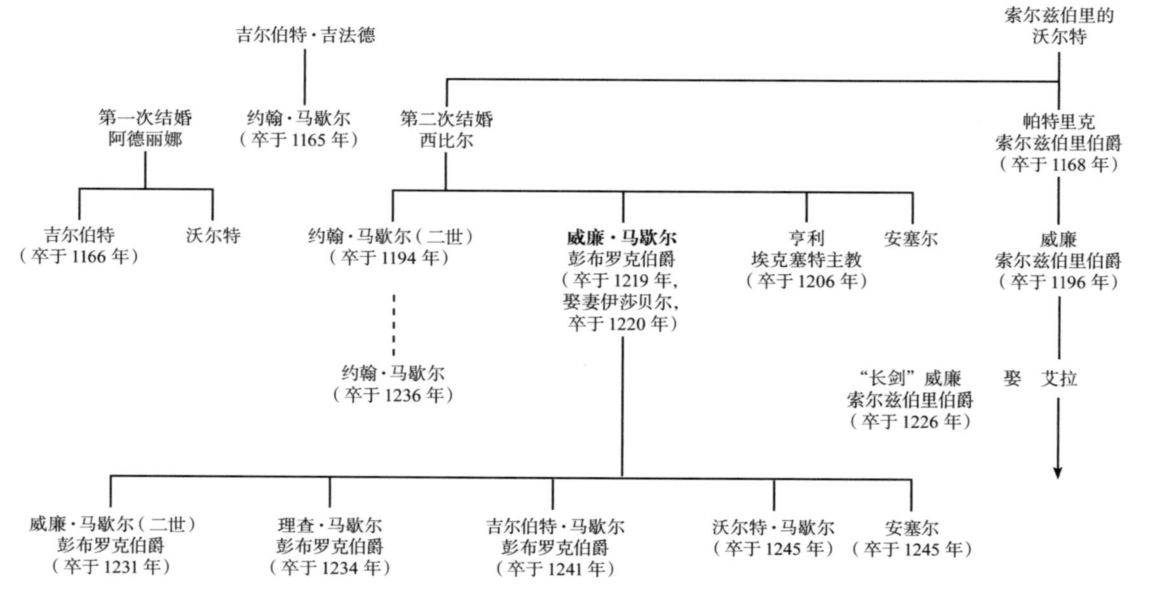

吉尔伯特·吉法德
索尔兹伯里的
沃尔特
第一次结婚
阿德丽娜
约翰·马歇尔
（卒于1165年）
第二次结婚
西比尔
帕特里克
索尔兹伯里伯爵
（卒于1168年）
吉尔伯特
（卒于1166年）
沃尔特
约翰·马歇尔（二世）
（卒于1194年）
威廉·马歇尔
彭布罗克伯爵
（卒于1219年，
娶妻伊莎贝尔，
卒于1220年）
亨利
埃克塞特主教
（卒于1206年）
安塞尔
威廉
索尔兹伯里伯爵
（卒于1196年）
约翰·马歇尔
（卒于1236年）
“长剑”威廉
索尔兹伯里伯爵
（卒于1226年）
娶　艾拉
威廉·马歇尔（二世）
彭布罗克伯爵
（卒于1231年）
理查·马歇尔
彭布罗克伯爵
（卒于1234年）
吉尔伯特·马歇尔
彭布罗克伯爵
（卒于1241年）
沃尔特·马歇尔
（卒于1245年）
安塞尔
（卒于1245年）

盎格鲁－诺曼和安茹王室族谱

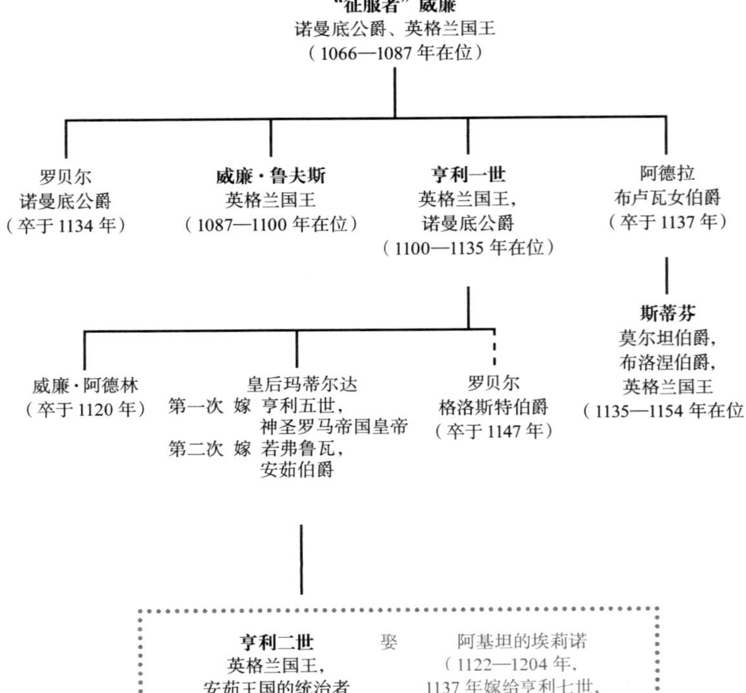

娶　阿基坦的埃莉诺

与卡佩家族
建立了联系

威廉
（1153—1156 年）

小亨利
（幼王）
（生于 1155 年）
1170 年成为联合国王
（卒于 1183 年）
娶　法兰西的
　　玛格丽特

威廉
（生下来就死了）

玛蒂尔达
（1156—1189 年）
嫁给萨克森
公爵亨利

理查一世
（生于 1157 年）
1189 年成为国王
（卒于 1199 年）

若弗鲁瓦
（1158—1186 年）
娶　布列塔尼的
　　康斯坦丝

布列塔尼的
阿蒂尔

埃莉诺
（1162—1215 年）
嫁　卡斯蒂利亚国王
　　阿方索八世

卡斯蒂利亚的布兰奇
嫁　法兰西王子
　　路易（八世）

琼
（1166—1199 年）

约翰
（生于 1167 年）
1199 年成为国王
（卒于 1216 年）
第一次　娶　格洛斯特的
　　　　　　伊莎贝拉
第二次　娶　昂古莱姆的
　　　　　　伊莎贝拉

亨利三世
（1216—1272 年在位）

注　释

缩略语

HWM　*History of William Marshal*, ed. & trans. A.J. Holden, S. Gregory & D. Crouch, 3 vols (2002–6).

ODNB　*Oxford Dictionary of National Biography*, ed. H.G.C. Mathew & B. Harrison (Oxford, 2004).

前言

1. 在如下文章中，保罗·梅耶尔描述了他的苏富比之旅以及后来他追寻神秘的“关于英国事务的诺曼法语编年史（诗体）”的过程：‘L’Histoire de Guillaume le Maréchal, comte de Striguil et de Pembroke, régent d’Angleterre’, *Romania*, vol. 12 (1883), pp. 22–74.
2. P. Meyer (ed.), *L’Histoire de Guillaume le Maréchal, comte de Striguil et de Pembroke, régent d’Angleterre de 1216 à 1219*, 3 vols (Paris, 1891–1901).
3. 由托马斯·菲利普斯购买并由保罗·梅耶尔研究的《威廉·马歇尔传》的手稿最终于 1958 年被摩根图书馆获得（在那里它被编目为 M.888）。以它为基础出现了优秀的现代版本和译本：*History of William Marshal*, ed. & trans. A.J. Holden, S. Gregory & D. Crouch, 3 vols (2002–6). 该版本（以下称为 *HWM*）具有特定的行号，所有后续对原始文本的引用均指的是此版本。参见 vol. 3, pp. 23–41, 大卫·克劳奇对这一主要文献的价值和性质的富有启发性的讨论。
4. 对威廉·马歇尔生平最重要和最权威的描述依然是 S. Painter, *William Marshal: Knight Errant, Baron and Regent of England* (Baltimore, 1933); D. Crouch, *William Marshal: Knighthood, War and Chivalry,*

1147–1219, 2nd Edition (London, 2002). 克劳奇的著作尤其有价值，因为它是基于对威廉·马歇尔的生涯的所有相关原始材料做出的精心整理和分析，其中很多原始材料都是未编辑的形式。毫无疑问，在学术领域里，克劳奇为所有关于马歇尔的生平和影响的现代研究奠定了基础（并设定了标准）。相比之下，乔治·杜比的幻想性的 *Guillaume le Maréchal ou le meilleur chevalier du monde* (Paris, 1940) 则不受推荐。

第一部 童年及青年

1 群狼时代

1. *HWM*, lines 513–16, 519–20. 这本书分为四个部分，每个部分反映了威廉·马歇尔生平的不同阶段。应该指出的是，中世纪流行着一些描绘“人生阶段”的方法，它们并不完全符合这里的分期。
2. *Gesta Stephani*, ed. & trans. K.R. Potter (Oxford, 1976), pp. 2–4; *Anglo-Saxon Chronicle*, ed. D. Whitelock, Revised Edition (London, 1965), p. 200.
3. 关于这一时期最有价值的概述包括：R. Bartlett, *England under the Norman and Angevin Kings (1075–1225)* (Oxford, 2000); D. Carpenter, *The Struggle for Mastery: Britain 1066–1284* (London, 2004); N. Vincent, *A Brief History of Britain: The Birth of the Nation (1066–1485)* (London, 2011). D. Danziger & J. Gillingham, *1215: The Year of Magna Carta* (London, 2003) 话题最为集中，但具有启发性和娱乐性。
4. William of Malmesbury, *Gesta Regum Anglorum*, ed. & trans. R.A.B. Mynors, R.M. Thomson & M. Winterbottom, vol. 1 (Oxford, 1998), pp. 758–62.
5. Henry of Huntingdon, *Historia Anglorum*, ed. & trans. D. Greenway (Oxford, 1996), p. 700.
6. 关于玛蒂尔达生平的开创性研究仍然是 M. Chibnall, *Empress Matilda*

(Oxford, 1991). 也可参见：M. Chibnall, ‘Matilda’, *Oxford Dictionary of National Biography*, ed. H.G.C. Mathew & B. Harrison (Oxford, 2004); H. Castor, *She-Wolves: The Women Who Ruled England Before Elizabeth* (London, 2010), pp. 39–126.

7. 关于斯蒂芬国王的统治时期和内战，参见：R.H.C. Davis, *King Stephen (1135–54)*, 3rd Edition (London, 1990); J. Bradbury, *Stephen and Matilda: The Civil War of 1139–53* (Stroud, 1996); D. Matthew, *King Stephen* (London, 2002).
8. Walter Map, *De Nugis Curialium*, ed. trans. M.R. James, rev. C.N.L. Brooke & R.A.B. Mynors (Oxford, 1983), p. 474; William of Malmesbury, *Historia Novella*, ed. E. King, trans. K.R. Potter (Oxford, 1998), p. 28.
9. J.A. Green, *The Government of England under Henry I* (Cambridge, 1986), p. 95; *Anglo-Saxon Chronicle*, pp. 197–203.
10. *HWM*, lines 44–51.
11. *HWM*, lines 167–276; Crouch, *William Marshal*, pp. 16–17.
12. *HWM*, lines 316–18, 326–8; *Gesta Stephani*, p. 168; Painter, *William* Marshal, pp. 3–12; Crouch, *William Marshal*, pp. 12–23; D. Crouch, ‘John Marshal’, *ODNB*.
13. *Gesta Stephani*, p. 92; William of Malmesbury, *Historia Novella*, pp. 74–6.
14. *Gesta Stephani*, pp. 104–8; William of Malmesbury, *Historia Novella*, pp. 74–6.
15. Painter, *William Marshal*, p. 9; Crouch, *William Marshal*, pp. 17–19.
16. 关于中世纪人的童年生活，参见：S. Shahar, *Childhood in the Middle Ages* (London, 1990).
17. Gerald of Wales, *The Journey Through Wales and the Description of Wales*, trans. L. Thorpe (London, 1978), pp. 142–3; Crouch, *William Marshal*, pp. 20–1. 关于杰拉尔德的生涯，参见：*Gerald of Wales: A Voice of the Middle Ages* (Oxford, 1982).

18. D.J. Bonney & C.J. Dunn, 'Earthwork Castles & Settlement at Hamstead Marshall, Berkshire', *Cornwall to Caithness, Some Aspects of British Field Archaeology*, vol. 209 (1989), pp. 173–82.
19. *HWM*, lines 399–466.
20. *HWM*, lines 467–524; Painter, *William* Marshal, pp. 13–16; Crouch, *William Marshal*, pp. 20–1.
21. *HWM*, lines 525–710.

2 骑士之道

1. Peter of Blois, '*Epistolae*', *Patrologia Latina*, ed. J.P. Migne, 221 vols. (Paris, 1844–64), vol. 207, pp. 48–9. 关于亨利二世和他的登基，参见：W.L. Warren, *Henry II* (London, 1973); T.K. Keefe, 'Henry II', *ODNB*; E. Amt, *The Accession of Henry II in England: Royal Government Restored, 1149–1159* (Woodbridge, 1993); G.J. White, *Restoration and Reform, 1153–65: Recovery from Civil War in England* (Cambridge, 2000); C. Harper-Bill & N. Vincent (eds.), *Henry II: New Interpretations* (Woodbridge, 2007).
2. *HWM*, lines 712–36.
3. *Collectanea Topographica et Genealogica*, vol. 2 (London, 1835), pp. 163–4; Crouch, *William Marshal*, pp. 21–2.
4. Crouch, *William Marshal*, p. 22.
5. *HWM*, lines 737–68.
6. 关于这一时期的诺曼底，参见：D. Power, *The Norman Frontier in the Twelfth and Early Thirteenth Centuries* (Cambridge, 2004); D. Power, 'Henry duke of the Normans (1149/50–1189)', *Henry II: New Interpretations*, ed. C. Harper-Bill & N. Vincent (Woodbridge, 2007), pp. 85–128.
7. Walter Map, p. 488.
8. 关于中世纪骑士的概念和实践，以及贵族阶层的发展，参见：M.H. Keen, *Chivalry* (New Haven & London, 1984); P. Coss, *The Knight in*

Medieval England, 1000–1400 (Stroud, 1993); R. Barber, *The Knight and Chivalry*, 2nd Edition (Woodbridge, 1995); D. Crouch, *The Image of the Aristocracy in Britain, 1000–1300* (London, 1992); D. Crouch, *The Birth of the Nobility: Constructing Aristocracy in England and France, 900–1300* (Harlow, 2005); D. Crouch, *The English Aristocracy, 1070–1272: A Social Transformation* (New Haven & London, 2011); N. Saul, *For Honour and Fame: Chivalry in England, 1066–1500* (London, 2011).

9. *HWM*, lines 28–58.
10. 关于第一次十字军东征，参见：J.S.C. Riley-Smith, *The First Crusade and the Idea of Crusading* (London, 1986); J. France, *Victory in the East: A Military History of the First Crusade* (Cambridge, 1994); T. Asbridge, *The First Crusade: A New History* (London, 2004).
11. Crouch, *William Marshal*, p. 24. 关于圣殿骑士团，参见：M. Barber, *The New Knighthood. A History of the Order of the Templars* (Cambridge, 1994); H. Nicholson, *The Knights Templar* (London, 2001).
12. 有关这两部作品的易读译本，参见：*The Song of Roland*, trans. G. Burgess (London, 1990); *The Chanson d'Antioche*, trans. S.B. Edgington & C. Sweetenham (Aldershot, 2011).
13. Geoffrey of Monmouth, *The History of the Kings of Britain*, trans. L. Thorpe (London, 1966); N.J. Higham, *King Arthur: Myth Making and History* (London, 2002), pp. 218–32; Saul, *For Honour and Fame*, pp. 39–59; M. Aurell, 'Henry II and Arthurian Legend', *Henry II: New Interpretations*, ed. C. Harper-Bill & N. Vincent (Woodbridge, 2007), pp. 362–94.
14. *HWM*, lines 769–804.
15. *HWM*, line 796; Daniel of Beccles, *Urbanus Magnus Danielis Becclesiensis*, ed. J. Gilbart Smyly (Dublin, 1939); Bartlett, *England under the Norman and Angevin Kings*, pp. 582–8; Danziger & Gillingham, *1215*, pp. 26–8; R. Bartlett, 'Symbolic Meanings of Hair in

the Middle Ages’, *Transactions of the Royal Historical Society*, vol. 4 (1994), pp. 43–60.

16. Walter Map, p. 476.
17. Roger of Howden, *Chronica*, ed. W. Stubbs, 4 vols (London, 1868–71), II, pp. 166–7.
18. R.H.C. Davis, *The Medieval Warhorse* (London, 1989); A. Hyland, *The Medieval Warhorse: From Byzantium to the Crusades* (Stroud, 1994); P. Latimer, ‘Early Thirteenth-Century Prices’, *King John: New Interpretations*, ed. S.D. Church (Woodbridge, 1999), pp. 41–73.
19. *HWM*, lines 1002–3; E. Oakeshott, *The Sword in the Age of Chivalry*, 2nd Edition (London, 1981); E. Oakeshott, *Records of the Medieval Sword* (Woodbridge, 1991). 我要感谢伦敦华莱士收藏馆的托比亚斯·卡普韦利博士有关中世纪剑的评论。
20. John of Marmoutier, ‘*Historia Gaufredi ducis Normannorum et comitis Andegavorum*’, *Chroniques des Comtes d’Anjou et des Seigneurs d’Amboise*, ed. L. Halphen & R. Poupardin (Paris, 1913), pp. 179–80.
21. *HWM*, lines 815–26; Keen, *Chivalry*, 64–82; Crouch, *William Marshal*, p. 28.
22. *HWM*, lines 827–908; Painter, *William Marshal*, pp. 19–22; Crouch, *William Marshal*, pp. 32–6.
23. *HWM*, lines 909–1160.
24. *HWM*, lines 1163–200.

第二部 成 年

3 一个骑士的生活

1. 有关中世纪骑马比武的历史，参见：Keen, *Chivalry*, pp. 83–101; D. Crouch, *Tournament* (London, 2005); Crouch, *William Marshal*, pp. 192–9; R. Barber & J. Barker, *Tournaments: Jousts, Chivalry and*

Pageants in the Middle Ages (Woodbridge, 1989).

2. *HWM*, lines 1201–302. 这个有关看似不可驯服的坐骑的故事很可能是一个文学传统主题。
3. *HWM*, lines 1303–28.
4. *HWM*, lines 2928–30; Crouch, *Tournament*, pp. 19–56.
5. Crouch, *William Marshal*, p. 48; Crouch, *Tournament*, pp. 74–5.
6. *HWM*, lines 1329–80.
7. Roger of Howden, *Chronica*, II, p. 166.
8. *HWM*, lines 1339–41.
9. Keen, *Chivalry*, pp. 1–63, 102–24; C.S. Jaeger, *The Origins of Courtliness: Civilising Trends and the Formation of Courtly Ideals, 939–1210* (Philadelphia, 1985); M. Strickland, *War and Chivalry: The Conduct and Perception of War in England and Normandy, 1066–1217* (Cambridge, 1996); R.W. Kaeuper, *Chivalry and Violence in Medieval Europe* (Oxford, 1999); M. Aurell, *Le chevalier lettré*: *Savoir et conduite de l'aristocratie aux XIIe et XIIIe sieclès*, (Paris, 2006); Saul, *For Honour and Fame*, pp. 7–59.
10. R.W. Kaeuper & E. Kennedy, *The Book of Chivalry of Geoffroi de Charny: Text, Context and Translation* (Philadelphia, 1996); Geoffrey de Charny, *A Knight's Own Book of Chivalry*, trans. R.W. Kaeuper & E. Kennedy (Philadelphia, 2005).
11. *HWM*, lines 1381–525.
12. Crouch, *Tournament*, p. 22; Painter, *William* Marshal, pp. 24–5; Crouch, *William Marshal*, pp. 36–7.
13. *HWM*, lines 1526–9.
14. J. Martindale, 'Eleanor of Aquitaine' , *ODNB*; B. Wheeler & J.C. Parsons (eds.), *Eleanor of Aquitaine: Lord and Lady* (Basingstoke, 2003); M. Bull & C. Léglu (eds.), *The World of Eleanor of Aquitaine* (Woodbridge, 2005); Castor, *She-Wolves*, pp. 131–222.
15. 关于法兰西国王路易七世和卡佩家族，参见: R. Fawtier, *The*

Capetian Kings of France: Monarchy and Nation, 987–1328, trans. L. Butler & R.J. Adam (London, 1960); E. Hallam, *Capetian France, 987–1328*, 2nd Edition (London, 2001); J. Bradbury, *The Capetians: The History of a Dynasty* (London, 2007).

16. Peter of Blois, '*Epistolae*' , *Patrologia Latina*, ed. J.P. Migne, 221 vols (Paris, 1844–64), vol 207, col. 197; Herbert of Bosham, '*Liber Melorum*' , *Patrologia Latina*, ed. J.P. Migne, 221 vols (Paris, 1844–64), vol. 190, col. 1322; Ralph of Diss, *Opera Historica*, ed. W. Stubbs, 2 vols (London, 1876), I, p. 351. 式构成一个帝国，但鉴于它的权力和地理范围，许多现代历史学家已经开始这样描述它。J. Gillingham, *The Angevin Empire*, 2nd Edition (London, 2001); M. Aurell, *The Plantagenet Empire, 1154–1224*, trans. D. Crouch (Harlow, 2007).

17. 关于托马斯·贝克特的生平，参见：F. Barlow, 'Thomas Becket' , *ODNB*; F. Barlow, *Thomas Becket* (London, 1986); A. Duggan, *Thomas Becket* (London, 2004).

18. *HWM*, lines 1568–76; J. Gillingham, *Richard I* (New Haven & London, 1999), pp. 30–8.

19. Robert of Torigni, 'The Chronicle of Robert of Torigni' , *Chronicles of the Reigns of Stephen, Henry II and Richard I*, ed. R. Howlett, vol. 4 (London, 1889), pp. 235–6; *HWM*, lines 665–7. 关于突袭和骑行劫掠的作用和方法，参见：J. Gillingham, 'War and Chivalry in the History of William Marshal' , *Thirteenth–Century England II*, ed. P. Coss & S. Lloyd (Woodbridge, 1988), p. 1–13; J. Gillingham, 'Richard I and the Science of War' , *War and Government in the Middle Ages*, ed. J. Gillingham & J.C. Holt (Woodbridge, 1984), pp. 78–91; M. Strickland, *War and Chivalry*, pp. 258–90.

20. *HWM*, lines 1619–720; Painter, *William Marshal*, pp. 26–7; Crouch, *William Marshal*, pp. 37–8.

4 将要成为国王的人

1. *HWM*, lines 1741–6.
2. *HWM*, lines 1721–888.
3. *HWM*, lines 1893–4, 1905–22; Gerald of Wales, '*Topographica Hibernica*', *Opera*, vol. 5, ed. J.F. Dimock (London, 1867), p. 194. 关于幼王亨利的生涯，参见：O.H. Moore, *The Young King, Henry Plantagenet* (Ohio, 1925); E.Hallam, 'Henry the Young King', *ODNB*; M. Strickland, 'On the Instruction of a Prince: The Upbringing of Henry, the Young King', *Henry II: New Interpretations*, ed. C. Harper-Bill & N. Vincent (Woodbridge, 2007), pp. 184–214.
4. *HWM*, lines 1910–22; A. Heslin [Duggan], 'The Coronation of the Young King in 1170', *Studies in Church History*, vol. 2 (London, 1965), pp. 165–78.
5. *HWM*, lines 1950–8.
6. *HWM*, lines 1935–48; Gillingham, *Richard I*, pp. 24–51; Painter, *William* Marshal, pp. 31–2; Crouch, *William Marshal*, pp. 41–2.
7. E. Mason, '"Rocamadour in Quercy above all other churches": The Healing of Henry II', *Studies in Church History*, vol. 19 (Oxford, 1982), pp. 39–54.
8. Warren, *Henry II*, p. 580; Crouch, *William Marshal*, pp. 41–2 对小亨利的性格和能力做了类似的严厉评价。
9. *HWM*, lines 1967–74; Robert of Torigni, p. 253. 国王亨利二世确实在这一时期通过了英格兰和威尔士的港口，但实际上并没有返回英格兰。
10. Roger of Howden, *Gesta Regis Henrici Secundi et Ricardi Primi*, ed. W. Stubbs, 2 vols. (London, 1867), I, p. 177; Strickland, 'On the Instruction of a Prince', pp. 194–5, 206–7.
11. William of Newburgh, '*Historia Rerum Anglicarum*', *Chronicles of the Reigns of Stephen, Henry II and Richard I*, ed. R. Howlett, 2 vols.

(London, 1884), I, p. 170; Robert of Torigni, pp. 255–6.

12. Walter Map, p. 478.
13. Roger of Howden, *Gesta Regis*, I, pp. 35–6, 41; Robert of Torigni, pp. 255–6; Geoffrey of Vigeois, *Chronique*, trans. F. Bonnélye (Tulle, 1864), p. 117.
14. M. Strickland, 'On the Instruction of a Prince', pp. 207–8; Roger of Howden, *Gesta Regis*, I, pp. 41–6; T.M. Jones, *War of the Generations: The Revolt of 1173–4* (Ann Arbor, 1980).
15. Warren, *Henry II*, pp. 118–21; Gillingham, *Richard I*, pp. 42–7.
16. Jordan Fantosme, *Chronicle*, ed. R.C. Johnston (Oxford, 1981), lines 17–22.
17. *HWM*, lines 1975–2122; Painter, *William Marshal*, pp. 33–5; Crouch, *William Marshal*, p. 46.
18. Ralph of Diss, I, pp. 382–3.
19. 关于1173—1174年战争的进程，参见：Roger of Howden, *Gesta Regis*, I, pp. 41–79; Roger of Howden, *Chronica*, II, pp. 45–69; Ralph of Diss, I, pp. 355–87, 393–5; Robert of Torigni, pp. 255–65; William of Newburgh, '*Historia*', I, pp. 172–97; *HWM*, lines 2123–384; Warren, *Henry II*, pp. 117–41.
20. *HWM*, lines 2385–438; Roger of Howden, *Gesta Regis*, I, pp. 81–4, 91–9, 101–11; Painter, *William Marshal*, pp. 37–8; Crouch, *William Marshal*, pp. 44–6.
21. Roger of Howden, *Gesta Regis*, I, 114–15, 120–3.

5 比武冠军

1. *HWM*, lines 2471–576; Painter, *William Marshal*, pp. 39–44; Crouch, *William Marshal*, pp. 192–9.
2. *HWM*, lines 2443–70, 2577–772.
3. R.J. Smith, 'Henry II's Heir: The *Acta* and the Seal of Henry the Young King, 1170–1183', *English Historical Review*, vol. 116 (2001),

pp. 297–326; Crouch, *William Marshal*, 42.

4. *HWM*, lines 2773–874.
5. *HWM*, lines 2875–3164.
6. *HWM*, lines 3180–380, 4319–430.
7. *HWM*, lines 3007–9, 3381–424, 6677–864. 以前有人认为，茹伊的罗歇曾在对立的比武队伍中作战，但《威廉·马歇尔传》清楚地表明，“他属于幼王的家户”。Crouch, *William Marshal*, pp. 193–4; Crouch, *Tournament*, p. 98.
8. *HWM*, lines 3888–4284.
9. *HWM*, lines 2637–95, 3572–96, 5051–9.
10. *HWM*, line 3603; Ralph of Diss, I, pp. 428; M. Strickland, ‘On the Instruction of a Prince’, pp. 187, 211–3; Crouch, *Tournament*, p. 23.
11. Crouch, *William Marshal*, p. 47.
12. On the career of Philip II Augustus see: J. Bradbury, *Philip Augustus: King of France, 1180–1223* (London, 1988).
13. Robert of Torigni, p. 287; *HWM*, lines 4750–76; Crouch, *Tournament*, p. 24–5.
14. *HWM*, lines 4457–970; Painter, *William Marshal*, pp. 44–6; Crouch, *William Marshal*, p. 47; Crouch, *Tournament*, pp. 24, 36–7, 51, 76–7.
15. Roger of Howden, *Chronica*, II, p. 266.
16. *Itinerarium Peregrinorum et Gesta Regis Ricardi*, *Chronicles and Memorials of the Reign of Richard I*, vol. 1, ed. W. Stubbs (London, 1864), p. 143. 狮心王理查的生平的开创性研究仍然是 J. Gillingham, *Richard I* (New Haven & London, 1999). 同样可参见 Turner & R. Heiser, *The Reign of Richard the Lionheart: Ruler of the Angevin Empire* (London, 2000); J. Flori, *Richard the Lionheart: Knight and King* (London, 2007).
17. Ralph of Diss, II, p. 19; Gervase of Canterbury, *Opera Historica*, ed. W. Stubbs, 2 vols. (London, 1879–80) I, p. 303; Roger of Howden, *Gesta Regis*, I, p. 292; Gillingham, *Richard I*, pp. 62–7. 关于在圣地的十字军

历史与事件的背景，参见：T. Asbridge, *The Crusades: The War for the Holy Land* (London, 2010).

18. Geoffrey of Vigeois, ‘*Chronicon Lemovicense*’, *Recueil des Historiens des Gaules et de la France*, vol. 18, ed. M. Brial (Paris, 1879), p. 212.

6 忠诚问题

1. *HWM*, lines 5109–60; Crouch, *William Marshal*, pp. 47–50; Smith, ‘Henry II’s Heir’, pp. 300, 317–8, 323, 325.
2. *HWM*, lines 5161–434.
3. R.W. Kaeuper, ‘William Marshal, Lancelot and the Issue of Chivalric Identity’, *Essays in Medieval Studies*, vol. 22 (2005), pp. 1–19; L. Ashe, ‘William Marshal, Lancelot and Arthur: Chivalry and Kingship’, *Anglo–Norman Studies*, vol. 30 (2007), pp. 19–40. 我要感谢劳拉·阿什（Laura Ashe）对《威廉·马歇尔传》中威廉·马歇尔在这一时期的表现的见解和评论；I. Short, ‘Literary Culture at the Court of Henry II’, *Henry II: New Interpretations*, ed. C. Harper–Bill & N. Vincent (Woodbridge, 2007), pp. 335–61.
4. Danziger & Gillingham, *1215*, pp. 30, 89–93; Walter Map, pp. 210–14.
5. *HWM*, lines 5435–90; Roger of Howden, *Chronica*, II, pp. 82–3; Ralph of Diss, I, p. 402; Crouch, *Tournament*, pp. 105–9; Crouch, *William Marshal*, pp. 48–50.
6. *HWM*, lines 5491–652; Smith, ‘Henry II’s Heir’, pp. 321–2; Crouch, *William Marshal*, p. 50.
7. *HWM*, lines 5693–848; Walter Map, pp. 488–90; R. Bartlett, *Trial by Fire and Water: The Medieval Judicial Ordeal* (Oxford, 1988).
8. *HWM*, lines 5849–6305, 6527–606; Painter, *William Marshal*, pp. 49–51; Crouch, *William Marshal*, p. 52.
9. Roger of Howden, *Gesta Regis*, I, p. 294; Warren, *Henry II*, pp. 580–7; Gillingham, *Richard I*, pp. 69–72.
10. Ralph of Diss, II, pp. 18–19; Roger of Howden, *Gesta Regis*, I, p. 295;

Roger of Howden, *Chronica*, II, pp. 273–5; William of Newburgh, '*Historia*', I, p. 233; *HWM*, lines 6309–52.

11. Gerald of Wales, '*Topographica Hibernica*', p. 200. Roger of Howden, *Gesta Regis*, I, p. 297, 称若弗鲁瓦为"灭亡之子"。
12. Roger of Howden, *Gesta Regis*, I, p. 296; Roger of Howden, *Chronica*, II, p. 275; Warren, *Henry II*, pp. 590–3; Gillingham, *Richard I*, pp. 72–3.
13. *HWM*, lines 6353–552; Painter, *William Marshal*, p. 50; Crouch, *William Marshal*, p. 52.
14. *HWM*, lines 6607–988; Roger of Howden, *Gesta Regis*, I, pp. 297–301; Roger of Howden, *Chronica*, II, 276–9; Geoffrey of Vigeois, '*Chronicon Lemovicense*', pp. 214–7; Robert of Torigni, pp. 305–6; Ralph of Diss, II, p. 19; William of Newburgh, '*Historia*', I, pp. 233–4; Painter, *William Marshal*, pp. 53–4; Crouch, *William Marshal*, pp. 52–3.
15. *HWM*, lines 6989–7155; Roger of Howden, *Gesta Regis*, I, pp. 301–2; Roger of Howden, *Chronica*, II, pp. 279–80. 豪登在两部著作间修改了国王亨利二世对长子之死的反应的描写。
16. Ralph of Diss, II, pp. 20; Robert of Torigni, p. 306; William of Newburgh, '*Historia*', I, p. 234; *HWM*, lines 7157–84.
17. Walter Map, pp. 278–82; Gerald of Wales, '*Topographica Hibernica*', pp. 194–5; Bertrand of Born, *The Poems of the Troubadour Bertan de Born*, ed. W.D. Padern, T. Sankovitch & P.H. Stabelin (Berkeley, 1986), pp. 215–23; Gervase of Tilbury, *Otia Imperialia*, ed. & trans. S.E. Banks & J.W. Binns (Oxford, 2002), pp. 486–7; M. Strickland, 'On the Instruction of a Prince', pp. 186–7, 214; Crouch, *William Marshal*, pp. 53–5.
18. *HWM*, lines 7233–74; Crouch, *William Marshal*, pp. 55–6.
19. 关于这一时期的十字军国家的历史，参见：B. Hamilton, *The Leper King and his heirs: Baldwin IV and the crusader kingdom of Jerusalem* (2000); B. Hamilton, 'The Elephant of Christ: Reynald of Châtillon',

Studies in Church History, vol. 15 (1978), pp. 97–108; R.C. Smail, ‘The predicaments of Guy of Lusignan, 1183–87’, *Outremer*, ed. B.Z. Kedar, H.E. Mayer & R.C. Smail (Jerusalem, 1982), pp. 159–76.

20. *HWM*, lines 7292–4; A.J. Boas, *Jerusalem in the Time of the Crusades* (London, 2001); Asbridge, *The Crusades*, pp. 104, 120–1.
21. *HWM*, lines 7275–99; Painter, *William Marshal*, pp. 55–6; Crouch, *William Marshal*, pp. 55–6.
22. Hamilton, *The Leper King*, pp. 186–217; Asbridge, *The Crusades*, pp. 285–336.
23. Hamilton, *The Leper King*, pp. 198–204; *HWM*, line 7290; Crouch, *William Marshal*, p. 57, n. 1.
24. Hamilton, *The Leper King*, 211–4; William of Tyre, *Chronicon*, ed. R.B.C. Huygens, 2 vols. (Turnhout, 1986), pp. 1061–2.
25. *HWM*, lines 18184, 18201–26, 18231–6.
26. 关于第三次十字军东征的背景及发起情况，参见：Asbridge, *The Crusades*, pp. 337–80.

第三部 中 年

7 国王的战士

1. *HWM*, lines 7302–11; Painter, *William Marshal*, p. 61; Crouch, *William Marshal*, p. 57.
2. Walter Map, p. 374; N. Vincent, ‘The Court of Henry II’, *Henry II: New Interpretations*, ed. C. Harper-Bill & N. Vincent (Woodbridge, 2007), pp. 278–334.
3. Danziger & Gillingham, *1215*, pp. 16–19; Warren, *Henry II*, p. 234.
4. Vincent, ‘The Court of Henry II’, pp. 319–33; Walter Map, pp. 2, 12–26.
5. Walter Map, pp. 2, 25.

6. *HWM*, lines 525–654, 2875–3173; Crouch, *William Marshal*, pp. 183–92.
7. Crouch, *William Marshal*, pp. 57–8, 167–8; F.J. West, 'Geoffrey fitz Peter', *ODNB*; R.V. Turner, *Men Raised from the Dust: Administrative Service and Upward Mobility in Angevin England* (Philadelphia, 1988).
8. *HWM*, lines 7312–18; Painter, *William Marshal*, p. 61; Crouch, *William Marshal*, p. 59.
9. *HWM*, lines 7948–50; Crouch, *William Marshal*, pp. 59, 161–3; D. Crouch, 'John of Earley', *ODNB*.
10. *HWM*, lines 7304–18; Crouch, *William Marshal*, pp. 59–61; N. Vincent, 'William Marshal, King Henry II and the Honour of Châteauroux', *Archives*, vol. 25 (2000), pp. 1–15.
11. Gillingham, *Richard I*, pp. 76–82.
12. Gillingham, *Richard I*, pp. 82–5.
13. *HWM*, lines 7319–40; Asbridge, *The Crusades*, pp. 337–64.
14. *HWM*, lines 7348–67.
15. Roger of Howden, *Gesta Regis*, II, pp. 45–6; *HWM*, lines 7782–840.
16. Jordan Fantosme, lines 439–50; *HWM*, lines 7882–910; Gillingham, *Richard I*, pp. 93–4; Gillingham, 'War and Chivalry in the History of William Marshal', pp. 5–6.
17. *HWM*, lines 8065–188. 这是一个更加复杂的充满阴谋和谈判的时期的简化表述。更完整的概述，参见：Warren, *Henry II*, pp. 619–22; Gillingham, *Richard I*, pp. 94–8.
18. *HWM*, lines 8189–261.
19. *HWM*, lines 8262–332.
20. *HWM*, lines 8303–10; Painter, *William Marshal*, pp. 66–7; Crouch, *William Marshal*, pp. 62–3.
21. *HWM*, lines 8345–58; Ralph of Diss, II, p. 62.
22. *HWM*, lines 8361–82; Roger of Howden, *Chronica*, II, pp. 363–4; A. Bouton, *Le Maine: Histoire économique et sociale* (Le Mans, 1962), pp.

444–7.

23. *HWM*, lines 8383–473.
24. *HWM*, lines 8475–712; Roger of Howden, *Chronica*, II, pp. 363–4; Painter, *William Marshal*, pp. 68–70; Warren, *Henry II*, p. 623; Crouch, *William Marshal*, pp. 63–4.
25. *HWM*, lines 8713–914; Gerald of Wales, '*De Principis Instructione Liber*', *Opera*, vol. 8, ed. G.F. Warner (London, 1891), p. 286; Gillingham, *Richard I*, pp. 98–9; Crouch, *William Marshal*, pp. 64–5. 应该指出的是，威廉·马歇尔在骑马离开勒芒之前脱下了自己的锁子甲，因此在与狮心王理查对峙时，他自己没有穿盔甲。[*HWM*, lines 8791–5]
26. *HWM*, lines 8915–80.
27. *HWM*, lines 8981–9290; Roger of Howden, *Gesta Regis*, II, pp. 69–71; Roger of Howden, *Chronica*, II, pp. 365–7; Ralph of Diss, II, p. 64–5; Warren, *Henry II*, pp. 625–6; Gillingham, *Richard I*, pp. 99–100; Crouch, *William Marshal*, pp. 65–6.

8 王国的守卫者

1. *HWM*, lines 9291–346.
2. *HWM*, lines 9347–409; Gillingham, *Richard I*, p. 101.
3. *HWM*, lines 9439–522; Painter, *William Marshal*, pp. 73–6; Crouch, *William Marshal*, pp. 66–8.
4. Danziger & Gillingham, *1215*, pp. 57–64.
5. *HWM*, lines 9523–50; Painter, *William Marshal*, pp. 76–9; Crouch, *William Marshal*, pp. 68–71.
6. Roger of Howden, *Gesta Regis*, II, pp. 78–83; Gillingham, *Richard I*, pp. 107–9.
7. Roger of Howden, *Gesta Regis*, II, pp. 155–6; Roger of Howden, *Chronica*, III, pp. 93–4; *HWM*, lines 9699–710; Gillingham, *Richard I*, p. 140; Asbridge, *The Crusades*, pp. 368–88.

8. *HWM*, lines 9551–736. 这段记述大大简化了任命首席政法官和联合政法官的程序。对这些事件更为详细的检视，参见：Gillingham, *Richard I*, pp. 109–22; J.T. Appleby, *England Without Richard, 1189–99* (London, 1965), pp. 1–55.
9. 关于西多会，参见：J. Burton & J. Kerr, *The Cistercians in the Middle Ages* (Woodbridge, 2011).
10. R. Avent, 'William Marshal' s building works at Chepstow Castle, Monmouthshire, 1189–1291' , *The Medieval Castle in Ireland and Wales*, ed. J.R. Kenyon & Kieran O'Conor (Dublin, 2003), pp. 50–71; R. Turner & A. Johnson (eds.), *Chepstow Castle: Its History and Buildings* (Almeley, 2006).
11. Crouch, *William Marshal*, pp. 143–58, 217–25.
12. Crouch, *William* Marshal, pp. 88, 175.
13. Painter, *William Marshal*, p. 49; Crouch, *William Marshal*, pp. 52, 66, 152–7.
14. Crouch, *William Marshal*, pp. 72–3, 211–12.
15. *HWM*, lines 9766–76.
16. Asbridge, *The Crusades*, pp. 398–445.
17. Richard of Devizes, *Chronicon*, ed. trans. J.T. Appleby (London, 1963), pp. 44–6; *HWM*, lines 9784–5; Roger of Howden, *Gesta Regis*, II, pp. 207–15.
18. Roger of Howden, *Gesta Regis*, II, 219–20; *HWM*, lines 9859–76; Gillingham, *Richard I*, pp. 227–9; Crouch, *William Marshal*, pp. 76–80.
19. Gillingham, *Richard I*, pp. 226–9; Asbridge, *The Crusades*, pp. 446–9.
20. Roger of Howden, *Gesta Regis*, II, pp. 235–7; Gillingham, *Richard I*, pp. 222–35; Appleby, *England Without Richard*, pp. 99–106.

9 为狮心王效劳

1. *HWM*, lines 9807–23; Richard of Devizes, pp. 46–7; Asbridge, *The Crusades*, pp. 444–516. 有关理查国王被囚禁期间的详细情况，以及

他被移交到神圣罗马帝国皇帝德意志的亨利六世手中的过程，参见：Gillingham, *Richard I*, pp. 222–53.

2. Roger of Howden, *Chronica*, III, pp. 204–5; *HWM*, lines 9877–10011; Appleby, *England Without Richard*, pp. 107–11.
3. *HWM*, lines 9883–964; Roger of Howden, *Chronica*, III, pp. 216–17.
4. *HWM*, lines 10168–70.
5. *HWM*, lines 10020–80; Painter, *William Marshal*, pp. 101–5; Crouch, *William Marshal*, pp. 80–2.
6. *HWM*, lines 10081–152; Painter, *William Marshal*, pp. 102–3.
7. *HWM*, lines 10153–288; Gillingham, *Richard I*, pp. 269–70.
8. *HWM*, lines 10289–354; Roger of Howden, *Chronica*, III, p. 251.
9. *HWM*, lines 10355–72, 10432–52.
10. *HWM*, lines 10373–425.
11. *HWM*, lines 10453–508; Ralph of Diss, II, pp. 114–15.
12. Rigord, '*Gesta Philippi Augusti*' , *Oeuvres de Rigord et Guillaume le Breton, historiens de Philippe Auguste*, ed. H–F. Delaborde, vol. 1 (Paris, 1882), p. 127; William the Breton, '*Gesta Philippi Augusti*' , *Oeuvres de Rigord et Guillaume le Breton, his-toriens de Philippe Auguste*, ed. H–F. Delaborde, vol. 1 (Paris, 1882), p. 196; M. Powicke, *The Loss of Normandy, 1189–1204* (Manchester, 1913), p.101; Strickland, *War and Chivalry*, p. 223.
13. *HWM*, lines 10423–5; William of Newburgh, '*Historia*' , II, p. 424.
14. *HWM*, lines 10289–340; Painter, *William Marshal*, pp. 106–7; Crouch, *William Marshal*, pp. 78–80.
15. Ralph of Diss, II, pp. 116–17; Roger of Howden, *Chronica*, III, pp. 252–3.
16. *HWM*, lines 10581–676.
17. Painter, *William Marshal*, pp. 116–17; Crouch, *William Marshal*, pp. 82–4.
18. *HWM*, lines 10745–72; Roger of Howden, *Chronica*, IV, pp. 19–20;

Ralph of Diss, II, pp. 152–3; Crouch, *William Marshal*, p. 84.

19. *HWM*, lines 11351–688.
20. *HWM*, lines 11117–286; Roger of Howden, *Chronica*, IV, p. 16; Ralph of Diss, II, p. 152.
21. *HWM*, lines 10579–80, 11680–6, 11727–45; Gillingham, *Richard I*, pp. 301–20.
22. *HWM*, lines 11751–832; Roger of Howden, *Chronica*, IV, pp. 82–5; Gillingham, *Richard I*, pp. 321–34.
23. *HWM*, lines 11776–908; Crouch, *William Marshal*, p. 85.

第四部　暮 年

10　人性之敌

1. *HWM*, lines 11908–45; Roger of Howden, *Chronica*, IV, pp. 86–8.
2. M. Strickland, 'William Longspée', *ODNB*.
3. Roger of Howden, *Chronica*, IV, p. 88.
4. *HWM*, lines 11943–5; Crouch, *William Marshal*, pp. 85–6.
5. Roger of Howden, *Chronica*, IV, p. 90.
6. Crouch, *William Marshal*, p. 200.
7. *HWM*, line 11944; Painter, *William Marshal*, pp. 122–4; Crouch, *William Marshal*, pp. 86–8, 94.
8. R.V. Turner, 'William (III) de Briouze', *ODNB*.
9. 关于约翰国王的统治，参见：W.L. Warren, *King John*, 2nd Edition (New Haven & London, 1978); R.V. Turner, *King John* (London, 1994); S.D. Church (ed.), *King John: New Interpretations* (Woodbridge, 1999); J. Gillingham, 'John', *ODNB*.
10. Ralph of Diss, II, pp. 170–4; William of Newburgh, '*Historia*', p. 402; Warren, *King John*, pp. 1–16; Danziger & Gillingham, *1215*, pp. 103–5.
11. *HWM*, lines 12582–4.

12. Roger of Howden, *Chronica*, IV, pp. 96–7.
13. Adam of Eynsham, *Magna Vita Sancti Hugonis*, ed. J.F. Dimock (London, 1864), p. 332; *HWM*, lines 12027–30.
14. 关于《勒古雷条约》，参见：Warren, *King John*, pp. 54–63.
15. Painter, *William Marshal*, pp. 125–8; Crouch, *William Marshal*, pp. 90–1.
16. Roger of Howden, *Chronica*, IV, p. 119; Ralph of Diss, II, p. 170; N. Vincent, 'Isabella of Angoulême: John' s Jezebel' , *King John: New Interpretations*, ed. S.D. Church (Woodbridge, 1999), pp. 165–219.
17. *HWM*, lines 12059–404; Warren, *King John*, pp. 76–80.
18. *HWM*, lines 12500–12.
19. Ralph of Coggeshall, *Radulphi de Coggeshall Chronicon Anglicanum*, ed. J. Stevenson (London, 1875), pp. 139–41; 'Annals of Margam' , *Annales Monastici*, vol. I, ed. H.R. Luard (London, 1864), p. 27.
20. William the Breton, '*Gesta Philippi Augusti*' , pp. 213–6; Painter, *William Marshal*, pp. 133–5; Crouch, *William Marshal*, pp. 91–2.
21. *HWM*, lines 12674–704, 12783–92; Ralph of Coggeshall, p. 144; Painter, *William Marshal*, pp. 135–6.

11 西部领主

1. Warren, *King John*, pp. 93–9; M. Powicke, *The Loss of Normandy, 1189–1204* (Manchester, 1913).
2. *HWM*, lines 12854–904; Ralph of Coggeshall, pp. 144–5; Painter, *William Marshal*, pp. 137–8; Crouch, *William Marshal*, p. 93.
3. *HWM*, lines 12944–13090; *Layettes du Trésor des Chartes*, ed. M.A. Teulet (Paris, 1863), p. 499, n. 1397; Painter, *William Marshal*, pp. 138–41; Crouch, *William Marshal*, pp. 94–6.
4. Ralph of Coggeshall, pp. 152–4; *HWM*, lines 13091–270; Painter, *William Marshal*, pp. 141–3; Crouch, *William Marshal*, p. 96.
5. *HWM*, lines 13271–8; Painter, *William Marshal*, pp. 143–4; Crouch,

William Marshal, pp. 97–100.

6. R. Eales, 'Ranulf (III) of Chester', *ODNB*.
7. *Gesta Stephani*, p. 14; Gerald of Wales, *The Journey Through Wales*, pp. 233–44, 255–64. 关于中世纪威尔士的历史，参见：D. Walker, *Medieval Wales* (Cambridge, 1990); R.R. Davies, *The Age of Conquest: Wales, 1063–1415*, 2nd Edition (Oxford, 2000).
8. Gerald of Wales, *The Journey Through Wales*, p. 236. 关于中世纪爱尔兰，参见：S. Duffy, *Ireland in the Middle Ages* (London, 1997).
9. Gerald of Wales, *The Journey Through Wales*, pp. 147–56, 168–9; Gerald of Wales, *The History and Topography of Ireland*, trans. J.J. O'Meara (London, 1982), p. 58; Crouch, *William Marshal*, pp. 86–7, 93–4.
10. Gerald of Wales, *The History and Topography of Ireland*, pp. 34–5, 53–5; Crouch, *William Marshal*, pp. 87–9.
11. Crouch, *William Marshal*, pp. 100–3, 218, 222–3.
12. *HWM*, lines 13311–422; Painter, *William Marshal*, pp. 145–8; Crouch, *William Marshal*, pp. 102–3.
13. M.T. Flanagan, 'Meiler fitz Henry', *ODNB*; Crouch, *William Marshal*, pp. 102–4.
14. *Rotuli Litterarum Patentium in turri Londinensi asservati*, ed. T.D. Hardy (London, 1835), p. 72; Crouch, *William Marshal*, pp. 104–5.
15. *HWM*, lines 13429–61; Painter, *William Marshal*, pp. 154–5; Crouch, *William Marshal*, p. 105.
16. *HWM*, lines 13462–550.
17. *HWM*, lines 13551–4, 13575–84; *Rotuli Chartarum*, ed. T.D. Hardy (London, 1837), pp. 171–3; Painter, *William Marshal*, p. 156; Crouch, *William Marshal*, pp. 105–6.
18. *HWM*, lines 13585–675, 13787–866.

12 步履蹒跚的国王

1. *HWM*, lines 13555–74.

2. *HWM*, lines 13676–762.
3. *HWM*, lines 13763–86, 13867–88; Painter, *William Marshal*, p. 157; Crouch, *William Marshal*, pp. 106–11.
4. *HWM*, lines 13889–937; *Rotuli Chartarum*, p. 176; *Rotuli Litterarum Patentium*, p. 80; Crouch, *William Marshal*, pp. 111–12.
5. *HWM*, lines 13941–14116, 14433–46. Crouch, *William Marshal*, pp. 112–14, 对马歇尔对待梅勒的方式提出了更严厉的评价。
6. Painter, *William Marshal*, pp. 167–8; Crouch, *William Marshal*, pp. 113–15.
7. *HWM*, lines 13585–98; Roger of Wendover, *Chronica Rogeri de Wendover liber qui dicitur Flores Historiarum*, ed. H.G. Hewlett, 3 vols. (London, 1886–9), II, pp. 48–9.
8. *HWM*, lines 14136–232.
9. Turner, 'William (III) de Briouze', *ODNB*; S. Duffy, 'John and Ireland', *King John: New Interpretations*, ed. S.D. Church (Woodbridge, 1999), pp. 221–45.
10. *HWM*, lines 14233–484; *Rotuli Litterarum Patentium*, p. 98; Painter, *William Marshal*, pp. 161–70; Crouch, *William Marshal*, pp. 115–16.
11. N. Vincent, 'Peter des Roches', *ODNB*; N. Vincent, *Peter des Roches: An Alien in English Politics, 1205–1238* (Cambridge, 1996); D. Power, 'Falkes de Bréauté', *ODNB*.
12. Warren, *King John*, pp. 154–73. 关于英诺森三世的教皇任职，参见：J. Sayers, *Innocent III: Leader of Europe* (London, 1994); J.M. Powell (ed.), *Pope Inncoent III: Vicar of Christ or Lord of the World?* (Washington, DC, 1994).
13. 'Annals of Barnwell Priory', *Memoriae Walteri de Coventria*, vol. II, ed. W. Stubbs (London, 1873), p. 207; Roger of Wendover, II, pp. 61, 63. 关于贵族党叛乱的经典研究仍然是 J.C. Holt, *The Northerners: A Study in the Reign of King John* (Cambridge, 1961).
14. *Rotuli Litterarum Clausarum, 1204–27*, vol. I, ed. T.D. Hardy (London,

1833), p. 132; Crouch, *William Marshal*, pp. 116–18.

15. *HWM*, lines 14588–90; Painter, *William Marshal*, pp. 172–4, 176–7; Crouch, *William Marshal*, pp. 118–19.
16. *HWM*, lines 14629–32; Painter, *William Marshal*, pp. 174–6; Crouch, *William Marshal*, p. 119.
17. Warren, *King John*, pp. 217–24; Brabury, *Philip Augustus*, pp. 279–315; Holt, *The Northerners*, p. 100.

13 国王的清算

1. J.C. Holt, *Magna Carta*, 2nd Edition (Cambridge, 1992); N. Vincent, *Magna Carta: A Very Short Introduction* (Oxford, 2012).
2. Holt, *Magna Carta*, pp. 448–73.
3. Painter, *William Marshal*, pp. 119–21; Crouch, *William Marshal*, pp. 178–82.
4. Matthew Paris, *Chronica Majora*, ed. H.R. Luard, 7 vols. (London, 1872–84), II, pp. 604–5; Painter, *William Marshal*, p. 180; Crouch, *William Marshal*, p. 122.
5. Holt, *Magna Carta*, pp. 448–73; Vincent, *Magna Carta*, pp. 58–84.
6. Roger of Wendover, II, pp. 170–2.
7. Gerald of Wales, '*De Principis Instructione*' , pp. 326–9; *HWM*, lines 15061–70, 15097–108; Painter, *William Marshal*, pp. 185–6; Crouch, *William Marshal*, pp. 122–3; D. Carpenter, *The Minority of Henry III* (London, 1990), pp. 5–12.
8. Painter, *William Marshal*, pp. 186–7; Crouch, *William Marshal*, p. 123.
9. *HWM*, lines 15117–28.
10. *Rotuli Litterarum Patentium*, p. 175; Painter, *William Marshal*, pp. 185–6; Crouch, *William Marshal*, pp. 121–2.
11. *HWM*, lines 15135–8; Painter, *William Marshal*, pp. 188–9.
12. *HWM*, lines 15143–206; Matthew Paris, *Chronica Majora*, II, p. 669; Crouch, *William Marshal*, pp. 123–4.

13. *HWM*, lines 15185–91, 15207–28; S.D. Church, 'King John's Testament and the Last Days of his Reign', *English Historical Review*, vol. 125 (2010), pp. 505–28.
14. *HWM*, lines 15229–84; Painter, *William Marshal*, p. 192; Crouch, *William Marshal*, p. 192.

14 王国的守护者

1. *HWM*, lines 15287–397; Painter, *William Marshal*, pp. 192–5; Crouch, *William Marshal*, pp. 125–6; Carpenter, *The Minority of Henry III*, pp. 13–14.
2. *HWM*, lines 15398–464.
3. *HWM*, lines 15465–561; Painter, *William Marshal*, pp. 195–6; Crouch, *William Marshal*, p. 126.
4. *Patent Rolls of the Reign of Henry III* (London, 1901), p. 10; *HWM*, lines 15562–708; Painter, *William Marshal*, pp. 196–7; Crouch, *William Marshal*, pp. 126–7; Carpenter, *The Minority of Henry III*, pp. 15–17, 32.
5. Painter, *William Marshal*, pp. 197–8; Crouch, *William Marshal*, p. 127; Carpenter, *The Minority of Henry III*, pp. 17–22.
6. Carpenter, *The Minority of Henry III*, pp. 22–6; Painter, *William Marshal*, pp. 198–205; Crouch, *William Marshal*, pp. 127–8; Vincent, *Magna Carta*, pp. 82–6.
7. 'Annals of Barnwell Priory', p. 236; Carpenter, *The Minority of Henry III*, pp. 26–35; Crouch, *William Marshal*, pp. 128–9; C. Tyerman, *England and the Crusades* (Chicago, 1988), pp. 133–42.
8. *HWM*, lines 16085–130, 16168; Painter, *William Marshal*, pp. 211–13; Crouch, *William Marshal*, pp. 128–9; Carpenter, *The Minority of Henry III*, pp. 35–6.
9. *HWM*, lines 16131–235.
10. *HWM*, lines 16236–304; Crouch, *William Marshal*, pp. 129–30;

Carpenter, *The Minority of Henry III*, pp. 36–7; F. Hill, *Medieval Lincoln* (Cambridge, 1965).

11. *HWM*, lines 16305–604; Carpenter, *The Minority of Henry III*, pp. 37–9; Crouch, *William Marshal*, pp. 131–2.
12. Roger of Wendover, II, pp. 215–16; *HWM*, lines 16605–85.
13. *HWM*, lines 16686–768; Painter, *William Marshal*, p. 218; Crouch, *William Marshal*, p. 133. 佩尔什的托马是威廉·马歇尔的远房表亲。
14. *HWM*, lines 16769–17068; Roger of Wendover, II, pp. 216–19; Carpenter, *The Minority of Henry III*, p. 40.
15. *HWM*, lines 17069–726; Carpenter, *The Minority of Henry III*, pp. 40–9; Painter, *William Marshal*, pp. 219–25; Crouch, *William Marshal*, pp. 133–4; S. McGlynn, *Blood Cries Afar: The Forgotten Invasion of England, 1216* (Stroud, 2011), pp. 217–34.
16. 'Annals of Barnwell Priory', p. 239; Painter, *William Marshal*, pp. 225–7; Crouch, *William Marshal*, pp. 134–5. 威廉·马歇尔可能过于慷慨（或简直是天真），同意向法国的路易支付 1 万马克以确保和平，因为他期望（经宣誓证实，但后来被打破）路易会竭尽全力说服他的父亲腓力国王将约翰丢掉的安茹在欧洲大陆上的领土归还给亨利三世。

尾声

1. *HWM*, lines 17727–876; Carpenter, *The Minority of Henry III*, pp. 50–127; Painter, *William Marshal*, pp. 228–74; Crouch, *William Marshal*, pp. 135–8.
2. *HWM*, lines 17877–936; Painter, *William Marshal*, pp. 275–6; Crouch, *William Marshal*, p. 138.
3. *HWM*, lines 17937–18135; Painter, *William Marshal*, pp. 276–9; Crouch, *William Marshal*, p. 139.
4. *HWM*, lines 18136–982; Painter, *William Marshal*, pp. 279–89; Crouch, *William Marshal*, pp. 139–40, 214–16.

5. *HWM*, lines 18136–78, 18675–734.
6. *HWM*, lines 18124–35, 18180–225, 18243–60.
7. *HWM*, lines 18459–96, 18591–674, 18905–60.
8. *HWM*, lines 18227–42, 18323–6, 18351–412, 18443–458. 具有讽刺意味的是，圣莫的艾默里在返回伦敦后病倒了，甚至在威廉·马歇尔之前就去世了。
9. *HWM*, lines 18797–9215; Painter, *William Marshal*, p. 289; Crouch, *William Marshal*, p. 141.
10. Carpenter, *The Struggle for Mastery*, pp. 300–37.
11. R.F. Walker, ‘William (II) Marshal’, *ODNB*; D. Power, ‘Richard Marshal’, *ODNB*.
12. Carpenter, *The Struggle for Mastery*, pp. 338–530; C. Allmand, *The Hundred Years War: England and France at War, c. 1300–c.1450* (Cambridge, 2001).
13. Keen, *Chivalry*, pp. 102–253; Saul, *For Honour and Fame*, pp. 60–370; M. Prestwich, *Armies and Warfare in the Middle Ages: The English Experience* (New Haven & London, 1996).
14. Aurell, ‘Henry II and Arthurian Legend’, p. 376; Kaeuper, ‘William Marshal, Lancelot and the Issue of Chivalric Identity’, pp. 1–19.
15. *The Fine Arts Commission Reports*, vol. 4 (1845), vol. 7 (1847) vol. 8 (1849). 我非常感谢威斯敏斯特宫的詹姆斯·福特在上议院重新装修的问题上提供的帮助。

出版后记

在《十字军东征：争夺圣地之战》一书出版5年后，作者托马斯·阿斯布里奇于2015年推出了新书《最伟大的骑士：威廉·马歇尔传》。这一次他取得了更大的成功，这本新书迅速在英美两国都登上了畅销榜，而令他取得如此成绩的，仍然是他在书中所展现出来的高明的史识与高超的写作技巧。

威廉·马歇尔的传奇色彩主要来自两个方面：一是他的生涯主要正值欧洲骑士阶层的崛起期间，他凭借自己的天赋和努力的训练，在骑马比武的赛场上赢得了赫赫战功及大量财物，这使他在葬礼上被描述为“世上最伟大的骑士”；二是他一生先后辅佐幼王亨利、老王亨利二世、狮心王理查、无地王约翰、亨利三世，但他绝不是趋炎附势之徒，从未在主人失势时背离而去，是实至名归的股肱之臣。但是，今人只能通过威廉·马歇尔的家族成员委托创作的《威廉·马歇尔传》——第一部有关一位骑士的传记——来了解他的生平，因此作者提醒我们“必须以谨慎和批判性的目光来阅读”它。作者的整个工作就是建立在这个基础上的，因此本书并非一本歌功颂德之作，而是站在今天中世纪欧洲研究成果上对一位中世纪骑士的生活进行了批判性重建。这使得作者在缺乏直接的材料时，仍然能够复原有血有肉的鲜活历史。这里仅举一例。威廉为了完成幼王亨利的遗愿，曾经前往耶路撒冷朝圣。《威廉·马歇尔传》声称，马歇尔在圣地的两年间做了

“许多英勇的壮举”，但无法说出到底具体做过什么。恰巧阿斯布里奇乃是十字军东征研究的专家，他凭借马歇尔在圣地逗留的这两年间有关中东地区的知识，得出了马歇尔不可能做出过什么太大功绩的结论。但这实际上对马歇尔的形象没有什么贬损，只会让读者更加感到一种真实的历史感。

阿斯布里奇未来还会推出新书《黑死病：一场灾难和转变的全球史》，我们也会为读者献上中文版，敬请读者期待。

服务热线：133-6631-2326　188-1142-1266

服务信箱：reader@hinabook.com

后浪出版公司

2019 年 12 月

图书在版编目（CIP）数据

最伟大的骑士：威廉·马歇尔传 / (英) 托马斯·阿斯布里奇著；王顺君译. -- 北京：民主与建设出版社, 2020.4（2023.11重印）

书名原文: The Greatest Knight: The Remarkable Life of William Marshal, the Power Behind Five English Thrones

ISBN 978-7-5139-2917-2

Ⅰ. ①最… Ⅱ. ①托… ②王… Ⅲ. ①威廉·马歇尔—传记 Ⅳ. ①K835.617=6

中国版本图书馆CIP数据核字(2020)第036198号

版权登记号：01-2023-1627

地图审图号：GS（2020）430号

最伟大的骑士：威廉·马歇尔传

ZUI WEIDA DE QISHI: WEILIAN MAXIEER ZHUAN

著　　者	［英］托马斯·阿斯布里奇
译　　者	王顺君
责任编辑	王　颂
封面设计	墨白空间·陈威伸
出版发行	民主与建设出版社有限责任公司
电　　话	（010）59417747　59419778
社　　址	北京市海淀区西三环中路 10 号望海楼 E 座 7 层
邮　　编	100142
印　　刷	北京盛通印刷股份有限公司
版　　次	2020 年 4 月第 1 版
印　　次	2023 年 11 月第 3 次印刷
开　　本	889 毫米 ×1194 毫米　1/32
印　　张	13.75
字　　数	308 千字
书　　号	ISBN 978-7-5139-2917-2
定　　价	92.00 元

注：如有印、装质量问题，请与出版社联系。